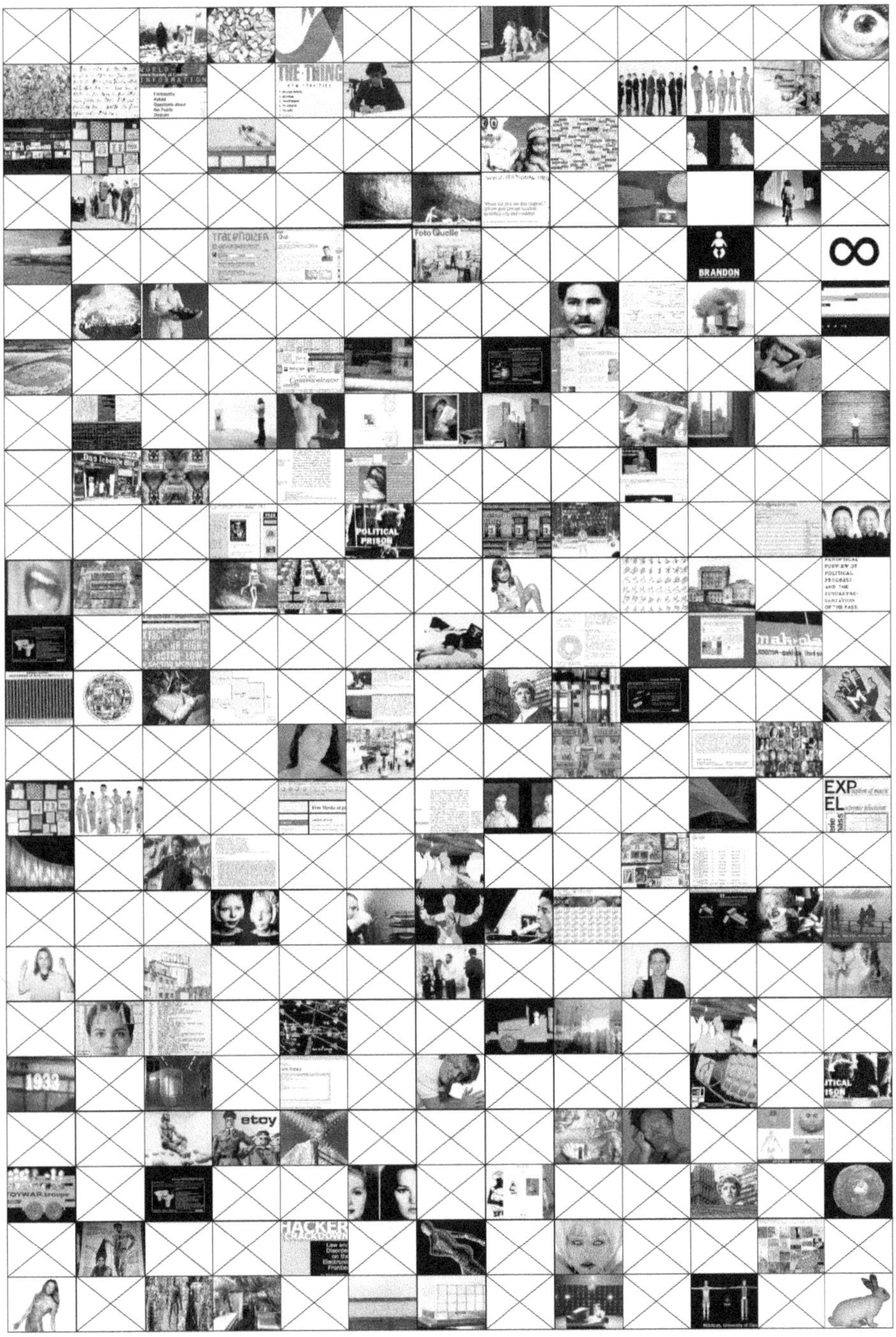

MEDIEN
KUNST
NETZ
/
MEDIA
ART
NET
/

MEDIEN
KUNST
NETZ
/
MEDIA
ART
NET
/

GOETHE-INSTITUT

ZKM
Zentrum für Kunst und Medientechnologie Karlsruhe

Bundesministerium für Bildung und Forschung

Hochschule für Grafik und Buchkunst
Academy of Visual Arts
Leipzig

2

Rudolf
Frieling
/
Dieter
Daniels
/
(Hg./eds.)
/
Medien
Kunst
Netz
/
2
Thematische
Schwerpunkte
/
Media
Art
Net
/
2
Key
Topics

SpringerWienNewYork

NR TEXT → **PAGE** /SOFTLINK

NETZ → **BUCH** → **LINKS**

/

01-11 → **Medien Kunst Netz 1** / Medienkunst im Überblick

12-24 → **Medien Kunst Netz 2** / Thematische Schwerpunkte

Gebrauchsanweisung

/

Eine Gebrauchsanweisung für ein Buch ist zunächst ungewöhnlich, in diesem Fall jedoch sinnvoll und notwendig. Bei der Lektüre der hier versammelten Texte für das Netzprojekt »**Medien Kunst Netz**« sehen Sie eine Reihe von begleitenden Icons am Textrand, die auf die Website »**www.medienkunstnetz.de**« verweisen. Unter dieser Netzadresse finden sich umfangreiche Bild-, Video-, Audio- und Textdokumente zu den in den Texten diskutierten Werken und Künstlern. Dank dieser Icons können Sie direkt erkennen, wann audiovisuelle Materialien zu den vorliegenden Autorentexten online angeboten werden.

/

/

ICONS LEGENDE

/

Biografie → Biografie des Künstlers oder Autors

/

Werk → Beschreibung sowie Bild-, Video- oder Audiodokumente

/

Text → historischer Quellentext zum Thema

/

URL → weiterführender Link außerhalb von »Medien Kunst Netz«

/

00/000 Textnummer/Textabschnitt → Dieser Code (Softlink) wird in das Feld ›Suche‹ von »**www.medienkunstnetz.de**« eingegeben, um direkt zu allen Links eines Textabschnitts zu gelangen.

/

00-00 Verweis innerhalb des Buches 1 und 2 auf andere Texte.

NET → **BOOK** → **LINKS**

/

01-11 → **Media Art Net 1** / Survey of Media Art

12-24 → **Media Art Net 2** / Key Topics

Manual

/

A manual for a book is, to say the least, unusual but necessary in this case. Reading the texts that we have compiled for the online project «**Media Art Net**,» you will see a series of accompanying icons as a cross-link to the Web site «**www.mediaartnet.org**.» There you will find extensive audiovisual documents on the works and artists mentioned in the texts. These icons indicate when audiovisual materials related to the authors' texts are available online.

/

/

/

/

ICONS LEGEND

/

Biography → biography of the artists or authors

/

Work → descriptive text plus audiovisual documents

/

Text source → historic source related to the topic

/

URL → external link to other Web sites

/

00/000 Text number/Text chapter → This code (‹softlink›) is used for the search field of «**www.mediaartnet.org**» to directly access all listed links in a given section of the text

/

00-00 Cross-reference to another text in book 1 and 2.

00/001

Vorwort

/

Nach über dreijähriger Aufbauphase hat sich »Medien Kunst Netz« seit dem Start im Januar 2004 bemerkenswert schnell als komplexes Onlineportal für Medienkunst etabliert und ist dabei auf außerordentlich gute Resonanz gestoßen - betrachtet man die ersten durchweg positiven Reaktionen und Rezensionen. Für die Institutionen Goethe-Institut und ZKM, Zentrum für Kunst und Medientechnologie Karlsruhe, hat die produktive Zusammenarbeit nicht nur weltweit Synergieeffekte in Form von Kooperationen und Veranstaltungen durch das Netzwerk der Goethe-Institute erbracht. Mindestens ebenso wichtig ist der hier geleistete Beitrag zur Nachhaltigkeit in Forschung und Lehre, denn die von Goethe-Institut und ZKM gemeinsam produzierte multimediale Publikationsreihe von »Medien Kunst Aktion« (1997) über »Medien Kunst Interaktion« (2000) und »Medien Kunst Netz 1 - Medienkunst im Überblick« (2004) bis zum nun vorliegenden Band »Medien Kunst Netz 2 - Themenschwerpunkte« (2005) bietet eine international einzigartige Aufarbeitung des kulturellen Erbes der medialen Künste und ihrer gesellschaftlichen Verknüpfung.
Die erweiterten Möglichkeiten, die sich durch die Digitalisierung und durch vernetzte Produktionen entwickeln konnten, sind Künstlern wie Wissenschaftlern Anlass, neue Formen der Archivnutzung wie der diskursiven Vermittlung zu erproben. Damit ist zugleich eine der Kernaufgaben zukünftiger Kulturvermittlung formuliert, nämlich jenseits enger Gattungsgrenzen wechselnde Zusammenhänge sowohl aufzuzeigen wie zu generieren und in einen globalen Kontext zu stellen.
Den Herausgebern Rudolf Frieling (Projektleitung ZKM) und Dieter Daniels (HGB Leipzig) ist es gelungen, mit einer wachsenden Zahl von Partnerinstitutionen ein Netzwerk zu schaffen, das als nachhaltiges Angebot und hoffentlich zukünftig immer wieder aktualisierte Plattform jedem Interessierten kostenlos zur Verfügung steht. Dafür gilt Ihnen wie auch dem gesamten Produktionsteam unser außerordentlicher Dank. Eine vollständige Nennung aller erforderlichen Danksagungen wäre an dieser Stelle zu umfangreich, weshalb auf die kompletten Credits unter **www.medienkunstnetz.de** verwiesen sei.
Unser besonderer Dank gilt Herrn Wilfried Matanovic vom Bundesministerium für Bildung und Forschung, dessen Unterstützung dem Projekt nicht nur eine langfristige Grundfinanzierung sicherte, sondern im Verbund mit dem ZKM auch eine notwendig gewordene Verlängerung ermöglichte, so dass alle konzipierten Inhalte auch online umgesetzt werden konnten.
Hervorheben möchten wir außerdem die beeindruckende Zahl von Institutionen, die das Angebot zur Kooperation nicht nur aufgegriffen, sondern auch aktiv und finanziell gefördert haben. Zusätzliche und wesentliche Projektanteile wurden erbracht von der HGB Leipzig unter anderem mit Mitteln des Bildungsportals Sachsen, dem Institute

Cultural Studies in Art Media Design der HGKZ Zürich sowie mit Mitteln der Stiftung Pro Helvetia, dem Institut für Mediengestaltung, FH Mainz, mit Mitteln des Wissenschaftsministeriums Rheinland-Pfalz und der Hochschule MECAD Media Centre d'Art i Disseñy, Barcelona.
»Medien Kunst Netz« bündelt die Kompetenzen vieler Autoren und Wissenschaftler zu einem herausragenden Fundus an Informationen, Daten, Fakten und Kontexten, von dem wir hoffen, dass ihn die medienkünstlerische Community, Studenten, Wissenschaftler oder Medienproduzenten ebenso als essentiellen Beitrag zur Vermittlung der Medienkunst annehmen und nutzen werden, wie dies jetzt schon in den vielen positiven Feedbacks der ›Google-Community‹ erkennbar ist.

/

Dr. Wolfgang Bader, Stellvertretender Generalsekretär, Goethe-Institut, München
Prof. Peter Weibel, Vorstand, Zentrum für Kunst und Medientechnologie Karlsruhe

00/100

Foreword

/

After a three-year build-up phase, «Media Art Net» has established itself remarkably rapidly since its launch in January 2004 as a complex online portal for media art. Judging by what have so far been entirely positive reactions and reviews it has met with an extraordinarily good response. This productive cooperation between the Goethe-Institut and the Center for Art and Media Karlsruhe (ZKM) has not only produced synergy effects in the form of cooperations and events through the world-wide Goethe-Institut network. Equally important is the contribution to sustained research and teaching: the joint multi-media publication series by the Goethe-Institut and the ZKM in the form of «Media Art Action» (1997) via «Media Art Interaction» (2000) to «Media Art Net 1—Survey of Media Art» (2004) and this second volume, «Media Art Net 2—Key Topics» (2005), offers an internationally unique reappraisal of the cultural heritage of media art and its social associations.

The possibilities of digital reappraisal and networked productions have given both artists and academics an opportunity to try out new forms of archive use as well as discursive mediation. This also formulates one of the core tasks of future culture mediation: indicating and generating changing interrelations beyond restrictive genre boundaries, and placing them in a global context.

The editors Rudolf Frieling (Project Director, ZKM) and Dieter Daniels (HGB Leipzig) have worked successfully with a growing number of partner institutions on creating a network that is available free of charge as a permanent platform to anyone who is interested, and one that we hope will be regularly updated in future. We would therefore like to extend our very special thanks to them and to the whole production team. There is not sufficient space to thank everyone involved here, and so we refer to the complete credits

:] under **www.mediaartnet.org**.

Our particular thanks go to Mr. Wilfried Matanovic from the German Federal Ministry for Education and Research. His support not only secured long-term basic financing for the project, but made a necessary extension possible in cooperation with the ZKM, enabling all the topics conceived to also be implemented online.

We would also like to emphasize the impressive number of institutions who not only took up the offer to cooperate with us, but also actively promoted the project and provided financial support. Additional and crucial contributions to the project were made by the HGB Leipzig with funds from the Saxony Education Portal among others, the Institute of Cultural Studies in Art Media Design at the HGKZ Zurich with funds from the Pro Helvetia Foundation, the Institut für Mediengestaltung, University of Applied Sciences Mainz, with funds from the Rhineland-Palatinate Ministry of Science, and the MECAD Media Centre d'Art i Disseny, Barcelona.

«Media Art Net» has brought the skills of many authors and academics together to build up an outstanding stock of information, data, facts and contexts. We hope that this will be accepted and used by the media art community, students, academics and media producers as an essential contribution to media art mediation, just as much as we can see is already happening from the large quantity of positive feedback from the «Google Community.»

/

Dr. Wolfgang Bader, Deputy Secretary General, Goethe-Institut, Munich
Prof. Peter Weibel, Chairman, CEO, Center for Art and Media Technology Karlsruhe

Medien Kunst Netz 2 → Einführung

/

Rudolf Frieling / Dieter Daniels

/

00/000 »Die Bedeutung eines Wortes ist sein Gebrauch in der Sprache.«[1] Dieses mittlerweile sechzig Jahre alte Diktum aus Ludwig Wittgensteins Sprachphilosophie erhält im Zeitalter der Internetsuche eine geradezu erstaunliche Selbstverständlichkeit. Die Ergebnisse einer Suchanfrage spiegeln keine statischen, lexikalischen Definitionen wider, sondern die tatsächliche Verwendung der Begriffe auf dem aktuellsten Stand. Wie diese sich in kurzer Zeit verändern kann, zeigt der Bedeutungswandel von ›New Economy‹ – vom Heilsversprechen zum großen Crash zu zarter neuer Hoffnung – oder des Satzes ›I love you‹, der seit dem gleichnamigen Computervirus wohl vorerst seine Unschuld verloren hat.

Der Begriff ›Medienkunst‹ kann hier ebenso als Beispiel herangezogen werden. Schon seine beiden Komponenten ›Medien‹ und ›Kunst‹ entziehen sich prinzipiell jeder Definition, da sich die Phänomene dadurch auszeichnen, sich selbst immer wieder gegen jede auch nur temporäre Festlegung zu wenden und sie zu unterlaufen. Dennoch lassen sich generelle Veränderungen des Gebrauchs feststellen. So beschränkt sich das mit ›Medienkunst‹ bezeichnete Feld nicht mehr auf eine ausschließlich zukunftsorientierte Perspektive wie noch in den frühen 1990er Jahren, sondern hat sich zu einem Interessenbereich komplexer Wechselbeziehungen erweitert: Aktuelle Kunstentwicklung, gesellschaftliches Medienumfeld und technologische Innovation sind die Bezugsebenen eines sich ständig im Fluss befindlichen Gebiets. Dies beinhaltet auch eine neue Bedeutung der Vorgeschichte, deren Rahmen nicht mehr auf die elektronischen und digitalen Medien seit den 1960er Jahren beschränkt bleibt. Er umfasst aus heutiger Sicht ebenso die Avantgarde der 1920er Jahre wie die Medienerfindungen und künstlerischen Utopien des 19. Jahrhunderts. Dennoch ist der Medienkunst die Zukunftsträchtigkeit nicht abhanden gekommen, sondern erweitert sich ständig, beispielsweise durch die Integration von Gentechnik und Nanophysik.

Um dieser Komplexität gerecht zu werden, haben wir, 1996 mit der Arbeit an avancierten CD-ROM/Buchpublikationen beginnend, über verschiedene Stufen, die jeweils dem aktuellsten Stand des technisch Machbaren folgten[2], schließlich »Medien Kunst Netz« als einen zeitgemäßen Ansatz entwickelt, die schier endlosen Ressourcen der Archive mit Bedeutung schaffenden Kontexten zu verknüpfen. Das Ziel war und ist es, historische wie aktuelle Daten und Fakten zu garantieren, sie aus verschiedenen Perspektiven zu kontextualisieren und zugleich aber die Flexibilität und Individualität der Nutzung zu erhalten und zu fördern. Nach über drei Jahren haben wir nun das Projekt »Medien Kunst Netz« zum Abschluss gebracht, wobei nicht nur uns klar ist, dass ein netzwerkartiges Projekt nie ›vollendet‹ werden kann. Dennoch möchten wir die Feststellung unterstreichen,

1 — Ludwig Wittgenstein, *Philosophische Untersuchungen*, (Kritische Edition) Frankfurt/Main 2001, § 43.

2 — Die Vorläufer zu »Medien Kunst Netz« waren die beiden CD-ROM-/Buchpublikationen: Rudolf Frieling/Dieter Daniels, *Medien Kunst Aktion, die 60er und 70er Jahre in Deutschland*, Goethe-Institut München/ZKM Karlsruhe (Hg.), Wien New/York 1997 (Buch deutsch/englisch, CD-ROM deutsch/englisch/französisch/spanisch) sowie Rudolf Frieling/Dieter Daniels, *Medien Kunst Interaktion, die 80er und 90er Jahre in Deutschland*,

dass es kein kontinuierliches Work-in-Progress ist oder sein wird, sondern ein klarer Rahmen gesteckt war, der mit den gegebenen Mitteln auch erreicht wurde. Entstanden ist eine Plattform im Netz, die hochwertige Inhalte multiperspektivisch aufbereitet und für alle zugänglich macht.

/

Kopplung der Medien 00./001

Multiperspektivität heißt für uns zunächst einmal, zwei Medien miteinander zu koppeln: Die eine Perspektive ist das Netz selber beziehungsweise das spezifische Userverhalten, eine andere das klassische Leitmedium Buch. Was wir im Januar 2004 mit der Publikation von »Medien Kunst Netz 1: Medienkunst im Überblick« angefangen haben und nun mit Band 2 zu thematischen Schwerpunkten fortsetzen, ist eine mediale Verknüpfung von Inhalten, die einer klaren Logik folgt: Die Inhalte stellen sich im Netz anders dar als im Buch und werden auf spezifische Weise rezipiert. Die Verbindung von Buch und CD-ROM zunächst bot interessante Erfahrungen, die zeigten, wie stark die Dominanz des Leitmediums Buch in der Kulturvermittlung immer noch ist.[3] Konsequenzen hieraus wurden bei der Buchpublikation zu »Medien Kunst Netz« gezogen: In der Marginalspalte begleiten Verweise auf Links im Netz zu multimedialen Werkdarstellungen und zitierten Quellentexten, die dort ebenfalls als Volltext nachzulesen sind, die thematischen Beiträge durchgängig. Damit ist eine parallele Lektüre von Buch und Web angelegt, die zugleich eine ganz neue Art des Schreibens ermöglichte, indem hier auf ausführliche Werkbeschreibungen und Zitate verzichtet wird, da diese immer auf der zweiten Ebene im Netz zur Verfügung stehen.

Die neue enge Verzahnung von Multimedia und Buch hat sich sowohl in der wissenschaftlichen ›Credibility‹ als auch in der Distribution und Öffentlichkeitswirkung positiv ausgewirkt, wie schon die ersten Rezensionen von und Reaktionen auf »Medien Kunst Netz 1« gezeigt haben (siehe online die Sektion »**Feedback**«). Mit anderen Worten: Das Buch zum Netz schlägt eigene Distributionswege ein und erreicht somit auch den klassischen Leser. Unser Interesse liegt dabei in den Verschaltungen der Medien untereinander. Ob Text, Bild, Ton, Film, Code oder Diagramm - wir haben ein komplexes inhaltliches Angebot zusammengetragen, das in der Vermittlung von Medienkunst hoffentlich wegweisend sein wird und ebenso anschaulich wie nachvollziehbar macht, warum Medienkunst eine komplexe Vermittlungsstruktur erfordert.

/

Vier Thesen zur Vermittlung von Medienkunst 00./002

Wir hatten bereits in der Einführung zu »Medien Kunst Netz 1« auf die Besonderheit der Medienkunstrezeption hingewiesen, die sowohl die unmittelbare Kenntnis der Kunstwerke als auch ihren technologischen und theoretischen Kontext betrifft, und fassen dies noch einmal pointiert in die folgenden Punkte:

Goethe-Institut München / ZKM Karlsruhe (Hg.), Wien / New York 2000 (Buch deutsch / englisch, CD-ROM deutsch / englisch / französisch / spanisch). 3 — Die beiden CD-ROMs waren als Hauptprodukt konzipiert und in ihre Produktion floss die meiste Zeit, Energie und Finanzierung. Doch in der zwar sehr positiven Außenwirkung standen die nur als Begleitpublikation gedachten Bücher im Vordergrund, obwohl in »Medien Kunst Interaktion« mehrfach im Text grafisch auf die CD-ROM verwiesen wird.

1 → Medienkunst muss multimedial vermittelt werden, um in ihren zeitbasierten, prozessualen und interaktiven Aspekten verständlich zu werden,
2 → Medienkunst braucht eine spezielle Theorie, die Kompetenzen aus der Kunsttheorie, der Medienwissenschaft und der Medientechnik verbindet,
3 → Die multimediale Darstellung und die spezielle Theorie bedingen sich wechselseitig, sie sollten miteinander in Beziehung stehen und auf einer gemeinsamen Plattform publiziert werden.
Diesen Thesen lässt sich als Summe der neuen Erfahrungen eine vierte hinzufügen:
4 → Kontexte können nur netzwerkartig hergestellt und präsentiert werden: Die Idee der Vernetzung der Kompetenzen von Kuratoren, Wissenschaftlern, Vermittlern und Institutionen stieß auf eine sehr große Bereitschaft zur Kooperation, so dass schließlich dank dieser vielen Mitstreiter eine Fülle von zusätzlichen Themen, Projekten und Materialien finanziert werden konnte. Die Bandbreite der auch methodisch oft heterogenen Ansätze spiegelt dabei zunächst einmal existierende Divergenzen in Theorie und Praxis. Zugleich aber erlaubt der gemeinsame, kollektiv gefüllte Datenpool, vom Werk ausgehend, diese Differenzen zu rezipieren und sie so produktiv werden zu lassen. Querverbindungen zwischen den Texten wurden immer wieder redaktionell eingebaut. So entstand ein oft auch für uns bemerkenswerter Prozess von Verdichtungen, der sich durch die multiplen Referenzen auf eine ganze Reihe von älteren wie aber auch jüngeren künstlerischen Positionen herauskristallisierte.

/

00/003 **Diskursive Verknüpfungen**

Während Band 1 als »Überblick« eine thematische Einführung in die Medienkunst bietet, fokussiert Band 2 nun »thematische Schwerpunkte«, die das gesamte Spektrum aktueller Diskurse bei den Verknüpfungen zwischen den Medien und Künsten durchziehen. Konzipiert wurden diese Themen von einzelnen Kuratoren(teams) ganz unabhängig, um dann am ZKM in eine einheitliche Form der Onlinepublikation gebracht zu werden. Die Auswahl der Themen erfuhr eine kontinuierliche Modifikation durch das wachsende Interesse von Kuratoren, Wissenschaftlern und Institutionen, einen eigenen Beitrag für »Medien Kunst Netz« zu leisten. Was ursprünglich als Ort für vier oder fünf Themen konzipiert worden war, hat sich am Ende zu einem Spektrum von acht Themen erweitert, wobei wir die Möglichkeit begrüßt haben, auch jenseits der zentralen Felder der Medienkunst die Perspektive ebenfalls auf die Medien Film und Foto zu lenken.[4]
Beispielhaft erläutert **Gregor Stemmrich** in seinem Beitrag[5] für das vorliegende Buch, wie aus der Sicht des Lehrenden wie Forschenden das Paradigma diskursiver Verknüpfungen und Links in »Medien Kunst Netz« über die bekannten Vermittlungsmedien hinausgeht. Als Kurator eines Moduls war er natürlich an grundlegenden Diskussionen zum vorliegenden Projekt beteiligt, zugleich konnte er als ›Externer‹ aber auch aus

4 — Diese Schwerpunkte wurden durch zusätzliche Mittel des Landes Sachsen für das »Bildungsportal Sachsen« ermöglicht. 5 — Dieser Text wurde speziell für die Buchpublikation aufgenommen und entspricht keinem thematischen Schwerpunkt online.

kritischer Distanz die Möglichkeiten (wie auch notwendigerweise die Begrenzungen) der Onlineplattform resümieren. Seine Argumentation, dass es sich hier nicht nur um eine alphabetische, mechanische, algorithmische oder kuratorische, sondern vor allem auch um eine diskursive Verknüpfung von Inhalten handelt, ist eine präzise Darstellung der konzeptionellen Überlegungen, die uns zu diesem netzwerkartigen Produktionsmodus angeregt haben. Die Diskurse und Methoden der Beteiligten ergänzen, kommentieren oder überlagern sich. Es entstehen auf diese Weise komplexe thematische Felder.

/

Thematische Schwerpunkte 00/004

»**Cyborg Bodies**«, kuratiert von **Yvonne Volkart** und unterstützt vom Institute Cultural Studies in Art Media Design der Hochschule für Gestaltung und Kunst Zürich, stellt einen wichtigen und online ebenfalls sehr umfangreich präsentierten Komplex dar, der sich einerseits an Diskursen aus der Gender-Debatte orientiert, zum anderen aber detaillierte Zusammenhänge zwischen Körperfantasien, Utopien und Geschlechterkonstruktionen herstellt. Der Text »**Mythische Körper**« von **Verena Kuni** ist als kultur- -15
wissenschaftliche Einführung in dieses Themengebiet zu verstehen.

»**Generative Tools**«, zusammengestellt von **Tjark Ihmels** und **Julia Riedel**, entstand mit Mitteln des Wissenschaftsministeriums Rheinland-Pfalz am Institut für Mediengestaltung der FH Mainz nach einer Idee von Rudolf Frieling. Die wesentlichen inhaltlichen Beiträge wurden zunächst in Form einer Tagung präsentiert. Diese Verankerung in einer zuerst lokalen Öffentlichkeit ist charakteristisch für einen großen Teil der hier versammelten Themenblöcke.

Auch »**Bild und Ton**«, kuratiert von **Dieter Daniels** und integriert in die Hochschularbeit an der HGB Leipzig, bezieht sich nicht nur auf eine Vortragsreihe an der Hochschule selbst, sondern profitierte wesentlich von einer konstruktiven Zusammenarbeit mit dem damaligen Leiter des Goethe-Instituts Mexico City, Bernd Scherer, der sofort den Vorschlag aufgriff, in Mexico City eine deutsch-mexikanische Konferenz und Ausstellung zu diesem Thema zu fördern. Sie fand im November 2003 statt.[6]

Die Beiträge zum Thema »**Mapping und Text**«, kuratiert von **Rudolf Frieling**, wurden in Verbindung mit einer Vortragsreihe am ZKM Karlsruhe im Januar 2004 generiert, während das Thema »**Public Sphere_s**«, von **Steve Dietz** zunächst noch am Walker Art Center in Minneapolis konzipiert, dann aber im Kontext seiner Mitarbeit für die Ausstellung »Making Things Public« am ZKM im Jahr 2005 realisiert wurde und im Buch mit dem Text »**Konstruktionen medialer Räume**« von **Josephine Bosma** vertreten ist. -23
Auch in diesen Fällen fand ein Crossover vom realen zum virtuellem Raum statt (und auch umgekehrt).[7]

Die Idee eines Work-in-Progress ist zwar konstitutiv für den Produktionsprozess eines solchen netzwerkartigen Projekts, dennoch sind die meisten kuratierten Inhalte bereits

6 — Unter dem Titel »Son-Image« wurde eine Konferenz am Centro Multimedia, CENART, Mexico City, von Alejandra Gilling und Dieter Daniels organisiert und eine Ausstellung, kuratiert von Priamo Lozada und Rudolf Frieling, am Laboratorio Arte Alameda in Mexico City präsentiert.

7 — Auch eine Vernetzung zwischen virtuellen Plattformen hat stattgefunden: so mit **netzspannung.org** des Fraunhofer-Instituts (in Bezug auf das Streaming von Vorträgen) wie mit der **Datenbank der virtuellen Realität** der Humboldt-Universität Berlin (in Bezug auf den Austausch von Inhalten).

jetzt in der konzipierten Form realisiert oder werden im Laufe des Jahres 2005 fertig gestellt. Dies betrifft vor allem den kurzfristig noch durch zusätzliche Mittel der HGB Leipzig finanzierten Bereich »**Foto/Byte**«, kuratiert von **Susanne Holschbach**.
Zwei Themen sind im Buch ausgeklammert, weil in beiden Fällen bereits eine aktuelle Publikation vorliegt: Gregor Stemmrich, Kurator des Schwerpunkts »**Kunst und Kinematographie**«, hat 2001 den Reader »Kunst/Kino« herausgegeben (Oktagon-Verlag Köln), so dass wir hier auf einen erneuten Abdruck eines zentralen Textes verzichtet und stattdessen seinem Meta-Text als User von »Medien Kunst Netz« den Vorrang gegeben haben. Aus denselben Gründen wurde ein Auszug aus **Claudia Giannettis** »**Ästhetik des Digitalen**« - 2004 mit Unterstützung des ZKM Karlsruhe im Springer-Verlag Wien als Buch auf deutsch erschienen - nur als Verweis in die vorliegende Auswahl aufgenommen.
So sehr sich die einzelnen ›Daten‹ und ›Themen‹ auch als diskrete Einheiten darstellen, es ist eine der produktivsten Erfahrungen in der Rezeption dieses Onlineportals, dass sich die Themen immer wieder überlappen, ergänzen und automatisch vernetzen: zum Beispiel werden die historischen Positionen der »Ästhetik des Digitalen« aus der Perspektive der Softwarekunst, wie sie in den letzten Jahren künstlerisch formuliert wurde CD-19 (siehe Inke Arns' Text »**Read_me, run_me, execute_me**« zu »Generative Tools« im vorliegenden Band), in ein neues Licht gerückt; eine ähnliche Verschiebung der Perspektive auf einen Produktions- und Rezeptionskontext leisten die aktuellen Diskurse zu »Public Sphere_s«. Die Beispiele ließen sich fortsetzen und belegen doch nur, wie wichtig die Relationen und Verlinkungen zwischen Positionen und Perspektiven gerade sind.

/

00./005 Zugänge: spezifisch, explorativ, wissenschaftlich-historisch, künstlerisch

Die individuelle Nutzung eines Onlineangebots spiegelt die unterschiedlichen Perspektiven und Interessen. Gleiches gilt auch für die heterogenen Ansätze in der Theorie, die das gleiche Werk in immer neue Bedeutungszusammenhänge stellen können. Multiple Zugänge zur Kontextualisierung von Medien und Kunst zu ermöglichen, war daher ein zentraler Antrieb in der Gestaltung und Benutzerführung der Website. Im Laufe des Produktionsprozesses entstand durch die Kooperation mit den Designern von Schönerwissen (Berlin) und dem Programmierer Mario Röhrle (Leipzig) ein Interface mit vier Zugangsmodi:

→ *wissenschaftlich-historisch* über Texte kompetenter AutorInnen
→ *spezifisch* über den Index oder die Suchmaschine und eine komplex verlinkte Datenbank
→ *explorativ* über visuelle Optionen und zufallsgenerierte Angebote
→ *künstlerisch* über netzspezifische Auftragsarbeiten.

Auch wenn wir die Multimedialität offensiv in den wissenschaftlichen Diskurs einbringen, so bleibt (noch) die Sprache der erste und bereits *spezifische* Zugang zu solch komplexen Themen, wie sie hier behandelt werden. Daher entstand neben der Auswahl von Künstlern und Werken auch zu deren Kategorisierung, Beschreibung und Verknüpfung ein Begriffsfeld, das dem Grundgedanken der parallelen und alternativen Zugänge folgt. In »Medien Kunst Netz« sind jedem Werk deskriptive Kategorien und assoziative Schlagworte zugeordnet. Doch auch die einzelnen Module und die darin enthaltenen Thementexte sind nach Begriffen sortiert. Für alle genannten Ebenen des sprachlichen Zugangs gilt dabei, dass die scheinbar selbstverständliche Wortfindung zum Teil das Ergebnis langer Prozesse und Diskussionen ist, da komplexe Inhalte auf einen möglichst kurzen ›anklickbaren‹ Nenner gebracht werden müssen - und das auch noch in zwei Sprachen. Es wurde versucht, auch eine rein visuelle und *explorative* Ebene des Zugriffs zu ermöglichen, die zum einen keinerlei Vorkenntnisse erfordert und zum anderen auch das lustvolle Stöbern ohne begleitende Lektüre erlaubt. Daher wird im »Medien Kunst Netz« jeder Text auch von einer »Visual Summary« eingeführt, ebenso wie Bildicons die Thementexte und die Werkbeschreibungen begleiten. Zweifellos sind dies nur erste Ansätze und speziell der Bereich der Visualisierung bis hin zur visuellen Suche ist noch weiter ausbaufähig, wie besonders im Themenfeld **»Mapping und Text«** aus unterschiedlichen Perspektiven betont wird. Nicht zuletzt erinnert die Interfacegestaltung der Startseite an **Nam June Paiks** zentrale frühe Arbeit **»Random Access«**, indem nun im ›Random Welcome‹ immer eine andere künstlerische Arbeit in den Vordergrund geholt wird. Die Ökonomie der Aufmerksamkeit verbindet sich so mit der bewährten künstlerischen Gegenstrategie des Zufallsgenerators. In diesem Sinne sind auch die neuen künstlerischen Netzprojekte von unter anderem **Blank&Jeron**, **Ismael Celis**, **Daniela Alina Plewe** sowie in einer zweiten Phase **Sven Bauer**, **Andreja Kuluncic**, **Iván Marino** und **Warren Sack** als eine zusätzliche Präsentations- wie Reflexionsebene zu erleben (die Liste wird 2005 noch durch neue Projekte erweitert).

/

Meilensteine

00./006

Was in einer Ausstellung durch die eigene Erfahrung der zeitbasierten und/oder interaktiven Performativität vieler Arbeiten subjektiv sinnvoll erscheint, lässt sich ohne eigene Erfahrung und im Netz nur durch zusätzliche Informationen vermitteln. Für technologisch avancierte Installationen etwa von Stan Douglas oder Jeffrey Shaw ist eine Kenntnis der verwendeten Konfiguration von Hardware und Software unabdingbar, ebenso wichtig aber sind einige Grundlagen der Medientheorie von **Walter Benjamin** oder **Marshall McLuhan** bis **Vilém Flusser**. Die Entwicklung der Netzkunst dagegen muss immer vor dem Hintergrund der jeweils verfügbaren Browser und der kulturellen beziehungsweise kommerziellen Gesamtstruktur des Internets gesehen werden. Zu ihrem

Theorieumfeld gehören so divergierende Bereiche wie das Rhizom der Postmoderne und der Cyberfeminismus von **Donna Haraway**. Einen Code ›lesen‹ zu können, eröffnet wiederum eine ganz neue Ebene der Rezeption von Softwarekunst oder Computer Art. Visuell, textlich, kategorial, multimedial - diese Komplexität der Aufarbeitung und Nutzung der Optionen der Vermittlung erfordert Zeit und finanzielle Ressourcen, die natürlich immer ein knappes Gut sind. Aus diesem Grund haben wir einige ›Meilensteine‹ der Medienkunstgeschichte beispielhaft ausgewählt, um an unterschiedlichen kategorialen Beispielen das Potenzial einer multimedial komplex aufgearbeiteten und präsentierten Plattform zu demonstrieren. Diese Form des Zoomens auf Details und Hintergründe möchte modellhaft zukünftige Projekte der Vermittlung im Internet anregen und für Spezialisten wie auch für Einsteiger in die Medienkunst ein wichtiger Anknüpfungspunkt sein.

/

00./007

Generation Google

Das Projekt »Medien Kunst Netz« ist durch seine inhaltliche Modulstruktur und seine technische Datenbankstruktur auf eine maximale Nachhaltigkeit und Erweiterbarkeit angelegt. Der Anspruch, hochqualifizierten Content dauerhaft im Netz verfügbar zu machen, verzichtet zunächst auf die Lebendigkeit prozessorientierter Diskursplattform wie *nettime* oder *Rhizome*. Doch er entspricht allem Anschein nach dem Rezeptionsverhalten einer neuen Generation, nennen wir sie ›Generation Google‹, die dabei ist, sich von der Dominanz des Buchs als Leitmedium zu verabschieden. Heute kündigt sich eine Umkehr der schon im Editorial zu Band 1 skizzierten Differenz von Kultur- und Medienkompetenz an, so dass Inhalte, die nicht im Netz verfügbar sind, gar nicht mehr oder nur widerstrebend wahrgenommen werden. Der Grund liegt wohl kaum in einem kulturpessimistischen Insistieren auf der Qualität des gedruckten Worts und Bildes, die mehrere Stufen der Qualifizierung von Redaktion und Lektorat durchlaufen müssen, ehe sie ihre Leser erreichen. Wir sehen stattdessen eher die Notwendigkeit, diese Qualitätsstandards neu und Medien übergreifend zu fassen, so dass Netz- und Buchkultur ihre Potentiale verbinden, statt sich wechselseitig auszuschließen. Was kann einem Buchleser Günstigeres passieren, als dass die audiovisuelle Ergänzung zum Buch in Abständen verbessert und erweitert wird? Da wir mit »Medien Kunst Netz« einen ersten Schritt in Richtung eines dauerhaft aktualisierten ›Buchs in Echtzeit‹ gemacht haben, hoffen wir auf ein auch zukünftiges Interesse an Forschungen in dieser Hinsicht. Sechzig Jahre nach Wittgensteins eingangs zitiertem Diktum hat sich durch die elektronischen Medien so etwas wie eine multimediale, audiovisuelle Erweiterung der Sprache entwickelt. Damit etabliert sich auch bei Bildern, Klängen und Filmen eine neue, kollektive Form des Gebrauchs, der heute mehr denn je ihre Bedeutung in der Kommunikation bestimmt.

Media Art Net 2 → Introduction

/

Rudolf Frieling / Dieter Daniels

/

«The meaning of a word is its use in language.»[1] This dictum, now sixty years old, from Ludwig Wittgenstein's linguistic philosophy, seems to make almost astonishingly immediate sense in the age of Internet searches. Search results are not static, lexical definitions but show how terms are used, here and now. The way the meaning of ‹New Economy› has evolved shows how quickly things can change—from instant healing after the great crash to a delicate new hope—or the sentence ‹I love you,› which probably lost its innocence—for the time being at least—with the computer virus. 00./100

The term ‹media art› is another possible example. It is impossible to define even its two components ‹media› and ‹art,› as both phenomena seem able to resist any attempt to pin them down, however temporary, and undermine it completely. But some general changes of usage can be identified. For example, the field defined by ‹media art› is no longer restricted to an exclusively future-oriented perspective, as it still was in the early 1990s, but has expanded to cover a field of interest involving complex interrelationships: current art developments, the social media milieu and technological innovation are the planes of reference within a field that is in a constant state of flux. This also includes a new meaning for its early history, which is no longer confined to electronic and digital media since the 1960s. From today's point of view it now also includes the 1920s avant-garde and the media inventions and artistic utopias of the nineteenth century. And media art has not lost its implications for the future either; by integrating genetic engineering and nanophysics, for example, it is constantly expanding.

We wanted do justice to this complexity, and so started work in 1996 on advanced CD-ROM publications; then came various steps, each pursuing the ultimate state of what was technically feasible.[2] Finally we developed «Media Art Net» as a contemporary approach to linking the well-nigh infinite resources of the archives with contexts that create meaning. The aim was and is to use a context generator to guarantee historical and current data and facts for media art while retaining and promoting flexibility and individuality of use. After more than three years we have now brought the «Media Art Net» project to a conclusion, though it is clear not only to us that a network-style project can never be ‹completed.› And yet we would like to emphasize that neither is it now, nor will it be a piece of continuous work in progress. A clear framework was marked out, and this was achieved with the given resources. This has produced a platform on the Internet that provides multiperspective reviews of high-quality content and makes them accessible to everyone.

/

1 — Ludwig Wittgenstein, *Philosophische Untersuchungen*, § 43 (critical edition), Frankfurt/Main, 2001. (English: *Philosophical Investigations*, trans. G. E. M. Anscombe, Oxford, 1958. 2 — The predecessors of «Media Art Net» were two CD-ROM/book publications: Rudolf Frieling / Dieter Daniels, *Media Art Action, The 1960s and 1970s in Germany* (1997, book German / English, CD-ROM German/English/French/Spanish); Rudolf Frieling/Dieter Daniels, *Media Art Interaction, The 1980s and 1990s in Germany* (2000, book German/ English, CD-ROM German / English / French / Spanish), publ. Goethe-Institut / ZKM Karlsruhe, Springer Verlag, Vienna / New York, 2000.

00/101 **Coupling the media**

For us, multiperspective means in the first place coupling two media: one perspective is the Internet itself, or specific user behaviour, and the other is the book as the classic dominant medium. We started in January 2004 with the publication of «Media Art Net 1: Survey of Media Art,» and are now continuing with the second volume which consists of key topics. The aim in each case is a media coupling of subject matter, but following clear logic: the subject matter is presented differently on the Internet from the way it is in a book, and it is received in a specific way. Combining a book and a CD-ROM was an interesting experience, showing to an extent how books are still the powerfully dominant culture-mediating medium.[3] We drew conclusions from this for the «Media Art Net» book: the thematic texts were continuously accompanied by marginal references to links on the Web site with multi-media work presentations and the source texts quoted, some of which can also be read as complete texts on the Net. This sets up parallel reading of book and the Web, which at the same time enabled us to write in a completely different way: we did not need to describe works or quote texts in detail, as they were always available on a second level on the Net.

This new and complex intermeshing of multimedia and book had a positive effect on both academic credibility and also in terms of distribution and effect on the public, as the first reviews of and reactions to «Media Art Net 1» have shown (see the online «**Feedback**» section). In other words: the book that goes with the Net creates its own distribution paths and thus also reaches the classical reader. Here our interest was in establishing switches between the media. Whether it was a text, an image, a film, a code or a diagram — we brought a complex range of key topics together that we hope will point the way forward for conveying media art and show vividly and intelligibly why media art requires a complex mediation structure.

/

00/102 **Four theses on conveying media art**

We pointed out the special qualities of media art reception in the introduction to «Media Art Net 1.» This applies both to direct knowledge of the artworks and also their technological and theoretical context; we would like to sum this up succinctly in the following three theses:

1 → Media art must be conveyed multimedially so that its time-based, processual and interactive aspects can be understood.

2 → Media art needs a special theory that combines competencies from art theory, media science and media technology.

3 → Multimedia presentation and special theory are mutually dependent; they have to relate to each other and be published on a joint platform.

To these we can now add a fourth thesis as the sum of our past experiences:

3 — The two CD-ROMs were conceived as the main product, and most of the time, energy and financing was directed into producing them. But the effect on the outside world, which was very positive, was dominated by the book, which was intended simply as an accompanying publication, even though graphic references to the CD-ROM appeared many times in the text of *Media Art Interaction*.

4 → Contexts can be created and presented only through the Net: the idea of networking the competencies of curators, academics, mediators and institutions met with a great deal of willingness to cooperate. So finally, thanks to these many collaborators, it was possible to finance a large number of additional themes, projects and materials. Here the bandwidth of the approaches, which were often very heterogeneous in terms of method, first reflects existing divergencies of theory and practice. But at the same time the joint, collectively filled data pool, starting from the work, makes it possible to respond to these works and to make them productive in this way. Cross-links between the text were built in editorially. This led to an intensification process that we often found remarkable; it crystallized out from multiple references to a whole series of older, but also more recent artistic positions.

/

Discursive connections 00/103

Volume One was a survey, a thematic introduction to media art, while Volume Two now focuses on «Key Topics.» running through the whole spectrum of current discourses in term of links between the media and the arts. These themes were conceived quite independently by individual (teams of) curators, and then edited for uniform online publication at the ZKM. The thematic selection was constantly modified by growing interest from curators, academics and institutions in making their own contribution to «Media Art Net.» Something that was originally conceived as a location for four or five topics finally expanded to a spectrum of eight, and we also welcomed the possibility of directing attention beyond the central field of media art to the media of film and photography as well.[4] **Gregor Stemmrich** provides an exemplary explanation, from the point of view of both teachers and researchers, in his contribution to this book[5] of how the paradigm of discursive connections and ‹links› in «Media Art Net» goes beyond the familiar mediation sources. As a module curator he was of course involved in fundamental discussions on the project in hand, but at the same time as an ‹outsider› he was able to sum up the possibilities (and also possible limitations) of the online platform from a critical distance. He argues that we are not dealing here with linking subject matter merely alphabetically, mechanically, algorithmically or curatorially, but above all with linking subject matter discursively. This precisely represents the conceptual considerations that suggested we should use this network-like production mode. The discourses and methods of the people involved complement or comment on each other, or overlap. This creates complex thematic fields.

/

Key topics 00/104

«Cyborg Bodies,» curated by **Yvonne Volkart** and supported by the Institute Cultural Studies in Art Media Design at the Hochschule für Kunst und Gestaltung in Zurich,

4 — These key topics were made possible by additional funds from the State of Saxony for the «Bildungsportal Sachsen,» educational portal site of Saxony. 5 — This text was taken up especially for the book publication and does not correspond with a key topic online.

represents an important complex that also appears extensively online. It addresses discourses from the gender debate, but also creates detailed connections between body fantasies, utopias and gender constructions. **Verena Kuni**'s text «**Mythical Bodies**» is to be seen as a cultural-historical introduction to this set of topics. -15

«**Generative Tools**,» compiled by **Tjark Ihmels** and **Julia Riedel**, was funded by the Rhineland-Palatinate Ministry of Science at the FH Mainz Insititute of Media Design and is based on an idea by Rudolf Frieling. The key contributions in terms of subject matter were first presented in the form of a conference. Anchoring material in a local public at first like this is typical of a large number of the thematic blocks collected here.

The «**Sound and Image**,» curated by **Dieter Daniels** in collaboration with **Inke Arns** and built into the course at the HGB Leipzig, relates to a series of lectures at the college itself, but also benefited considerably from constructive cooperation with the then director of the Goethe Institute in Mexico City, Bernd Scherer, who immediately took up the suggestion of promoting a German-Mexican conference and exhibition on this subject in Mexico City, which took place in November 2003.[6]

The contributions to «**Mapping and Text**,» curated by **Rudolf Frieling**, were generated in connection with a series of lectures at the ZKM Center for Art and Media Karlsruhe in January 2004, while «**Public Sphere_s**» by **Steve Dietz** was first conceived at the Walker Art Center in Minneapolis, but was then realized in the context of his work for the «Making Things Public» exhibition at the ZKM in 2005. It is represented in the book by a text by **Josephine Bosma**, «**Constructing Media Spaces**.» In these cases, too, there was a crossover from real to virtual space (and vice versa).[7] -23

The idea of work in progress is constitutive for a network-like project of this kind, but in fact most of the curated key topics have already been realized as conceived or are being completed in the course of 2005. This applies in particular to the «**Photo/Byte**» work curated by **Susanne Holschbach**, which acquired additional funding from the HGB Leipzig at short notice.

Two themes have been left out of the book because there is a current publication in each case: Gregor Stemmrich, curator of the work on «**Art and Cinematography**,» published the «Kunst/Kino» (Art/Cinema) reader in 2001 (Oktagon-Verlag Cologne), so we decided not to reprint a central text here, choosing his meta-text as a «Media Art Net» user instead. An extract from **Claudia Giannetti**'s «**Aesthetics of the Digital**»—published in book form in 2004 with support from the Center for Art and Media Karlsruhe by Springer-Verlag in Vienna (German only)—is listed simply as a reference in the present collection for the same reasons.

However much the individual ‹data› and ‹themes› also represent discrete units, one of the most productive experiences in the reception of this online portal has been that themes constantly overlap, complement and link up with each other automatically: for example,

6 — A conference was organized at the Centro Multimedia, CENART, Mexico City, by Alejandra Gilling and Dieter Daniels under the title «Son-Image,» and an exhibition was presented at the Laboratorio Arte Alameda in Mexico City, curated by Priamo Lozada and Rudolf Frieling. 7 — There was also interlinking between virtual platforms: for example with the Fraunhofer Institute's **netzspannung.org** (above all in relation to streaming lectures) and with the Humboldt University's **Datenbank der virtuellen Realität** (Virtual Reality Database) (above all in relation to the exchange of subject matter).

the historical positions of the «aesthetics of the digital» from the point of view of software art, as formulated artistically in recent years (see **Inke Arns**' essay «**Read_me, run_me, execute_me**» for «Generative Tools»), have been shown in a completely new light; a similar shift of perspective to a production and reception context is achieved by the current «Public Sphere_s» discourses. More examples could be given, simply proving how important relations and links between positions and perspectives are. CD-15

/

Access: Specific, exploratory, academic-historical, artistic 00/105

The individual use of online material reflects different perspectives and interests. The same also applies to the heterogeneous theoretical approaches that can place the same work in a series of new contexts in terms of its significance. Hence one of the Web site's central design and user-guidance concerns was to make multiple access to the contextualization of media and art possible. In the course of the production process, cooperation with designers from Schönerwissen (Berlin) and the programmer Mario Röhrle (Leipzig) produced an interface with four access modes:

→ *academic-historical* via texts by qualified authors (see above)
→ *specific* via the index or the search engine and a database with complex links
→ *exploratory* via visual options and randomly generated material
→ *artistic* via Internet-specific commissioned works.

Even if multimedia quality is introduced into the media discourse as energetically as possible, language (still) remains the first and best specific means of access to complex themes of the kind we are addressing here. For this reason, a set of terms following the basic idea of parallel and alternative access was developed for categorizing, describing and linking the artists and works, as well as for selecting them. In «Media Art Net» every work is allotted descriptive categories and associative keywords. But the individual modules and the thematic texts they contain are sorted by concept as well. It is true at all levels of linguistic access that the apparently effortless finding of words is to an extent the result of long processes and discussions, as complex subject matter have to be reduced to the shortest possible ‹clickable› denominator—and in two languages as well.

We also tried to make a purely visual and *exploratory* level of access possible, requiring no prior knowledge and also permitting enjoyable rummaging unaccompanied by reading. For this reason every text in «Media Art Net» is also introduced by a «Visual Summary,» in the same way as the pictorial icons accompany the thematic texts and work descriptions. There is no doubt that this is just a start. The field of visual presentation, leading on to visual searching, can still be expanded, as is emphasized particularly in the «**Mapping and Text**» area, from various perspectives. And not least, the interface design of the welcome page is reminiscent of **Nam June Paik**'s central, early work «**Random Access**,» in that «Random Welcome» always brings a different work of art into the foreground. So economy of attention is combined with the tried-and-tested artistic counter-strategy of random generation. In this sense, the new *artistic* Internet projects by artists including **Blank & Jeron**, **Ismael Celis**, **Daniela Alina Plewe** and in a second phase **Sven Bauer**, **Andreja Kuluncic**, **Iván Marino** and **Warren Sack** (the list will be expanded to include new projects in 2005) are also to be experienced as an additional plane of presentation and reflection.

/

00./106 **Milestones**

Things that may seem to make subjective sense in an exhibition through personal experience of time-based and/or interactive performativity for many works can only be conveyed without personal experience and on the Internet by supplying additional information. For technologically advanced installations by artists like **Stan Douglas** or **Jeffrey Shaw**, knowledge of the configuration of hardware and software used is indispensable, but some basic knowledge of the media theory of **Walter Benjamin** or **Marshall McLuhan** to **Vilém Flusser** is equally important. The development of Internet art, on the other hand, always has to be seen against the background of the particular browsers available and the overall cultural or commercial structure of the Internet. The theoretical field includes areas as diverse as the rhizome of Postmodernism and **Donna Haraway**'s cyberfeminism. Being able to read a code in turn opens up a whole new plane of reception for software art or computer art. Visual, textual, by category, multimedially—this complexity in reviewing and using mediating options needs time and financial resources, which are of course always in short supply. For this reason we have picked out some media art «milestones» as examples in order to demonstrate the potential, using examples from different categories, of a platform reviewed and presented in a multi-medially complex way. This form of zooming in on detail and backgrounds might provide a stimulating model for future Internet mediation projects, and provide an important starting point for people who are just finding their way into media art.

/

00./107 **Generation Google**

The «Media Art Net» project is constructed to provide maximum durability and possibilities for expansion through its module structure in terms of content and its technical database structure. The aim of making high-quality content permanently available on the Internet has to manage without the lively quality of process-oriented discourse platforms like *nettime* or *Rhizome*. But it seems that it is entirely in tune with the reception approach taken by a new generation—let's call it ‹Generation Google›—which is in the process of saying goodbye to the book as the dominant medium. Today a reversal is looming up in the difference between culture and media competence that was sketched out in the editorial to Volume One, meaning that contents not available on the Net are not accepted any more, or at best accepted reluctantly. The reason for this is scarcely a culturally pessimistic insistence on the quality of the printed word and image, which have to go through several qualifying steps involving editing and correction before reaching their readers. Rather than this, we see a necessity to formulate these quality standards in a new way that embraces all the media, so that Internet culture and book culture can combine their potential rather than being mutually exclusive. What could be better for a reader of books than to find that audio-visual complements to the book are gradually being improved and extended? As we have taken a first step in the direction of a constantly updated ‹book in real time› in «Media Art Net,» we hope that there will be interest in research from this perspective in future. Thus Wittgenstein can be modified to extend the visual plane to an audiovisual context: sixty years after Wittgenstein's dictum quoted at the beginning, something like a multimedia, audiovisual extension of language has developed through the electronic media. Hence a new, collective form of use is establishing itself for images, sounds and films as well, and today this increasingly determines its meaning in communication.

/
Translation by Michael Robinson

00/008
00/108

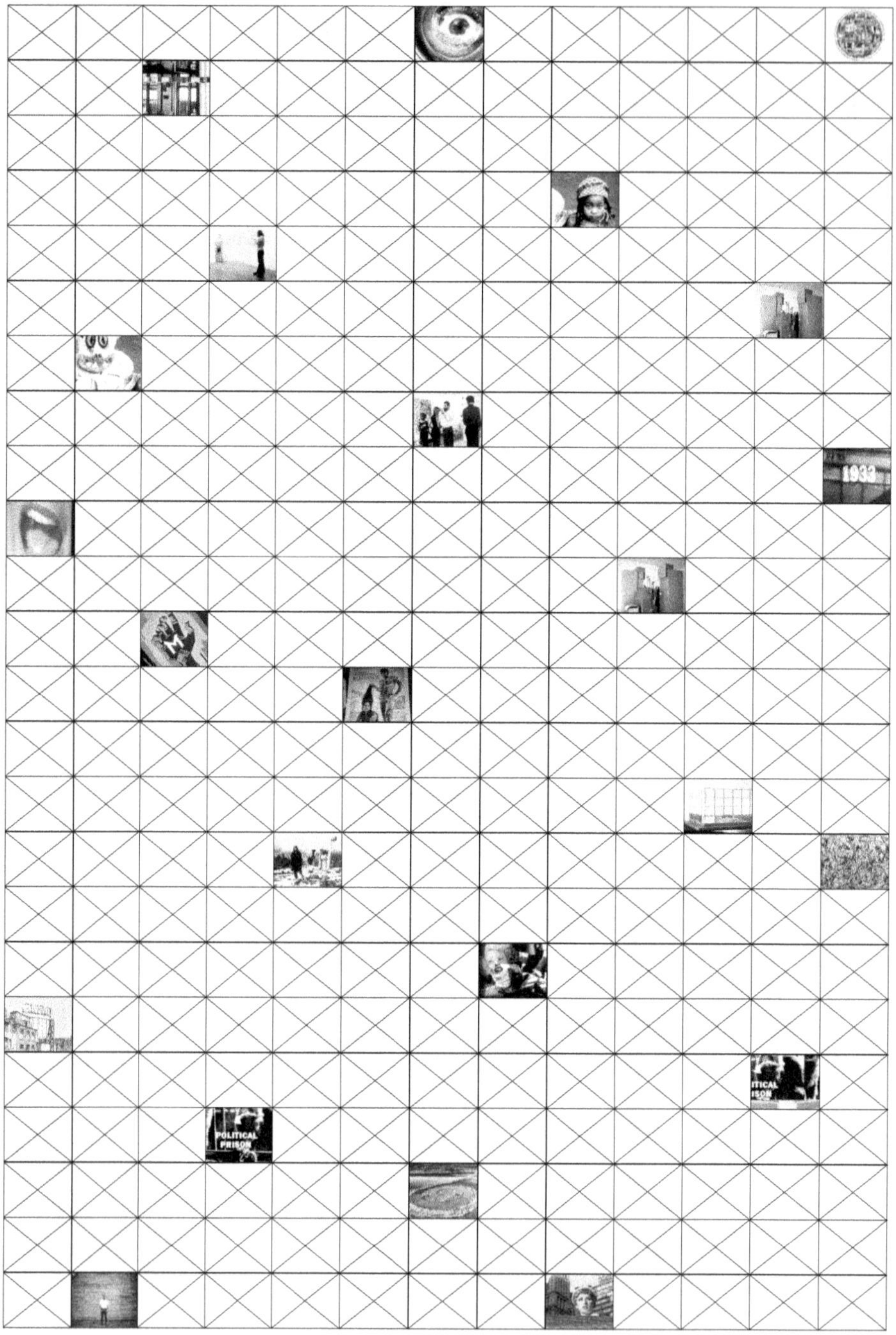

Medien Kunst Netz - ein Paradigma medialer Vermittlung von Medienkunst [1]

/

Gregor Stemmrich

/

Das Problem der Vermittlung von Medienkunst ist keines der technologischen Reproduktion, sondern der Verfügbarkeit von technologischen Reproduktionen. Man möchte meinen, Reproduzierbarkeit bedeute nichts anderes als Verfügbarkeit, doch verkennt man damit den Markt und seine Wertschöpfungsprämissen der Autorschaft, des Originals und der Rarität. Multimediale und interaktive Installationen könnten nahezu beliebig häufig verfügbar gemacht werden, da die verwendeten Technologien ihre eigene Reproduzierbarkeit gewährleisten. Erst wo Medienkunst ortsspezifische Charakteristika in sich aufnimmt, kommt diese strikt technologische Betrachtungsweise an ihre Grenze. 01./008

Eine Grenze anderer Art zeigt sich jedoch, wenn wir davon ausgehen, dass das Verständnis eines Mediums vom Gebrauch abhängt, der davon gemacht wird, das heißt vor allem vom kulturell vorherrschenden Gebrauch und den Parametern, an denen sich dieser orientiert. Dadurch kann Medienkunst leicht ins Hintertreffen geraten, denn ihre Leistung besteht gerade darin, Gebrauchsweisen vorzuschlagen und zu initiieren, die zwar technologisch, aber nicht unbedingt kulturell gestützt werden. Umso wichtiger scheint Vermittlungsarbeit zu sein, doch steht sie vor dem Problem, sowohl das zu Vermittelnde (Medienkunst) adäquat zu präsentieren und zu kontextualisieren als auch die potenziellen Interessenten tatsächlich zu erreichen.

Dabei handelt es sich nicht nur um ein Problem der Information beziehungsweise der Organisation des Informationsflusses - etwa die Tatsache, dass Kulturvermittlung nach wie vor hauptsächlich über Printmedien erfolgt -, sondern auch um eine Frage des kulturellen Status. Der Siegeszug der multimedialen Film-/Videoinstallationskunst in den 1990er Jahren kann das verdeutlichen. Denn diese Kunst bezieht ihren kulturellen Status nicht allein aus ihren technologisch avancierten Bildwelten, sondern hat in Museen, Galerien und internationalen Ausstellungsevents zugleich einen einflussreichen institutionellen ›Support‹ gefunden. Das spiegelt sich dann zugleich in aufwändigen Katalogen und zahllosen Artikeln in Feuilletons und Fachzeitschriften, obwohl die ästhetischen Erfahrungen, um die es geht, darin nicht adäquat vermittelt werden können.

Andere Bereiche der Medienkunst wie etwa die Net Art und diverse Bereiche der Audio Art sind dagegen auf andere Formen von ›Support‹, Distribution und Publizität angewiesen. Der Kunstbegriff allein hilft nicht weiter, wenn nicht Kunstinstitutionen diese Kunst zu ›ihrer‹ Kunst machen. Mit diesen Institutionen aber kommen zugleich Faktoren der Rarifizierung, der Star-Bildung, des Marketings, des Prestiges und der Publicity

1 — Der Text wurde in einer ersten Fassung auf der Tagung »Present Continuous Past(s). Videokunst: Präsentationsformen und Vermittlungsstrategien« in der Hochschule der Künste in Bremen am 14.–15.05.2004 als Vortrag gehalten und für die vorliegende Publikation überarbeitet.

ins Spiel. Zwar dienen Kunstinstitutionen der Vermittlung von Kunst, doch wird sehr schnell deutlich, dass Zur-schau-stellung und Vermittlung nicht dasselbe sind wie die Gewährleistung allgemeiner Zugänglichkeit und Verfügbarkeit. Das grundlegende Modell ist das der Vermittlung von rarifizierten Artefakten an private Käufer; und auch die Öffentlichkeit muss sich ihr Recht erkaufen.
Theoretisch und technologisch-praktisch könnte Medienkunst recht preiswert sein, wenn sie massenhaft produziert beziehungsweise zugänglich gemacht würde und auf ebenso massenhafte Nachfrage stieße. Doch dieser Sachverhalt allein schafft noch keine Öffentlichkeit, nicht einmal dann, wenn Medienkunst, wie zum Beispiel die Net Art, kostenlos zu haben ist. So paradox es klingt: Die Kunstinstitutionen (Museen, Galerien, Kunstmarkt, Kunstzeitschriften, Auktionshäuser et cetera) schaffen in ihren gegenläufigen Strategien der Rarifizierung und Publicity mehr öffentliches Interesse als es Medienkunst, selbst wenn sie im Internet unbegrenzte Verbreitung findet, aus sich heraus jemals könnte. Doch auch umgekehrt gilt: Das ganze Projekt der Moderne wäre im Bereich der Kunst eine völlig irreale Vorstellung, wenn nicht Künstler immer wieder davon ausgegangen wären, dass Kunst einen Öffentlichkeitsanspruch hat und dass sie als Künstler auch eine Öffentlichkeit darstellen. Sie schufen eine Kunst, die nicht eine breite Öffentlichkeit bedient, sondern sich ihre Öffentlichkeit erst schaffen muss, was bedeutet, dass diese Kunst zugleich die Vision einer qualifizierten, ihrer selbst bewussten Öffentlichkeit beinhaltet. Die Vermittlung von Medienkunst steht deshalb vor der Aufgabe, zwei verschiedene Bestimmungen von Öffentlichkeit in ein Verhältnis zu setzen. Öffentlichkeit ist sowohl extensional zu verstehen, wobei ihr Begriff tendenziell zu dem der Masse degeneriert, als auch intensional, wobei die ihrer selbst bewusste Öffentlichkeit möglicherweise sehr klein ist. Die gegenläufigen Mechanismen des Kunstbetriebes, Rarifizierung und Publicity, spiegeln dieses Verhältnis auf eine Weise, die einer Vermittlung von Medienkunst gerade entgegensteht.
Das liegt nur zum Teil daran, dass sich die Grundstrukturen des modernen Kunstbetriebs zu einer Zeit entwickelt haben, als man sich über neue Medien noch keine Gedanken machen musste. Auch eine Bronzeskulptur lässt sich in hoher Stückzahl anfertigen, was jedoch in den seltensten Fällen geschieht. Immerhin gibt es in der Regel mindestens einen öffentlichen Ort, wo man sie sehen kann; und fotografierbar ist sie auch. Doch werden heute auf dem Kunstmarkt DVDs in minimaler Auflage zu Preisen angeboten, die einer Bronzeskulptur angemessen erscheinen. Sofern man nicht im Besitz dieses Produktes ist, hat man kaum eine Chance zu erfahren, was sich darauf verbirgt. - Ohne hier den komplexen Zusammenhängen zwischen Reproduzierbarkeit und Wertschöpfung in ihrer oft paradox anmutenden Vielgestaltigkeit nachgehen zu wollen, beginnt man zu ahnen, dass die Probleme der Vermittlung von Medienkunst nicht mit einem Handstreich zu lösen sind.

Dabei ist Vermittlung nicht etwa vordringlich hierarchisch - nach dem Modell von Lehrer und Schüler - zu verstehen, sondern wäre idealerweise als eine Netzstruktur anzulegen, innerhalb derer Anschauungsmaterial, Spezialwissen sowie besondere Kompetenzen auf diversen Gebieten lokalisierbar und zugänglich sind, während zugleich die besonderen Bedürfnisse derer berücksichtigt sind, die diese Kompetenzen (noch) nicht haben. Im Bereich der Medienkunst ist es geradezu der Normalfall, dass jemand - sei er Künstler, Kurator, Wissenschaftler, Kunstliebhaber - zwar auf bestimmten Gebieten bereits spezielle Kompetenzen erworben hat, die er oder sie auch gerne anderen vermitteln würde, auf anderen Gebieten, die sie oder ihn interessieren (könnten), jedoch noch ›blutiger Laie‹ ist. Tatsächlich ist die Situation jedoch so, dass nicht bloß an eine entsprechende, institutionell gestützte Netzstruktur noch kaum zu denken ist, sondern dass Künstler, Kuratoren, Wissenschaftler und Kunstliebhaber vor dem Problem stehen, gerade auch an diejenigen Materialien zu gelangen, die ihren vordringlichen Kompetenzbereich betreffen. So bleibt Kompetenz letztlich hypothetisch.
Diese Problematik verschärft sich noch, wenn wir nicht allein die zeitgenössische Situation der Medienkunst ins Auge fassen, sondern ihre Geschichte. Es geht dabei nicht um das Ideal, dass jedes Werk der Medienkunst griffbereit (oder am Computer ›klickbereit‹) sein soll, sondern vielmehr darum, einen anschaulichen Einblick in die Entwicklung verschiedener Medien und ihres künstlerischen Gebrauchs zu vermitteln; und diese Möglichkeit ist derzeit nicht gewährleistet.
Sicherlich gibt es international einige gut bestückte Datenbanken, wo man diverse Datenträger ausleihen kann. Doch auch abgesehen von den Kosten für die Ausleihe und den Transport, stellt sich hier folgendes Problem: Man weiß gar nicht, was man hier ausleihen kann. Liest man zum Beispiel im Internet die Katalogseiten von Video-Datenbanken durch, so sieht man sich sehr bald in die Rolle jener Figur von Jean Paul gedrängt, die sich nur die Titel der Bücher geben lässt, die sie interessieren, die entsprechenden Bücher dann aber selber schreibt - oder sich in ihrer Fantasie ausmalt, was darin stehen könnte. Das spart zwar Geld, ist jedoch auf Dauer ein eher fades Vergnügen.
Es gibt auch museale Datenbanken, die jedoch keine Verleihrechte für ihre Bestände haben. Man kann sie nur in den Räumen der Institution selbst anschauen. Das macht den Umgang mit ihnen für die Lehre jedoch nicht leichter. Dagegen bieten Distributionsinstitutionen für die Lehre gelegentlich mehrstündige Kompilationen von Werken der Medienkunst an, die thematisch und chronologisch geordnet sind. Doch derartige Kompilationen erscheinen höchst willkürlich, zumal in der Regel ein erklärender Begleittext so allgemein gehalten ist, dass man alles Mögliche darunter fassen kann. In der Praxis greift man dann doch bloß ein einzelnes Werk aus der Kompilation heraus, weil alles andere nicht in den thematischen Zusammenhang passt.
Die Antwort auf die Frage der Verfügbarkeit von Anschauungsmaterialien scheint recht

einfach, wenn man finanzielle, organisatorische, personelle und juristische Zwänge nicht derart verinnerlicht hat, dass diese es verbieten, die Chancen der technologischen Entwicklung zu erkennen. Tatsächlich stehen mit dem Internet, dem Computer, CD-ROMs, DVD-ROMs und so weiter derart leistungsstarke Technologien zur Verfügung, dass man sich sehr wohl vorstellen kann, dass in absehbarer Zukunft zeitbasierte Medienkunst ähnlich selbstverständlich verfügbar ist, wie das seit langem schon mit traditionellen, statischen Kunstwerken in der Fotografie und Diaprojektion der Fall ist.
Doch dieser Traum ist sehr schnell ausgeträumt, wenn man sich der marktorientierten juristischen und - in deren Gefolge - der finanziellen Probleme bewusst wird. Für ein Dia braucht man keine Gebühren zu bezahlen; man kann die Vorlage aus einem Katalog abfotografieren, um sie in einem Vortrag, Seminar oder Workshop zu benutzen. An Videos (und viele andere Datenträger) kommt man jedoch gar nicht so leicht heran; wenn man ernsthaft versucht, die Geschichte der Medienkunst zu lehren, sieht man sich sehr schnell in eine Art Beschaffungskriminalität verwickelt - Raubkopien ohne Ende! Dabei helfen in vielen Fällen selbst Raubkopien nicht mehr weiter. Der künstlerische Umgang mit zeitbasierten Medien ist häufig nicht - oder nicht mehr - auf einen einzelnen Datenträger restringiert, vielmehr wurde dieser immer mehr zu einem integralen Bestimmungsmoment komplexer Installationen und Szenarien. Dabei kommen meist mehrere Filme, Videobänder, Soundtracks oder auch Livekameras zum Einsatz, die sich gar nicht alle von einem Punkt im Raum erfassen lassen. Die diversen Projektionsflächen bilden eine Raumstruktur und ein zeitliches Beziehungsgeflecht, das den Betrachter involviert. Unübersehbar ist also das Problem, diese Kunstformen zu dokumentieren. Man findet zwar in Katalogen einzelne Film- oder Videostills oder auch Installationsansichten; doch lässt sich auf dieser schmalen Basis kaum eine eingehende Untersuchung und wissenschaftlich qualifizierte Lehre aufbauen. Wir sehen uns also auf eine sehr drastische Weise daran erinnert, dass Künstler ihre Kunst nicht für Kunsthistoriker, für Archivare und für Mediatheken machen. »Die Geschichte der modernen Malerei ist der Kampf gegen den Katalog«, hatte Barnett Newman laut Harold Rosenberg erklärt.[2] - Es gibt zwar kaum eine Ausstellung, zu der kein Katalog erscheint, doch verhält sich das kulturelle Bestreben, alles unter Dach und Fach zu bringen, geradezu antithetisch zu dem Bestreben der Kunst, Erfahrungen anzustoßen, die durch keinen Katalog zu haben sind.
Dennoch haben wir das Problem der Vermittlung, und die Frage ist, wie man einen Zugang zu diesen essenziellen Erfahrungen eröffnet, auf die es in der Kunst ankommt. Da Zeit und Geld selten in ausreichendem Maße zur Verfügung stehen, um alle möglichen Ausstellungen und Events zu besuchen, auf denen solche Erfahrungen zu machen sind, hat man Grund, nach anderen Lösungen zu suchen, auch wenn dies bedeutet, sich mit weniger zufrieden zu geben.

2 — Harold Rosenberg, *Barnett Newman*, New York 1978, S. 26.

Entscheidend scheint mir dabei zu sein, Zeitliches tatsächlich auch in zeitlicher Form zu präsentieren. Denn was wir zeitlich erleben, ist nicht außen, es ist innen, das heißt, es kommt eine Intimität der Erfahrung ins Spiel. Das aber kann zugleich bedeuten, dass sich mediale Installationen der Möglichkeit einer adäquaten Dokumentation geradezu kategorisch entziehen, das heißt, einer Dokumentationsmöglichkeit, die die Erfahrung, um die es geht, für den Rezipienten *erlebbar* vermittelt. **Dan Grahams** Installation **»Present Continuous Past(s)«** von 1974 kann das verdeutlichen, denn wie kann man eine Installation dokumentieren, die den Besucher durch sein eigenes neurophysiologisches Kurzzeitgedächtnis und eine darauf bezogene Videofeedbackschleife aufs Glatteis des eigenen Zeit- und Selbstbewusstseins führt? Weder Fotografien noch Schemazeichnungen noch dokumentierende Videoaufnahmen können einen adäquaten Eindruck davon vermitteln. Objektivierend beschreiben und dokumentieren könnte man eine solche Installation nur als *externer* Beobachter, der man in der Installation jedoch gerade nicht ist und sein kann. Jemand, der die Erfahrung dieser Installation nicht selbst gemacht hat, wird deshalb auch mit einer Beschreibung nur sehr bedingt etwas anfangen können. Doch bevor diese Installation geschaffen wurde, wurde sie *konzipiert*! Historische Vermittlungsarbeit hätte genau an diesem Punkt anzusetzen: Sie kann zwar nicht unbedingt in jedem Fall die speziellen Erfahrungen, die ein Werk eröffnet, Eins zu Eins darbieten, aber sie kann die Gesichtspunkte, die bei der Konzeption ausschlaggebend waren, hinreichend klarstellen.[3]

Nun ist das Verhältnis von Konzeption und Ausführung jedoch nicht bei allen Kunstwerken, allen ästhetischen Produkten dasselbe. Zur Konzeption *selbst* kann gehören, dass sie von der Ausführung unlösbar ist und sein will. Eine besondere Weise der Kameraführung oder der Montage etwa lässt sich nicht einfach auf ein paar konzeptuelle Prämissen zurückführen - obwohl es diese durchaus geben kann. Sie lässt sich nur exemplarisch verdeutlichen. Dabei können DVDs mit einem ›Commentary track‹ oder einem ›Making-of‹-Teil enorm hilfreich sein.

Manche Künstler und manche Museen bieten zu einzelnen Werken Videotapes oder CDs an, die signifikante Sequenzen oder auch zusätzliche Informationen enthalten. Das sind Hilfsmittel, die für die Vermittlung ganz unerlässlich sind. Doch meist werden derartige Hilfsmittel erst verfügbar, wenn ein Künstler schon so etwas wie eine sakrosankte Position im Kunstbetrieb erlangt hat. So gibt es entsprechende Tapes beispielsweise zu einzelnen Arbeiten von **Gary Hill** oder auch von **Pipilotti Rist**.

Die Informationspolitik im Kunstbetrieb ist in hohem Maße auf eine Vermarktung von Stars ausgerichtet. Das kann jedoch nicht der Sinn einer historischen Vermittlungsarbeit sein. So ist man zwar dankbar für mediale Angebote, die sich auf einige Künstlerstars beziehen, behält aber das ungute Gefühl, dass diese Angebote allzu vieles unter den Tisch fallen lassen, was einer größeren Aufmerksamkeit Wert wäre.

3 — Siehe dazu die Behandlung von **Dan Grahams** **»Time Delay Room«** (1974) in »Medien Kunst Netz«.

Eine mögliche Perspektive, damit umzugehen, bietet »Medien Kunst Netz«, wie es derzeit vom ZKM - unter der Regie von Rudolf Frieling und Dieter Daniels - implementiert wird. Ich möchte hier nicht im Detail auf dieses spezielle Projekt eingehen, sondern es aus der Perspektive eines (halb-)externen Beobachters eher verallgemeinernd-exemplarisch als ein neues Paradigma für die Vermittlung von Medienkunst behandeln. (Denn man wird zugeben müssen, dass »Medien Kunst Netz« mit besseren Finanzressourcen sein multimediales Potenzial noch mehr zur Entfaltung hätte bringen können.)

»Medien Kunst Netz« geht es nicht darum, eine Fülle von sonst mehr oder minder schwer zugänglichen Materialien ohne jeden weiteren Kommentar einfach online zu stellen, wobei der Computer auf die Rolle eines Heimprojektors reduziert würde, sondern vielmehr darum, solche Materialien in Diskurse einzubinden - Diskurse, die deutlich machen, in welchen historischen Diskursen diese Materialien eo ipso stehen. Dabei liegt gegenüber Printmedien zunächst nur *der* Vorteil auf der Hand, dass diese Materialien adäquat - nämlich in zeitlicher Form - anschaulich werden.

Diese anschauungsbezogene Diskursivität hat aber auch folgenden Effekt: Selbst wenn einige Texte in »Medien Kunst Netz« auf Werke von Starkünstlern rekurrieren - weil diese leichter verfügbar sind oder auch leichter Interesse wecken -, werden über den diskursiven Rahmen doch immer übergreifende Gesichtspunkte eingeführt und begründet, die niemals vordringlich die Tatsache betreffen, dass es sich um das Werk eines Künstlerstars handelt. Sie betreffen vielmehr eine kulturelle Signifikanz und Bedeutungsstruktur, die über das einzelne Beispiel hinausweist und anschlussfähig ist für eine Vielzahl von weiteren Bezugspunkten.

Auf die gleiche Weise ist es deshalb ebenso gut möglich, dass Werke eines Künstlerstars *nicht* verfügbar sind, so dass man auf andere Beispiele zurückgreifen muss. Man hatte zum Beispiel lange Zeit kaum eine Chance einen Filmausschnitt von **Matthew Barney** zu bekommen, weil hier der kommerzielle Kunstbetrieb einen Daumen darauf hielt. Die übergreifenden Gesichtspunkte aber, unter denen Barneys Kunst interessant erscheint, konnten durchaus behandelt und exemplarisch anschaulich gemacht werden, zum Beispiel der Körperdiskurs, die Rolle der Mythologie, der Sexualität, das Recyceln medialer Paradigmen, der Diskurs über eine amorphe Materialität et cetera. Das heißt, Diskursivität per se bedeutet einen gewissen Grad an Freiheit gegenüber den Bedingungen und Mechanismen, die bestimmte Materialien verfügbar und andere unverfügbar machen.

Hatte ich mich bislang noch *halbwegs* an einem Vergleich der unter **www.medienkunstnetz.de** angebotenen Texte mit solchen in Printmedien orientiert, so möchte ich nun stärker auf die besondere Dynamik des Paradigmas von »Medien Kunst Netz« als Vermittlungsform abheben. Diese Dynamik ist vor allem darin zu erkennen, dass »Medien Kunst Netz« - wie der Name schon sagt - nicht als eine isolierte Entität (quasi wie ein Buch) angelegt ist und auch nicht so funktioniert. Es gibt vielmehr eine Fülle sowohl interner als auch externer Verknüpfungen - eine Fülle von ›Links‹ zu verschiedenen aufeinander bezogenen Plattformen, Modulen, Items, Ebenen -, Bausteinen diverser Art. Die Informationen, die diese verschiedenen Ebenen und Bausteine enthalten, sind untereinander, mit der weiteren Modulstruktur und »Medien Kunst Netz« insgesamt sowie darüber hinaus im World Wide Web ›ver-linkt‹. Das heißt, das Informationsangebot ist an keiner Stelle arretiert, sondern vielmehr durchlässig, und dieses Prinzip gilt zugleich für alle Ebenen. Man kann es als das Prinzip der Superadditivität bezeichnen: Das Ganze ist mehr als die Summe der Teile. Information kommt nicht dadurch zustande, dass ich feste Bestandteile an Information addiere, sondern indem ich sie auf eine flexible Weise reflexiv verschränke und dadurch synergetische Effekte erziele. Auf diese Weise wird Information kristallin und flüssig zugleich. Sie ist kristallin, indem sie auf eine - mehr oder minder hochkarätige - Struktur von Schnittstellen und ›Links‹ zwischen diversen Informationsbereichen verweist, die dem ›User‹ - in der praktischen Anwendung - transparent wird; und sie wird flüssig, indem sie aus zahllosen Vektoren gebildet wird, die im Gebrauch aneinander Anschluss finden. Gebrauch heißt Motivation, und diese unterliegt einer reflexiven Determination durch wechselnde aufeinander bezogene Informationsangebote. Das heißt, die Motivation verebbt nicht in einer frustrierenden Erfahrung von Beliebigkeit, sondern reichert sich nach Möglichkeit immer mehr an.

Das alles klingt sehr abstrakt, doch es bedeutet, dass die Diskursivität durch die Datenbank als Kristallisationsform eine Potenzierung erfährt. Denn Diskursivität bedeutet hier nicht allein oder vordringlich, dass ich einem Text oder mehreren Texten zu folgen vermag, die ein Thema unter verschiedenen aufeinander bezogenen Gesichtspunkten behandeln; vielmehr hat man allen Grund, an die lateinische Wurzel des Wortes Diskurs zu erinnern: ›discurrere‹ in der Bedeutung von ›hin- und herlaufen‹. Eben dies kann die besondere Affinität von Diskursivität zu Netzstrukturen plausibel machen.

Man kann im Internet nicht bloß surfen, man kann darin auch gehen! Aber dieses Gehen wird zugleich enorm erleichtert, erweitert und abgekürzt, denn es gibt Rolltreppen, Fahrstühle und Laufbänder - und dies alles innerhalb einer flexiblen Architektur. Das Gehen - hier verstanden als Metapher für eine Textlektüre - beschränkt sich also auf diejenigen Bereiche, wo es wirklich die pragmatisch beste Fortbewegungsart ist - die beste Form, sich auf einen Diskurs einzulassen. In der Verschränkung mit den anderen Bewegungsarten erschließt es einen digitalen Raum, der ›multi-medial‹ und selbstreferenziell angelegt ist. Er ist ›multi-medial‹, weil das Internet nicht bloß irgendein Medium ist, sondern ein Hyper-Medium, das andere Medien innerhalb seines digitalen Raumes repräsentiert, virtualisiert und vernetzt. Und es ist selbstreferenziell, weil alles in diesem digitalen Raum auf ihn selbst bezogen ist - es besteht in ihm durch ihn.

Für die Kunst scheint dies ein ungeheueres Potenzial in sich zu bergen. Denn es ist eine typisch modernistische Option, ein Medium mit seinen eigenen Mitteln auf seiner

eigenen Ebene zu analysieren – so wie Cézanne und andere das für die Malerei getan haben. Durchaus in Analogie dazu lässt sich über die Entwicklung einer so genannten Netzkunst nachdenken. Wie aber verhält es sich, wenn wir das Medium oder Hyper-Medium nicht mit seinen eigenen Mitteln auf seiner eigenen Ebene der digitalen Datenverarbeitung analysieren, sondern es benutzen wollen, um ein historisches Bewusstsein von der Entwicklung der Medien und ihrer künstlerischen Nutzung zu erzeugen?
Fotografie, Film, Video, Audio sind Medien, die historisch in Gestalt einer analog – nicht digital – ausgerichteten Technik entwickelt wurden. Unser Verhältnis zu ihnen ist zutiefst von dieser Tatsache geprägt. Das heißt, diese Medien erscheinen primär auf eine Wirklichkeit außerhalb ihrer selbst bezogen; es mag sich um eine inszenierte Wirklichkeit handeln oder eine medial zugerichtete, doch kommt das Medium selbst als Schnittstelle zur Wirklichkeit in Betracht. – Im Bereich des Digitalen liegen die *eigentlichen* Schnittstellen zwischen Apparaten beziehungsweise Eingabemedium und Ausgabemedium, zum Beispiel Maus und Bildschirm, Computer und Drucker. Nur *metaphorisch* lässt sich im Bereich des Digitalen auch von einer Schnittstelle zur Realität sprechen.
Selbst wenn Fotografie, Video, Audio seit geraumer Zeit in digitaler Version angeboten werden oder wenn das Filmschaffen mit digitalen Techniken verknüpft und verschliffen wird, kann man sich des Eindrucks nicht erwehren, dass diese Medien ›an sich‹ analog konzipiert sind. Das heißt, die digitale Technik enthält vor allem Optionen für eine ›*Post*-production‹. Es kann freilich sein, dass sie dazu benutzt wird, ein analog veranschlagtes Ausgangsmaterial zu simulieren (so wie in Steven Spielbergs Film »Jurassic Park« die Bewegungsformationen der Dinosaurier am Computer errechnet sind). Mit dem Internet verhält es sich jedoch anders, denn das Internet ist nicht ein einzelner Computer, mit dem etwas simuliert oder emuliert wird; das Internet ist ein digitaler Raum, der als solcher gar nicht analog verstanden werden kann und will.
Im digitalen Raum existiert nur das, was in diesem Moment als Datenmasse in ihm vorhanden ist. Darin manifestiert sich eine zwiespältige Affinität zwischen dem digitalen Raum und dem, was wir als Traumzustand kennen. Denn auch im Traumzustand gibt es nur die Daten, die Erfahrungen, die schon Teil des Systems geworden sind. Diese Daten oder Erfahrungen können auf überraschende Weisen kombiniert und prozessiert werden, aber es entsteht daraus kein Realitätskontakt, sondern allenfalls die Einsicht, dass Daten im System vorhanden sind, von denen man das *in dieser Weise* vorher nicht ahnte oder wusste. – Man könnte daraus den Schluss ziehen, dass im digitalen Raum und durch ihn eine Art Masseanziehung stattfinden muss: Es müssen beständig neue Informationen ins Netz gestellt werden, um auf diese Weise eine Art ›Realitätskontakt‹ aufrechtzuerhalten. Doch auch ein anderer Schluss scheint zulässig. Wenn man bedenkt, dass kulturell beständig Wertvorstellungen unhinterfragt tradiert und vorausgesetzt werden (über die sich auf komplexe Weise auch die Zugänglichkeit oder Unzugänglichkeit bestimmter

Materialien reguliert), dann erscheint der digitale Raum mit der Option verbunden, kulturelle Voreingenommenheiten (die selbst eine Art Traumzustand darstellen) systematisch abzubauen. Das geschieht unter anderem durch eine Kombination von Datenbeständen, die nicht nach kulturell etablierten Mustern und Wertstrukturen erfolgt.
Was bedeutet das nun in Bezug auf den Leitgedanken einer Vermittlung von Medienkunst im Internet? Ich war ausgegangen von dem schlichten Bedarf an einer Verfügbarkeit von Medienkunst; das Internet bot sich als Medium an, diesen Bedarf durch eine Bereitstellung von Daten zu decken. In einem zweiten Schritt habe ich dann - in Bezug auf »Medien Kunst Netz« - bestimmte Optionen untersucht und umrissen, die es gestatten, das Internet als *digitalen* Raum, als einen *diskursiven* Raum zu benutzen; ja, ich war von einer besonderen Affinität zwischen diskursiven Aktivitäten und Netzstrukturen ausgegangen. Anstatt Datenbestände einfach nur als Bestände zu betrachten, geht es darum, sie diskursiv zu aktivieren - das heißt, Informationen aus Daten zu ziehen und diese Informationen diskursiv in einen umfassenderen Bedeutungszusammenhang zu versetzen. Jetzt aber bin ich an einem Punkt angelangt, wo sich die Frage stellt, welche Effekte der digitale Raum auf eine Beschäftigung mit medialen Kunstwerken ausübt, die nicht für diesen Raum geschaffen wurden - der Frage, wie sich die Geschichte der Medienkunst im digitalen Raum so vermitteln lässt, dass unser Bewusstsein von dieser Geschichte nicht durch den digitalen Raum korrumpiert wird. Da wir uns nur auf der Ebene der Diskursivität bewegen, haben wir es nur mit Problemen der Navigation zu tun, einer Navigation im Internet, die den Diskurs über Medienkunst am Leben erhält und beständig anreichert. Nun aber stellt sich die Frage nach einer Navigation zweiter Stufe, die die Effekte einer vorrangigen Beschäftigung mit Medienkunst im Internet unter deren eigenen Voraussetzungen analysiert und ihnen entgegensteuert. Das kann zweierlei bedeuten. Zum einen kommt hier die Idee einer Meta-Ebene ins Spiel, auf der verschiedene Datenbankprojekte zur Medienkunst einander um neue Perspektiven erweitern und profilieren, sich also gerade dadurch in ihrem Informationsgehalt wechselseitig anreichern, dass sie gegenseitig auf ihre Beschränktheit verweisen. Zum anderen aber erscheint ein Diskurs unverzichtbar, der die Diskrepanz zwischen einer Vermittlung von Medienkunst im Internet gegenüber denjenigen Situationen, für die diese Kunst geschaffen wurde, als solche zum Thema macht.
Es handelt sich im Prinzip um das gleiche Problem, wie es auch der Kunsthistoriker mit der Diaprojektion von Gemälden hat; und ich denke, jeder hat schon seine Erfahrungen gemacht, wie überraschend es sein kann, ein Gemälde, das man nur aus fotografischen Abbildungen kannte, plötzlich im Original zu sehen - sowohl im positiven als auch im negativen Sinne. In der kunsthistorischen Lehre löst man dieses Problem gewöhnlich durch Exkursionen zu Originalen, und diese Erfahrung macht es wiederum möglich, sich auch angesichts eines bloßen Fotos vorzustellen, was es bedeuten *könnte*, vor dem

Original zu stehen. – Ähnlich verhält es sich mit der Diskrepanz zwischen einer Erfahrung zeitbasierter Medienkunst im Internet und etwa einer Videoinstallation in der Ausstellungssituation, für die diese Kunst geschaffen wurde. Das wird sogar jedem klar, der einen Film, den er nur aus dem Fernsehen oder als Videokopie kannte, nun erstmals auf einer großen Leinwand im Kino sieht – das sind zwei ganz verschiedene Filme, ganz verschiedene Erfahrungsbedingungen, auch wenn die ›Story‹ dieselbe ist.
Wenn das aber so ist, dann muss die Frage erlaubt sein, was man denn von einer Vermittlung zeitbasierter Medienkunst im Internet eigentlich erwarten kann. Ich denke, es gibt einen Aspekt, der sich hier sehr wohl und fast von selbst in einer analytischen Schärfe vermittelt, und das ist das, was ich als die Grammatik der Bilder bezeichnen möchte, die strukturellen Aufbauprinzipien als solche – einschließlich derer, die ihre zeitliche Sequenzierung betreffen. Dasselbe gilt aber auch für die strukturellen Aufbauprinzipien von komplexen Film-/Video-/Audioinstallationen. – So wenig die Grammatik eines Satzes auch schon dessen Aussagewert ausmacht, so wenig lässt sich der Aussagewert von Medienkunst, die nicht für das Internet geschaffen wurde, im Internet direkt adäquat vermitteln. Doch auch umgekehrt gilt: So wenig der Aussagewert eines Satzes unabhängig von seiner grammatischen Struktur zu verstehen ist, so sehr muss es die grammatische Struktur des visuellen und auditiven Materials sein, von der her im Internet eine Vermittlung des Aussagewerts von Medienkunst möglich ist. Das heißt, die grammatische Struktur der Bilder und Installationen liefert die Plattform und den Angelpunkt, von der beziehungsweise dem auszugehen ist und auf den sich alle diskursiv-thematischen Erweiterungen zu beziehen haben. Man hat dabei die Möglichkeit, die Anschauungsmaterialien auf thematische Anschlussfähigkeiten und diskursive Verknüpfbarkeiten hin zu untersuchen, das heißt, sie im Internet selbst zu kontextualisieren. Indem auf verschiedenen Ebenen und unter verschiedenen Gesichtspunkten Vergleiche angestellt und Beziehungen hergestellt werden – Korrelationen, Konfrontationen und Kollisionen –, werden auf der diskursiven Ebene der Benutzung Aussagewerte über Bedeutungszusammenhänge generiert, die dem Verständnis des Aussagewerts und der besonderen Ästhetik der jeweiligen Werke des Medienkunst zugute kommen.
Wollte man die hier in Bezug auf »Medien Kunst Netz« als Paradigma vorgeschlagene Perspektive der Kunstvermittlung mit einem Wort charakterisieren, so müsste man sagen: sie ist ›revisionär‹. Denn sie ist weder ›visionär‹ in dem Sinne, wie manche Propheten einer goldenen Zukunft des digitalen Zeitalters vorschlagen, noch ›revisionistisch‹ in dem Sinne, dass traditionelle Strukturen des Kunstbetriebs und der Kunstvermittlung, die heute bereits latent aufgebrochen sind, nach Möglichkeit wieder hergestellt werden sollten. Sie versucht vielmehr im Blick auf die Chancen der technologischen Entwicklung einerseits und auf die Strukturen des Kunstbetriebes und der Kunstvermittlung andererseits, auf Möglichkeiten zur Entwicklung einer besseren Struktur hinzuwirken.

Die hier angedachte Struktur ist aber nicht einfach deshalb besser, weil der etablierte Kunstbetrieb gleichsam ins Schlepptau der technologischen Entwicklung genommen werden soll, sondern weil die ästhetische und historische Erfahrung von Medienkunst darin auf bessere Weise zu ihrem eigenen Selbstverständnis gebracht wird.
Ansatzweise verstehen lassen sich Medien, indem man von ihrer technologischen Basis ausgeht, doch kann man diese wiederum nur verstehen, indem man deren Effekte und deren sozialen Gebrauch untersucht. Die Geschichte der Medienkunst zu vermitteln, würde deshalb bedeuten, diese Basis, diese Effekte und diesen Gebrauch unter immer wieder neuen Gesichtspunkten aufeinander zu beziehen. Dabei sollte man sich nicht *vordringlich* von technologischen Erwägungen leiten lassen. Unser Gehirn verhält sich zum Denken, zum Vorstellen, zur Wahrnehmung, wie der CD-Player zu der Musik, die aus ihm erklingt. Es ist völlig ausgeschlossen, dass eine Untersuchung des Gehirns jemals in den Bereich des Intentionalen vordringt. Die ästhetische Erfahrung ist zwar an technologische Vorgaben gebunden, aber nicht mit diesen identisch. Für ein tieferes Verständnis von Medien müssen wir die wechselseitige Integration von Subjektivität und Vermittlungsgestalt ins Auge fassen, die diese Medien initiieren.

Media Art Net—A Paradigm for Media Art Mediation[1]

/

Gregor Stemmrich

/

00/108 The problem with mediating, or conveying, media art is not a problem of technological reproduction, but of the availability of technological reproduction. One might think that there is no difference between reproducibility and availability, but to do that would be to fail to acknowledge the market and its value-added premises of authorship, originality and rarity. Multi-media and interactive installations could be made available almost as frequently as possible, as the technologies used guarantee their own reproducibility. It is only when media art takes on site-specific criteria that this strictly technological point of view reaches its limit.

But another kind of limit appears if we assume that understanding a medium depends on the use that is made of it, in other words above all on the cultural customs predominant at the time and the parameters governing these. This can easily make media art fall behind, as it is there specifically to propose and initiate possible uses that are supported technologically but not necessarily culturally. This seems to make the task of mediating it all the more important, as the problem arises of both presenting and contextualizing what has to be mediated (media art) appropriately while at the same time actually reaching those who are potentially interested.

Here we are not talking about a problem with information or with the flow of information—for example the fact that culture is still conveyed mainly by the print media—but about the question of cultural status. The triumphant progress of multi-media film/video installation art in the 1990s can shed light on this. This is art that does not base its cultural status solely on its technologically advanced pictorial worlds, but has also found influential institutional support in museums, galleries and international exhibition events. This is then also reflected in elaborate catalogues and countless articles on culture pages and in specialist magazines, even though these cannot adequately convey the aesthetic experience involved.

Other branches of media art, like for example Net art and various audio art fields, have to rely on other forms of support, distribution and publicity. The concept of art is not enough on its own if art institutions do not make this art «their» art. But these institutions also bring factors of rarification, star-making, marketing, prestige and publicity into play. Art institutions are there to mediate art, but it rapidly becomes clear that displaying and mediating are not the same as guaranteeing general accessibility and availability. The basic model is one of mediating rarified artifacts to private purchasers; and the public has to buy its rights as well.

Theoretically and in terms of practical technology, media art could be very reasonably

1 — A first version of this text was delivered in lecture form at the «Present Continuous Past(s). Videokunst. Präsentationsformen und Vermittlungsstrategien» conference at the Hochschule der Künste in Bremen on May 14–15, 2004, and revised for the present publication.

priced if it were mass produced or made accessible, and thus became subject to equally massive demand. But this state of affairs alone does not create public quality, not even when media art like Net art, for example, is available free of charge. However paradoxical it sounds: the art institutions (museums, galleries, art market, art magazines, auction houses, etc.) create more public interest with their opposed strategies of rarification and publicity than media art could do in its own right, even if it enjoyed unlimited Internet distribution. But the converse also applies: the whole Modernism project would be a completely unreal idea in the art field if artists had not always worked on the basis that art has a claim to public quality and that as artists, they are a public in their own right. They created art that does not serve a broad public, but that has to create a public for itself, which means that this art also contains the vision of a qualified, self-aware public. Thus when media art is being mediated it is necessary to relate two different definitions of public to each other. Public quality is to be understood extensively, which means the concept will tend to degenerate to that of the mass, and also intentionally, which means that the public actually aware of itself could possibly be a very small one. The art business's opposed mechanisms of rarification and publicity reflect this relationship in a way that makes it harder to convey media art effectively. This is only partly because the basic structures of the modern art business developed at a time when there were as yet no new media to be considered. A large number of casts can be made even of a bronze sculpture, though this happened extremely rarely. But as a rule there is at least one public place where it can be seen; and it can also be photographed. But today tiny runs of DVDs are offered on the art market at prices that seem more like those for a bronze sculpture. And it is scarcely possible to form an impression of what is hidden in there without owning the product. Without going into the complex connections between reproducibility and value creation here, with all their often seemingly paradoxical diversity, one begins to sense that the problems of mediating media art cannot be solved at a stroke.

But mediating art is not to be seen as essentially hierarchical—following the model of teacher and student—but should ideally be addressed as a network structure within which illustrative material, specialist knowledge and special competencies are localized and made accessible in various areas, while at the same time the needs of those people are considered who do not (yet) have these competencies. In the field of media art it is almost normal for an individual—an artist, a curator, an academic, an art lover—to have acquired special competencies in certain areas that they would very much like to convey to others in other fields that (could) interest them, however where they are still a complete laypersons. But actually it is the case that it is not just scarcely possible to think of an appropriate institutionally supported network structure, but that artists, curators, academics and art lovers are faced with the problem of getting their hands on the very materials that affect their prime area of competency. So ultimately competence remains hypothetical.

These problems become more acute if we look at the history of media art, as well as the contemporary situation. We are not talking about an ideal involving having every work of media art readily available (or readily ‹clickable› on the computer), but with conveying a vivid insight into the development of various media and their artistic use, a possibility is not guaranteed at present.
Certainly, internationally speaking there are a few well-equipped databases where various data storage media can be borrowed. But apart from the rental and transport costs, the following problem arises: no one knows what can be borrowed here. If you read video database catalogues, for example, on the Internet, then you quickly find yourself forced into the role of the Jean Paul character who just asks for the titles of the books that interest him and then prefers to write the books himself—or just to imagine what could be in them. This does save money, but is a somewhat insipid pleasure in the long term.
There are also museum databases that do not have any lending rights for their inventory. They can be viewed only on these premises. However, this does not make it any easier to use them for teaching purposes. But there are educational distribution organizations that occasionally offer compilations lasting for several hours of media artworks arranged by subject and chronologically. But compilations of this kind seem extremely arbitrary, especially because as a rule the explanatory accompanying text is kept so general that it can include almost anything. In practice what then happens is that a single work is taken out of the compilation because none of the rest fits in with the thematic context.
The answer to the question about the availability of illustrative material seems quite simple if one has *not* internalized financial, organizational, personal and legal constraints to the extent that it is impossible to recognize opportunities for technological development. In fact the Internet, computers, CD-ROMs, DVD-ROMs, etc. offer such powerful technologies that it is easily possible to imagine that in the foreseeable future time-based media art will be just as taken for granted as has long been the case for traditional static works of art in photography and slide projection.
But this dream fades very quickly once one is aware of market-oriented legal problems and—in their wake—the financial problems. You do not need to pay a fee for a slide; you can photograph a catalogue installation for use in a lecture, a seminar or a workshop. It is not so easy to get hold of videos (and many other media); if you are seriously concerned to teach the history of media art you very quickly find yourself entangled in a kind of procurement crime—endless pirate copies!
And even pirate copies are sometimes not very useful. Artistic work with time-based media is frequently not—or no longer—restricted to a single data medium, in fact it has increasingly become an integral defining element for complex installations and scenarios. In such cases, several films, videotapes, soundtracks or also live cameras are usually used, and they cannot all be apprehended from a single point in the space. The various

projection areas form a spatial structure and a network of chronological relations that involve the viewer. And so it is impossible to overlook the problem of how to document these art forms. Certainly catalogues offer single film or video stills or even views of installations, but it is scarcely possible to build up a detailed examination and academically viable teaching on this narrow basis. So we are dramatically reminded that artists do not make their art for art historians, archivists or media libraries. «The story of modern painting is a fight against the catalogue,» was Barnett Newman's explanation according to Harold Rosenberg.[2] It is true that there is scarcely an exhibition that is not accompanied by a catalogue, but the cultural urge to have everything cut and dried runs precisely counter to art's urge to probe experiences that no catalogue can convey.

And yet we are still left with a mediation problem, and the question is how to open up access to these essential experiences that art is concerned with. As there is rarely sufficient time and money to attend every possible exhibition and event at which this kind of experience can be had, there are reasons for looking for other solutions, even it this means being content with less.

It seems crucial to me here that material that takes place in time should be presented in chronological form. The point is that what we experience in time is not external, it is internal, i. e. an intimacy of experience comes into play. But at the same time this can mean that media installations withdraw themselves almost categorically from appropriate documentation, in other words from a possibility of documentation that conveys the experience in question so that the recipient can actually *experience* it. **Dan Graham**'s 1974 installation **«Present Continuous Past(s)»** is a good illustration of this. How can one document an installation that takes viewers onto the tricky ground of their own awareness of time and self through their neurophysiological short-term memory and a video feedback loop relation to this? It is not possible to convey an adequate impression of it with either photographs or schematic drawings or documentary video recordings. An installation of this kind could be described and documented objectively only as an *external* observer, who no one is or can be in the installation. Anyone without personal experience of this installation will therefore not be able to formulate very much of a description of it. But before this installation was created, it was *conceived*! Historical mediation work would have to start at precisely this point: it cannot present the special experiences that a work opens up one-to-one in absolutely every case, but it can adequately clarify viewpoints that were crucial to its conception.[3]

But the relationship between conception and execution is not the same for all works of art, for all aesthetic products. It can be part of the concept *itself* in that it is inseparable from the execution, and wants to be so. A particular kind of camerawork or montage, for example, cannot simply be taken back to a few conceptual premises—even though these can definitely exist. It can only provide illustrative examples. Here DVDs with a

2 — Harold Rosenberg, *Barnett Newman*, New York, 1978, p. 26. 3 — For this see the presentation of **Dan Graham**'s **«Time Delay Room»** (1974) in «Media Art Net.»

commentary track or a «making of» section can be enormously helpful.
Some artists and museums offer videotapes or CDs relating to individual works containing significant sequences or also additional information. These are absolutely essential mediation aids. But usually they are available only when an artist has achieved an almost sacrosanct position in the art business. There are, for example, tapes of this kind on individual works by **Gary Hill** or **Pipilotti Rist**.
Information policy in the art business is to a large extent directed at marketing stars. But this cannot be the meaning of historical mediation work. So one is grateful for media material relating to individual art stars, but feels uncomfortably aware that all this material abandons a great deal that would be worthy of greater attention.
One possible way of handling this is offered by «Media Art Net,» which the ZKM is currently implementing under the direction of Dieter Daniels and Rudolf Frieling. I do not want to go into this special project in detail here. I am going to treat it from the point of view of a (semi-)outside observer in a more generalized and exemplary way as a new paradigm for mediating media art. (It will in fact be necessary to admit that «Media Art Net» could develop its multimedia potential much more with better financial resources.)
«Media Art Net» is not simply trying to place an abundance of material that is otherwise more or less difficult to access online without any commentary, reducing the computer to the role of a home projector, but to tie material of this kind into discourses that make it clear where this material stands historically in its own right. Here the only immediate advantage vis-à-vis the print media is that this material is appropriately vivid—in other words in time-based form.
But this discourse related to vividness also has the following effect: even if some texts in «Media Art Net» refer back to works by star artists—because these are more readily available or are more likely to arouse interest—the discursive framework is always used to introduce and justify more general points that never related primarily to the fact that this is the work of a star artist. On the contrary, they relate to cultural significance and the structure of meaning in a way that goes beyond the individual example and can be used as a means of connecting up with a large number of other reference points.
In the same way it is equally likely that the works of a star artist might *not* be available, so that other examples have to be found. For instance, it was not possible to get hold of **Matthew Barney** film clips for a long time because the commercial art business kept too tight a hold on them. But it was perfectly possible to deal with and vividly illustrate the predominant viewpoints that make Barney's art seem interesting, e.g. the body discourse, the role of mythology, of sexuality, recycling media paradigms, the discourse about amorphous materiality, etc. In other words, discursiveness per se means a certain amount of freedom vis-à-vis the conditions and mechanisms that make some material available and other material unavailable.

So far I have half oriented myself towards a comparison of the texts offered on **www.medienkunstnetz.de** with those supplied by the print media, but I would now like to stress the particular dynamics of the «Media Art Net» paradigm as a mediation form. These dynamics show most clearly in the fact that «Media Art Net»—as its name suggests—is not organized as an isolated entity (like a book, for example) and also does not work like one. It offers a large number of internal and external ‹links› to various interrelated platforms, modules, items, planes—a variety of building blocks.
The information contained on these various levels and in these various items is linked both with the wider module structure and «Media Art Net» as a whole, and beyond that with the World Wide Web. This means that no stop is put on the information at any point, everything is permeable, and this principle applies to all planes at the same time. It can be called the super-additivity principle: the whole is more than the sum of its parts. Information is not produced by continuing to accumulate fixed information components, but by reflectively tying them together in a flexible way, thus causing synergetic effects. This makes the information both crystalline and fluid at the same time. It is crystalline in that it indicates a—more or less high-quality—structure of interfaces and links between various information fields that becomes transparent to the user—in the practical application; and it becomes fluid in that it is made up of countless vectors that become connected with each other in use. Use means motivation, and this is subject to reflective determination through changing, related information ranges. This means that the motivation does not dribble away in a frustrating experience of arbitrariness, but if possible is constantly enriched.
This all sounds very abstract, but it means that discursiveness is raised to a higher power by the database as a crystallization form. Here discursiveness does not just mean that I am able to follow one text or several dealing with one theme from various related points of view; on the contrary, there is every reason to remember the Latin root of the word discourse: «discurrere,» in the sense of running back and forth. This is precisely what makes the special affinity of discursiveness and net structures plausible.
You do not have to surf the Internet, you can walk around in it as well! But the walk is at the same time made very much easier, expanded and shortened because there are escalators, elevators and conveyor belts—and all this is within flexible architecture. Walking—seen here as a metaphor for reading text—is restricted to those areas where it really is the best way of making progress—the best way of becoming involved in a discourse. When linked up with other means of locomotion it opens up a digital space that is organized in a multimedial and self-referential way. It is multimedial because the Internet it not just any old medium but a hyper-medium representing, virtualizing and interlinking other media within its digital space. And it is self-referential because everything in this digital space relates back to itself—it exists within and through that space.

This seems to contain an enormous potential for art: it is a typically modernist option to be able to examine a medium using its own resources and on its own plane—just as Cézanne and others did for painting. The emergence of so-called Internet art can be considered completely analogous with this. But what happens if we do not examine the medium or hyper-medium with its own resources on its own plane of digital data processing, but want to use it in order to create historical awareness of the development of the media and their artistic use?
Photography, film video, audio are media that developed historically in the form of a technology that was analog and not digital-oriented. Our relationship with them is greatly affected by this fact. That is to say these media seem to relate primarily to a reality outside themselves; this may be a staged reality or one that is prepared medially, but the medium itself is part of the equation as an interface with reality. In the digital field the *actual* interfaces are between apparatuses or input and output devices, e.g. mouse and monitor, computer and printer. It is only possible to speak *metaphorically* of an interface with reality in the digital field.
Even though photography, video and audio have been available in digital versions for some time, and filmmaking has been linked and smoothed using digital techniques, it is impossible to avoid the impression that these media are analog in conception ‹as such.› In other words, digital technology offers above all opportunities for «*post*-production.» Admittedly, it may be that it is used to simulate an analog approach in the start-up material. (In Spielberg's film «Jurassic Park» the information for the dinosaurs' movements was computer-generated.) But the Internet is different: the Internet is not a single computer used to simulate or emulate something, it is a digital space that a such cannot be understood in analog terms at all, nor does it intend to be.
The only thing that exists in digital space is what is available as a data mass at any particular moment. Here we see a conflicting affinity between digital space and what we call a dream state: in a dream state as well, only the data, the experiences that have already become part of the system, are available. These data or experiences can be combined and processed in surprising ways; this does not produce contact with reality, but at best the insight that data are available in the system that one had not been aware or had a sense of *in that way* before. It would be possible to conclude from this that a kind of mass attraction has to be produced in and through digital space: new information has to be constantly placed on the Internet to maintain a kind of ‹contact with reality› in this way. But a different conclusion seems admissible as well. If one thinks that in cultural terms values are constantly passed on and insisted upon without question (and this mechanism also regulates the accessibility or inaccessibility of certain materials in a complex way), then digital space seems linked with the option of systematically demolishing cultural prejudices (which themselves represent a kind of dream state). One way of doing this

is by combining sets of data without following culturally established patterns and work structures.

Now what does that mean in relation to the central theme of mediating media art on the Internet? I was working on the basis of the simple need for media art to be available; the Internet suggested itself as a medium for meeting this need by making data available. Then in a second step—relating to media art—I have examined and sketched out various options that make it possible to use the Internet as *digital* space, as a *discursive* space; yes, I started from a special affinity between discursive activities and Internet structures. Instead of considering data stocks simply as stocks, the point is to activate them discursively—i.e. information should be drawn from data and this information should be shifted discursively into a more comprehensive context of meaning. But now I have arrived at a point where the question arises of what effects digital space has on working with media artworks that were not created for this space—the question of how the history of media art can be conveyed in digital space in such a way that our awareness of this history is not corrupted by digital space. As we are operating only on the discursive plane, we have to deal only with navigation problems, navigation on the Internet that keeps the media art discourse alive and constantly enriches it. But now we are faced with the question of a second navigation tier that analyzes the effects of a prime concern with art on the Internet under its own preconditions, and sets a course towards those preconditions. This can mean two things. On the one hand, the idea of a meta-level comes into play here, with various database projects mutually expanding and sharpening the image of certain perspectives, thus mutually enriching each other in their information content precisely by revealing their limitations to each other. But on the other hand it seems essential to have a discourse that addresses the discrepancy between mediating media art on the Internet vis-à-vis those situations as such for which this art was created.

In principle this is the same problem that art historians have with projecting slides of paintings; I think that everyone will have experienced how surprising it can be to suddenly see the original of a painting one knew only from photographs—in both the positive and the negative sense. When teaching art history, this problem is usually solved by trips to see originals, and this experience in turn makes it possible to imagine what it *could* mean to look at the original simply from seeing a photograph. There is a similar discrepancy between experiencing time-based media art on the Internet or, for example, a video installation in the exhibition situation for which it was created. This is even clear to everyone who sees a film known only from television or a video copy for the first time on the big screen in the cinema—they are two completely different films, experienced under different conditions, even though the ‹story› is the same.

But if that is the case, it must be permissible to ask what one can actually expect from time-based media art as mediated by the Internet. I think there is an aspect that comes over very well here, almost of its own accord, with some analytical precision, and that is what I would like to call the grammar of images, the structural synthetic principles as such—including those that affect its chronological sequencing. But the same applies to the structural synthetic principles of complex film/video/audio installations. The expressive quality of a sentence and its value as a proposition cannot be judged simply by observing its grammatical structure, as it is hardly possible for the expressive quality of media art that was not created for the Internet to be appropriately conveyed on the Internet. But the converse also applies: the expressive quality of a sentence can hardly be understood independent of its grammatical structure; and it must be the grammatical structure of the visual and audio material that makes it possible to convey the expressive quality of media art on the Internet. That is to say, the grammatical structure of the images and installations provides the platform and the central point that are the starting point, and the issues to which any discursive or thematic development has to relate. It is possible here to examine the illustrative material for thematic connectivity and possible discursive linkages, i.e. to place it in a context on the Internet itself. By setting up comparisons and establishing connections on various places and from different points of view—correlations, confrontations and collisions—expressive qualities are generated about connections in terms of significance that work in favor of understanding the expressive quality and the special aesthetics of the media artworks in question.

If one wanted to find a single word to characterize the art mediation perspective proposed as a paradigm here in relation to «Media Art Net,» one would have to say: it is ‹revisionary.› It is not ‹visionary› in the sense that is suggested by some prophets of a golden future in the digital age, nor ‹revisionist› in the sense of implying that traditional art business and art mediation structures, now latently crumbling, should be reconstructed as much as possible. It is trying to work towards possibilities for developing a better structure with an eye to technological development on the one hand, and the structures of the art business and art mediation on the other. But the structure we are starting to think about here is not simply better because it proposes that technological development should take the established art business in tow, but because it will enable the aesthetic and historical experience of media art to be brought to understand itself much better.

Media can be understood to some extent by taking their technical basis as a starting point, but that can be understood in its turn only by examining its effect and social use. So conveying the history of media art would therefore mean relating this basis, these effects and this use to each other from constantly changing points of view. But here one should not allow oneself to be led by technological considerations as a *matter of priority*. Our brain relates to thinking, imagining, perceiving in the same way that a CD player relates to the music that emerges from it. It is absolutely out of the question that a study of the brain could ever thrust forward into the sphere of the intentional. Aesthetic experience is tied to technological models, but is not identical with them. If we are to understand media more profoundly we must address the mutual integration of subjectivity and mediation form that these media initiate.

/

Translation by Michael Robinson

BILD UND TON//

||| DIETER DANIELS/INKE ARNS CD-12 EDITORIAL/BILD UND TON/ EDITO-
RIAL/ SOUND AND IMAGE ||| DIETER DANIELS CD-13 SOUND UND VISION IN
AVANTGARDE UND MAINSTREAM/ SOUND AND VISION IN AVANT-GARDE AND
MAINSTREAM ||| BARBARA JOHN DAS KLINGENDE BILDÜBER DAS VERHÄLT-
NIS VON KUNST UND MUSIK – EIN KUNSTHISTORISCHER RÜCKBLICK/ THE
SOUNDING IMAGE – ON THE RELATIONSHIP BETWEEN ART AND MUSIC—AN
ART-HISTORICAL RETROSPECTIVE ||| DIEDRICH DIEDERICHSEN MONTAGE/
SAMPLING/MORPHING – ZUR TRIADE VON ÄSTHETIK/TECHNIK/ POLITIK/
MONTAGE/SAMPLING/MORPHING—ON THE TRIAD OF AESTHETICS/TECH-
NOLOGY/POLITICS ||| GOLO FÖLLMER/JULIA GERLACH AUDIOVISIONEN –
12/ MUSIK ALS INTERMEDIALE KUNSTFORM/ AUDIOVISIONS – MUSIC AS AN
13/ INTERMEDIA ART FORM ||| ULF LANGHEINRICH BILD UND TON ALS EMOTIONS-
MASCHINE / IMAGE AND SOUND AS AN EMOTION MACHINE ||| ROBERT LIPPOK
>M BESTEN FALL FANGEN DIE WÄNDE AN ZU FLUKTUIEREN UND DER AUS-
SENRAUM KLINGT IN DEN INNENRAUM</ <AT BEST THE WALLS WILL START
TO FLUCTUATE AND THE EXTERIOR RESONATES INTO THE INTERIOR> |||
MARKUS POPP >MEINE MUSIK IST EIN MODELL FÜR MUSIK</ <MY MUSIC IS A
MODEL FOR MUSIC> ||| STEPHEN VITIELLO >SOUND BEEINFLUSST ALLES,
WAS DU SIEHST</ <SOUND AFFECTS EVERYTHING YOU SEE> . . . . ||||

Bild und Ton → Editorial

/

Dieter Daniels / Inke Arns

/

/

/

Ahhh... / Ahhh...
Doo, doo, doo, do-doh / Doo, doo, doo, doo doo do-doh
Don't you wonder sometimes / About sound and vision
Blue, blue, electric blue / That's the colour of my room / Where I will live / Blue, blue
Pale blinds drawn all day / Nothing to do, nothing to say / Blue, blue
I will sit right down, waiting for the gift of sound and vision
And I will sing, waiting for the gift of sound and vision
Drifting into my solitude, over my head
Don't you wonder sometimes / About sound and vision
(David Bowie, »Sound & Vision«, 1977)

/

Was David Bowie in seinem im Berlin der 1970er Jahre entstandenen Song als bewundernswerte »Gabe« (»gift«) bezeichnet, ist heute in der zeitgenössischen (Medien-)Kunst wie der Popkultur zu einem fast allgegenwärtigen Phänomen geworden. Aktuelle Beispiele umfassen Videoclips, Techno-Visuals, Video-/Audiokunst sowie Samplingtechniken von DJs und VJs. Angesichts dieser vielfältigen aktuellen Verschränkungen von Bild und Ton leistet dieses Modul ein Vierteljahrhundert nach den wegweisenden Ausstellungen wie »Für Augen und Ohren. Von der Spieluhr zum akustischen Environment« (Akademie der Künste Berlin, 1980) oder »Vom Klang der Bilder. Die Musik in der Kunst des 20. Jahrhunderts« (Staatsgalerie Stuttgart, 1985) eine Bestandsaufnahme neuerer künstlerischer Projekte und wissenschaftlicher Ansätze in diesem Bereich. 12/000

Das Modul »**Bild und Ton**« nimmt die auffällige Präsenz audiovisueller Strategien in aktuellen (Medien-)Kunstprojekten zum Anlass, um konkrete Verbindungen zu historischen Entwicklungen zu verdeutlichen und so Ähnlichkeiten und Unterschiede zu konzeptuellen Vorläufern sichtbar zu machen. Dies betrifft insbesondere Vertreter des abstrakten Films (»visuelle Musik«) sowie früher Formen des Radiohörspiels (»Hörfilm ohne Bilder«) der 1920er Jahre, die bereits Anfang des Jahrhunderts die weit reichenden Perspektiven einer künstlerischen Synthese vorwegnehmen. Genau diese konzeptuelle Rückbindung aktueller Positionen an historische Vorläufer und deren Sichtbarmachung im Kontext gegenwärtiger (medien-)künstlerischer Entwicklungen unterscheidet »Bild und Ton« auch von den meisten bisherigen Publikationen oder Veranstaltungen[1] zu diesem Thema. Während diese größtenteils entweder rein historisch ausgerichtet sind

1 — Vgl. die umfangreiche **Literatur- und Linkliste** im Modul.

oder ausschließlich aktuelle Positionen versammeln, geht es in der vorliegenden Publikation um eine gegenseitige Befragung von Gegenwart und Geschichte. Dieses Vorgehen ermöglicht eine durch die gegenwärtige Situation geschärfte Perspektive auf historische Positionen und lässt diese in einem ihnen gebührenden aktuellen Kontext sichtbar werden.

Die Verbindung zwischen der Welt des Visuellen und der des Akustischen ist heute so eng und vielfältig, dass es uns schwer fällt, sich vorzustellen, wie voneinander getrennt diese Bereiche bis zum Beginn des Medienzeitalters waren. Diese Trennung bestand sowohl in der kulturellen Bewertung von Musik und bildender Kunst wie auch in der physisch-materiellen Darstellung von Bildern und Tönen. Musik gilt schon seit der Antike als eine intellektuelle, der Mathematik verwandte Kunst, Malerei und Skulptur hingegen werden bis ins Mittelalter vor allem als Handwerksarbeit aufgefasst. Zwischen den flüchtigen Klängen der Musik und den dauerhaften Bildwerken ließ sich, wenn überhaupt, nur eine zeitweise, wie man heute sagen würde, ›performative‹ Verbindung herstellen. Erst seit dem 19. Jahrhundert haben die audiovisuellen Medien den Zeitfluss der Klänge speicherbar gemacht und die Bilder das Laufen gelehrt, so dass ihre Synthese der heutigen Wahrnehmung als fast naturgegebene Selbstverständlichkeit erscheint. Deshalb stellt sich in allen medialen Kunstformen von Beginn an die Frage der Relation von Bild und Ton, und zwar ebenso in technischer wie ästhetischer Hinsicht. Im kunst- und literaturwissenschaftlichen Kontext hat diesbezüglich der Begriff der ›Intermedialität‹ seit Anfang der 1990er Jahre zunehmend Verwendung gefunden. Er verweist auf eine wachsende Aufmerksamkeit dafür, dass Medien stets in komplexen medialen Konfigurationen stehen. Dabei werden intermediale Relationen jedoch weniger als explizit intendierte Beziehungen zwischen den Künsten als vielmehr als grundlegende Phänomene verstanden.

Anfangs erzwangen die Medien noch eine technische Trennung (Stummfilm, Schallplatte), an deren Überwindung sich die Pioniere der Klangkunst, der Lichtmusik und des ›absoluten Films‹ zu Beginn des 20. Jahrhunderts abarbeiteten. Hingegen sind mit den digitalen audiovisuellen Medienformaten jegliche Grenzen der Synthese und Umwandlung von Bildern und Tönen weggefallen. Dass wir immer weniger dazu bereit sind, nur noch durch einen unserer Sinne angesprochen zu werden, belegt symptomatisch ein Produkt wie der aktuelle Windows Media Player, der zu beliebigen Audiodaten aus dem Internet automatisch und ungefragt Bilder erzeugt. Die Euphorie für die Bild-Ton-Synthese aus der Frühzeit der Medien und der Moderne seit **Wagners** ›Gesamtkunstwerk‹ mag deshalb heute manchmal antiquiert wirken. Der Erfolg von Kulturprodukten, die wieder eine bewusste Trennung vornehmen (Hörbücher, der Film »Blue« von Derek Jarman), zeigt einen Gegentrend zur audiovisuellen Zwangsverschmelzung. Doch die ungebrochene Popularität von Videoclips, VJs und jeglichen Musik-Visuals verweist auf einen noch immer ungestillten audiovisuellen Hunger.

Die von der Medientechnik ermöglichte Bild-Ton-Koppelung entspricht nicht nur einer Logik der Apparate, sondern einem in der menschlichen Kultur verankerten Urbedürfnis nach Synästhesie. Dessen Ausdruck reicht vom Fackeltanz zum Trommelklang in der prähistorischen Höhle über die Orgelmusik zum Licht gotischer Kirchenfenster bis zu einem Techno-Club. Oft spielen dabei ekstatische und spirituelle Erfahrungen eine Rolle.

Das Spektrum der im Modul »Bild und Ton« versammelten Beiträge geht deshalb über das engere Themenfeld der Medienkunst hinaus. Inhaltlich reicht es von der Kunst- und Musikgeschichte über Fragen der Medientechnik und Wahrnehmung bis zur Poptheorie, historisch reicht es von der aktuellen Medienkunst bis weit in die Vorgeschichte. Der Beitrag »**Das klingende Bild**« von Barbara John untersucht die Geschichte der Beziehung von Kunst und Musik seit der Antike und dem Mittelalter über den Paragone der Renaissance bis zur Moderne und den ersten Versuchen einer neuen ›visuellen Musik‹ oder ›Malerei mit Zeit‹ am Beginn des 20. Jahrhunderts. Als theoretische Leitlinie dienen dabei Aussagen von Künstlern zur Konkurrenz und/oder Synthese der Künste. Daran anschließend thematisiert auch Dieter Daniels' Beitrag »**Sound & Vision in Avantgarde & Mainstream**« (abgedruckt im vorliegenden Buch) die dreifache Wechselwirkung zwischen Künsten und Medientechniken, zwischen Musik und Bildkunst sowie zwischen E- und U-Kultur seit der Zeit Wagners bis heute. Diedrich Diederichsen macht in dem Text »**Montage/Sampling/Morphing**« das utopische, gesellschaftliche Potential dieser Medientechniken zum Thema. Ebenso zeigt er den Prozess ihrer kulturindustriellen Normalisierung und Normierung und des damit einhergehenden Utopieverlusts. Der Beitrag »**Audiovisionen – Musik als intermediale Kunstform**« von Golo Föllmer und Julia Gerlach geht sozusagen von der ›naturgegebenen‹ Intermedialiät aller aufgeführten und erlebten Musik aus und verfolgt diese weiter bis zu den avancierten medialen Möglichkeiten der Vernetzung und Interaktivität.

Vier Beiträge von Künstlern lassen neben der Theorie auch die Praxis der Bild-Ton-Relationen zu Wort kommen. **Markus Popp** (Oval), **Ulf Langheinrich** (Granular Synthesis), **Robert Lippok** (to rococo rot) und **Stephen Vitiello** sprechen über ihre eigene Arbeit, über die kulturellen und technischen Rahmenbedingungen sowie die Kooperation mit anderen Künstlern und Kunstformen. Sie verkörpern dabei verschiedene Modelle der Bild-Ton-Relation: Für Popp führt der Weg von der elektronischen Musik über seine digitalen Tools zum Visuellen und die verbindenden Fragen der Userergonomie und des Einflusses von Software auf kreative Prozesse. Lippok ist von Hause aus ebenfalls Musiker, stellt aber auch visuelle Kunstwerke und Installationen her, deren Minimalismus gerade die allzu einfache Verbindung von Klang und Bild hinterfragt. Langheinrich arbeitet an komplexen, sensorisch-technischen Wechselbeziehungen von Optik und Akustik in oftmals fast überwältigend intensiven audiovisuellen Installationen.

Vitiello hat zunächst als Musiker mit zahlreichen Videokünstlern zusammengearbeitet und so den Weg zur eigenen Audioart gefunden, die zwar rein akustisch bleibt, doch sich immer auf innere Bilder bezieht. Diese Künstlerbeiträge gingen aus einer Veranstaltungsreihe an der HGB Leipzig[2] beziehungsweise der Konferenz »Son-Image« in Mexico City hervor und sind insofern auch Teil der Gesamtstrategie von »Medien Kunst Netz«, ein Crossover von realem und virtuellem Raum zu erzielen. Der bisher avancierteste Ansatz dazu ist in Zusammenarbeit mit der Plattform netzspannung im ›virtuellen Studio‹ entstanden: eine **Online-Videolecture** und eine **Hypermedia Tele-Lecture** zum Text »**Sound & Vision in Avantgarde & Mainstream**« von Dieter Daniels als Modelle für einen möglichen weiteren multimedialen Ausbau von »Medien Kunst Netz«.

2 — Vgl. das Programm der Veranstaltungsreihe »**Sound & Vision**« an der HGB Leipzig.

Sound and Image → Editorial

/

Dieter Daniels/Inke Arns

/

/

/

/

Ahhh... / Ahhh...
Doo, doo, doo, do-doh / Doo, doo, doo, doo doo do-doh
Don't you wonder sometimes / About sound and vision
Blue, blue, electric blue / That's the colour of my room / Where I will live / Blue, blue
Pale blinds drawn all day / Nothing to do, nothing to say / Blue, blue
I will sit right down, waiting for the gift of sound and vision
And I will sing, waiting for the gift of sound and vision
Drifting into my solitude, over my head
Don't you wonder sometimes / About sound and vision
(David Bowie, «Sound & Vision,» 1977)

/

David Bowie calls sound and vision a «gift» in his 1970s song, written in Berlin. It was anticipated with pleasure then, but now it has become an almost everyday phenomenon in contemporary (media) art and in pop culture. Current examples include video clips, technovisuals, video/audio art and sampling techniques used by DJs and VJs. Given the enormous current range of linked sound and vision, this module takes stock of recent artistic projects and academic approaches in this field, after pioneering exhibitions like «Für Augen und Ohren. Von der Spieluhr zum akustischen Environment»[1] or «Vom Klang der Bilder. Die Musik in der Kunst des 20. Jahrhunderts.»[2] 12/100

The «**Sound and Image**» module takes the striking presence of audiovisual strategies in current (media) art projects as an opportunity to clarify concrete links with historical developments and thus reveal similarities with and differences from conceptual predecessors. This applies particularly to examples of abstract film («visual music») and early forms of the radio play («radio film without vision») in the 1920s, anticipating the far-reaching perspectives of an artistic synthesis right at the beginning of the century. It is precisely this conceptual linking of current positions back to historical forerunners and showing them in the context of present-day (media-)artistic developments that makes «Sound and Image» different from most previous publications on this subject.[3] While most of these have been either purely historical in their approach, or have simply brought current positions together, the present publication aims to allow both present and past to question each other. Thus it is possible to view historical positions in sharper focus through the

1 — Akademie der Künste Berlin, 1980. 2 — Staatsgalerie Stuttgart, 1985. 3 — Cf. the extensive list of literature and links in the module.

lens of the present situation, allowing them to be displayed in a fitting present-day context. The connection between the visual world and the acoustic world is now so close and so varied that it is difficult for us to imagine how widely separated these spheres were at the beginning of the media age. This division lay in both the cultural evaluation of music and fine art as well as in the physical and material presentation of images and sounds. Music has been seen as an intellectual art related to mathematics since ancient times, but until the Middle Ages painting and sculpture were judged to be crafts. What we would now call a ‹performative› connection could only be established temporarily, if at all, between the fleeting sounds of music and durable images. It has only been since the nineteenth century that the audiovisual media have made it possible to capture flowing sound-time and that pictures have learned to walk; hence their synthesis seems the most natural thing in the world to the modern mind. This is why the question of the relationship between vision and sound arose in all media art from the outset, from both a technical and an aesthetic point of view. The history of art and literature coined the term «intermediality» to address this, and it was increasingly used in this context from the early 1990s. It indicates that attention is increasingly being paid to the fact that media are always involved in complex configurations. But here intermedial relations are seen less as explicitly intended connections between the arts and more as fundamental phenomena.

In the early stages, the media forced a technical separation (silent film, gramophone record), and the pioneers of sound-art, light-music and the «absolute film» worked like slaves when trying to overcome this in the early twentieth century. In contrast with this, once the digital audiovisual formats came along, any barriers to synthesizing and transforming sounds and images simply fell away. The fact that we are increasingly less prepared to be addressed through one of our senses alone is proved by a product like the current Windows Media Player, which creates images to accompany any audio data from the Internet, automatically and unasked. Hence euphoria about sound-vision synthesis from the early days of the media and Modernism since Wagner's «Gesamtkunstwerk» may well seem a bit antiquated today. The success of contemporary cultural products that deliberately go for separation again (audio books, Derek Jarman's film «Blue») are signs of a counter-trend to compulsory audiovisual fusion. But the persistent popularity of videoclips, VJs and any sort of music visual indicates that there is still some audiovisual hunger left unsatisfied.

The kind of sound-image coupling that media technology makes possible is not simply an offshoot of the logic of the apparatuses, but a primal need for synaesthesia that is firmly anchored in human culture. This is expressed by phenomena ranging from the torch dance to the sound of drums in prehistoric caves via organ music to the light of Gothic church windows to the rave clubs of today. Ecstatic and spiritual experiences often have a part to play here.

The range of contributions in the «Sound and Image» module thus goes beyond the narrow thematic field of media art. Its content extends from art and music history via questions of media technology and perception to pop theory, reaching back historically from current media art to well into prehistory. Barbara John's contribution «**The Sounding Image**» examines the history of the relationship between art and music since ancient times and the Middle Ages via Renaissance paragons to Modernism and early attempts to create a new ‹visual music› or ‹painting with time› at the start of the twentieth century. Following on from this, Dieter Daniels' contribution «**Sound & Vision in Avant-garde & Mainstream**» (also printed in the present book) addresses the threefold interplay between arts and media techniques, between music and pictorial art, and between popular and high culture from Wagner's time to the present day. Diedrich Diederichsen's essay «**Montage/Sampling/Morphing**» looks at the utopian, social potential of these media techniques. He also shows how they have been normalized and standardized by the culture industry, and the loss of utopian quality associated with this process. In the text «**Audiovisions—Music as an Intermedia Art Form**,» Golo Föllmer/Julia Gerlach start as it were from the ‹nature-given› intermediality of all music that is performed and experienced, and goes on to the advanced media possibilities of networking and interactivity. Four contributions by artists let the sound-vision relation practice have a say, alongside theory. **Markus Popp** (Oval), **Ulf Langheinrich** (Granular Synthesis), **Robert Lippok** (to rococo rot) and **Stephen Vitiello** talk about their own work, about the general cultural and technical conditions and cooperation with other artists and art forms. They represent various sound-vision relation models: for Popp, the pathway leads from electronic music via his digital tools to the visual element; he also looks at linking questions about user ergonomics and the influence of software on creative processes. Lippok, who is actually a musician, also produces visual artworks and installations whose minimalism questions the all too easy combination of sound and vision. Langheinrich works on complex, sensory-technical interplay between optics and acoustics in audiovisual installations that are often overwhelmingly intensive. Vitiello started off by working as a musician with a large number of video artists, and thus found a way to his own audio art. This in fact remains purely acoustic, but always relates to inner images. These artists' contributions emerged from the series of events at the HGB Leipzig[4] or from the «Son-Image» conference in Mexico City. Hence they are also part of «Media Art Net's» overall strategy: to achieve a crossover between real and virtual space. What is so far the most advanced approach to this was developed in cooperation with the netzspannung platform in the ‹virtual studio›: an **Online-Videolecture** and a **Hypermedia Tele-Lecture** on Dieter Daniels' text as models for a possible further multimedia development of «Media Art Net.»

/

Translation by Michael Robinson

4 — Cf. the series of «**Sound & Vision**» events at the Academy of Visual Arts (HGB), Leipzig.

13/000-006
13/100-106

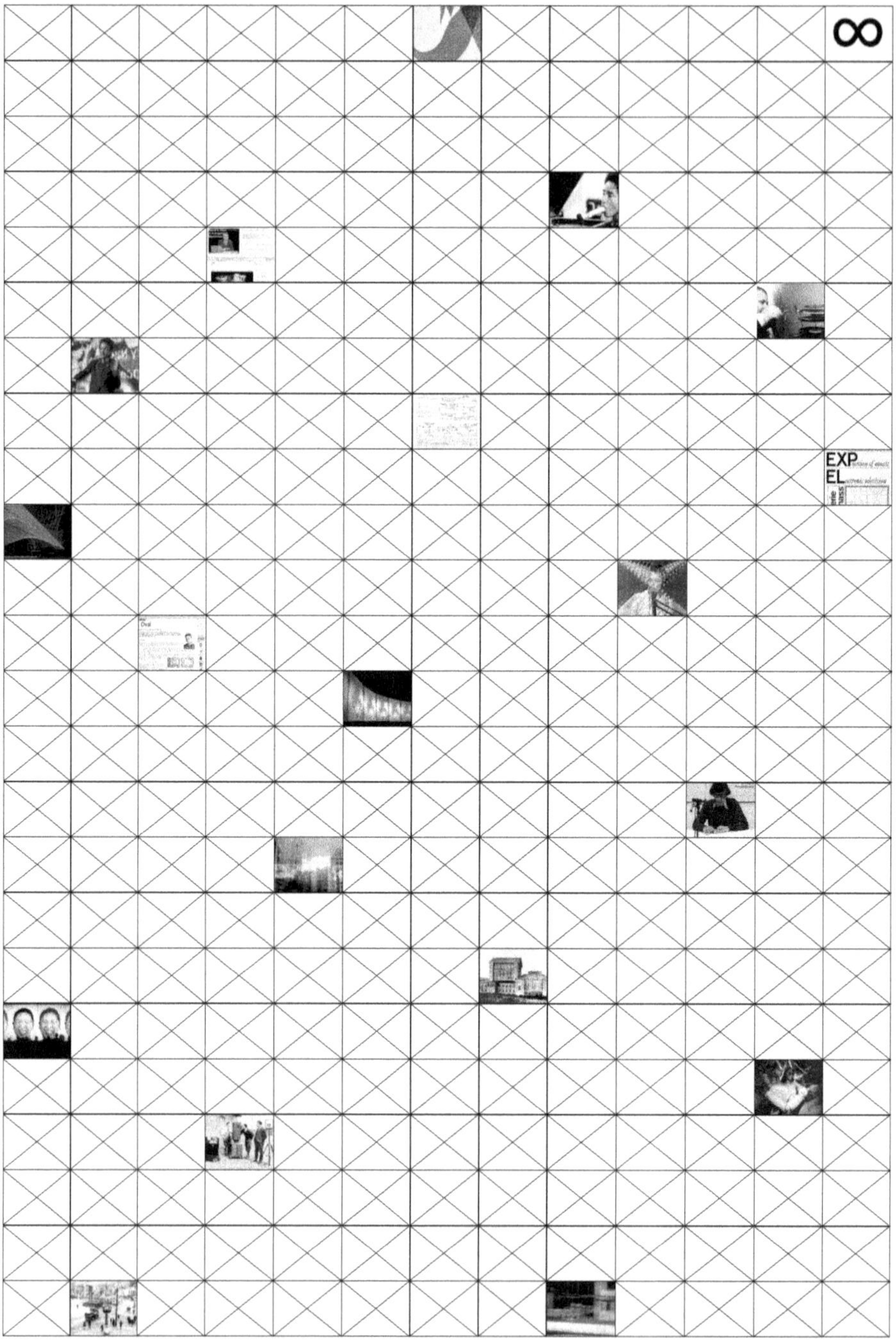

Sound & Vision in Avantgarde & Mainstream [1]

/

Dieter Daniels

/

Für die multimediale Darstellung des Themas dieses Textes hätte man Anfang der 1990er Jahre noch verschiedene Bild- und Tongeräte gebraucht: einen Diaprojektor, einen Videorekorder, ein Audiocassettentapedeck oder einen Audio-CD-Player. Nur zehn Jahre später lässt sich dies alles auf einer digitalen Plattform integrieren und damit auf dieser Website in Text, Bild und Ton online aufbereiten. Der Computer als so genannte universelle Maschine ersetzt viele einzelne, getrennte Medienapparate, er ist gleichzeitig Bild-, Ton- und Textmaschine. Scheinbar reduziert sich die Differenz von Bild und Ton also nur noch auf verschiedene Datenformate.[2] Doch wenn sich per Knopfdruck Videodaten mit Audiodaten verbinden und umgekehrt[3] - hat dann die Technik schon alle Gattungsgrenzen überwunden und wird das Multimedia-Gesamtkunstwerk zur Selbstverständlichkeit? Wohl kaum. Deshalb, ehe wir zur Kunst kommen, ein paar grundsätzliche Überlegungen. 13/000

/

Wahrnehmung - Physik - Kunst 13/001

Lassen wir uns von der Medientechnik der universellen Maschine nicht täuschen: Bild und Ton sind physikalisch völlig getrennte Phänomene. Schallwellen sind Luftschwingungen, deshalb ist es auch im luftleeren Weltall so völlig still. Licht nennen wir den für Menschen sichtbaren kleinen Teil des elektromagnetischen Spektrums, dessen Bandbreite von den Mikrowellen in der Küche bis zu den Langwellensendern des Radios reicht. Salopp gesagt: Diese Phänomene sind sich so fremd wie ein Pferd und ein Motorrad.

Es gibt nur einen Ort auf der Welt, an dem Licht und Schall in eine Wechselwirkung treten, die weit über alle Technik und Physik hinausreicht: in der menschlichen Wahrnehmung. Hier entsteht die *Synästhesie von Bild und Ton.* Sie wird zum künstlerischen Erlebnis, zum audiovisuellen Rausch und zur fast religiösen Ekstase. Der Fackeltanz in der Urhöhle, die Orgelmusik zum Licht gotischer Kirchenfenster, die barocke Feuerwerksmusik, die Wagner-Oper, das Psychedelic-Rockkonzert, die Technoparty - sie alle frönen der synästhetischen Lust an Audiovisionen[4] (vgl. den Text »**Das klingende Bild**« von Barbara John).

1 — Vgl. **Telelecture** auf **netzspannung.org** - Kurzfassung des Texts als audiovisueller Vortrag von Dieter Daniels. 2 — In diesem Sinne kritisiert **Markus Popp** die Kriterienlosigkeit im heutigen Diskurs über elektronische Musik: »Es ist so, als ob das letzte mögliche Kriterium zur Definition elektronischer Musik wäre, einfach zu sagen, es ist keine Bilddatei oder es ist keine Textdatei.« Interview mit Sam Inglis, »**Markus Popp: Music As Software**«, in: *Sound on Sound*, Okt. 2002. 3 — Beispielsweise setzt die aktuelle Version des **Windows Media Players** von Microsoft Audiostreams in Videoanimationen um. Dies automatisiert und banalisiert einen Prozess, für den Experimentalfilmer wie **Oskar Fischinger** in den 1930er Jahren noch wochenlang an einer Minute Film gearbeitet haben. 4 — Die These, dass es sich bei der Synästhesie um ein alle Zeiten und Kulturen übergreifendes Phänomen handelt, wird in vielen Texten zum Thema vertreten (vgl. etwa William Moritz, »Der Traum von der Farbenmusik«, in: Veruschka Bódy/Peter Weibel (Hg.), *Clip, Klapp, Bum. Von der visuellen Musik zum Musikvideo*, Köln 1987, S. 17ff.). Im Folgenden soll es jedoch um die spezifische Differenz gehen, die sich unter den technischen Bedingungen audiovisueller Medien für die Synästhesie in der menschlichen Wahrnehmung ergibt.

Seit Jahrtausenden schon suchen Menschen nach einem Naturgesetz der Verwandtschaft von Farben und Tönen. Doch jenseits der subjektiven Zuordnungen, die zum Beispiel von ›warmen‹ oder ›kalten‹ Klangfarben sprechen, lassen sich hier keine objektiven Beziehungen herstellen. Es bleibt deshalb ein unerreichbares Ziel, das Geheimnis einer solchen kosmischen Harmonie zu finden, die dem heutigen Stand der Physik widerspricht. Von der Antike bis in den Barock gibt es dazu gelehrte Traktate und sogar erste Apparate.[5] So hat der Jesuitenpater Louis-Bertrand Castel ab 1725 mehrfach ein so genanntes ›**Augenklavier**‹ beschrieben. Er brachte es damit zu einiger Berühmtheit, ohne dass man weiß, ob es je funktionierte. Castels Interesse war vor allem erkenntnistheoretisch, nicht auf eine praktische Realisierung des Geräts gerichtet.[6]
Tatsächlich gibt es schon vor aller Medientechnik eine direkte Farb-Ton-Verbindung, doch diese findet nur im Wahrnehmungsprozess selbst statt, sie ist weder erklärbar noch beobachtbar, außer für den Betroffenen, der sie selbst erlebt. Manche Menschen haben die Fähigkeit oder den Zwang zur synästhetischen Wahrnehmung in ihrem gesamten Alltagsleben. Wenn sie Musik hören, erscheint ihnen die Welt farbig, sie sehen bunte Muster. Um dies auch anderen Menschen mitteilbar zu machen, entstehen wiederum Kunstwerke (vgl. die **Darstellung des synästhetischen Erlebnisses** zu einem Klavierkonzert von Schostakowitsch von Matthias Waldeck). Diese Fähigkeit scheint angeboren zu sein, denn als Kinder halten sie das für normal, erst später merken sie, dass andere Menschen diese Farben nicht sehen. Sie verschweigen dann oft ihre Erlebnisse, um nicht als verrückt zu gelten. Die Hirnforschung untersucht seit den 1990er Jahren diese psychischen Phänomene.[7] Sie nutzt dabei die Synästhesie als Modellfall zur Erforschung der Funktionsweise menschlicher Wahrnehmung, und nebenbei hilft sie außerdem diesen Menschen, ihre bunte Welt zu genießen statt darunter zu leiden.
/

13/002 Kulturindustrie - Medientechnik - Avantgarde

Den Gegenpol zu dieser innerlichen, manchmal sogar heimlichen Verbindung von Musik und Bild liefern die massenmedialen, publikumswirksamen Marktstrategien der Medienindustrie: kein Hit in den Charts ohne Videoclip, zu jedem Blockbusterfilm gibt es die Titelsongs auf CD, das Fernsehen sucht den ›Superstar‹ und so weiter. Wir leben heute in einer audiovisuellen Kommerzkultur, deren Triebkraft aber die uralte Sucht nach synästhetischen Erlebnissen bleibt. Um ihr immer neues Futter zu geben, arbeitet die Medienindustrie an der Koppelung von visuellen und akustischen Produkten. So treibt die Erweiterung der Märkte wiederum die Entwicklung der Medientechnik und diese

5 — Diese erkenntnistheoretischen und naturphilosophischen Fragen beschäftigen beispielsweise in der Antike Pythagoras und in der Renaissance Athanasius Kircher. Vgl. William Moritz, »Der Traum von der Farbenmusik«, in: Bódy/Weibel (1987), S. 18f. 6 — Castel publiziert mehrere Traktate zu seinem Clavencin oculaire, in denen er sich u. a. mit den Theorien von Newton und Kircher auseinandersetzt - aber teils auch deutlich macht, dass er nie beabsichtigt habe, ein solches Gerät zu bauen. Dem stehen wiederum einige, teils anonyme oder literarisch gefasste Augenzeugenberichte gegenüber, die sich aber vermutlich auch auf die Traktate beziehen. Vgl. Jean-Marc Warszawski, »Le Clavecin oculaire du père Louis-Bertrand Castel«, in: Michel Costantini/Jacques Le Rider/François Soulages (Hg.), *La couleur réfléchie*, Séminaire à l'Université Paris VIII, Mai 1999, Paris 2001. 7 — Vgl. Hinderk M. Emrich u. a., *Welche Farbe hat der Montag? Synästhesie: Das Leben mit verknüpften Sinnen*, Stuttgart 2002. Das Spektrum der verkoppelten Sinneseindrücke reicht dabei viel weiter als Bild und Ton, es umfasst Geschmack und Geruch und wird auch von bestimmten Worten und Zahlen ausgelöst.

von neuen Produktformaten voran. Gibt es aus diesem Kreislauf kein Entkommen? Doch, so lautet die hier vertretene These, die Geschichte lässt sich auch anders darstellen. Gewiss, die Synthese von Bild und Ton ist ein alter Traum der Menschheit. Aber seit ungefähr 140 Jahren meinen wir es ernst mit diesem Traum. An seiner Realisierung arbeiten seit circa 1870 bis heute Künstler und Erfinder, Bastler und Unterhalter. An der Schnittstelle von Bild und Ton begegnen sich dabei ästhetische und technische Innovationen. Künstlerisches Experiment, obsessive Bricolage und echte technische Erfindungen entstehen hier im Wechsel von Begeisterung und Verzweiflung, von Erfolg und Scheitern. Nur einige wenige dieser Ergebnisse werden schließlich, meist erst sehr viel später, von den Massenmedien in den Mainstream der Vermarktung gespült. Aller audiovisuellen Kommerzialisierung zum Trotz bleibt die Synthese von Bild und Ton bis heute ein offenes Feld des Experiments, eine künstlerische und technische Herausforderung. Heute spielen dabei die Medienformate der Bilder und Töne eine ebenso wichtige Rolle wie die institutionellen und kommerziellen Regeln von Musik und Bildkünsten. Zugleich bleibt die Synthese von Bild und Ton bis heute auch eine Schnittstelle von Avantgarde und Massenwirkung. Künstlerische Konzepte nehmen die Mainstreamkultur oftmals um Jahrzehnte vorweg, ohne dabei allerdings direkt als Vorbilder zu dienen. Statt dessen könnte man von einem ›Durchsickern‹ von High zu Low durch die Sedimente kultureller Zeitschichten sprechen. Diese Antizipation beziehungsweise Neuerfindung im veränderten Kontext ist nicht zu verwechseln mit der wechselseitigen Appropriation von Avantgarde und Massenkultur.

/

Die Vorgeschichte audiovisueller Medien und Künste 1870—1910 13/003

Schon ganz am Beginn der Mediengesellschaft, seit der zweiten Hälfte des 19. bis zum Anfang des 20. Jahrhunderts, gibt es zahlreiche Ansätze zu einer Synästhesie, bei der Kunst und technische Invention oft kaum zu trennen sind: Erfinder bauen Farborgeln, Lichtklaviere und ähnliche, heute vergessene Apparate - andererseits versuchen Maler, Musik in Bilder zu fassen, und ebenso wollen Komponisten ihre Musik visualisieren.[8] Einer dieser vielen Apparatebauer ist **Frédéric Kastner**, der 1870 sein **Pyrophon** erfindet. Dieses neuartige Instrument, das durch farbige Gasflammen zugleich Licht und Töne erzeugt, nutzt den physikalischen Effekt der so genannten ›singenden Flammen‹. Es ist ein Zwitter aus Musik und Physik, aus Kunst und Experiment. Dass hier Klang aus Licht gewonnen wird, verheißt den Zeitgenossen eine Annäherung an die schon lange gesuchte kosmische Harmonie der Natur.[9] Deshalb erregt es auch das Interesse von **Richard**

8 — Vgl. Karin von Maur (Hg.), *Vom Klang der Bilder. Die Musik in der Kunst des 20. Jahrhunderts*, München, 1985 und 1994/1996. 9 — Bei seiner Präsentation des Pyrophons vor der Society of Arts in London pries sein Förderer Henry Dunant 1875 nicht nur die klanglichen Eigenschaften des neuen Instruments, er betonte auch dessen naturphilosophischen Hintergrund: »Hiermit ist die bescheidene *harmonica chimique*, das *lumen philosophicum* der Naturforscher, im Pyrophon zum Musikinstrument herangereift; dieses erfreuliche Ergebnis stützt die Überlegung, daß die Untersuchung der Natur des Klanges den Menschen, wenn schon nicht wirklich zur Erfindung der Musik, so doch wenigstens dahin führen wird, diese Kunst mit Mitteln auszustatten, die ihre Macht stärken.« [Henry] Dunant, »Description of M. Kastner's new musical instrument, the Pyrophone«, in: *Journal of the Society of Art*, 23.02.1875, S. 293–297, S. 293. Vgl. zur aktuellen Verwendung dieses Effekts: Volker Straebel, **»Singende Flammen. Andreas Oldörps Arbeiten zwischen Experiment und Installation«**, in: *Neue Zeitschrift für Musik*, Nr. 160, 1999.

Wagner, der es als gelungene technische Umsetzung seines Gesamtkunstwerk-Gedankens sieht und es in seinen Opern einsetzen will. Aber die Bankrotterklärung von Wagners Sponsor, König Ludwig II., durch den bayrischen Staat machte der königlichen Verschwendungssucht ein Ende.

Wagners Opern können als Urahnen der multimedialen Audiovisionen gelten. In diesem Sinne lautet ein viel sagender Buchtitel »**Multimedia from Wagner to Virtual Reality**«.[10] Für Wagner haben schon um 1850 die Einzelkünste Malerei, Tanz, Musik und Dichtung das Ende ihres Fortschritts erreicht, nur noch ihre Synthese im von ihm erstrebten ›Gesamtkunstwerk‹ kann dies überwinden. Deshalb soll das von ihm beschriebene »Kunstwerk der Zukunft« letztlich nichts anderes als eine Oper von Wagner sein.[11]

Seine Vision der Oper als Gesamtkunstwerk wurde nach vielen Rückschlägen schließlich ab 1873 in einem seltsamen, ja von außen sogar hässlichen Gebäude verwirklicht, dem **Festspielhaus Bayreuth**. Erst von innen wird die Konstruktion dieser gebauten ›Medienmaschine‹ deutlich: Eine extrem tiefe Bühne erzeugt ein perfektes Raumbild, das Orchester bleibt für die Zuschauer unsichtbar, es wird in einen engen Schalltrichter gesteckt. Die optimale Akustik des halbrunden Zuschauerraums, ohne die sonst üblichen Logen, erzwingt die volle Konzentration auf das Bühnengeschehen, kein Seitenblick auf das ›Who is who‹ in den Rängen. Orchester und Bühne sind nicht mehr als getrennte Orte wahrzunehmen, sondern Musik und Bild verbinden sich im Kopf. Dieses Prinzip finden wir heute in jedem Kino, doch damals war es eine Sensation. Der Erfolg gibt Wagner Recht, bis heute werden im Festspielhaus Bayreuth jedes Jahr ausschließlich seine Opern vor einem internationalen Highsocietypublikum gespielt - und die Karten sind fünf Jahre im Voraus ausverkauft!

Zeitgenössische Maler, Dichter und Denker sind zutiefst beeindruckt von diesem Proto-Cinema, das noch ganz ohne Filmtechnik und Elektrizität auskommt. 1877 hat das Präludium von Wagners »Lohengrin« den Maler **Jean Theodore Fantin-Latour** so fasziniert, dass er es in einem fast schon abstrakten Bild darstellt: »**Lohengrin Präludium**«, 1877. Friedrich Nietzsche und Charles Baudelaire gehören ebenso zu den euphorischen Zeitzeugen, die Wagner in ihren Schriften feiern und dazu beitragen, ihn zum würdigen Vorläufer heutiger Popstars zumachen. Nietzsche prägt den Begriff ›Hörspiel‹, der erst viel später mit der Einführung des Radios gängig wird, um die Wechselwirkung von Bild und Ton bei Wagner zu beschreiben: »Seine Kunst führt ihn immer den doppelten Weg, aus einer Welt als Hörspiel in eine rätselhaft verwandte Welt als Schauspiel und umgekehrt.«[12] Und Baudelaire berichtet in einem Brief an Wagner von einem synästhetischen Farberlebnis beim Anhören seiner Musik, sogar ohne je in Bayreuth gewesen zu sein.[13] Dieses Erlebnis bildet den Ausgangspunkt seiner an Wagner exemplifizierten Theorie der Moderne.

Anstelle der von der Antike bis zum Barock vergeblich gesuchten direkten, objektiven

10 — Randall Packer/Ken Jordan (Hg.), *Multimedia: from Wagner to virtual reality*, New York 2001. 11 — Vgl. Richard Wagner, »Das Kunstwerk der Zukunft« (1850), in: ders., *Sämtliche Schriften und Dichtungen*, Leipzig 1911, Bd. 3. 12 — Friedrich Nietzsche, »Unzeitgemäße Betrachtungen«, in: ders., *Werke*, G. Colli/M. Montinari (Hg.), Berlin 1967ff, Bd. IV, 1, S. 39. 13 — Charles Baudelaire, *Correspondance*, Claude Pichois (Hg.), Paris 1996, Bd. 2, S. 673–674. Vgl. Andrea Gogröf-Voorheers, *Defining Modernism*, New York 1999, S. 91ff.

Entsprechung von Farben und Tönen verlagert Wagner die Bild-Ton-Koppelung an ihren eigentlichen Ort, die subjektive menschliche Wahrnehmung. Sein Gesamtkunstwerk inszeniert eine komplexe Wechselwirkung zwischen Musik, Theater und Bühnenbild. Aus einer ästhetisch begründeten Notwendigkeit heraus entwickelt er dabei Darstellungstechniken, die schon viele Wirkungen der audiovisuellen Medien vorwegnehmen.

Die Entstehung dieser audiovisuellen Medien beginnt tatsächlich fast zeitgleich, aber sie folgt keiner ästhetischen Notwendigkeit, sondern pragmatischen Motiven. 1877, im Jahr der »Lohengrin«-Premiere, baut weit weg von Bayreuth, in Menlo Park in New Jersey, **Thomas Alva Edison** ein Mediengerät, mit dem sich erstmals in der Menschheitsgeschichte Zeit speichern lässt: den **Phonograph**. Diese Erfindung ist eigentlich ein fast zufälliges Nebenprodukt seiner Arbeit an verbesserten Telegrafieapparaten und Edison weiß zunächst so recht nichts damit anzufangen. Deshalb beginnt er, Thesen über die mögliche Verwendung des Phonographen zusammenzustellen, denn nur dann lässt sich die Erfindung auch verkaufen. Im Unterschied zu Kastners Pyrophon will Edison keine ästhetischen Effekte demonstrieren, sondern vermarktbare Produkte herstellen. Das heißt, das Pyrophon ist eine *ästhetische Maschine*, die ihren Zweck so wie ein Kunstwerk in sich selbst hat, der Phonograph hingegen soll eine *pragmatische Maschine* sein, die hergestellt und verkauft wird, weil jemand sie für etwas gebraucht.

Der Phonograph macht Edison zwar weltberühmt, bleibt aber kommerziell ein Flop, da sich zunächst keine Verwendungsweise des neuen Mediums durchsetzen kann. Die Weiterentwicklung seiner Erfindung bringt Edison zum bewegten Bild, zu seinem Filmprojektor namens **Kinetoscope** und ebenso zur ersten Filmkamera. Er muss dazu nur die ›Chronophotographie‹ von Eadweard Muybridge auf eine dem Phonographen ähnliche Apparatur übertragen, die nun Bilder statt Töne abspielt. Und Edison versucht sich auch schon an der Kombination dieser beiden Erfindungen, um so in seinem »**Kinetograph Theater**« Bild und Ton zu synchronisieren.

Die Folgen reichen bis heute: Auf der Synthese von Wagners ästhetischem Effekt und Edisons technischen Erfindungen beruht der Erfolg der audiovisuellen Medien, der unsere heutige Lebensform prägt. Doch bis dahin ist es noch ein langer Weg. Aus Edisons beiden Erfindungen entstehen Grammofon und Film und damit zunächst eine Trennung von Bild und Ton: Die Schallplatte nimmt der Musik alles Visuelle und der Stummfilm zwingt seine Schauspieler zur übertriebenen Gestensprache sowie den Zuschauer zum Lesen der Zwischentitel. Trotz dieser technischen Hindernisse verändern Film und Grammofon ab 1910 die Welt. Es sind standardisierte Abspiel- und Verbreitungsmedien ohne eigenen Inhalt, und sie dienen zunächst vor allem der Distribution bewährter Kulturformen. Die Zukunft gehört also den pragmatischen Maschinen, nicht den ästhetischen.

Hier ließe sich ein Exkurs zu den zahlreichen Apparatebauern der Synästhesie im frühen 20. Jahrhundert anfügen: Die Farborgeln von Wallace Rimington und Alexander Burnett

Hector, die Farblichtmusik von Alexander Laszlo, Anatol Graf Vietinghoff-Scheels Chromatophon, Mary Hallock Greenewalts Sarabet, Thomas Wilfreds Clavilux, Raoul Hausmanns zwar patentiertes, aber nie gebautes Optophon, um nur die bekanntesten zu nennen.[14] Doch alle diese Ansätze enden auf vergleichbare Weise in einer Sackgasse. Sie bleiben ein Zwitter zwischen Kunstwerk und Apparat, die aufwändigen Geräte zeigen nur die Kompositionen ihrer Erbauer. Sie sind das ganze Gegenteil von universellen Maschinen: hoch spezialisierte, individualistische Maschinen, die darum, metaphorisch gesprochen, auch zusammen mit ihren Erfindern ›sterben‹ und in Vergessenheit geraten. Keinem diese Künstler-Erfinder gelingt es, dass seine Invention von Nachfolgern genutzt, gepflegt und weiterentwickelt wird. Das unterscheidet sie von Wagners Kultstätte Festspielhaus Bayreuth, die bis heute Kosten deckend ihren Betrieb aufrecht erhält und dennoch nur die Werke ihres Herren zeigt. Dieser Exkurs wäre eine Geschichte des Scheiterns der Synästhetik an der damals noch unüberwindbaren Differenz von ästhetischen und pragmatischen Maschinen.

/

13/004 Frühe Avantgarde der audiovisuellen Medien in den 1920er Jahren

Um 1920 macht sich eine neue Generation von Künstlern auf den Weg, die ästhetische Spezifik der audiovisuellen Medien zu erproben – und hier beginnt die eigentliche Geschichte dessen, was heute ›Medienkunst‹ heißt. Als erstes Medium erproben sie den Film. Zu den Pionieren gehören **Dziga Vertov, Man Ray, Hans Richter, László Moholy-Nagy, Viking Eggeling** und als erster, aber bis heute unbekanntester: **Walter Ruttmann.** Er beginnt wie die meisten als Maler, doch 1918 malt er sein »**o.T. (Letztes Bild)**«. Seine Visionen für eine Kunst jenseits der Malerei sind so weitreichend und konkret, dass es sich lohnt, sie ausführlicher zu zitieren. Ruttmann schreibt über das »Tempo unserer Zeit: Telegraf, Schnellzüge, Stenografie, Fotografie, Schnellpressen [...] haben zur Folge eine früher nicht gekannte Geschwindigkeit in der Übermittlung geistiger Resultate. [... Dadurch] ergibt sich für das Einzelindividuum ein fortwährendes Überschwemmtsein mit Material, demgegenüber die alten Erledigungsmethoden versagen«. In dieser »erhöhten Geschwindigkeit, mit der die Einzeldaten gekurbelt werden«, liegen auch »die Gründe für unsere verzweifelte Hilflosigkeit gegenüber den Erscheinungen der bildenden Kunst«. Deshalb fordert Ruttmann eine »**Malerei mit Zeit**« die er mittels des Films realisieren will: »Eine Kunst für das Auge, die sich von der Malerei dadurch unterscheidet, dass sie sich zeitlich abspielt (wie Musik). Es wird sich deshalb ein ganz neuer, bisher nur latent vorhandener Typus von Künstler herausstellen, der etwa in der Mitte von Malerei und Musik steht. Für diese neue Kunst [...] kann auf alle Fälle mit einem erheblich breiteren Publikum gerechnet werden, als es die Malerei hat«.[15]

Trotz immenser technischer Schwierigkeiten und ohne jede offizielle Unterstützung erreicht Ruttmann nach Jahren intensiver Arbeit sein Ziel: 1921 hat sein erster Film,

14 — Vgl. die Websites **rythmiclight** und **iotacenter**. 15 — Walter Ruttmann, »Malerei mit Zeit« (um 1919/1920) in: Jeanpaul Goergen, *Walter Ruttmann. Eine Dokumentation*, Berlin 1989, S. 73f. Vgl. Dieter Daniels, **Kunst als Sendung. Von der Telegrafie zum Internet**, München 2002, S. 225ff.

»**Opus 1**«, offiziell Premiere. Den Film begleitet das eigens dafür komponierten Streichquartett von Max Butting, und auch für die bis 1925 folgenden drei »Opus«-Filme gibt es je ein entsprechendes Musikstück. Dies unterscheidet Ruttmanns Ansatz von den späteren Visualisierungen schon vorhandener Musik, mit denen beispielsweise Oskar Fischinger berühmt wird, die jedoch immer einen illustrativen Charakter behalten.
Die malerischen, abstrakten Bilder von Ruttmanns Filmen entstehen mit einer von ihm selbst entwickelten Apparatur, auf die er sogar ein Patent erhält. Sein Weg lässt sich also so zusammenfassen: Die Beschleunigung der modernen Wahrnehmung verlangt nach einer neuen Kunst, für diese fehlt aber noch die technische Lösung. Erst als Erfinder eines Apparats wird Ruttmann auch zum Pionier des so genannten »absoluten Films«. Die pragmatische Maschine Filmkamera muss mit einer neuen, ästhetischen Maschine kombiniert werden, um den Film zu sich selbst zu bringen, zu seiner eigenen absoluten Bildhaftigkeit, die nur noch aus Farben und Formen besteht, die keine Abbilder der Außenwelt mehr braucht. Im Zeitalter von Computeranimationen und Videoclip scheint dieser Schritt ebenso selbstverständlich wie er damals revolutionär und irritierend war.
Ohne voneinander zu wissen, arbeiten mehrere Künstler an verwandten Ideen, und 1925 findet die viel beachtete Matinee »**Der absolute Film**« in Berlin statt. Auch Werbung und Spielfilm greifen diese Ideen auf und integrieren ›absolute‹ Elemente. Dennoch entwickeln sich diese abstrakten Filme nicht zu einer wirklichen Massenkunst, und Ruttmann distanziert sich sogar bald von der ›absoluten Mode‹.
Zu dieser Zeit kündigt sich ein neues Massenmedium an, das dem Kino bald ebenbürtig werden wird: das Radio. Es steht in einer paradoxen Parallele zum Film: Dem Stummfilm fehlt der Ton – dem Radio das Bild. Deshalb ringt man im Radio auch um eine neue Kunstform, welche dieser Spezifik des Mediums gerecht wird: das Hörspiel. Zunächst versucht man, klassische Theaterstoffe mit aufwändigen akustischen ›Kulissen‹ auszustaffieren: Säbelrasseln, Türenknallen, Marschrhythmus auf knirschendem Kies, all das musste pünktlich passend im Studio erzeugt werden, denn alle Sendung finden live statt, vor einem einzigen Mikrofon im Sendesaal (siehe die **akustische Kulisse einer Schlacht im Rundfunksaal**, 1924).
Erst mit dem Tonfilm steht ab Ende der 1920er Jahre ein Speichermedium zur Verfügung, dass eine perfekte Synthese von Bild und Ton ermöglicht. Die Apparate zur **Tri-Ergon Lichtton-Aufzeichnung** füllen noch eine ganzen Lastwagen, heute passt so etwas in jede Hosentasche. Zum ersten Mal wird es möglich, Klänge aus dem ›echten Leben‹ aufzunehmen und durch Schnitt und Montage zu verarbeiten. Diese Technik wird erstmals 1930 für ein Hörspiel eingesetzt, sein Autor: Walter Ruttmann.
Doch bevor wir zu diesem Hörspiel kommen, müssen wir eine Blick auf Ruttmanns Werk nach dem »absoluten Film« werfen. Er dreht 1927 mit »**Berlin. Die Sinfonie der Großstadt**« einen Film ohne Schauspieler, ohne Drehbuch und ohne Story, der nur aus

dem Ablauf eines Tages in der Metropole besteht und in dem er mit »Auswahl, Gruppierung und Montage« von »natürlichem Material« arbeitet.
Dieses »Beschleichen der Wirklichkeit« verwendet Ruttmann nun auch 1930 in seinem ersten und einzigen Hörspiel. Der viel sagende Titel »**Weekend**« ist sozusagen schon die Inhaltsangabe: Nur mit vor Ort aufgenommenen Geräuschen wird der Ablauf eines Wochenendes von Samstag abend bis Montag morgen wiedergegeben, komprimiert auf 11 Minuten. Es ist ein akustischer Film ohne Bilder, in künstlerischer ebenso wie in technischer Hinsicht. Ruttmann selbst spricht von einer »photographischen Hörkunst«[16]. Ruttmann setzt die Montage assoziativ ein, zum Beispiel im fast wörtlich zu nehmenden ›Ausklang‹ des Wochenendes: erst das Klingen der Gläser beim Prost, dann die Glocken der Tiere, schließlich die Glocken der Kirche, abends und nachts, morgens der klingelnde Wecker und der noch schleppende Neubeginn des Arbeitsrhythmus. Die Klangmontage von »Weekend« nimmt sowohl die Musique concrète (**Pierre Schaeffer**) in den 1950er Jahren vorweg als auch das Sampling der heutigen Technomusik. Dieses Zukunftspotenzial demonstriert eine 1998 als Hommage entstandene CD »Weekend Remix«, die verschiedene Remixe des alten Klangmaterials von DJs und Elektronik-Musikern enthält, unter anderem von **Robert Lippok** und seiner Band to rococo rot (siehe den Text »**Im besten Fall fangen die Wände an zu fluktuieren und der Außenraum klingt in den Innenraum**« von Lippok).[17] Damit steht Ruttmann am zentralen Schnittpunkt von drei Entwicklungslinien: der künstlerischen Suche nach einer visuellen Musik, der medientechnischen Verkoppelung von Bild und Ton und schließlich der Übertragung von Entwicklungen der Avantgarde in die Mainstreamkultur (siehe den Text »**Montage/Sampling/Morphing**« von Diedrich Diederichsen).
1930 lautet Ruttmanns Motto: »Alles Hörbare der ganzen Welt wird Material.«[18] Sieben Jahre später prognostiziert **John Cage** in seinem »Credo« zur Zukunft der Musik: »Ich glaube, die Verwendung von Geräuschen in der Musik wird fortgesetzt und gesteigert, bis wir eine mit elektrischen Instrumenten produzierte Musik erreichen, die für musikalische Zwecke jeden und alle hörbaren Klänge verfügbar machen wird. Fotoelektrik, Film und mechanische Mittel zur synthetischen Erzeugung von Musik werden eingesetzt werden.«[19] Ruttmanns »Weekend« ist das Finale der visuellen Musik der 1920er Jahre, Cage hingegen legt die Grundlagen für die intermediale Kunst der 1950/1960er Jahre. Ruttmann und Cage haben somit künstlerisch wenig gemein, außer dass sie vom Maler beziehungsweise Musiker zu Medienkünstlern werden, weil sie einer technischen und ästhetischen Entwicklungslogik folgen und deren Breitenwirkung voraussehen. Doch erst über ein halbes Jahrhundert später werden diese Avantgarde-Ideen Teil der Mainstreamkultur: »Techno verschiebt die Grenze zwischen Lärm und Musik ins unendliche Nichts der Nicht-mehr-Wahrnehmbarkeit«, schreibt der Poptheoretiker Ulf Poschardt 1995.[20]

16 — Walter Ruttmann, »**Neue Gestaltung von Tonfilm und Funk. Programm einer photographischen Hörkunst**«, in: *Film-Kurier*, 26.10.1929, Nr. 255, S. 1. Reprint in: Jeanpaul Goergen, *Walter Ruttmanns Tonmontagen als Ars Acustica* (Massenmedien und Kommunikation 89) Siegen 1994, S. 25f. 17 — Die CD enthält auch Ruttmanns originales Hörspiel: *walter ruttmann weekend remix*, intermedium rec. 003, Berlin 1998. Zur Berlin-Biennale 2004 realisiert der finnische Klangkünstler und Musiker Mika Vainio (Pan Sonic) eine Installation mit dem Sound der Stadt Berlin, die ebenfalls eine Hommage an Ruttmann ist. 18 — Walter Ruttmann (1929), S. 1. Reprint in: Goergen (1994), S. 25f. 19 — John Cage, »The future of music: credo« (1937), in: ders., *Silence*, Cambridge, MA, 1966, S. 3-4.

/

Elektronische Medienkunst der 1950/1960er Jahre 13/005

Die Avantgarde der 1920er Jahre bleibt zunächst überraschend folgenlos, ja gerät sogar in Vergessenheit, wie sich am Beispiel Ruttmanns besonders drastisch zeigt.[21] Erst in den 1950/1960er Jahren wird zunächst in der Neuen Musik, dann auch in der bildenden Kunst daran angeknüpft. Die Möglichkeit dafür eröffnen die elektronischen audiovisuellen Medien. Während am Beginn des 20. Jahrhunderts vor allem Impulse aus der bildenden Kunst in die Musik übertragen wurden, übernimmt nun zeitweise die Musik die Führungsrolle in dieser Wechselwirkung.[22] Entscheidend dafür ist einerseits die radikale Infragestellung des musikalischen Werkbegriffs und andererseits der technische Vorsprung der Audiomedien.

Das Tonband vereinfacht die beim Tonfilm sehr aufwändige und teure Produktion und erlaubt eine noch viel komplexere Montage. Nun können Musiker erstmals ohne großes Budget ihre eigenen Tonexperimente mit einem Speichermedium machen. **John Cage** entwickelt für seine erste Tonbandkomposition »**Williams Mix**« (1952) eine grafische Partitur. Mit der klassischen Notenschrift lässt sich solche Komplexität nicht mehr bewältigen, stattdessen braucht Cage ein Bild zur Komposition von Ton. Acht Tonbandspuren laufen parallel, jede dieser Spuren besteht aus kurzen Soundstücken, deren Abfolge und Form mit Zufallsprinzipien bestimmt wurden. Cage verwendet 600 verschiedene Geräusche als Grundmaterial, die handgezeichnete Partitur umfasst 192 Seiten. Das Schneiden und Kleben von tausenden Tonbandschnippsel war ebenfalls mühevolle Handarbeit und dauerte trotz der Mithilfe von Freunden fast ein Jahr - für nur vier Minuten Musik.

Mit heutiger Digitaltechnik wäre es sehr viel einfacher, eine Montage mit vergleichbarer Komplexität zu produzieren. Die Software stellt den Sound schon grafisch dar, sie erlaubt so direkte Interaktion mit dem Klang. Das heißt, die Trennung zwischen einer Partitur auf Papier und ihrer mühseligen Umsetzung auf Tonband fällt weg, die digitale Partitur ist zugleich das Instrument für ihre Realisation.

Einen ersten Schritt zu einer solchen interaktiven Komposition in Echtzeit macht **Nam June Paik** zehn Jahre nach Cage, ebenfalls noch ganz analog, mit dem guten alten Tonband unter dem Titel »**Random Access**«. Dazu greift er in das Gerät ein, löst den Tonkopf heraus und gibt ihn dem Zuhörer in die Hand. Erst wenn der Zuhörer aktiv wird und die aufgeklebten Tonbänder abfährt, gibt es etwas zu hören. In der ersten Version von 1963 sind die Tonbänder wie ein Stadtplan direkt auf die Wand geklebt. Statt einer fertigen Komposition schafft Paik also eine interaktive Installation, statt nur die Software des Tonbands zu bearbeiten, verändert er die Hardware des Geräts - aus dem Rezeptionsmedium wird ein neues Produktionsinstrument. In der gleichen Ausstellung wendet Paik

20 — Ulf Poschardt, *DJ Culture. Diskjockeys und Popkultur*, Reinbek 1997 (zuerst 1995), S. 323. 21 — Ruttmanns Opus-Filme sind in ihrer Originalfassung großenteils verschollen und nur als Rekonstruktionen verfügbar. Die Originalaufnahme von »Weekend« ist ebenfalls verschollen und erst in den 1970er Jahren wurde in New York zufällig eine Tonbandkopie entdeckt. 22 — Cage hat für seine Verwendung des Zufalls als Kompositionsprinzip immer wieder auf Duchamp als Vorläufer verwiesen. Paik hat seinerseits Cages Ansatz wieder in die visuellen Künste rückübertragen. Vgl. dazu: Dieter Daniels, »Der Dualismus von Konzept und Technik in Musik und Kunst«, in: Christoph Metzger (Hg.), *Conceptualisms in Musik, Kunst und Film*, Saarbrücken 2003, S. 31-40.

1963 dieses Prinzip des »Random Access« auch auf Schallplatten an. Schon 30 Jahre vor der DJ-Kultur macht Paik die Vinylplatte zum Musikinstrument. Ein weiterer Beleg für Avantgarde als Antizipation des Mainstream: Der Plattenspieler als pragmatische Maschine für die korrekte Wiedergabe von Musik wird zweckentfremdet zu einer ästhetischen Maschine als kreatives Instrument und nur deshalb werden heute noch Vinylschallplatten nach dem Prinzip von Edisons Phonograph hergestellt.

Der Titel dieser Ausstellung von 1963 ist viel sagend: »**Exposition of Music - Electronic Television**« steht für den Übergang von Paik, dem Komponisten, der für ein Musikstudium nach Deutschland kommt, zu Paik, dem Vater der Videokunst. Denn hier stellt er erstmals seine Experimente mit Fernsehgeräten vor, in denen er seine Erfahrungen mit elektronischer Musik auf das elektronische Bild überträgt.[23] Die Vorbereitungen hierzu waren (so wie bei Cages Tonband-Montage) lange und mühselig: Ein Jahr lang hat er an den gebraucht gekauften TV-Kisten herumgebastelt, um aus dem passiven Konsumgerät ein kreatives »Participation TV« zu machen.

Zu dieser Zeit gibt es noch keine Videogeräte, Paik kann also nur mit Manipulationen des aktuellen, laufenden TV-Programms arbeiten. Und auch das ist noch sehr sparsam: In Deutschland gibt es 1963 nur einen einzigen TV-Kanal, und der sendet nur abends zwei Stunden von halb acht bis halb zehn.

Jeder der zwölf Fernseher in der Ausstellung ist auf andere Weise modifiziert, zwei davon spielen mit der Bild-Ton-Relation: Wenn man Geräusche in ein Mikrofon macht, werden diese in schnell schwingende Muster übersetzt (**TV mit Mikro**). Oder ein Tonband ist an die Bildröhre angeschlossen, so dass man auf der Mattscheibe die von der Musik erzeugten Muster sehen kann, ohne sie zu hören (»**Kuba-TV**«). Hier wird der jahrhundertealte Wunschtraum der Synästhesie durch einen simplen technischen Kurzschluss realisiert. Doch bei aller Ironie ist Paiks tieferes Anliegen eine Übertragung von Cages musikalischer Arbeit mit Zufallsfaktoren auf die Bildkünste, zu deren Begründung er bis auf die physikalischen Eigenschaften des Elektrons zurückgeht: »INDETERMINISMUS und VARIABILITÄT sind die extrem UNTERENTWICKELTEN Parameter in der optischen Kunst, obwohl dies das zentrale Phänomen der Musik während der letzten zehn Jahre gewesen ist.«[24] Ausdrücklich fordert Paik somit die Übertragung von kompositorischen Prinzipien der Musik auf die Bildkünste. Dem entspricht eine industriell-technische Entwicklung vom Ton zum Bild, wie sie schon bei Edison auftrat, die aus dem Tonband das Videoband werden lässt.

Sobald die ersten Geräte auf den Markt kommen, stürzt Paik sich auf die Videotechnik und verkündet 1965 programmatisch: »Es ist eine historische Notwendigkeit, falls es eine historische Notwendigkeit in der Geschichte gibt, dass eine neue Dekade des elektronischen Fernsehens der vergangenen Dekade der elektronischen Musik folgt.«[25] Doch die von der Industrie gelieferten Videogeräte reichen Paik nicht. 1970 beginnt er zusammen

23 — Vgl. Dieter Daniels, »**Fernsehen - Kunst oder Antikunst?**« in »Medienkunst im Überblick« (S. 34).
24 — Nam June Paik, »**Nachspiel zur Ausstellung des experimentellen Fernsehens**« (1964), in: Rudolf Frieling/Dieter Daniels (Hg.), *Medien Kunst Aktion – die 60er und 70er Jahre in Deutschland*, Wien/New York 1997, S. 44.
25 — Nam June Paik, »**Elektronischer Videorekorder**« (1964), ebd., S. 129.

mit dem Techniker Shuya Abe und der Unterstützung eines TV-Senders, einen eigenen »**Videosynthesizer**« zu bauen. Mit ihm kann er nun das elektronische Bild manipulieren, um es aus der TV-Ästhetik zu befreien und zu einem frei formbaren künstlerischen Material zu machen. So wie **Walter Ruttmann** ein halbes Jahrhundert zuvor seine Filmapparatur baute, um mit dem Film so wie mit Pinsel und Farbe zu arbeiten, verkündet nun Paik: »Eines Tages werden Künstler mit Kondensatoren, Widerständen & Halbleitern arbeiten so, wie sie heute mit Pinseln, Violine & Abfall arbeiten.«[26] Der Videosynthesizer ist wie der in der Musik übliche Audiosynthesizer zunächst für den Liveeinsatz gedacht, er ist, laut Paik, »in Realzeit zu spielen - wie ein Klavier. Vom rein künstlerischen Standpunkt ist das höchst interessant - eine wirklich neue Sache, die nie zuvor existiert hat. Man spielt einfach und sieht dann den Effekt«.[27]
Der Videosynthesizer kommt erstmals in der Live-TV-Sendung »**Videocommune**« 1970 auf WGBH Boston zum Einsatz. Vier Stunden lang improvisieren Paik und das Team des Senders mit dem Synthesizer, wozu sogar Passanten von der Straße eingeladen werden, spontan an der Gestaltung einer Fernsehsendung mitzumachen. Die in der Musik übliche, gemeinsame Improvisation wird durch diese Technik auch für das Bild möglich, es entsteht ein für die Bildkünste neues Modell einer kollektiven Kreativität. Den Soundtrack zu den vier Stunden »Videocommune« liefert das Gesamtwerk der Beatles. Damit nimmt Paik schon viele Elemente der Musicclips vorweg.
Paik ist nicht der einzige, der sich zu dieser Zeit mit dem Bau von Videosynthesizern beschäftigt. Es gibt zahlreiche Bastler, Künstler und Musiker, die von der elektronischen Synästhesie fasziniert sind.[28] Meist werden dabei zweckentfremdete Audiosynthesizer zur Bildverarbeitung eingesetzt so wie in **Bill Hearns Vidium** von 1969. Schon vor der Digitalisierung besteht also in den elektronischen Medientechniken eine enge, direkte Wechselwirkung zwischen Bild und Ton, denn beides sind nur noch elektrische Signale. Seit Beginn der elektronischen Ära ist dabei die Tontechnik der Bildtechnik fast immer voraus. Der Grund ist einfach: Ein Tonsignal braucht sehr viel weniger Information als ein Bildsignal. Darum ist das Radio älter als das Fernsehen, das Tonband älter als der Videorekorder, die Audio-CD älter als die DVD. Dieser technische Vorsprung hat bis heute eine direkte Auswirkung auf die Kunst.
/

Avantgarde und Mainstream seit den 1990er Jahren

13/005

Seit den 1990er Jahren treten visuelle und akustische Kultur ebenso wie ihre Medien in eine enge Wechselbeziehung (siehe »**Audiovisionen - Musik als intermediale Kunstform**« von Foellmer/Gerlach). Die Voraussetzung dafür liefert die eingangs beschriebene Synthese von Bild- und Tontechnik im Digitalen, welche auch den Zeitvorsprung der Avantgarde zum Mainstream immer kürzer werden lässt. Sowohl in der E- wie in der U-Kultur hat die Musik schon lange vor der Bildkunst die vollen digitalen Möglichkeiten

26 — Ebd., S. 130. 27 — Kat. *Nam June Paik*, Kölnischer Kunstverein, Köln 1976, S. 133. 28 — Einen guten Überblick dazu gibt: The Vasulkas/Dave Dunn (Hg.), *Die Eigenwelt der Apparatewelt/Pionieers of Electronic Art*, Ars Electronica, Linz 1992.

ausgeschöpft. Darum entsteht die elektronische Neue Musik ein Jahrzehnt vor der Videokunst und darum gibt es den DJ schon Jahre vor dem VJ. Man kann im Rückblick auf die Zeit ab 1950 behaupten: Sound ist die technische Avantgarde des Bildes. Andererseits erweist sich der Kontext der bildenden Kunst als permissiver und offener für die Prozessualisierung und Partizipation des ›offenen Kunstwerks‹ von Fluxus und Happening sowie ihre Fortführung in der Medienkunst. So wird die Kategorie Medienkunst heute vor allem als Teil der Kunstgeschichte und weniger der Musikgeschichte verhandelt.

Der neue Typus eines Künstlers zwischen Musik und Malerei, auf den Ruttmann schon 1920 wartet, scheitert heute nicht mehr an den technischen Möglichkeiten - diese sind in digitalem Überfluss vorhanden. Doch die Künstler sind nie zufrieden mit dem, was die Industrie ihnen an Hard- und Software bietet. Die DJ-Pioniere und Klangkünstler bauen ebenso ihre eigenen Tools und schreiben ihre eigenen Programme wie die VJ-Pioniere und manche bildenden Medienkünstler.

In der künstlerischen Praxis findet oft ein visuell-akustisches Teamwork statt, das aber nicht immer frei von Hierarchieverhältnissen ist (siehe den Text **»Sound beeinflusst alles, was du siehst«** von Stephen Vitiello). Im Popkontext ist die Musik dominant: die gängigen Videoclips illustrieren den Rhythmus und die Storyline der Musik. Im Club ist der DJ der Chef, der VJ versucht, dem Beat der Musik zu folgen und sich auf den Stil der Stücke einzustellen. Umgekehrt steht im Kontext der bildenden Kunst das Visuelle im Vordergrund - wer den Sound zu einem Medienkunstwerk gemacht hat, steht meist nur in den Credits. Ebenso bleiben die Verwertungssysteme von Musik und bildender Kunst bis heute völlig unterschiedlich: Für Musik zählt die Masse, seien es Besucher im Konzert oder verkaufte Platten. Die bildende Kunst hingegen verdient an Exklusivität, am Verkauf von Originalwerken in kleiner Zahl zu hohem Preis.

Doch seit den 1980er Jahren gibt es mehr und mehr Künstler die gleichermaßen mit Bild und Ton arbeiten. Zu den Pionieren gehört **Laurie Anderson** spätestens seit ihrer Multimediaperformances **»United States, Part 1-4«** (1983). Für ihre Stücke setzt sie Liveelektronik ein und erfindet neue visuelle Musikinstrumente, wie beispielsweise die Video-Geige und die Tonband-Geige. Ihr gelingt damit ein Brückenschlag von der E- zur U-Kultur, sie tritt im Museum auf und kommt mit ihrem Song »Oh Superman« 1982 sogar in die Hitparade.

Seit Mitte der 1990er Jahre lässt sich eine wachsende Zahl von Künstlern kaum noch unter den klassischen Gattungen subsumieren. Während die Kunstszene die Clubkultur entdeckt und unter dem Schlagwort Crossculture manchmal recht oberflächlich als neue Inspirationsquelle verwertet, arbeitet eine mit dem Computer groß gewordene Generation von Künstlern an den Tiefenschichten der Bild-Ton-Verbindung. Einige Beispiele dafür seien abschließend genannt, an denen sich auch verschiedene Strategien zur Verbindung der Verwertungssysteme von Kunst und Musik ablesen lassen.

Granular Synthesis besteht seit 1991 aus Ulf Langheinrich und Kurt Hentschläger, beide ursprünglich bildende Künstler (siehe den Text »**Bild und Ton als Emotionsmaschine**« von Ulf Langheinrich). Ihre Zusammenarbeit kennt keine Rollenaufteilung, sie sind für Bild und Ton gleichermaßen zuständig. Ihre technisch sehr aufwändigen Liveaufführungen sind optisch ebenso wie akustisch intensiv, ja überwältigend. Stücke wie »**Modell 5**« (1994- 1996) oder »**Pol**« (1998-2000) werden in verschiedenen, ortsspezifischen Versionen inszeniert. Der Name ist Programm: Ohne dass die ursprünglichen Bilder und Töne selbst manipuliert würden, entstehen durch die so genannte ›granulare Synthese‹ aus kleinsten Bild-Ton-Partikeln völlig neue Seh- und Hörwelten. Ebenso bedienen sie die unterschiedlichen ökonomischen Systeme von Musik und bildender Kunst: Die Liveauftritte von Granular Synthesis werden von einer professionellen Konzertagentur gemanagt, ihre Videos und Installationen hingegen von Galerien für den Kunstmarkt vertrieben.

Carsten Nicolai (aka noto) hat als Maler begonnen, heute ist er mindestens genauso bekannt als elektronischer Musiker unter dem Pseudonym noto. Auch ihm gelingt es, die verschiedenen Verwertungssysteme von Kunst und Musik souverän zu kombinieren: Er stellt Bilder und Klanginstallationen in Galerien und Museen aus, er betreibt das Label **raster noton** für elektronische Musik, und er tritt als Musiker in Konzerten mit Liveelektronik und eigenen Visuals auf. Dabei führt er im Unterschied zu Granular Synthesis jedoch eine Art Doppelleben, da er je nach Publikum teils nur als Musiker oder Künstler gesehen wird. Die breitenwirksame Vertriebsstruktur von Musik ist für ihn deutlich zeitgemäßer als die auf das Unikat angewiesene Kunst.[29] Ästhetisch interessiert Nicolai die Verwandtschaft optischer und akustischer Phänomene wie Phasenverschiebungen, Rauschen und Interferenzen, für deren genaue Untersuchung er auch Naturwissenschaft und Wahrnehmungstheorie heranzieht. Wie gesagt, sind Licht und Schall zwar physikalisch getrennte Phänomene, die nur in der menschlichen Wahrnehmung zusammenkommen. Doch Nicolai findet modellhafte Prozesse für ihre Analogisierung in den Phänomenen selbst: In der Installation »**Snownoise**« von 2001 wird das Wachstum von Schneekristallen durch die Umgebungsgeräusche beeinflusst. Vergleichbar werden generative, sich selbst organisierende Muster und Loops für Bild und Ton auch in Liveperformances wie »**Crystals/reworked**« von 2003 umgesetzt.

Die Gruppe **242.pilots** (HC Gilje aus Norwegen, Lukasz Lysakowski aus Polen und Kurt Ralske aus den USA) machen Video-Live-Improvisationen, manchmal als Trio, manchmal als Solo, teils mit eingeladenen Musiker, teils ohne. Bei Auftritten wie »**242.pilots live in Bern**« oder »**242.pilots live in Bruxelles**« (2002) entstehen wie in einer Jamsession kollektive visuelle Improvisation. Manche VJs arbeiten ebenfalls in Crews, doch 242.pilots liefern keine bloße Illustration zur Musik von DJs, sondern im Zusammenspiel von Musik und Video reagieren beide Seiten aufeinander. Es sei an vergleichbare

29 — Carsten Nicolai, »**Ich will sozusagen im Kern vom Ton bleiben**« , in: Rudolf Frieling/Dieter Daniels (Hg.), *Medien Kunst Interaktion – die 80er und 90er Jahre in Deutschland*, Wien/New York 2000, S. 126ff.

Unterschiede in den 1920er Jahren erinnert, als Ruttmanns Filme immer von einer speziell dafür entstandenen Komposition begleitet werden, während Oskar Fischinger sich auf die Visualisierung vorhandener Musik beschränkt.
Diese drei Beispiele zeigen die Bedeutung von künstlerischem und technischem Teamwork. Ohne eine klassische Rollenaufteilung zwischen Bild und Ton oder zwischen Werk und Ausführung mischen sich in diesen Teams die Kompetenzen. Sie schaffen dabei eine Arbeit, deren wechselndes Format sich dem je verschiedenen institutionellen und ökonomischen Kontext von Musik und Kunst adaptiert. Die technischen und künstlerischen Innovationen bedingen sich dabei wechselseitig. Zwei weitere Beispiele zeigen, wie weit die Grenzen vorhandener Techniken und Formate dabei überschritten werden.
Als Mitglied der Gruppe Oval hat **Markus Popp** Mitte der 1990er Jahre elektronische Musik produziert, zu der seine Kollegen Visuals beisteuerten. Mittlerweile besteht Oval nur noch aus Popp (siehe »**Meine Musik ist ein Modell für Musik**« von Markus Popp). Mit »**Oval Process**« stellt er ab 2000 einen Typ von künstlerischer Produktion vor, der zwischen allen Genres steht: »Oval Process« ist eine Software, eine darauf basierende interaktive Installation und eine unter dem gleichen Titel erfolgreich verkaufte Musik-CD. Es wäre jedoch falsch, dies nur als clevere dreifache Vermarktungsstrategie zu verstehen. Popp erklärt, dass er sich mit der Veröffentlichung dieser Autorenumgebung eigentlich selbst überflüssig machen will, da nun jeder selbst mittels der Software seine eigene, »userzentrierte« Musik machen kann. Trotzdem ist die »Oval Process«-Software aber kein neues Tool, sondern nur ein Demo seiner eigenen Arbeitsweise, die sich gerade der allzu einfachen, in den Musiktools vorgefertigten Ästhetik verweigert und auf langwierige digitale Handarbeit setzt.[30] In mancher Hinsicht erinnert dies an **John Cages** mühevolle manuelle Herstellung der Tonbandmontage von »**Williams Mix**« ein halbes Jahrhundert zuvor und ebenso an das Ideal einer Musik ohne Musiker, die sich aus der Anwendung von Zufallsprogrammen sozusagen selbst generiert. Popps Software »Oval Process« bildet also eine Analogie zu den grafischen Partituren und ebenso wie Cage wird er auf diesem Umweg zum Künstler, der in Ausstellungen und Museen gezeigt wird. Doch Popps Intention bleibt strikt musikalisch: Dem zum User gewordenen Hörer sollen die Produktionsbedingungen von elektronischer Musik und der entscheidende Einfluss, den Programme auf den ästhetischen Output haben, offen gelegt werden.
Noch einen Schritt weiter geht **Netochka Nezvanova**, die nach einer Romanfigur Dostojewskis benannte fiktive Person oder manche nennen sie auch eine ›Entität‹. Sie tritt nur über das Internet auf, wo sie ihre Softwareprodukte anbietet, aber auch Mailinglisten mit kryptischen Messages überflutet. Ihre Software »Nato« ist derzeit eines der beliebtesten Tools aller VJs für Livevisuals, denn sie kann beliebige visuelle Objekte direkt an Klänge binden und so einen mit der Musik gekoppelten, aber dennoch frei mischbaren und editierbaren Fluss von Bildern erzeugen. Diese Software ist jedoch

30 — Interview mit Sam Inglis, »**Markus Popp: Music As Software**«, in: *Sound on Sound*, Okt. 2002.

nicht wie bei Markus Popp ein halbkünstlerisches Demo, sondern ein professionelles und knallhart kommerzielles Produkt mit hohen Lizenzgebühren, dass außerdem eine Monopolstellung behaupten kann. Außerdem (oder sollte man sagen trotzdem?) erhielt Netochka Nezvanova für Programme wie »**Nebula M.81**«, die ebenfalls eine direkte Transformation von Bild- und Tondaten erlauben, auch eine ganze Reihe von Preisen in Wettbewerben für Softwarekunst. Diese Ambivalenz ist typisch für die Kunstfigur, die übersetzt »Namenloser Niemand« heißen würde. Damit entzieht sie sich noch viel radikaler als alle bisher genannten Beispiele der Einordnung in Genres und Kategorien, seien es nun Bild und Ton oder Kunst, Technik und Kommerz. Und der Weg von der Avantgarde zum Mainstream dauert nun nicht mehr Jahrzehnte wie noch bei Ruttmann oder Paik, sondern vollzieht sich fast zeitgleich anhand des in beiden Kontexten verwendeten Produkts oder Artfakts (der Begriff ›Kunstwerk‹ passt schon lange nicht mehr).

Alle fünf aktuellen Beispiele belegen: Nach über hundert Jahren audiovisueller Medienentwicklung wird in manchen Kunstformen (oder sollte man sagen Artefakten?) nicht nur die Grenze zwischen Bild und Ton fließend. Die alte Parallelgeschichte von ästhetischen und pragmatischen Maschinen wird fortgesetzt, doch auch die Grenze zwischen beiden steht in Frage. Wie schon in den 1950/1960er Jahren stehen ebenso der klassische Werkbegriff und die Position des Künstlerautors in Frage. Und obwohl die Verwertungsprinzipien und Institutionen von Musik und Kunst in diesem großen Zeitraum erstaunlich unverändert geblieben sind, entsteht durch die neuen Technologien ein noch nicht genau definierter Zwischenraum, der Hoffnung auf eine Alternative zum Kreislauf von Vermarktung, Technikinnovation und kommerzieller Kulturproduktion bietet.

Erinnern wir uns an die Menschen mit einer synästhetischen Veranlagung, die oftmals darunter leiden, dass sie zu jeder Musik immer Farben und Formen sehen, bis sie es lernen, diese Fähigkeit zu genießen. Laut den Ergebnissen der Hirnforschung haben wir alle in früher Kindheit noch eine synästhetische Wahrnehmung und lernen erst langsam, Bild von Ton zu trennen. Vielleicht ist die ganze Geschichte der synästhetischen Kunst nur ein Ausdruck der Sehnsucht nach diesem Urzustand, den wir aber nie wieder erreichen können. Immerhin haben wir mit der universellen Maschine des Computers ein Ebenbild für diesen Wunsch geschaffen, an dessen Programmierung wir uns nun die nächsten Hundert Jahre abarbeiten können.

Sound & Vision in Avant-garde & Mainstream[1]

/

Dieter Daniels

/

13./100 A number of different sound and image devices would have been needed to present this subjectmatter in multimedia form in the early 1990s: a slide projector, a video recorder, an audiocassette tape deck or an audio CD player. A mere decade later this can all be done on a single digital platform, and so can be processed on this Web site in text, image and sound. The computer as a so-called universal machine replaces a number of individual, separate media apparatuses, it deals with images, sound and text at the same time. So it seems that the difference between image and sound now lies only in different data formats.[2] But when video data are combined with audio data, and vice versa, at the touch of a button[3]—can we say that technology has surmounted all the genre boundaries, and can we see the multimedia universal work of art as something we can take for granted? Hardly. So before we get to art, here are a few fundamental thoughts.

/

13./101 **Perception—physics—art**

Let us not be deceived by the media technology of the universal machine: image and sound are completely separate physical phenomena. Sound waves are vibrations in the air, which is why vacuous outer space is so silent. Light is our name for the small proportion of the electromagnetic spectrum that is visible to humans. The full spectrum ranges from kitchen microwave ovens to long wave radio transmitters. Put loosely: these phenomena are as alien to each other as a horse and a motorbike.

There is only one place in the world where light and sound affect each other mutually in a way that goes well beyond any technology or physics: in human perception. This is where the *synaesthesia of sound and vision* comes into being. It becomes an artistic experience, a state of audiovisual intoxication and almost religious ecstasy. Torch dances in primeval caves, organ music in the light of Gothic stained-glass windows, Baroque firework music, Wagner's operas, psychedelic rock concerts, rave parties—all these indulge our synaesthetic delight in audio-visions[4] (cf. the text «**The Sounding Image**» by Barbara John). Humankind has been searching for a natural law on the relationship between colors and sounds for millennia. But no objective links can be established here, beyond the subjective classifications that identify ‹warm› or ‹cold› sound colors, for example. Hence it is not possible to find the secret of such a cosmic harmony because it runs counter to the current state of physics. There have been scholarly treatises about this, and even early

1 — See the **telelecture** on netzspannnung.org—a shortened version of the text as an audiovisual lecture. 2 — It is in this sense that Markus Popp criticizes the lack of criteria in the current discourse on electronic music: «It is as though the last possible criterion for defining electronic music would simply be to say that it is not an image file or it is not a text file.» Interview with Sam Inglis, «**Markus Popp: Music As Software**,» in *Sound on Sound*, Oct. 2002. 3 — The current version of **MS Windows Mediaplayer** translates audiostreams into video animations. This automates and trivializes a process experimental filmmakers like **Oskar Fischinger** used in the 1930s, spending weeks on producing a minute of film. 4 — Many texts address the thesis that synaesthesia is a phenomenon present at all times in all cultures. (Cf. e.g. William Moritz, «Der Traum von der Farbenmusik,» in Veruschka Bódy/Peter Weibel (eds.), *Clip, Klapp, Bum. Von der visuellen Musik zum Musikvideo*, Cologne, 1987, pp. 17ff.). But the present essay intends to address the specific difference produced under the technical conditions

apparatuses, from ancient times to the Baroque era.[5] For example, from 1725 onwards, the Jesuit priest Louis-Bertand Castel published several descriptions of a so-called «**ocular harpsichord.**» It brought him some considerable fame without anyone knowing whether it ever worked. Castel's interest was above all epistemological, not directed at actually building the device.[6]

In fact there was a direct color-sound link before any media technology, but this is found only in the perception process itself; it cannot be explained or observed except by those who experience it themselves. Many people are able to experience or feel compelled towards synaesthetic perception throughout their everyday lives. When they hear music the world seems colored to them, they see bright patterns. Works of art then appeared to make it possible to share this with other people (cf. the **depiction of synaesthetic experience** of a Shostakovich piano concerto by Matthias Waldeck). This seems to be an innate ability; as children they feel it to be normal, they are not aware that other people do not see these colors until later. They then keep quiet about their experiences, so that people will not think they are mad. Neurobiologists have been investigating these psychological phenomena since the 1990s.[7] They use synaesthesia as a model for researching the way human perception functions, and also help people who experience it to enjoy their colorful world rather than suffer because of it.

/

Culture industry—media technology—avant-garde

13/102

The opposite pole to this inner, sometimes even secret combination of music and image is provided by the media industry's mass-media marketing strategies; these make a considerable impact on the public: no chart hit without a video clip, title songs on CD for every blockbuster film, television seeks out ‹superstars,› etc. We live in an audiovisual commercial culture, but the driving force behind it is the ancient desire for synaesthetic experiences. And to make sure that it always has something to chew on, the media industry is trying to link visual and acoustic products. So the expansion of the markets in turn drives the development of media technology and of new product formats. Is there no escape from this cycle?

Yes, says the thesis advocated here: History can be presented differently. Certainly the synthesis of image and sound is one of humankind's oldest dreams. But it is one we have been taking seriously for about 140 years. Artists and inventors, do-it-yourself enthusiasts and entertainers have been working on realizing it since about 1870. Aesthetic and technical innovations meet at the interface between image and sound. Artistic experiments, obsessive tinkering and genuine technical inventions emerge here in an alternating

of audiovisual media for synaesthesia in human perception. 5 — These epistemological and philosophical questions occupied Pythagoras in ancient times and Athanasius Kircher in the Renaissance. Cf. Moritz (1987), op. cit., pp. 18f. 6 — Castel published several treatises on his «Clavecin oculaire» in which he examined theories by Newton and Kircher, amongst others—but he also makes clear that he never intended to build one. There are some eyewitness accounts alongside this, some anonymous or literary, but they may well also refer to the treatises. Cf. Jean-Marc Warszawski, «Le Clavecin oculaire du père Louis-Bertrand Castel,» in Michel Costantini/Jacques Le Rider/François Soulages (eds.), *La couleur réfléchie*, Séminaire à l'Université Paris VIII, May 1999, Paris, 2001. 7 — Cf. Hinderk M. Emrich et al., *Welche Farbe hat der Montag? Synästhesie: Das Leben mit verknüpften Sinnen*, Stuttgart, 2002. Here the range of coupled sensual impressions goes well beyond image and sound, it includes taste and smell and is also triggered by certain words and numbers.

pattern of enthusiasm and despair, of success and failure. Only a very few of these results are finally washed into the mainstream of marketing by the mass media, most of them very much later. Despite all audiovisual commercialization, the synthesis of sound and image is still an open field for experimentation, an artistic and technical challenge. Today the sound and image media formats play as important a part as the institutional and commercial rules of music and the visual arts.

At the same time, the synthesis of image and sound also remains an interface of avant-garde and mass effect. Artistic concepts often anticipate mainstream culture by decades, but without acting directly as models. It would be better to talk about ‹seepage› from top to bottom through the sediments of culture time strata. This anticipation or reinvention in an altered context is not to be confused with mutual appropriation between avant-garde and mass culture.

/

13/103 **The pre-history of audiovisual media and arts 1870–1910**

Right at the very beginning of the media society, from the second half of the nineteenth century to the start of the twentieth, there were numerous attempts at synthesis in which art and technical invention can often scarcely be separated: inventors built color organs, light pianos and similar apparatuses that have been forgotten today—and on the other hand painters tried to capture music in pictures, and composers also attempted to make their music visual.[8]

One of these many apparatus builders is Frédéric Kastner, who invented his «**pyrophone**» in 1870. This new kind of instrument, which used colored gas flames to produce light and sound at the same time, uses the physical effect of so-called «singing flames.» It is a hybrid of music and physics, of art and experiment. Making sound from light in this way promised contemporaries that they were getting closer to the cosmic harmony of nature that had been sought for so long.[9] This was why it also interested **Richard Wagner**, who saw it as implementing his idea of the *Gesamtkunstwerk* technically, and wanted to use it in his operas. But royal extravagance came to an end when Wagner's patron King Ludwig II was declared bankrupt by the Bavarian state.

Wagner's operas can be seen as early ancestors of multimedia audiovisions. This is taken up by an eloquent book title «**Multimedia from Wagner to Virtual Reality.**»[10] For Wagner, the individual arts of painting, dance, music and poetry had progressed a far as they could as early as 1850. The only way forward was to synthesize them in the *Gesamtkunstwerk* he was aspiring to. For this reason the «artwork of the future» he described was ultimately to be nothing other than a Wagner opera.[11]

After many setbacks, his vision of opera as a *Gesamtkunstwerk* was finally realized beginning in 1873 in an odd-looking—in fact quite ugly from the outside—building: the

8 — Cf. Karin von Maur (ed.), *Vom Klang der Bilder. Die Musik in der Kunst des 20. Jahrhunderts* (1985), English as: *The Sound of Painting: Music in Modern Art*, Munich/London, 1999. 9 — When presenting the «pyrophone» to the Society of Arts in London in 1875, its promoter Henry Dunant praised the instrument's sound qualities, but also emphasized its philosophical and scientific background: «Here the modest *harmonica chimique*, the *lumen philosophicum* of the nature researchers has matured into a musical instrument in the form of the pyrophone; this pleasing result supports the idea that investigating the nature of sound will take man, if not as far as inventing music, at least as far as equipping this art with resources that will strengthen its power.» ([Henry] Dunant, «Description

Bayreuth Festspielhaus. It is only from the inside that the structure of this ‹media machine› is revealed: an extremely deep stage creates a perfect three-dimensional image, the orchestra is invisible to the spectators, being placed in a narrow sound funnel. The perfect acoustics of the semicircular auditorium without the otherwise customary boxes compel complete concentration on what is happening on the stage; there is no glancing sideways to see ‹who's who› in the circle. Orchestra and stage are no longer seen as separate locations; music and image combine in the spectator's head. We find this principle in every cinema today, but it was sensational at the time. Wagner's idea is justified by the success: only his operas are played to a prestigious international audience every year in the Bayreuth Festspielhaus—and the tickets are sold out five years in advance!
Contemporary painters, poets and thinkers are deeply impressed by this proto-cinema, which worked without film technology and electricity. In 1877 the prelude to Wagner's «Lohengrin» fascinated the painter **Jean Theodore Fantin-Latour** so much that he depicted it in a painting that is almost abstract: **«Lohengrin Präludium»** (1877). Friedrich Nietzsche and Charles Baudelaire are also among the euphoric contemporary witnesses who celebrated Wagner in their writings and helped to make him a worthy forerunner of today's pop stars. Nietzsche coined the term «Hörspiel» [literally «listening play»—translator's note], which did not become common currency until later, with the invention of radio, to describe the interplay of image and sound in Wagner's work: «His art always takes him along the double route from a world as ‹*Hörspiel*› into a mysteriously related world as ‹*Schauspiel*› [literally ‹show play,› the usual word for a stage play—translator's note], and vice versa.»[12] And Baudelaire wrote in a letter to Wagner about a synaesthetic color experience when listening to his music, without ever having been to Bayreuth.[13] This experience forms the starting point for his theory of Modernism, taking Wagner as an example. Instead of attempting a direct, objective correspondence between colors and sounds that had been sought for in vain from ancient times to the Baroque period, Wagner shifts the image-sound coupling to its real location: subjective human perception. His universal work of art presents a complex interplay between music, theatre and stage set. Here he takes an aesthetically justified necessity and uses it to develop presentation techniques that anticipate many effects in the audiovisual media.
In fact these audiovisual media started to emerge at exactly the same time, but they were following pragmatic motives rather than aesthetic necessity. In 1877, the year of the «Lohengrin» premiere, **Thomas Alva Edison** built a media device a long way from Bayreuth, in Menlo Park, New Jersey. This machine was the first medium to record time in human history: the «**phonograph**.» This invention is in fact an almost random by-product of his work on an improved telegraphic apparatus, and Edison was not really sure what to do with it at first. So he started putting ideas together for possible uses of the

of M. Kastner's new musical instrument, the Pyrophone,» in *Journal of the Society of Art*, 23 Feb. 1875, pp. 293–297, here 293) For the actual use of this effect: see the article by Volker Straebel, **«Singende Flammen. Andreas Oldörps Arbeiten zwischen Experiment und Installation,»** in *Neue Zeitschrift für Musik*, no. 160, 1999. **10** — Randall Packer/Ken Jordan (eds.), *Multimedia: From Wagner to Virtual Reality*, New York, 2001. **11** — Cf. Richard Wagner, «Das Kunstwerk der Zukunft» (1850), in Richard Wagner, *Sämtliche Schriften und Dichtungen*, vol. 3, Leipzig, 1911. **12** — Friedrich Nietzsche, «Unzeitgemäße Betrachtungen,» in Friedrich Nietzsche, *Werke*, G. Colli/M. Montinari (eds.), vol. IV, 1, Berlin, 1967ff., p. 39. **13** — Charles Baudelaire, *Correspondances*, →

phonograph, as this was the only way to make it sell. Unlike Kastner with his pyrophone, Edison was not trying to demonstrate aesthetic effects, but to make marketable products. In other words, the pyrophone is an *aesthetic machine* that like a work of art has its purpose within itself, whereas the «phonograph» is seen as a *pragmatic machine* that is made and sold because someone needs it for something.

The «phonograph» did make Edison world famous, but was still a commercial flop because the new medium did not find any convincing application. Further development of his invention brought Edison to the moving image, to his film projector, called a «**kinetoscope**,» and also to the first film camera. All he had to do was transfer Eadweard Muybridge's «chronophotography» to a similar apparatus that now played back images instead of sounds. And Edison was also trying to combine these two inventions, so that he could synchronize image and sound in his «**Kinetograph Theater**.»

The repercussions can still be felt today: the success of the audiovisual media that shape our current lifestyle is based on a synthesis of Wagner's aesthetic effect and Edison's technical inventions. But there is still a long way to go to the present day. Edison's two inventions led to gramophone and film, and thus first of all to a separation of image and sound: the gramophone record removes all the visual aspects of music, and the silent film compels actors to use exaggerated gestures and audiences to read titles. Despite these technical obstacles, film and gramophone changed the world from 1910 onwards. They are standardized distribution and playback media and were used first of all to convey tried-and-tested cultural forms. So the future belongs to the pragmatic machines, not the aesthetic ones.

There could be a short digression here about numerous people who built synaesthetic apparatuses in the early twentieth century: Wallace Rimington's and Alexander Burnett Hector's color organs, Alexander Laszlo's color-light-music, Anatol Graf Vietinghoff-Scheel's «chromatophone,» Mary Hallock Greenewalt's «sarabet,» Thomas Wilfred's «clavilux,» Raoul Hausmann's «optophone,» which was patented but never built, to name just the best known.[14] But all these approaches came to the same sort of dead end. They remained hybrids between work of art and apparatus. These elaborate devices showed only their inventors' compositions. They are the complete opposite of universal machines: highly specialized, individualistic machines that therefore ‹die› metaphorically with their inventors and are forgotten. None of these artist-inventors succeeded in finding successors to use and develop their inventions further. This makes them different from Wagner's shrine, the Bayreuth Festspielhaus, which still covers its costs even though it performs only its master's works. This digression would be the story of how synaesthesia failed because it was not possible at the time to surmount the difference between aesthetic and pragmatic machines.

/

← Claude Pichois (ed.), vol. 2, Paris, 1996, pp. 673–674. Cf. Andrea Gogröf-Voorheers, *Defining Modernism*, New York, 1999, pp. 91ff. **14** — Cf. the **rythmiclight** and **iotacenter** Web sites.

Early avant-garde and the audiovisual media in the 1920s

A new generation of artists started to test out the aesthetic specifics of the audio-visual media around 1920—and this is the start of the actual story of what is now called ‹media art.› The first medium they tried out was film. The pioneers include **Dziga Vertov, Man Ray, Hans Richter, László Moholy-Nagy, Viking Eggeling**, and as the first, but until today the least known: **Walter Ruttmann**. Like most of these artists he started as a painter, but in 1918 he painted his «**Untitled (Last Painting)**.»

His visions of an art beyond painting are so far-reaching and concrete that it is worth quoting them more fully. Ruttmann writes about the «Tempo of our times: telegraph, express trains, shorthand, photography, rapid presses ... have led to a hitherto unheard-of speed in conveying intellectual results ... [This] means that the individual is constantly swamped with material that can no longer be dealt with by the old methods.» This «increased speed with which individual data are wound through» also provides the «reasons for our desperate helplessness when faced with the phenomena of fine art.» For this reason Ruttmann asks for «**Malerei mit Zeit**» [painting with time] which he intends to realize using film: «An art for the eye that differs from painting in that it takes place in time (like music). Hence a completely new type of artist that has hitherto been only latent will emerge, placed somewhere between painting and music. ... In any case, the new art can count on a considerably larger audience than painting currently enjoys ....»[15]

Despite immense technical difficulties and without any official support, Ruttmann achieved his aim after years of intensive work: his first film, «**Opus 1**,» was officially premiered in 1921. It was accompanied by a specially composed string quartet by Max Butting, and the three Opus films that followed until 1925 also had dedicated pieces of music. This distinguishes Ruttmann's approach from later attempts to interpret existing music visually, of the kind that made **Oskar Fischinger** famous. However, such works always retain their illustrative character.

The painterly, abstract images in Ruttmann's films are created with an apparatus he developed himself and even patented. So his method can be summed up like this: accelerated modern perceptions need a new art, but there is no technical solution available for this. It is only by inventing an apparatus that Ruttmann becomes a pioneer of the so-called «absolute film.» The film camera, a pragmatic machine, has to be combined with a new aesthetic machine to bring the film to itself, to help it achieve its own absolute pictorial quality consisting only of colors and shapes, that no longer needs to copy the outside world. Today, in the age of computer animation and video clips, this step seems just as natural as it was revolutionary and disturbing at the time.

Without being aware of each other, several artists were working on related ideas, and in 1925 the acclaimed matinee screening of «**The Absolute Film**» took place in Berlin. Advertising and feature films also took up these ideas and built in absolute elements.

15 — Walter Ruttmann, «**Malerei mit Zeit**» (ca. 1919/20) in Jeanpaul Goergen, *Walter Ruttmann. Eine Dokumentation*, Berlin, 1989, pp. 73f. Cf. Dieter Daniels, **Kunst als Sendung. Von der Telegrafie zum Internet**, Munich, 2002, pp. 225ff.

But these abstract notions never developed into a real mass art, and Ruttmann soon distanced himself from «absolute fashion.»

At this time a new mass medium was emerging that was soon to become the equal of the cinema: radio. There is a paradoxical parallel with film: silent films have no sound—radio has no image. For this reason radio, too, struggled to find a new art form to come to terms with this specific aspect of the medium, and that was the radio play.

At first an attempt was made to fill out classical theatrical material with elaborate acoustical ‹settings›: sabers rattle, doors bang, feet march rhythmically on crunching gravel—all this had to be created appropriately and on time in the studio, as all broadcasts, were live, with a single microphone in the broadcasting studio (refer to the **acoustic backdrop of a battle in the radio auditorium**, 1924). It was only the arrival of the talkies in the late 1920s that provided a storage medium offering a perfect synthesis of image and sound. While the equipment needed for **Tri-Ergon optical sound recording** at one time filled an entire truck, today such a device fits in your trouser pocket. It was possible to record sounds from ‹real life› and, for the first time, to process them using editing and montage. These techniques were first used for a radio play in 1930; its author: Walter Ruttmann.

But before we come to this radio play we must cast a glance at Ruttmann's work after the «absolute film.» In 1927 he made «**Berlin. Die Sinfonie einer Großstadt**,» a film entirely without actors, a screenplay, or a story. It consists simply of a day's events in the metropolis, and Ruttmann works by «selecting, grouping and using montage» on «natural material.» Ruttmann also uses this «creeping up on reality» in his first and only radio play. The eloquent title «**Weekend**» (1930) in fact explains what the play is about: the events of a weekend from Saturday evening to Monday morning are presented using only sounds recorded on the spot, compressed into 11 minutes. It is an acoustic film without images, artistically as well as technically. Ruttmann himself refers to it as «photographic sound art.»[16] Ruttmann uses montage associatively, for example as the weekend dies away, almost literally: in the ‹fade-out› of the weekend, which can be taken almost literally: first the clink of glasses as ‹cheers› is said, then the animals' bells, finally the church bells, in the evening and at night, and in the morning the ring of the alarm clock and the rhythm of work making its reluctant start. As a sound montage, «Weekend» anticipates both Musique concrète (**Pierre Schaeffer**) in the 1950s and also the sampling of modern rave music. This potential for the future is demonstrated in 1998 by a CD intended as a tribute, «Weekend Remix,» containing various remixes of old sound material by DJs and electronic musicians, including Robert Lippok and his group to rococo rot (see the text «**At best the walls will start to fluctuate and the exterior resonates into the interior**» by Lippok).[17] This places Ruttmann at the central intersection of three

16 — Walter Ruttmann, «**Neue Gestaltung von Tonfilm und Funk. Programm einer photographischen Hörkunst**,» in *Film-Kurier*, 26 Oct. 1929, no. 255, p. 1. Reprinted in Jeanpaul Goergen, *Walter Ruttmanns Tonmontagen als Ars Acustica* (Massenmedien und Kommunikation 89), Siegen, 1994, pp. 25f. 17 — The CD also contains Ruttmann's original radio play: *walter ruttmann weekend remix*, intermedium rec. 003, Berlin, 1998. For the 2004 Berlin Biennale the Finnish sound artist and musician Mika Vainio (Pan Sonic) realized an installation with the sounds of the city of Berlin, which is also an homage to Ruttmann. 18 — Walter Ruttmann, «Neue Gestaltung von Tonfilm und Funk. Programm einer photographischen Hörkunst,» in *Film-Kurier*, 26 Oct. 1929, no. 255, p. 1. Reprinted in Goergen (1994), op. cit., pp. 25f. 19 — John Cage, «The future of music: credo»

development lines: the artistic search for visual music, the media-technical coupling of image and sound, and finally the transfer of avant-garde developments into mainstream culture (refer to the text «**Montage/Sampling/Morphing**» by Diedrich Diederichsen). In 1930, Ruttmann's motto was: «Everything audible from all over the world becomes material.»[18] Seven years later, in his «Credo» on the future of music, **John Cage** predicted: «I believe that the use of noise to make music will continue and increase until we reach a music produced through the aid of electrical instruments which will make available for musical purposes any and all sounds that can be heard. Photoelectric, film, and mechanical mediums for the synthetic production of music will be explored.»[19] Ruttmann's «Weekend» is the finale for visual music in the 1920s, while Cage is laying the foundations for the intermedia art of the 1950s and 1960s. Thus Ruttmann and Cage have little in common artistically except that they change from being a painter and a musician respectively into media artists because they follow a logic of technical and aesthetic development and foresee the scope of its effect. But it was not until over half a century later that these avant-garde ideas became part of mainstream culture: «Rave shifts the boundary between noise and music into the infinite nothing of being no longer perceptible,» wrote the pop theorist Ulf Poschardt in 1995.[20]

/

Electronic media art in the 1950s and 1960s 13/105

The avant-garde of the 1920s remained curiously without impact, in fact it was forgotten about, as the example of Ruttmann shows particularly vividly.[21] It was not until the 1950s and 1960s that those ideas are taken up again, first in New Music, and then in fine art. The electronic audiovisual media made this possible. In the early twentieth century it was mainly ideas from fine art that were carried over into music, but now music takes over the leading role in this interaction for a time.[22] The crucial factor here is a radical questioning of the concept of the musical work, and then the technical advances made by the audio media.

Audiotape simplified the very elaborate and costly production needed for sound film, and made much more complex montage possible. Now for the first time musicians can conduct their own experiments with a recording medium, without a great deal of expense. **John Cage** devised a graphic score for his first tape composition «**Williams Mix**» in 1952. It was not possible to cope with this level of complexity using classical notation; Cage needed an image to compose sound. Eight tape recording tracks run parallel. Each of these tracks is made up of short pieces of sound whose sequence and form are determined by random principles. Cage uses 600 different noises as his basic material, the handwritten score covers 192 pages. Cutting and pasting thousands of tape snippets was

(1937), in John Cage, *Silence*, Cambridge, MA, 1966, pp. 3-4. 20 — Ulf Poschardt, *DJ Culture. Diskjockeys und Popkultur*, Reinbek, 1997 (first 1995), p. 323. 21 — The original versions of Ruttmann's Opus films are largely lost and available only as reconstructions. The original film recording of «Weekend» is also lost, and an audiotape copy was not discovered until the 1970s by chance in New York . 22 — John Cage always identified Marcel Duchamp as his precursor in the use of chance as a compositional principle. Nam June Paik for his part took Cage's approach back into visual art. For this cf. Dieter Daniels, «Der Dualismus von Konzept und Technik in Musik und Kunst,» in Christoph Metzger (ed.), *Conceptualisms in Musik, Kunst und Film*, Saarbrücken, 2003, pp. 31-40.

also done laboriously by hand, and took almost a year, even though friends helped—all for just four minutes of music.

It would be much simpler to produce a comparably complex montage using today's digital technology. The software presents the sound graphically, thus allowing direct interaction with it. That means that the distinction between the score on paper and laboriously recreating it on tape is no longer necessary; the digital score is also the instrument by which it is realized.

Nam June Paik needed ten years after Cage to take the first step towards an interactive composition of this type in real time, still using a completely analog approach with the good old tape recorder, under the title «**Random Access.**» To do this he put his hand into the machine, took the sound head out and gave it to a listener. Nothing can be heard until the listener becomes actively involved and runs the head along the collage of tape. In the first version in 1963 the pieces of tape are pasted directly on the wall. So instead of a completed composition, Paik creates an interactive installation, and instead of just working on the tape recorder's software he modifies the hardware—a reception medium becomes a new production instrument. Paik also applied this «Random Access» principle to gramophone records in the same exhibition in 1963. Thirty years before DJ culture Paik made the vinyl record into a musical instrument. More evidence of the avant-garde anticipating mainstream: the record player as a pragmatic machine for reproducing music correctly is used for another purpose and becomes an aesthetic machine and a creative instrument, and it is for this reason alone that vinyl records are still made on the principle of Edison's «phonograph.»

The title of this 1963 exhibition says a great deal: «**Exposition of Music—Electronic Television**» stands for Paik's transition from ‹Paik the composer,› who came to Germany to study music, to ‹Paik the father of video art.› For it was here that he first presented his experiments with television sets, in which he transferred his experience with electronic music to the electronic image.[23] Preparing for this was a long and laborious process (as for Cage's audio tape montage): Paik tinkered with the old TVs he had bought second-hand for a year to make the passive consumer equipment into creative «Participation TV.» There was still no video equipment at this time, so Paik could also work by manipulating the current television broadcast. And even that was very scarce: Germany had only one television channel in 1963, and it only broadcast for two hours each evening, from half past seven to half past nine.

Each of the twelve televisions in the exhibition is modified in a different way. Two of them play with image-sound links: when you make noises into a microphone, these are translated into rapidly oscillating patterns (**TV with microphone**). Or a tape recorder is attached to the monitor so that the patterns created by the music can be seen on the screen without hearing them («**Kuba-TV**»). Here the millennia-old dream of synaesthesia

23 — Cf. Dieter Daniels, «**Television—Art or Anti-art?**», in Rudolf Frieling/Dieter Daniels (eds.), *Media Art Net 1: Survey of Media Art*, Vienna/New York, 2004, pp. 100-121. 24 — Nam June Paik, «**Afterlude to the Exposition of experimental Television**» (1964), in Rudolf Frieling/Dieter Daniels (eds.), *Media Art Action—The 1960s and 1970s in Germany*, Vienna/New York, 1997, pp. 46-48.

is realized by a simple technical short-circuit. But despite all the irony, Paik's true aim is to transfer Cage's musical work with random factors to the pictorial arts. To justify this, he goes back to the physical qualities of the electron: «INDETERMINISM and VARIABILITY is the very UNDERDEVELOPED parameter in optical art, although this has been the central problem in music for the last ten years.»[24] Paik is thus expressly demanding that music's compositional principles should be applied to the pictorial arts. This corresponds with an industrial-technical shift from sound to image that was in evidence even in Edison's day, and that makes audiotape into videotape.

As soon as the first equipment came on the market, Paik hurled himself at video technology and announced programmatically in 1965: «It is a historical necessity, if there is such a thing as historical necessity, that a new decade of electronic television should follow the past decade of electronic music.»[25] But the video equipment the industry produced was not enough for Paik. In 1970, he and his technician Shuya Abe started to build his own «**video synthesizer**» with the support of a television station. With this he is now able to manipulate electronic images and liberate them from television aesthetics to make them into artistic material that can be formed freely. Just as half a century before **Walter Ruttmann** had built his film apparatus so that he could work with film like with brush and paint, Paik now announces: «Someday artists will work with capacitors, resistors & semi-conductors as they work today with brushes, violins & junk.»[26] The video synthesizer, like the audio synthesizer used in music, is intended first and foremost for live use, according to Paik it is to be played «in real time—like a piano. This is extremely interesting from a purely artistic point of view—something really new that never existed before. You simply play and then see the effect.»[27]

The video synthesizer was first used in the live TV broadcast «**Videocommune**» in 1970, on WGBH Boston. Paik and the station team improvised for four hours, even inviting passers-by from the street to spontaneously join in with making a television broadcast. This makes joint improvisation, which is usual in music, possible with images as well, providing a new collective creativity model for the pictorial arts. The Beatles' complete works supplied the soundtrack for the four hours of «Videocommune.» Here Paik was anticipating many elements of the music clip.

Paik was not the only artist who worked on making video synthesizers at this time. There were large numbers of do-it-yourself enthusiasts, artists and musicians who were fascinated by electronic synaesthesia.[28] Most of the time modified audio synthesizers were used for processing images, as in **Bill Hearn**'s 1969 «**Vidium.**» So even before digitalization it was possible to achieve a close, direct interplay between image and sound, as both are just electronic signals. Sound technology has been ahead of video technology, however, since the beginning of the electronic era. The reason for this is simple: a sound signal needs much less information than a video signal. That is why radio came before television, tape

25 — Nam June Paik, «**Electronic Video Recorder**» (1964), in Rudolf Frieling/Dieter Daniels (eds.), *Media Art Action—The 1960s and 1970s in Germany*, Vienna/New York, 1997, p. 130. 26 — Ibid., p. 131. 27 — *Nam June Paik*, exhib. cat. Kölnischer Kunstverein, Cologne, 1976, p. 133. 28 — A good summary of this is available in Woody Vasulka/David Dunn (eds.), *Die Eigenwelt der Apparatewelt/Pionieers of Electronic Art*, Ars Electronica, Linz, 1992.

recorders came before video recorders, audio CDs came before DVDs. This technical lead still affects art today.

/

13/106 **Avant-garde and mainstream since the 1990s**

Since the 1990s, visual and acoustic culture and their respective media have been closely interrelated (refer to the text «**Audiovisions**» by Golo Foellmer/Julia Gerlach). This is due to the synthesis between image and sound technology when working digitally, which also makes the avant-garde's time lead over the mainstream shorter and shorter. Music exploited digital possibilities fully in both high and popular culture long before visual art. This is why electronic New Music developed a decade before video art and why there were DJs years before VJs. When looking back at the period from 1950 onwards it is possible to say: sound is the image's technical avant-garde. On the other hand, the context of fine art turned out to be more tolerant and open to the processualization and participation involved in the ‹open work of art› created by Fluxus and happenings, and their continuation in media art. This is why today the category of media art is treated above all as part of art history and less of music history. The new type of artist placed between music and painting that **Ruttmann** was waiting for even in 1920 no longer has any lack of technical opportunities—they are available courtesy of the digital flood. But artists are never satisfied with what the industry offers them in terms of hardware and software. The DJ pioneers and sound artists built their own tools and wrote their own programs, and so do the VJs and some media artists.

Visual and acoustic teamwork does feature in artistic practice, but it is not always free of hierarchies (refer to the text «**Sound affects everything you see**» by Stephen Vitiello). In the pop context the music dominates: the popular video clips illustrate the rhythm and the story line of the music. In a club the DJ is the boss, the VJ tries to follow the beat of the music and adapt to the style of the pieces. Conversely, in fine art the visual aspect is in the foreground—the person who did the sound for a media artwork is usually only cited in the credits. In the same way, the way music and fine art exploit their output commercially is still entirely disparate: for music, mass sales are important, whether of concert tickets or records. But fine art earns money by being exclusive, by selling small numbers of original works at a high price.

But since the 1980s, more and more artists have been working with images and sound to an equal extent. The pioneers include **Laurie Anderson**, at the latest since her «**United States, Part 1-4**» multimedia performances (1983). She uses live electronics for her performances with great complexity and invents new visual musical instruments, for example the video violin and the audiotape violin. In this way she constructs a bridge from high to popular culture, appears in museums and even got into the charts with her song «Oh Superman» in 1982.

A growing number of artists have been difficult to subsume within the classical genres since the mid 1990s. While the art scene has been discovering club culture crossover and has sometimes used it quite superficially as a new source of inspiration, a generation of artists who have grown up with computers have been working on the more profound planes of image-sound combination. So here in conclusion are some examples of this. They also show different strategies for combining the evaluation systems of art and music.
Granular Synthesis has existed since 1991 and consists of Ulf Langheinrich and Kurt Hentschläger, both originally fine artists (cf. the text «**Image and Sound as an Emotion Machine**» by Ulf Langheinrich). There is no division of roles in their collaboration; they are both equally responsible for sound and image. Their technically very elaborate live performances are intensive, indeed overwhelming, both visually and acoustically. Pieces like «**Modell 5**» (1994-1996) or «**Pole**» (1998-2000) are staged in different site-specific versions. The name is the program: the original images and sounds are not themselves manipulated, but so-called ‹granular synthesis› creates completely new audio and visual worlds from the smallest image-sound particles. They also use the different economic systems of music and fine art: Granular Synthesis' live appearances are managed by a professional concert agency, but their videos and installations are sold on the art market by galleries.
Carsten Nicolai (a k a noto) started as a painter, but he is now at least as well known as an electronic musician, using the pseudonym noto. He, too, succeeds in combining art and music's different sales systems in a masterly fashion: he exhibits pictures and sound installations in museums and galleries, he runs the **raster noton label** for electronic music, and he appears as a musician in concert with live electronics and his own visuals. But unlike Granular Synthesis he leads a kind of double life, as he is seen either as a musician or an artist according to the audience. He clearly finds music's widely effective distribution structure more in tune with the times than that of art, which relies on the unique object.[29] Aesthetically, Nicolai is interested in the relationship between visual and acoustic phenomena such as phase shifts, noise and interference. He also uses natural science and perception theory to analyze them more precisely. As has already been said, light and sound are physically separate phenomena that are associated only in terms of human perception. But Nicolai finds model processes for creating analogies for them within the phenomenon itself: in the 2001 «**Snownoise**» installation the growth of snow crystals is influenced by the sounds being made around them. Generative, self-organizing patterns and loops for sound and image were used in a comparable way in live performances like the «**Crystals/reworked**» (2003).
The **242.pilots** group (HC Gilje from Norway, Lukasz Lysakowski from Poland, and Kurt Ralske from the USA) do live video improvisations, sometimes as a trio, sometimes solo, sometimes with invited musicians, sometimes without. Shows like «**242.pilots**

29 — Carsten Nicolai, «**I want to remain, so to speak, within the essence of sound**», in Rudolf Frieling/Dieter Daniels (eds.), *Media Art Interaction—The 1980s and 1990s in Germany*, Vienna/New York, 2000, pp. 129ff.

live in Bern» (2002) or **«242.pilots live in Bruxelles»** (2002) offer collective visual improvisation, like a jam session. Some VJs work in ‹crews› as well, but 242.pilots do not just merely illustrate DJs' music: the two sides respond to each other in the interplay of music and video. It is reminiscent of comparable distinctions in the 1920s, when Ruttmann's films were always accompanied by compositions created especially for them, while **Oskar Fischinger** restricted himself to interpreting existing music visually.

These three examples show the importance of artistic and technical teamwork. Competencies are mixed in these teams, without a classical rolesplit between image and sound or composition and performance. They create work whose changing format adapts to the different institutional and economic contexts of music and art. Technical and artistic innovation are interdependent. Two other examples show how far the boundaries of existing techniques and formats are transgressed here.

As a member of the Oval group, **Markus Popp** produced electronic music to which his colleagues contributed visuals. That was in the mid-1990s. Now Popp is Oval (see the text **«My Music is a Model for Music»** by Markus Popp). Since 2000, with **«Ovalprocess»** he has been introducing a type of artistic production that stands somewhere between all the genres: «Ovalprocess» consists of software, an interactive installation based on it and a music CD that has sold successfully under the same title. But it would be wrong to see this just as a clever three-fold marketing strategy. Popp explains that by publishing this authorial environment he wants to make himself superfluous, as anyone can now make his or her own «user-centric» music using the software. But nevertheless, «Ovalprocess» software is not a new tool, but just a demonstration of his own working method, which refuses to use the all-too-simple aesthetics prefabricated in the music tools, and insists on laborious manual digital work.[30] In many respects this is reminiscent of **John Cage**'s arduous creation of the **«Williams Mix»** audiotape montage by hand half a century before (1952), and also of the ideal of music without musicians, generating itself, so to speak, from the application of random programs. So Popp's «Ovalprocess» software provides an analogy with the graphic scores, and like Cage, this detour makes him the artist who is shown in exhibitions and museums. But Popp's intentions remain strictly musical: listeners become users, and they are to be shown the conditions under which electronic music is produced and the crucial influence that programs have on aesthetic output.

Netochka Nezvanova goes a step further. She is a fictitious person named after a character in one of Dostoevsky's novels; some people also call her an «entity.» She appears only via the Internet, were she not only offers her software products, but also mailing lists awash with cryptic messages. Her «Nato» software is currently one of the most popular tools used by all VJs for live visuals, as it can attach any visual object directly to a sound and thus create a flow of images that are linked to the music but can be mixed and edited at will. However, unlike Markus Popp's, this software is not a semi-artistic demonstration,

30 — Interview with Sam Inglis, **«Markus Popp: Music As Software,»** in *Sound on Sound*, Oct. 2002.

but a sharply professional product with high license fees that claim a monopoly. And besides (or should one say nevertheless?), Netochka Nezvanova has also been awarded a whole series of prizes in software art competitions for programs like «**Nebula M.81**,» which also permit a direct transformation of image and sound data. This ambivalence is typical of an artistic figure whose name would mean «nameless nobody» if translated. This makes her even less open than all the examples mentioned so far to being placed in genres and categories, whether they are image and sound, or art, technology and commerce. And now passage from avant-garde to mainstream no longer takes decades, as in the case of Ruttmann or Paik, but happens almost simultaneously with the help of the product or artifact (the term ‹work of art› no longer fits at all) used in both contexts.

All five current examples show that after over a hundred years of audiovisual media development, it is not just the border between image and sound that is becoming fluid in many art forms (or should we say artifacts?). The old parallel history of aesthetic and pragmatic machines continues, but the borders between the two are questionable. As in the 1950s and 1960s, both the classical concept or the work and the position of the artist-author are being questioned. And although the marketing principles and cultural institutions of music and art have remained remarkably unchanged in this long period, the new technologies are producing an intermediate space that has not yet been precisely defined. This offers hope of an alternative to the cycle of marketing, technical innovation and commercial cultural production.

Let us go back to people with synaesthetic inclinations who often suffer from the fact that any music makes them see colors and shapes until they learn to enjoy this talent. Neurobiology suggests that we all have synaesthetic experiences in our early childhood and only slowly learn to separate images from sounds. Perhaps the whole history of synaesthetic art simply expresses a yearning for this primal condition that we can never in fact achieve again. At least the computer is a universal machine that provides an image for fulfilling this wish. We can now slave away at programming it for the next hundred years.

/

Translation by Michael Robinson

CYBORG BODIES//

▦ YVONNE VOLKART EDITORIAL/CYBORG BODIES. DAS ENDE DES FORT-
SCHRITTLICHEN KÖRPERS/ EDITORIAL/CYBORG BODIES. THE END OF THE
PROGRESSIVE BODY ▦ YVONNE VOLKART WIDERSPENSTIGE KÖRPER. DER
EFFEKTKÖRPER ALS ORT DES WIDERSTANDS/ UNRULY BODIES. THE EFFECT
BODY AS A PLACE OF RESISTANCE ▦ JILL SCOTT ERWEITERTE KÖRPER/
EXTENSIVE BODIES ▦ INGEBORG REICHLE TRANSGENE KÖRPER. KUNST IM
ZEITALTER DER TECHNOSCIENCE/ TRANSGENIC BODIES. WHERE ART AND
SCIENCE MEET: GENETIC ENGINEERING IN CONTEMPORARY ART ▦ MARIE-
LUISE ANGERER POSTSEXUELLE KÖRPER – THE MAKING OF........ BEGEHREN,
DIGITALES/ POSTSEXUAL BODIES – THE MAKING OF ... DESIRE, DIGITAL ▦
SIGRID SCHADE DIE MEDIEN/ SPIELE DER PUPPE – VOM MANNEQUIN ZUM
CYBORG/ THE MEDIA/ GAMES OF THE DOLL – CONTEMPORARY ARTISTS'
INTEREST IN SURREALISM ▦ VERENA KUNI MYTHISCHE KÖRPER – CYBORG-
14/ CONFIGURATIONEN ALS FORMATIONEN DER [SELBST-] SCHÖPFUNG IM IMA-
15/ GINATIONSRAUM TECHNOLOGISCHER KREATION: ALTE UND NEUE MYTHO-
LOGIEN VON ›KÜNSTLICHEN MENSCHEN‹/ MYTHICAL BODIES CYBORG CON-
FIGURATIONS AS FORMATIONS OF [SELF-]CREATION IN THE IMAGINATION
SPACE OF TECHNOLOGICAL [RE]PRODUCTION: OLD AND NEW MYTHOLOGIES
OF ‹ARTIFICIAL HUMANS› ▦ VERENA KUNI MYTHISCHE KÖRPER II/CYBORG-
CONFIGURATIONEN ALS FORMATIONEN DER [SELBST-]SCHÖPFUNG IM
IMAGINATIONSRAUM TECHNOLOGISCHER KREATION [II]: MONSTRÖSE VER-
SPRECHEN UND POSTHUMANE ANTHROPOMORPHISMEN/ MYTHICAL BODIES
II/CYBORG CONFIGURATIONS AS FORMATIONS OF [SELF-]CREATION IN
THE IMAGINATION SPACE OF TECHNOLOGICAL [RE]- PRODUCTION [II]:
THE PROMISES OF MONSTERS AND POSTHUMAN ANTHROPOMORPHISMS . . . .
. . . .
. . . .
. . . .
. . . .
. . . .
. . . .
. . . .
. . . .
. . . .
. . . .
. . . . ▦

Cyborg Bodies.
Das Ende des fortschrittlichen Körpers → Editorial

/

Yvonne Volkart

/

»Cyborg Bodies. Das Ende des fortschrittlichen Körpers« nimmt die künstlerischen Reflexionen und Realisationen von Cyborgs zum Ausgangspunkt, um den spezifischen Beitrag zu untersuchen, den die Kunst zu den Diskursen um zukünftige Körper und Subjekte leistet. Cyborgs sind hier nicht nur kybernetische Organismen, also Koppelungen zwischen Mensch und Maschine, wie sie allgemein definiert werden. Vielmehr bezeichnen sie generell die Fantasien von hybriden, monströsen, maschinenhaften, geklonten, digitalen, vernetzten, zellulären oder transgenen Körpern. Damit umfasst »Cyborg Bodies« im Wesentlichen alle jene Vorstellungen, in denen der Körper als etwas Zusammengesetztes, Künstliches und Neuartiges verstanden wird. 14./000

»Cyborg Bodies« geht davon aus, dass neue (Medien-)Technologien und die damit verbundenen Ökonomien unseren Körper und dessen Wahrnehmung beeinflussen (nicht nur heute, sondern auch in der Vergangenheit), dass der Körper und seine Rechte massiv zur Disposition stehen und dass die Medienkunst ein wichtiger Ort ist, an dem mit vielfältigen Medien über diese Probleme nachgedacht wird. Auch wenn heute das Ende des Körpers und des Menschen nicht mehr so lauthals postuliert oder befürchtet werden wie im Zuge der Debatten um das so genannte ›Posthumane‹ zu Beginn der 1990er Jahre, ist das Thema noch nicht abgeschlossen. Es haben sich lediglich die Diskussionen und Fantasien verändert. Während vor mehr als 20 Jahren die maschinenhaften und kosmetisch optimierten Technokörper vorhergesehen wurden, haben sich in den letzten Jahren vermehrt Vorstellungen von biotischen, zellulären, vernetzten, emergenten und dynamischen Körperentitäten und kommunizierenden Informationsströmen durchgesetzt. Diesen Vorstellungen ist gemeinsam, dass der Körper ein Set interagierender Codes ist, das verschaltbar geworden ist.

Der Ansatz von »Cyborg Bodies« basiert auf den Theorien der amerikanischen Biologietheoretikerin **Donna Haraway**. Ihre Cyborg-Figur ist nicht nur eine technoide Mensch-Maschinen-Mischung, sondern bezeichnet vielmehr alle jene Wesen, bei denen die konventionellen Grenzen von Natürlich und Künstlich, Belebt und Unbelebt nicht mehr stimmen. Cyborgs sind bei ihr sowohl Menschen mit Prothesen als auch organische Datenträger (Menschen oder Tiere), die mit mehr oder weniger intelligenten Umgebungen kommunizieren, es sind Einzeller, biotechnologisch mutierte Mäuse oder von der globalisierten Technoindustrie ausgebeutete Menschen. Diese aktuelle Vielfalt zusammengesetzter und zusammensetzbarer Körper und Subjektivitäten hat Haraway zudem zu einer Denkfigur für Subjektvorstellungen jenseits konventionell geschlechts- und ethnospezifischer Machtverhältnisse umgebogen. Damit hat sie eine alternative, von der Queer Theory getragene Subjektvorstellung entwickelt, die viele MedienkünstlerInnen beeinflusste und beflügelte.[1]

»Cyborg Bodies« behauptet, dass die technischen Erweiterungen und gesellschaftlichen Strukturen, die den Menschen zum Cyborg machen, nicht zur Optimierung und Selbstermächtigung führen, wie das gerne glauben gemacht wird. Sie führen vielmehr zu Kontrollverlust und Gefühlen von Entmächtigung und Angst; sie führen aber auch - im Sinne Haraways - zu neuen Formen von Verkörperung und Subjektivität jenseits des konventionellen Fortschrittsdenkens, womit der Begriff ›Cyborg‹ ursprünglich verbunden wird.

Die hier vorgestellten künstlerischen Projekte und theoretischen Ansätze verfolgen im Wesentlichen diesen anderen Strang beziehungsweise die verdrängte Kehrseite der Cyborgs. Sie stellen das zur Diskussion, was gemeinhin nicht angesprochen wird, wenn sich die Fantasien neuer technologischer Möglichkeiten ins Fantastische steigern. Mit dieser Ambivalenz des Technologischen gehen jedoch nicht alle KünstlerInnen gleich kritisch um oder würden gar von sich aus behaupten, dass bei ihnen »das Ende des fortschrittlichen Körpers« zelebriert würde. Doch dies ist gerade die These dieses Projekts: Die Nichthaltbarkeit des Fortschrittsoptimismus ist bei allen Entwürfen immer schon im Gepäck, wobei es bei einigen einer kritischen Analyse bedarf, um sie aufzuspüren.

»Cyborg Bodies« ist weniger dem vielbeschworenen ›Verschwinden des Körpers‹ auf der Spur, als vielmehr den neuen, multiplen und ›cyborgisierten‹ Formen von Verkörperlichung und den damit verbundenen Möglichkeiten anderer Subjektpositionen.

Das hier vorliegende Projekt entwickelte sich aus der Beschäftigung mit dem Thema »Fliessend und flexibel: Cyborgs in der Medienkunst als Verkörperungen des Technokapitalismus« sowie aus verschiedenen kuratorischen Projekten.[2] Alle an diesen Projekten beteiligten KünstlerInnen haben einerseits einen avancierten Technologie- und Körperbegriff, andererseits plädieren sie alle für die Notwendigkeit einer konstruktiven Kritik und Neuerfindung von eindimensionalen Vorstellungen.

Dank der in diesem Projekt beteiligten Autorinnen sind eine Vielfalt weiterer Aspekte und Perspektiven hinzugekommen. Das Verbindende bei allen sind die Virulenz des Harawayschen Ansatzes, die Infragestellung des Fortschrittsdenkens und die Entwicklung progressiver Theorien zu neuen Körpern jenseits simpler Körpererweiterungsfantasien. Im Mittelpunkt stehen folgende Fragen: Welche Körperbilder und -fantasien existieren in den Medienkunst? Welchen Einfluss haben neue Technologien auf den Körper und dessen Wahrnehmung? Welche Ästhetiken erarbeiten die KünstlerInnen?

Da das Teilprojekt in Zürich konzipiert und realisiert wurde, war es zudem wichtig, lokale Auseinandersetzungen mit dem Thema einzubeziehen. Während der künstlerische Diskurs über neue Medientechnologien hier noch in den Anfängen steckt, gibt es einige

1 — Wie die Gender-Studies dekonstruieren die Queer-Studies die Vorstellung der dualen Geschlechterteilung, vor allem jedoch die naturalisierten Beziehungen zwischen dualem Geschlecht und einer damit verbundenen Hetero- oder Homosexualität. 2 — Im Rahmen meiner Dissertation an der Universität Lüneburg. Zu nennen sind außerdem die Ausstellungen, die ich kuratiert habe: »Konnektive Identitäten«, Internet- und CD-ROM-Sektion der Ausstellung »Double Life. Identität und Transformation in zeitgenössischer Kunst«,

Projekte etwa von **Katrin Freisager, Yves Netzhammer, Pipilotti Rist** oder **Ugo Rondinone**, die sich mit der Bedeutung beziehungsweise der Gefährdung von Körper und Subjektivität heute auseinandersetzen.

/

Struktur und Beiträge 14./001

»Cyborg Bodies« hat keinen Anspruch auf Vollständigkeit. Vielmehr wirft es eine These auf und bietet einen schlaglichtartigen, einbettenden Diskurs über die Inszenierungen künstlicher Körper der letzten Jahre. Die Texte behandeln aktuelle, zentrale Themenschwerpunkte, die als Stichworte und nicht linear angeordnet sind. Während in einer ersten Gruppe eher historisch-philosophische Aspekte im Vordergrund stehen, werden in einer zweiten aktuelle Arbeiten unter unterschiedlichen theoretischen Fragestellungen diskutiert.

Eine breit gefasste, historisch akzentuierte Vorgeschichte der Faszination am Cyborg stellt Verena Kunis Essay »Cyborg-Configurationen als Formationen der (Selbst-)Schöpfung im Imaginationsraum technologischer Kreation: Alte und neue Mythologien von ›künstlichen Menschen‹« dar und wurde daher gleichzeitig auch für die vorliegende Buchpublikation ausgewählt. Diese grundlegende Einführung in die Kulturgeschichte des künstlichen Menschen ist unter dem Stichwort **»Mythische Körper«** gefasst. 01-15

Ebenfalls historische Grundlagen, aber bezogen auf die Fantasie der Puppe und deren Adaption in der Medienkunst finden sich unter dem Stichwort »Puppen-Körper«. Hier diskutiert Sigrid Schade in **»Die Medien/Spiele der Puppe – vom Mannequin zum Cyborg«** die Bedeutung, die das Unheimliche für die Mediengestaltung in der Kunst hat. In **»The Making of... Begehren, digitales«** setzt sich Marie-Luise Angerer mit den von ihr diagnostizierten »postsexuellen Körpern« heute auseinander und erklärt sie mit Bezug auf Psychoanalyse und aktuelle Subjektivitätsdebatten.

Spezifische Blicke auf die heutige Medienkunst werfen die Texte der zweiten Gruppe. So zeigt der zweite Teil **»Mythische Körper II«** von Verena Kunis Essay »Cyborg-Configurationen als Formationen der (Selbst-)Schöpfung im Imaginationsraum technologischer Kreation (II): ›Monströse Versprechen‹ und ›posthumane‹ Anthropomorphismen« (nur online publiziert), wie die digitalen Bilder der Medienkunst und Gamekultur die Faszinationsgeschichte des künstlichen Menschen adaptieren und weiter entwickeln.

Yvonne Volkarts Essay **»Monströse Körper. Der verrückte Geschlechtskörper als Schauplatz monströser Subjektverhältnisse«** geht von der These aus, dass die Cyborgs an und mit ihren monströsen Körpern und Geschlechtern die monströsen Verhältnisse ›demonstrieren‹, denen sich Subjekte im neoliberalen Informations- und Biotechzeitalter gegenübersehen. In **»Widerspenstige Körper. Der Effektkörper als Ort des Widerstands«** zeigt sie auf, dass die Figurationen von Cyborgs widerständig konzipierte

Generali Foundation, Wien 2001, »Body as Byte. Der Körper als Informationsstrom«, Neues Kunstmuseum Luzern, Luzern 2001, »Widerspenstige Praktiken«, Shedhalle Zürich, Zürich 2000, die eine überarbeitet Fassung war von »Tenacity. Cultural Practices in the Age of Information and Biotechnologies«. Zu den kuratorischen Projekten vgl. meine **Homepage**.

AgentInnen sind, die die Symptome und Effekte der Informationsgesellschaft verkörpern und aus dem Inneren heraus verkehren. Ingeborg Reichle behandelt in »**Transgene Körper. Kunst im Zeitalter von Technoscience**« jene Kunst, die selbst Leben kreieren will: Sei es, dass die KünstlerInnen, wie im Fall der »Transgenen Kunst«, entweder direkt in die Gene eingreifen oder im Fall der »Artificial-Life-Kunst« anhand genetischer Algorithmen Leben zu generieren versuchen. Zusätzlich findet sich auf englisch unter dem Stichwort »Collective Bodies« der Essay »**Sunshine and Shroud: Cyborg Bodies and the Collective and Personal Self**« von Margaret Morse. In einer eigenwilligen Interpretation von Donna Haraways Cyborg als einer narrativen Figur kollektiver Verkörperungen stellt Morse aktuelle US-amerikanische Medienkunstarbeiten vor und liest sie als Metaphern kollektiver (Selbst-)Entwürfe und Praktiken.

Im Interview »**Erweiterte Körper**« mit der in Zürich lebenden australischen Medienkünstlerin und -theoretikerin **Jill Scott** wird der Bogen zur Ausgangssituation geschlagen: Anhand verschiedener Arbeiten werden die Veränderungen bezüglich der Vorstellungen vom erweiterten zum morphologischen und relationalen Körper diskutiert.

Neben diesen textbasierten Beiträgen entwickelte die kroatische Künstlerin **Andreja Kuluncic** eine Netzkunstarbeit für »Cyborg Bodies« mit dem Titel »**Cyborg Shop**«. In dieser interdisziplinär und partizipativ angelegten Arbeit werden die ambivalenten Versprechen und Ideologien von neuen Technologien und Körpern hautnah erfahrbar: Die User werden zu shoppenden MitspielerInnen, die sich ihre Prothesenteile kaufen, um damit im Konkurrenzkampf der Körper mithalten zu können.

»Cyborg Bodies« enthält darüberhinaus eine Reihe von Quellentexten, die die zentralen Thesen und Hintergründe zum Thema bereitstellen. Dabei handelt es sich um folgende Texte, Barbara Becker, »**Cyborgs, Robots und Transhumanisten: Anmerkungen über die Widerständigkeit eigener und fremder Materialität**«, Astrid Deuber-Mankowsky, »**Das virtuelle Geschlecht und seine metaphysischen Tücken: Das Phänomen Lara Croft**«, N. Katherine Hayles, »**Fleisch und Metall: Rekonfiguration des Geistkörpers in virtuellen Umwelten**« und Yvonne Volkart, »**Das Fließen der Körper: Weiblichkeit als Metapher des Zukünftigen**«. Auf Englisch: Rosi Braidotti, »**Teratologies**«, Marina Gržinić, »**Dragan Zivadinov's ‹Biomechanics Noordung›: The Body as Vector**«.

Trotz der Vielfalt und Unterschiedlichkeit der hier versammelten Texte, Theorien und künstlerischen Projekte wird der Cyborg-Körper in der Medienkunst bei allen als Schauplatz verstanden, an und mit dem Auseinandersetzungen mit den subjektverändernden Effekten der neuen Medien und neuen Technologien geführt werden.

Meine Beiträge wie auch die Gesamtkonzeption des Themas sind von der Annahme geleitet, dass die Cyborgs in der Medienkunst den Schauplatz der Verhandlung von Subjektivität bilden, die durch die spätkapitalistischen Ökonomien und deren Technologien sowohl in Frage gestellt als auch neu konstituiert werden. Zentrale Merkmale von

Cyborg-Körpern und -Geschlechtern, wie das Zerfließen der Grenzen, die Flexibilisierung und Vernetzung von Körpern und Geschlechtern, der Verlust von Körperlichkeit und die Verwandlung von Substanz in Code sowie ein minoritärer Status der Entmächtigung spiegeln aktuelle Befindlichkeiten des Lebens in der Informationsgesellschaft wider und stellen deren biopolitische Machtverhältnisse kritisch oder affirmativ zur Debatte. Die Ästhetik körperlicher Deformationen, das Zerfließen der Körper- und Geschlechtergrenzen, die Rekombinationen von Gliedern und die Code-Werdung von Körpern symbolisieren dabei, was auf soziopolitischer und subjektiver Ebene geschieht: etwas ist ins Fließen geraten.

Dass der Körper etwas Instabiles und permanent Mutierendes, etwas allzu glatt und leicht Fließendes geworden ist, zeigen paradigmatisch zum Beispiel die puppenhaften Körper in den digitalen Videos des Schweizer Künstlers **Yves Netzhammer.** Durch die digitale Fließästhetik Netzhammers sind übliche materielle Differenzen einer unendlichen Rekombinierbarkeit gewichen. Und doch sind Unterschiede und Machtverhältnisse - zum Beispiel zwischen Mensch und Tier - thematisiert. Sie werden aber auch aufgelöst beziehungsweise anders formiert: Das Wesen im Bild ist nicht mehr ein machtvoller Mann oder Mensch. Vielmehr typologisiert es ein Wesen, das sich über »das Gefühl präziser Haltlosigkeit beim Festhalten der Dinge« konstituiert - so zumindest pointiert der Titel dieses Ausstellungsprojekts das bildliche Geschehen und dessen Effekte auf uns als wahrnehmende Subjekte. Doch dieses glatte Fließen und haltlose Reproduktive sind zugleich unheimlich und monströs: unheimlich, weil es programmiert und künstlich, als purer Effekt neuer Medientechnologien und ihrer numerisch-algorithmischen Voraussetzungen scheint. Diese werden nicht nur als fundamentale Prinzipien der neuen Medien verstanden, sondern auch der auf ihnen basierenden Informationsgesellschaft oder, wie Gilles Deleuze sagt, der »Kontrollgesellschaft«, deren vorherrschendes Prinzip die permanente Wandelbarkeit und Fluidität ist.[3]

Während in Netzhammers Cyborg-Visionen bei aller Absage an die Idee des von Prothesen machtvoll erweiterten (männlichen) Cyborg-Körpers immer noch deutliche Bezüge zu menschenähnlichen Wesen da sind und damit die Angst vor der Kontrollgesellschaft als Entindividualisierung des Körpers inszeniert wird, gibt es, vor allem im Umfeld des Cyberfeminismus, vermehrt Tendenzen hin zu mikrokosmischen, zellulären, bioorganischen oder codebasierten Entitäten. Auch diese konnotieren eine Entthronung des Menschen als Krone der Schöpfung, versuchen jedoch, diese scheinbar niedrigen Wesen als aktuelle Formen von Leben in der Informationsgesellschaft positiv umzuformulieren und als neue Subjektentwürfe zu propagieren.

Ein Beispiel dafür sind die netzbasierten Arbeiten »**[carrier]**« (1999) oder »**empyrean**« (2000-2003) der australischen Künstlerin **Melinda Rackham**, die Code-Poesie der australischen Künstlerin **mez** oder das Hypertextprojekt »**Idrunners:re_flesh the body**«

3 — Vgl. dazu Gilles Deleuze, »Postscript on the Societies of Control«, in: *October*, no. 59, Winter 1992, S. 3-7, deutsch als: Gilles Deleuze, »Postskriptum über die Kontrollgesellschaften«, deutsche Übersetzung nach dem französischen **Originaltext** von 1990, Paris o. J.

von **Diane Ludin, Francesca da Rimini** und **Agnese Trocchi.** In allen diesen Projekten geht es um den Tod des liberalen Subjekts und die Identifikation mit zugleich komplexen als auch niedrigen, das Informationszeitalter und dessen digitale Fluidität verkörpernden Agenten und Maschinensubjekten.[4]

4 — An dieser Stelle möchte ich allen herzlich danken, die das Zustandekommen dieses Projekts ermöglicht haben, insbesondere Rudolf Frieling und Dieter Daniels, Sigrid Schade als Leiterin des Instituts Cultural Studies in Art, Media and Design (ICS) an der Hochschule für Gestaltung und Kunst, Zürich (HGKZ), Jennifer John für die wissenschaftliche Mitarbeit und Verena Kuni, die in einer ersten Konzeptphase wesentlich ins Projekt involviert war. Mein Dank gilt den beteiligten AutorInnen für ihre Texte und den KünstlerInnen und Galerien, die Abbildungen der benötigten Werke großzügig zur Verfügung stellten. Das Projekt wäre nicht zustande gekommen ohne die finanziellen Unterstützungen der HGKZ (ICS), Pro Helvetia und dem Präsidialdepartement der Stadt Zürich.

Cyborg Bodies.
The End of the Progressive Body → Editorial

/

Yvonne Volkart

/

In order to examine the specific contribution art makes to the discourses on future bodies and subjects, the point of departure of this topical focus are the artistic reflections on and realizations of cyborgs. Cyborgs here are not only cybernetic organisms, i.e. link-ups between humans and machines, as they are commonly defined. Rather they generally denote fantasies about hybrid, monstrous, machine-like, cloned, digital, networked, cellular or transgendered bodies. Thus «Cyborg Bodies» essentially encompasses all of those notions in which the body is considered to be something put together, artificial and new.
«Cyborg Bodies» assumes that new (media) technologies and their associated economies influence our body and its perception (not only in the present, but also in the past), that the body and its rights are grossly at the disposal of others, and that media art is an important place at which these questions can be thought about using a variety of media. Although the end of the body and the human is no longer being blaringly postulated or feared today as it was in the course of the debates on the so-called «posthuman» at the beginning of the 1990s, the issue has not yet come to a close. The discussions and fantasies have simply changed. While the machine-like and cosmetically optimized technobody was predicted more than twenty years ago, in recent years notions of biotic, cellular, networked, emergent and dynamic body entities and communicating flows of information have increasingly emerged. What these notions have in common is that the body is a set of interacting codes that has been wired up.

The approach of «Cyborg Bodies» is based on theories developed by the American biology theorist **Donna Haraway**. Her cyborg figure is not only a technoid mixture of human and machine, rather it epitomizes all of those beings whose conventional boundaries between natural and artificial, animate and inanimate, are no longer accurate. To Haraway, cyborgs are both humans with prostheses as well as organic data carriers (humans or animals) who communicate with more or less intelligent surroundings. They are unicellular organisms, biotechnically mutated mice or humans exploited by the globalized technoindustry. Haraway has even bent this current variety of composite and combinable bodies and subjectivities into a thought figure for notions of the subject beyond conventional gender and ethno-specific power relations. In doing so she has developed an alternative notion of the subject supported by the queer theory that has influenced and inspired many media artists.[1]

«Cyborg Bodies. The End of the Progressive Body» maintains that despite what we are led to believe, the technical extensions and social structures that make humans into

1— Like gender studies, queer studies deconstructs the notion of the dual division of gender, above all, however, the naturalized relationships between dual gender and an associated heterosexuality or homosexuality.

cyborgs to not lead to optimization and self-empowerment. Rather they lead to a loss of control and feelings of being deprived of power and fear; however, in the spirit of Haraway they also lead to new forms of embodiment and subjectivity beyond conventional progressive thought, to which the term «cyborg» was originally bound.

The artistic projects and theoretical approaches presented here essentially pursue this other track or the suppressed, other side of the cyborgs. They put that which is generally not mentioned up for discussion when fantasies about new technological possibilities are elevated into the fantastic. Not all of the artists, however, treat this ambivalence towards what is technological with an equal amount of criticism or would even maintain that they would celebrate «the end of the progressive body.» However, this is precisely the contention of this project. The untenability of progress optimism is always part of every outline, even if some of them require a critical analysis in order to track it down. «Cyborg Bodies» is less on the trail of the much implored ‹disappearance of the body› than it is of the new, multiple and ‹cyborgized› forms of embodiment and the possibilities of other subject positions associated with it.

«Cyborg Bodies» developed out of my dissertation as well as out of various curatorial projects.[2] All of the artists involved in these projects have an advanced notion of technology and the body on the one hand; on the other hand they make an appeal for the necessity of a constructive criticism and reinvention of one-dimensional notions.

The texts by the participating artists have enhanced this subject by a variety of further aspects and perspectives. What connects all of them is the virulence of the Haraway approach, the questioning of progressive thought, and the development of progressive theories on new bodies beyond simple body extension fantasies. The focus is on the following questions: What body images and body fantasies are contained in media art? What influence do new technologies have on the body and its perception? What kind of aesthetics do the artists elaborate?

Because «Cyborg Bodies» was conceived and realized in Zurich, it was also important to me to include local discussions on the topic. While the artistic discourse on new media technologies has only just begun, there are several projects — see, for instance, the work of the swiss artists **Katrin Freisager**, **Yves Netzhammer**, **Pipilotti Rist** or **Ugo Rondinone** — which examine the current meaning of, or the danger to, body and subjectivity.

/

14./101

Structure and contributions

«Cyborg Bodies» makes no claim to completeness. Rather it raises an issue and offers an insightful, embedding discourse on the productions of artificial bodies in recent years. The texts deal with current topical focuses, which are not arranged linearly but in the form of key words. While in the first group the focus is on historico-philosophical aspects, in the

2 — «Weiblichkeit als Subjektentwurf des Informationszeitalters. Lektüren zeitgenössischer Medienkunst» is the title of my dissertation; also refer to the following exhibitions, which I curated: «Konnektive Identitäten,» the Internet and CD-ROM section of the exhibition «Double Life. Identität und Transformation in zeitgenössischer Kunst» Generali Foundation, Vienna, 2001; «Body as Byte. Der Körper als Informationsstrom,» Neues Kunstmuseum Lucern, 2001; «Widerspenstige Praktiken,» Shedhalle Zürich, 2000, which is a revised version of «Tenacity. Cultural Practices in the Age of Information and Biotechnologies.» See more on these **projects** online.

second group of texts current work is discussed based on different theoretical questions. Verena Kuni's essay «Cyborg configurations as formations of (self-)creation in the imagination space of technological (re)production: Old and new mythologies of ‹artificial humans›» presents a broadly interpreted, historically accentuated history of the fascination with the cyborg and was therefore selected to be included in this publication. This basic introduction into the cultural history of the artificial human is contained under the key word «**Mythical Bodies**» The key word «Doll Bodies» also includes historical bases, -15 in relation however to the doll fantasy and how it is adapted in media art. In her text «**The Media/Games of the Doll—From Model to Cyborg. Contemporary Artists' Interest in Surrealism,**» Sigrid Schade discusses the meaning of the uncanny for the shaping of media in art. In «**The Making of...Desire, digital,**» Marie-Luise Angerer examines what she diagnoses as today's «postsexual bodies» and explains them in relation to psychoanalysis and current discussions on subjectivity.

The second group takes a specific look at today's media art: Part two of Verena Kuni's essay «**Mythical Bodies II**», «Cyborg configurations as formations of (self-)creation in the imagination space of technological (re)production (**II**): The promises of monsters and posthuman anthropomorphisms» (only available online), shows how media art's digital images and the game culture adapt and further develop the history of the fascination with the artificial human. Yvonne Volkart's essay «**Monstrous Bodies. The Disarranged Gender Body as an Arena for Monstrous Subject Relations**» starts out from the assertion that cyborgs ‹demonstrate› the monstrous circumstances that subjects are faced with in the neoliberal age of information and biotechnology on and with their monstrous bodies and genders. In «**Unruly Bodies. The Effect Body as a Place of Resistance**» she shows that cyborg figurations are resistantly conceived agents who embody the symptoms and effects of the information society and turn them inside out. In «**Transgenetic Bodies. Where Art and Science Meet: Genetic Engineering in Contemporary Art**» Ingeborg Reichle deals with that art that wants to create life itself: Be it that artists either intervene in genes directly, as is the case with «transgenetic art,» or that they attempt to generate life using genetic algorithms, as is the case with «artificial life art.» In addition, for English readers the key word «Collective Bodies» includes an essay by Margeret Morse, «**Sunshine and Shroud: Cyborg Bodies and the Collective and Personal Self.**» In her unconventional interpretation of **Donna Haraway**'s cyborg as a narrative figure of collective embodiments, Morse introduces current American media art work and reads them as metaphors for collective (self-)conceptions and practices.

The initial situation is described in «**Extensive Bodies,**» an interview with the Australian media artist and theorist **Jill Scott**, who currently lives in Zurich: The changes with regard to the notions of an extended to a morphological and relational body are discussed based on different works.

In addition to these text-based contributions, the Croatian artist Andreja Kuluncic created a Net art piece for «Cyborg Bodies» with the title «**Cyborg Shop.**» The ambivalent promises and ideologies of the new technologies and bodies can be experienced directly in this interdisciplinary and participative work. Users become shopping players who buy their prosthesis parts in order to equip their bodies for competition.

Above and beyond this, «Cyborg Bodies» contains a series of source texts that provide the central theses and backgrounds of the topic. These include the following contributions in German: Barbara Becker, «**Cyborgs, Robots und Transhumanisten: Anmerkungen über die Widerständigkeit eigener und fremder Materialität**»; Astrid Deuber-Mankowsky, «**Das virtuelle Geschlecht und seine metaphysischen Tücken: Das Phänomen Lara Croft**» and Yvonne Volkart, «**Das Fliessen der Körper. Weiblichkeit als Metapher des Zukünftigen**». English contributions include: Rosi Braidotti, «**Teratologies**»; Marina Gržinić, «**Dragan Zivadinov's ‹Biomechanics Noordung›: The Body as Vector,**» and N. Katherine Hayles, «**Flesh and Metal: Reconfiguring the Mindbody in Virtual Environments.**»

Despite the variety and differences between the texts, theories and artistic projects collected here, all of the contributors view the cyborg body in media art as an arena in and with which analyses can be carried out on the subject-altering effects of the new media and new technologies.

My own contributions as well as the overall conception of the topic have been guided by the assumption that the cyborgs in media art constitute the arena for the negotiation of subjectivity, which by means of the late-capitalist economies and their technologies are both questioned as well as reconstituted. Central characteristics of cyborg bodies and genders such as the dissolution of boundaries, the flexibilization and interfacing of bodies and genders, the loss of corporeality and the transformation of substance into code, as well as a minority status of disempowerment reflect current states of life in an information society and put its biopolitical power relations up for critical or affirmative debate. The aesthetics of physical deformations, the dissolution of physical and gender boundaries, the recombination of limbs, and bodies becoming codes symbolize what is happening at a sociopolitical and subjective level: Something has begun to flow.

The doll-like bodies in the digital videos by the Swiss artist **Yves Netzhammer**, for example, paradigmatically show that the body is something that has become unstable and permanently mutating, something all too smooth and slightly flowing. By means of Netzhammer's digital flow aesthetics, customary material differences haven given way to an endless recombinability. And yet differences and power relations—e.g. between humans and animals—are thematicized. However they are also dissolved or differently formed: The being in the image is no longer a powerful man or human. Rather it typologizes a being that constitutes itself via «The feeling of precise instability when holding things»—at least this is how the title of this exhibition project emphasizes what is occurring in the image and its effect on us as perceiving subjects. But at the same time, this smooth flowing and unrestrained reproductive is uncanny and monstrous: uncanny because it appears programmed and artificial, a pure effect of new media technologies and their numerical-algorithmic conditions. These are not only understood as fundamental principles of new media, but also of the information society they are based on. Or as Gilles Deleuze puts it, the «society of control,» whose predominant principle is permanent changeability and fluidity.[3]

Despite rejection of the idea of the powerfully extended (male) cyborg body by means of prostheses, the fact that in Netzhammer's cyborg visions there continue to be clear references to human-like beings, and in order that the fear of the society of control is staged as the deindividualization of the body, there is, above all in the sphere of cyberfeminism, an increasing tendency in the direction of microcosmic, cellular, bioorganic or code-based entities. These, too, connote a dethronement of the human as the crowning glory of creation; however, they attempt to reformulate these apparently lesser beings as current forms of life in information society and to propagate them as new conceptions of the subject. An example for this are the net-based works «**[carrier]**» (1999) or «**empyrean**» (2000–2003) by the Australian artist **Melinda Rackham**, the code poetry by the Australian artist **mez**, or the hypertext project «**Idrunners:re_flesh the body**» by **Diane Ludin**, **Francesca da Rimini** and **Agnese Trocchi**. All of these projects are concerned with the death of the liberal subject and the identification with both complex as well as lesser agents and machine subjects who embody the information age and its digital fluidity.[4]

/

Translation by Rebecca van Dyck

3— Cf. Gilles Deleuze, «Postscript on the Societies of Control,» in *October*, no. 59, winter 1992, pp. 3–7. 4— In closing, I would like to thank all of those who enabled the coming about of this project, in particular Rudolf Frieling and Dieter Daniels, Sigrid Schade as Director of the Institute Cultural Studies (ICS) at the University of Art and Design, Zurich (HGKZ), Jennifer John for her assistance, and Verena Kuni, who was substantially involved in the project in its first conceptual phase. My thanks are also due to the contributing authors for their texts and to the artists and galleries who generously supplied illustrations of the required works. The project would not have come about without the financial support of the HGKZ (ICS), Pro Helvetia, and the Präsidialdepartement of the City of Zurich.

15/000-012
15/100-112

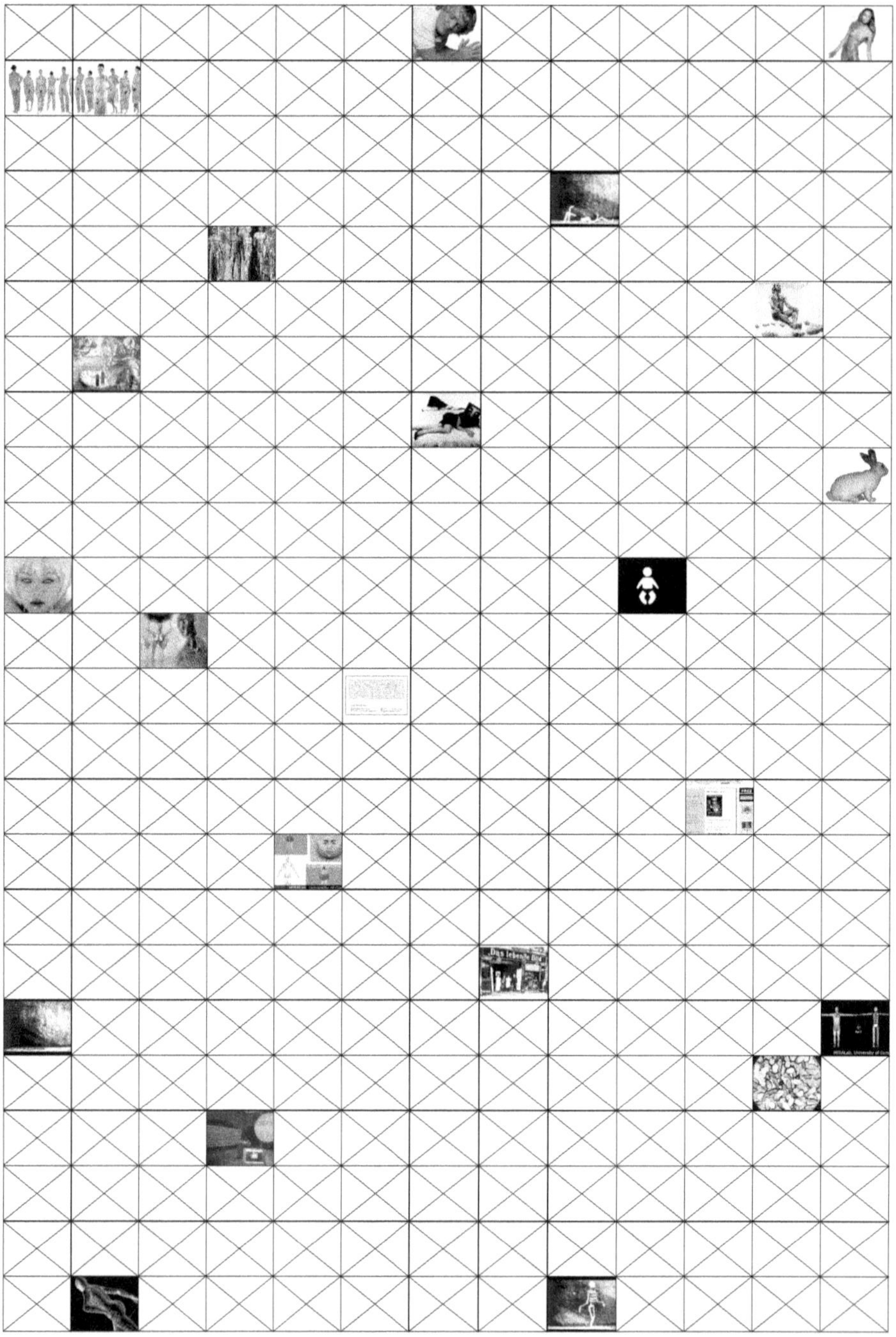

Mythische Körper
Cyborg-Configurationen als Formationen der (Selbst-)Schöpfung im Imaginationsraum technologischer Kreation: Alte und neue Mythologien von ›künstlichen Menschen‹[1]

/

Verena Kuni

/

»There are several consequences to taking seriously the imagery of cyborgs as other than our enemies. Our bodies, ourselves; bodies are maps of power and identity. Cyborgs are no exception.«
Donna Haraway[2]

/

Cyborgs sind hybride Kreaturen - nicht nur als Mischwesen aus Maschine und Organismus, sondern auch als Konstrukte, in denen individuelle wie gesellschaftliche Wahrnehmungen und Projektionen, Realitäten und Fiktionen miteinander verschmelzen. Betrachtet man die Bilder, in denen Imaginationen von Cyborgs einen greifbaren Niederschlag finden, so scheinen sie sich zunächst nahtlos in die Geschichte künstlicher Schöpfungen einzuordnen. Festmachen lässt sich dies besonders augenfällig an ihrer Gestalt: Wie ihre Vorgängerinnen und Vorgänger aus Literatur und Kunst früherer Jahrhunderte sind auffällig viele Cyborg-Configurationen[3] - in den Künsten wie in der Populärkultur - am (Körper-)Bild des Menschen orientiert. Doch was unterscheidet sie als Geschöpfe eines Zeitalters, das von den rasanten Entwicklungen in den Informations- und Biotechnologien geprägt ist, von den künstlichen Menschen der Vergangenheit? Welchen Niederschlag finden die »monströsen Versprechen« (**Donna Haraway**), die sich mit diesen Entwicklungen verbinden, in den Bildern, die wir uns von künstlichen Schöpfungen in Menschengestalt machen? Was können uns Cyborg-Configurationen als Formationen der (Selbst-)Schöpfung im Imaginationsraum technologischer Kreation über unser 15/000

1 — Ein zweiter, nur online publizierter Teil richtet unter dem Schlagwort »**Mythische Körper II**« den Fokus auf die »monströsen Versprechen« und posthumanen »Anthropomorphismen« technologischer Schöpfungsgeschichten im Spiegel computergenerierter Visionen in der zeitgenössischen Kunst und Game-Kultur. 2 — Vgl. Donna Haraway, »Ein Manifest für Cyborgs. Feminismus im Streit mit den Technikwissenschaften«, in: dies., *Die Neuerfindung der Natur. Primaten, Cyborgs und Frauen*, Carmen Hammer/Immanuel Stieß (Hg.), Frankfurt/Main u. a. 1995, S. 33-72, S. 180. 3 — Der Begriff der Konfiguration bezeichnet seiner ursprünglichen Bedeutung nach die Anordnung und wechselseitige Aufeinanderbezogenheit von Einzelteilen in einer Gesamtstruktur, die über diese als Entität bestimmt wird und spezifisch funktioniert. Während er in diesem Sinne in den Geisteswissenschaften üblicherweise für die Strukturanalyse von Kunstwerken herangezogen wird, kommt ihm jedoch auch im Anwendungsbereich der Computertechnologien eine zentrale Bedeutung zu, die nicht zuletzt im populären Verständnis die erstere zunehmend überlagert: Hier versteht man unter Konfiguration die Zusammensetzung von Systemarchitekturen bis hin zu deren Ausstattung mit spezifischen Kapazitäten und Schnittstellen zu anderen Systemen, die in ihrer Ausrichtung von den jeweiligen Einsatzzwecken, Anwendungen und Ansprüchen an diese Systeme bestimmt werden. Für eine auf die Schnittstellen von Kunst- und Medienkultur zielende Auseinandersetzung mit dem Phänomen Cyborg ist der Begriff der Konfiguration auf zweifache Weise weiterführend: Erstens legt er es nahe, nicht nur Cyborg-Repräsentationen und -Metaphoriken zu analysieren, sondern auch deren Funktionen - einschließlich der Schnittstellen, die beide zu verschiedenen Systemen und Diskursen unterhalten. Zweitens gerät damit die skizzierte Kreuzung verschiedener, auch ideologisch geprägter Begriffs- und Bedeutungssysteme ins Blickfeld, die Cyborg-Imaginationen und -Figurationen entscheidend mitbestimmt.

Menschenbild verraten? Vor dem Hintergrund dieser Fragen beschäftigt sich dieser Essay mit den Konstanten und Brüchen, die sich beobachten lassen, wenn man aktuelle Cyborg-Configurationen im Spannungsfeld alter und neuer Fantasmen von der Schöpfung ›künstlicher Menschen‹ betrachtet. Er führt in die alten und neuen Mythologien vom ›künstlichen Menschen‹ ein, die in historischen und zeitgenössischen Texten und Bildern von der Literatur über die bildende Kunst bis hin zum populären Sciencefiction begegnen.

/

15./001 Am Anfang war...

Am Anfang war eine Vorstellung, die Gestalt gewinnen musste. Genauer gesagt: Eine jede Vorstellung verlangt danach, Gestalt zu gewinnen. Erst das macht sie nicht nur als Vorstellung lebendig, sondern auch mitteilbar. Erst die Gestalt verleiht ihr die Realität, die sie potentiell bereits besitzt. Deshalb sind Cyborg-Imaginationen und Cyborg-Configurationen unverbrüchlich miteinander verbunden.

Wenn Donna Haraway eingangs ihres »**Manifesto for Cyborgs**« schreibt: »Cyborgs sind kybernetische Organismen, Hybride aus Maschine und Organismus, ebenso Geschöpfe der gesellschaftlichen Wirklichkeit wie der Fiktion«[4], dann versuchen wir automatisch, diese Definition in Bilder zu übersetzen. Wie haben wir uns diese Mischwesen vorzustellen? Welchen Ort haben sie in unserer gesellschaftlichen Wirklichkeit, welchen in unseren Fiktionen? Wenn sie *sind*, es sie also hier wie dort bereits gibt - sollte es uns dann nicht möglich sein, sie als Cyborgs zu erkennen und zu beschreiben?

›Erkennen‹ setzt freilich Kenntnisse über das voraus, was erkannt werden soll. Wir werden nach Merkmalen fragen müssen, die uns das Erkennen - die Identifikation - von Cyborgs gestatten. Und dann, wenn wir Vorstellungen von Cyborgs entwickeln und kommunizieren wollen, werden wir ihnen Merkmale verleihen müssen, die es anderen gestatten, sie ebenfalls als Cyborgs zu erkennen. Anschaulichkeit entfalten diese Merkmale jedoch erst, wenn sie mit bildhaften Vorstellungen verknüpft werden. Bildhafte Vorstellungen benötigen Konturen, um sich als Figuren vom Grund abheben zu können und wahrnehmbar zu werden. Damit ist über den Verlauf der Konturen und die Gestalten, die Vorstellungen gewinnen, noch wenig gesagt. Und doch schon viel: nämlich, dass wir ihnen einen Körper geben.

Gleichwohl lässt die Vorstellung eines Körpers, der ein Mischwesen aus Maschine und Organismus ist, virtuell - und dieses prinzipielle Potential sollte in Erinnerung bleiben - eine schier unendliche Bandbreite an möglichen Verkörperungen imaginieren.[5]

/

15./002 ... des Menschen Ebenbild? Cyborg-Körper und ihre Konturen

Angesichts dieses Möglichkeitsraums mag es zunächst verwundern, dass auffällig viele der Cyborg-Configurationen, denen wir in den Künsten begegnen, mehr oder weniger

4 — Vgl. Haraway (1995), S. 33. 5 — Vgl. für eine zusammenfassende Kategorisierung der ›Cyber-Visionen‹, die gegenwärtig unter dem Vorzeichen des Begriffs ›Cyborg‹ Neukonzeptionen der Relation von Körperlichkeit und Identität gestatten Barbara Becker, »**Cyborgs, Robots und ›Transhumanisten‹ - Anmerkungen über die Widerständigkeit eigener und fremder Materialität**«, in: Barbara Becker/ Irmela Schneider (Hg.), *Was vom Körper übrig bleibt. Körperlichkeit - Identität - Medien*, Frankfurt/Main u. a. 2000, S. 41-69, S. 44. Die vier Bereiche, die Becker hier angibt - »Virtualisierung, Immaterialisierung und Multiplizierung von Körper und Identität in elektronischen Kommunikationsnetzwerken«, »Genmanipulation und Bioengineering«, die »Konstruktion

menschliche Konturen besitzen. Das hat historische und mythologische Gründe, in denen sich wiederum Geschichte und Mythos stark miteinander vermengen.

Zunächst einmal lässt sich auf die Geburtsstunde des Begriffs ›Cyborg‹ zurückverweisen. »The Cyborg study is the study of man«, lautet definitionsmächtig der erste Satz des gleichnamigen Papiers, das am 15. Mai 1963 als »Final Report« einer Arbeitsgruppe an die NASA eingereicht wurde. Ebenso sprechend sein Untertitel: »Engeneering man for space«.[6] Als Manfred E. Clynes und Nathan S. Kline 1960 einer Vorstellung den Namen ›Cyborg‹ gaben, ging es tatsächlich darum, einen zukünftigen Menschen zu imaginieren - einen Menschen nämlich, der im Weltraum überlebensfähig ist.[7] Vom gewöhnlichen ›Astronauten‹ sollte er sich durch etwas Entscheidendes abheben: Technische Apparaturen, die den menschlichen Körper mit zusätzlichen Funktionen und Fähigkeiten ausstatten, um ihm seine Überlebensfähigkeit zu garantieren, sollten in diesen Körper integriert werden, organisch mit ihm verschmelzen. Ein kleiner Schritt für die Fantasie, aber ein großer Schritt für die Menschheit - so die zugrunde liegende Philosophie, die bis heute Cyborg-Utopien in Wissenschaft und Technik wie auch in den Künsten ihren Stempel aufgeprägt hat.

Zurückverweisen lässt sich jedoch auch auf die tiefe Verwurzelung der Cyborg-Utopien im Vorstellungsraum künstlicher Schöpfungen, in dem sich seit jeher eine Vorstellung als besonders wirkmächtig erwiesen hat: diejenige, einen künstlichen Menschen zu schaffen. In der westlichen Kultur spielt hier das über die religiöse Tradition überlieferte Spiegelverhältnis zwischen der ›Gottesebenbildlichkeit‹ des Menschen und der ›Menschenebenbildlichkeit‹ Gottes eine entscheidende Rolle: Es ist der Mensch, der sich als Maß aller Dinge begreift - und in seiner Fähigkeit, Leben zu geben und Menschen zu zeugen, weiß er sich ›seinem Schöpfer‹ nahe. Was ihn von letzterem trennt, ist allerdings - ebenso entscheidend - seine Endlichkeit, die auch eine Endlichkeit seiner schöpferischen Fähigkeiten meint. Diese Endlichkeiten - allen voran die Sterblichkeit, die in der christlichen Religion etwa die Menschlichkeit des Gottes-Sohnes bezeugt, während die Auferstehung zum ewigen Leben seine Göttlichkeit beweist - zu überwinden, ist eine Sehnsucht, die den Menschen bis heute nachhaltig bestimmt. Wenn man so will: eine Allmachtsfantasie, die auf dem Boden der (Selbst)Erkenntnis menschlicher Schwäche, Verletzlichkeit und Endlichkeit wächst. Das Verlangen danach, künstliches Leben und insbesondere künstliche Menschen schaffen zu können, hat seine Wurzel in dem Wunsch, die eigene Endlichkeit zu überwinden. Vor diesem Hintergrund betrachtet, verwundert es nicht länger, dass uns Verkörperungen von Cyborgs vorzugsweise in menschlicher Gestalt begegnen.

Anders gesagt: Cyborg-Configurationen mögen von der Sehnsucht nach einer Überwindung des »Menschlichen, allzu Menschlichen« (Friedrich Nietzsche) künden und damit charakteristisch für ein post-humanes Denken sein. Insofern sie ihren Ursprung

von intelligenten Artefakten [...] durch die Simulation lebendiger Prozesse« und »Visionen [...], die von einer kontrollierbaren Steuerung, technischen Umgestaltung oder gar Abspaltung des als defizitär erlebten Körpers träumen« - werden im Folgenden als markante ›Orte‹ bzw. Diskursrahmen von Cyborg-Configurationen wieder begegnen; über die konkrete Gestaltung von Cyborg-Visionen ist mit dieser Kategorisierung jedoch noch wenig gesagt. 6 — Vgl. Robert W. Driscoll u. a., »Engineering Man For Space. The Cyborg Study«, in: Chris Hables-Gray (Hg.), *The Cyborg Handbook*, New York 1995, S. 75–81. 7 — Vgl. Manfred E. Clynes/ Nathan S. Kline, »Cyborgs and Space«, in: *Astronautics*, Nr. 26/27, Sept. 1960, S. 74–75.

in der menschlichen Vorstellung haben und insofern sie sich stets am Menschen messen müssen, sind sie jedoch maßgeblich von einer anthropozentrischen Perspektive mitbestimmt. Auch deshalb bleiben die Bilder, die wir uns von Cyborgs machen, während sie Überschreitungen des Menschlichen imaginieren, an jene menschlichen Konturen gebunden, die sie zugleich durchbrechen sollen.

/

15/003 **»Monströse Versprechen«**

Diese Spannung zwischen Bindung und Überwindung ist kennzeichnend für die Vorstellungen, die wir uns von Cyborgs machen und dementsprechend auch für die Bilder, mit denen wir diesen Vorstellungen Gestalt verleihen. Donna Haraway betont: »A cyborg exists when two kinds of boundaries are simultaneously problematic: 1) that between animals (or other organisms) and humans, and 2) that between self-controlled, self-gouverning machines (automatons) and organisms, especially humans (models of autonomy). The cyborg is the figure born of the interface of automaton and autonomy.«[8]
So lange die Grenzen zwischen ›Tierhaftem‹ und ›Menschlichem‹ beziehungsweise ›Technischem‹ und ›Menschlichem‹ klar abgesteckt bleiben, hat dies keine Konsequenzen für den Menschen, der die Kontrollmacht über Tiere und Maschinen in seinen Händen wähnt. Cyborgs zeigen jedoch an, dass diese Grenzen brüchig werden.[9] Das bedeutet zunächst eine Bedrohung - allen voran diejenige des Kontrollverlusts, der nicht zuletzt ein Verlust der Kontrolle über den eigenen Körper und die über dessen Konturen definierte Identität des Menschen ist. Zugleich gibt es jedoch auch eine Reihe von Versprechen, die mit einer solchen Auflösung von Grenzen verbunden sind. Diese nennt Haraway treffend »monströse Versprechen«[10] - was sich, wie im Folgenden noch zu zeigen sein wird, sehr plastisch in den Imaginationen von Cyborg-Configurationen abzeichnet. So verspricht das Paradigma des ›Technischen‹ - insbesondere im Zeitalter neuer Technologien - die Überwindung von Schwächen, die mit der biologischen Existenz verbunden sind, namentlich der Gebrechlichkeit und Sterblichkeit des menschlichen Körpers. Dies zeichnet nicht nur den Cyborg-Entwurf von Klines und Clyne, sondern auch zahlreiche Cyborg-Imaginationen aus, die in der Sciencefictionliteratur und im Film begegnen - denken wir etwa an den von Arnold Schwarzenegger verkörperten »Terminator« aus der gleichnamigen Filmreihe.[11] Auch dem ›Tierhaften‹ lassen sich unter bestimmten Blickwinkeln positive Qualitäten abgewinnen - beispielsweise dort, wo Instinkte und Fähigkeiten bei Tieren besser ausgebildet sind als beim Menschen. Die auf den ersten Blick recht humanoid wirkenden Borgs aus der Sciencefictionserie »Star Trek«[12] - die freilich keine Cyborgs sind, sondern Lebewesen, die eine andere Evolution durchlaufen haben als der Mensch - zeichnen sich durch eine kollektive, vernetzte Intelligenz aus, die dem Vorbild zur Schwarm- und Staatenbildung neigender Tierarten abgeschaut ist, was sie den Menschen strategisch überlegen macht. Und schließlich kann gerade dort, wo

8 — Vgl. Donna Haraway, *Primate Visions. Race, Gender and Nature in the World of Modern Science*, New York 1989, S. 139. 9 — Vgl. Haraway (1995), S. 33-72, S. 37f. 10 — Vgl. Donna Haraway, »Monströse Versprechen. Eine Erneuerungspolitik für un/an/geeignete Andere«, in: dies., *Monströse Versprechen. Coyote-Geschichten zu Feminismus und Technowissenschaft*, Hamburg 1995, S. 11-80. 11 — Vgl. »Terminator« (USA 1984, R.: James Cameron); »Terminator II - Judgement Day« (USA 1991, R.: James Cameron); »Terminator III - Rise of the Machines«

die Mechanismen der Kontrolle eine Unterdrückung oder mindestens eine Einengung bedeuten, im ›Kontrollverlust‹ auch das Versprechen eines Befreiungspotentials liegen. Genau dieses Potential stellt Donna Haraway in ihrem »**Manifesto for Cyborgs**« heraus: Cyborgs, so Haraway, brechen mit der Tradition einer vom Menschen kontrollierten und beherrschten Schöpfung, die sich auf eine Genealogie von Schöpfern und Geschöpfen beruft und in der weder die Grenzen zwischen Mensch und Tier beziehungsweise Mensch und Maschine noch die zwischen Subjekten und Objekten genau umrissen sind.[13] Erodiert wird damit eine Reihe von klassischen Dichotomien, auf deren Festschreibung sich die Vormachtstellung des westlichen, weißen, männlichen Menschen traditionell beruft. Umso reizvoller kann es für jene sein, die nicht von den tradierten Machtverhältnissen profitieren, Cyborg-Potentiale für sich zu entdecken.

/

Schnittstelle Geschlecht 15/004

Eine der Schnittstellen, an denen der Wunsch, vom Maß des Menschen vorgegebene Grenzen zu durchbrechen, und die Wirkungsmacht von Bindungen an das Maß des Menschen in besonders markanter Weise aufeinander treffen, ist das Geschlecht. Das lässt sich bereits an den beiden ›Grenzen‹ erkennen, deren Brüchigwerden Haraway als Voraussetzung für das Entstehen von Cyborg-Configurationen nennt.[14] Mit dem ›Tierhaften‹ ist eine Bindung an die Sexualität und das biologische Geschlecht assoziiert, die – ›triebhaft‹, ›ungezügelt‹ und der Maxime der Arterhaltung unterworfen – das, was als *condition humana* gilt, zugleich unter- wie überschreitet. Mit dem Verlust des menschlichen Ethos einer bewusst regulierten Sexualität ginge also zugleich eine Aufgabe von Kontrollfunktionen einher, die als ›befreiend‹ imaginiert werden können. Demgegenüber scheinen die Paradigmen des ›Technologischen‹ – und dies gilt schon für die Automaten beziehungsweise Maschinen, um so mehr jedoch für informationstechnische Systeme –, das Versprechen einer Überwindung der Bindung an körpergeschlechtliche Reproduktion zu implizieren. Auch die Automatisierung kann jedoch eine Delegation oder Aufgabe von ›menschlichen‹ Bewusstseinsfunktionen implizieren. Die Vorstellung einer ›Sex machine‹ ist mit dem ›Tierhaften‹ und dem ›Technologischen‹ gleichermaßen kompatibel. Beiden Figuren der Überschreitung haftet mithin im Hinblick auf den Aspekt des Geschlechts beziehungsweise die Sexualität etwas Ambivalentes an, auf dessen Oszillationen im Folgenden noch zurückzukommen sein wird.

Zunächst aber könnte man fragen, warum Cyborgs überhaupt ein Geschlecht haben sollten: Müsste man nicht annehmen, dass eine künstliche Schöpfung weder zu ihrer Herstellung noch zu ihrer Vermehrung eines geschlechtlichen Zeugungsaktes im konventionellen Sinne bedarf?

Eine Frage, die sich mit Fug und Recht bereits an die Vorgängerinnen und Vorgänger der Cyborgs richten ließe – die Imaginationen von künstlichen Menschen also, die in

(USA 2001, R.: Jonathan Mostrow); für einen Überblick über die drei Filme siehe die Website **movieprop**; weiterführend: Theo Ligthart, *Terminator... Über das Ende als Anfang*, Wien 2003. **12** — Vgl. »Star Trek« (dt. Titel: »Raumschiff Enterprise«, USA 1966ff. B.: Gene Roddenberry) zu »Star Trek« allgemein vgl. Kai-Uwe Hellmann/Arne Klein, »*Unendliche Weiten...*«, in: dies., *Star Trek zwischen Unterhaltung und Utopie*, Frankfurt/Main 1997. **13** — Vgl. Haraway (1995), S. 35ff. **14** — Ebd., S. 37.

Kultur- und Kunstgeschichte begegnen: Vom legendären Golem der jüdischen Mythologie[15] über Pygmalions belebte Skulptur und die unheimliche Puppe Olimpia aus E.T.A. Hoffmanns Novelle »Der Sandmann«[16] bis hin zu Frankensteins Monster aus Mary Shelleys gleichnamigem Roman[17] und zahlreichen Sciencefictionfantasien, von Villiers de l'Isle Adams »Eve future«[18] über die Roboterfrau Maria aus Fritz Langs »Metropolis«[19] bis zu den Replikanten aus Ridley Scotts »Blade Runner«[20].
Schaut man hier auf die ›Schnittstelle Geschlecht‹, scheint die Antwort allerdings recht eindeutig auszufallen: Die Körper dieser Geschöpfe - das zeigen sowohl die Erzählungen, die von ihnen berichten, als auch die Bilder, die über sie kursieren - sind sehr deutlich (und Bedeutung stiftend) durch ein Geschlecht markiert, das sich mehr oder weniger an den traditionellen Konzepten von ›Männlichkeit‹ oder ›Weiblichkeit‹ orientiert.
/

15./005 **Künstliche Menschen oder Anthropomorphismus als Imperativ**

Der ›Imperativ des Anthropomorphismus‹ besagt: Zur gelungenen Herstellung eines Menschen gehört ein Geschlecht. Und zwar ein Geschlecht, das Eins ist oder das Andere, jedenfalls eine ein-deutige Zuordnung erlaubt. So lautet das Gesetz, dem in unserer Gesellschaft wissenschaftliche, juridische und soziale Instanzen gleichermaßen Folge leisten, wie sie um seinen Fortbestand bemüht scheinen. Sekundiert werden sie dabei nicht nur von der Kulturgeschichte religiöser und mythologischer Überlieferungen, die zwei- oder mischgeschlechtliche Gestalten in die Reiche des Numinosen oder des Monströsen verweisen.
Entsprechendes spiegelt auf weiten Strecken auch die (Kunst-)Geschichte der Imaginationen von ›künstlichen Menschen‹ wider. In diesen Schöpfungsgeschichten ist es nämlich das dezidierte Ziel, mit den Mitteln der Kunst und Technik eine idealtypische Verkörperung des ›natürlichen Geschlechts‹, einen ›echten Mann‹ oder eine »Eva der Zukunft« zu schaffen. Anders gesagt: Was diese künstlichen/künstlerischen Schöpfungen von natürlichen Menschen unterscheidet beziehungsweise unterscheiden soll, ist nicht nur ihre äußerliche Perfektion, sondern auch die Überwindung »menschlicher, allzumenschlicher« Schwächen. Das haben sie mit den Cyborgs gemein.
Was solche künstlichen Kreaturen jedoch als perfekte Menschen einer ›zweiten Natur‹ ausweist, ist nicht nur ihre menschliche Figur, sondern auch ihr Geschlecht - das im Übrigen, wie noch zu zeigen sein wird, nicht selten in einem spezifischen Spannungsverhältnis zum dem ihrer Schöpfer beziehungsweise Hersteller steht, die ihrerseits

15 — Vgl. für verschiedene literarische Variationen auf dieses Motiv die Sammlung zum Golem in: Klaus Völker (Hg.), *Künstliche Menschen. Dichtung & Dokumente über Golems, Homunculi, Androiden und lebende Statuen*, Teil 1, München 1971; Gustav Meyrink, *Der Golem* (1914/1915), München 1984. 16 — Vgl. im Rahmen einer Sammlung von Erzählungen zum Thema E.T.A. Hoffmann, »Der Sandmann«, in: Völker (1971), S. 181-221. 17 — Vgl. Mary Wollstonecraft Shelley, *Frankenstein, or: The New Prometheus*, London 1818 (dt.: *Frankenstein oder Der neue Prometheus*, München 1970); für Verfilmungen vor allem »Frankenstein« (USA 1931, R.: James Whale) und »Bride of Frankenstein« (USA 1935, R.: James Whale); unter den jüngeren Verfilmungen »Frankenstein« (GB 1994, R.: Kenneth Brannagh) sowie - aus der Kunst - »Andy Warhol's Frankenstein« (D/I/F 1973, R.: Paul Morissey). 18 — Vgl. Villiers de l'Isle Adam, *L'Eve future*, Paris 1886 (dt.: *Die Eva der Zukunft*, Frankfurt/Main 1984). 19 — Vgl. »Metropolis« (D 1926, R.: Fritz Lang) sowie den Roman gleichen Titels von Thea von Harbou (1925), der als Vorlage für das Drehbuch diente. 20 — Vgl. »Blade Runner« (USA 1982, R.: Ridley Scott); das

wiederum die Seite des Menschen repräsentieren, der als gottgleicher Künstler oder genialer Ingenieur in die Fußstapfen des schöpfenden Gottes tritt.

/

Die Eva der Zukunft 15/007

Stolz prophezeit der Protagonist des gleichnamigen Sciencefictionromans, der Erfinder Edison, seiner »Eve future« - eine mit den Mitteln höchster Kunstfertigkeit und modernster Technik geschaffene Inkarnation des ›ewig Weiblichen‹: »Diese Kopie aber wird das Original überleben und stets jung und lebendig erscheinen. Es ist künstliches Fleisch, das niemals altern wird [...]«.[21] Seine künstliche Frau ist zwar am Vorbild einer lebenden Frau orientiert und deshalb eine ›Kopie‹ - eine ›Kopie‹ jedoch, die dem ›Original‹ in mehrfacher Hinsicht überlegen sein soll. Allem voran darin, dass sie über die vergängliche Natur menschlichen Lebens und menschlicher Schönheit triumphiert. Hadaly - so heißt Edisons »Eva der Zukunft« - ist zudem hochintelligent und von gepflegten Umgangsformen, Eigenschaften, die sie umso begehrenswerter machen. Da sie - anders als ihre menschlichen Geschlechtsgenossinnen - aber ihrerseits kein aktives Begehren oder andere, weitergehende Ansprüche an die Männer stellen soll, weist sie eine gewisse Gefühlskälte auf, die selbst ihren Verehrern eher unheimlich ist. An diesem Punkt entpuppt sich die Perfektion der künstlichen Frau - ganz ähnlich wie diejenige der belebten Puppe Olimpia aus E.T.A. Hoffmanns »Der Sandmann«[22] - als monströser Zug. Am Ende wird Edison seine Erfindung deshalb zerstören.

Indes scheint sie sich im Zeitalter der informations- und biotechnologischen Produzierbarkeit unter neuen Vorzeichen zu verkörpern. Die »Eva der Zukunft« hat in der profanen Realität des postmodernen Medienalltags mittlerweile auf höchst prosaische Weise Gestalt gewonnen. Die ›Femmes fatales digitales‹, die uns unser Internetanschluss auf den Monitor zaubert - das sind zunächst einmal jene nicht immer bildschönen, wohl aber alle marktgängigen Klischees von Weiblichkeit nachgerade übererfüllenden Wesen, wie sie uns auch sonst in den Massenmedien allenthalben begegnen. Einschlägig startete etwa schon 1997 das von Ex-Hackern mit herausgegebene Hochglanzmagazin »Konr@d«, indem es auf dem Titelblatt seiner ersten Ausgabe das farbige Modell Naomi Campbell als sexy ›Cyborg‹ präsentierte und im Heftinneren mit einwärts gewandten Knien und züchtig gesenktem Blick posieren ließ.[23] Und auch sonst erweisen sich die digitalen Technologien und ihre Bildträger beziehungsweise -multiplikationsapparate als wahre ›Junggesellenmaschinen‹[24]. Ob man nun die Entwürfe für dienstbare Avatare

Drehbuch geht zurück auf einen Roman des amerikanischen Sciencefictionautors Philipp K. Dick, *Do Androids Dream of Electrical Sheep*, 1968 (dt.: *Träumen Roboter von elektrischen Schafen*, München 1969); spätere Ausgaben unter dem (Film-)Titel »Blade Runner«. Einen guten Überblick über verfilmte Geschichten von ›künstlichen Menschen‹ bietet der Katalog Rolf Aurich/Wolfgang Jacobsen/Gabriele Jatho (Hg.), *Künstliche Menschen - Manische Maschinen - Kontrollierte Körper*, Berliner Filmfestspiele, Berlin 2000. **21** — Vgl. de l'Isle Adam (1984), S. 75. **22** — E.T.A. Hoffmann, »Der Sandmann«, in: Völker (1971), S. 181-221. **23** — Vgl. *Konr@d. Der Mensch in der digitalen Welt*, Hamburg 1997-1999. Als Sonderheft des *Stern* brachte es das Magazin auf dreizehn Ausgaben. Die ehemalige URL des Magazins, www.konrad.stern.de/, dient derzeit noch als Umleitadresse auf die dem Thema Computer/Elektronik gewidmeten Seiten des Verlags Gruner & Jahr. **24** — Zum Topos der ›Junggesellenmaschine‹ vgl. *Junggesellenmaschinen - Les Machines Célibataires*, Bearb. Harald Szeemann, Kunsthalle Bern, Bern 1975; erw. Neuausgabe, Harald Szeemann/Hans Ulrich Reck (Hg.), Wien u. a. 1999.

und virtuelle Filmdiven, wie sie etwa das **MIRALab** seit einigen Jahren kreiert, künstliche Popsternchen wie Kyoko Date[25] oder Computerspielfiguren und -heldinnen wie Lara Croft[26] ansieht oder die ›neue Eva‹, die in **»RE-Constructing EVE«** (1999) von **Xavier Roca** begegnet: Sie alle sind auf ihre Weise ›Schwestern‹ der »Eve future« - idealisierte ›Ersatzfrauen‹, die das haben, was ›echte‹ Frauen nicht haben, beziehungsweise das zu geben versprechen, was diese mittlerweile verweigern. Und sie alle sind Kopien ohne Original. Das gilt selbst für die virtuelle Marilyn des MIRAlab: So sehr sie ihrem Vorbild, der Schauspielerin Marilyn Monroe in ihren äußeren Konturen, in Mimik und Gestik ähneln mag, ist sie doch nichts als die aus Datensätzen bestehende Kopie eines Bildes - und, genau genommen, sogar eine Kunstfigur, in der das Bild einer Kunstfigur wieder belebt wird.

Eine jede »Eve future« reanimiert in diesem Sinne nichts anderes als ein altes Bild: die Eva vor oder nach dem Sündenfall. Wenngleich die biblische Legende von dieser Eva behauptet, die erste ›natürliche Frau‹ gewesen zu sein, wissen wir doch, dass sie nichts als ein Fantasma ist.

/

15/008 Kreatoren und ihre Kreaturen

Mit Kunst hat schon dieser Schöpfungsmythos zu tun, doch erst mit dem Bildhauer Pygmalion tritt der Mensch als Schöpfer einer belebten Figur hervor - als Künstler, der seine Statue so lange wie eine Geliebte verehrt, bis sich die Götter seiner erbarmen und das Bild für ihn zum Leben erwecken. In der »Eve future« wiederholt sich diese wundersame Belebung der Kunst zu Fleisch - wohl kaum zufällig in spiegelbildlicher Entsprechung zu jenen Cyborg-Mythen, die das Fleisch durch die Kunst der Technik aufgerüstet sehen wollen. Allerdings zeichnen sich die modernen Variationen auf die Pygmalion-Legende dadurch aus, dass der moderne Schöpfer-Künstler-Ingenieur nicht mehr auf die Gnade der Götter angewiesen ist, sondern seine Kunstfrau selbst zum Leben zu erwecken versteht.

Das verbindet sie mit den Erzählungen eines anderen Strangs, der ebenfalls zu den Cyborgs führt und ursprünglich zwar keine Schöpferinnen, wohl aber männliche Kreaturen kennt. Auch dieser Faden beginnt zunächst in Mythos und Religion: Hier

25 — Vgl. »Kyoko Date - DK 96« (HoriPro Inc., J 1996); weiterführend die Dokumentation »Natural Born Digital« (D 1998, B./R.: Gusztáv Hámos / Katja Pratschke) sowie **»Cyberpop - virtuelle Stars. Lara Croft, Kyoko Date, E-Cyas und Co«** (o. D.). 26 — Vgl. Tomb Raider I, II, III (Eidos Interactive, GB/USA 1996ff.); mit »Lara Croft. Tomb Raider« (USA 2001, R.: Simon West) und »Lara Croft. Tomb Raider II - The Cradle of Life« (USA 2003, R.: Jan de Bont) hat Lara mittlerweile nicht nur die Leinwand erobert, sondern auch - in der Schauspielerin Angelina Jolie - zu einer ›konkreten‹ menschlichen Verkörperung gefunden. Letzteres hatte die Firma Eidos Interactive lange vermieden und deshalb bewusst stets wechselnde Models eingesetzt, um den ›virtuellen Status‹ von Lara aufrecht zu erhalten. Siehe hierzu auch Astrid Deuber-Mankowsky, *Lara Croft - Modell, Medium, Cyerheldin. Das virtuelle Geschlecht und seine metaphysischen Tücken*, Frankfurt/Main 2001. Vgl. weiterführend zu Lara Croft sowie zu Lara als ›Eva‹ auch Randi Gunzenhäuser, **»Darf ich mitspielen? Literaturwissenschaften und Computerspiele«** (2000), die hier »Tomb Raider« mit Peter Gabriels Multimediaprojekt »EVE. The Music and Art Adventure« (1996) vergleicht, in dem es - anders als es sein Titel suggeriert - keine konkrete ›Verkörperung‹ einer digitalen ›Eva‹ gibt. 27 — Vgl. zum Adam Kadmon, der als Idee des ›Urmenschen‹ auf die vorchristliche Zeit zurückgeht, namentlich jedoch über die mittelalterliche jüdische Mystik und Kabbalistik überliefert ist, sowie zur Golem-Legende Chajim Bloch, *Kabbalistische Sagen*,

finden wir den Adam Kadmon, den Urmenschen aus Lehm - und den Golem, den der Rabbi Löw nach dem Vorbild des ersten Menschen knetet.[27] Marge Piercy hat in ihrem feministischen Sciencefictionroman »Er, Sie und Es« - eine der Lektüren, die Donna Haraway zu ihrem »**Manifesto for Cyborgs**« inspirierten - die Geschichte des Golem mit derjenigen eines Cyborgs verflochten, um jene Spur freizulegen, die in die Moderne führt.[28] Piercys ›Golem‹ ist - wie derjenige der Legende - geschaffen als tumber Helfer, als Kampfmaschine schlichten Gemüts, die erst dadurch, dass sie lernt, wie ein Mensch zu sein, zu einem gefährlichen Wesen wird. Darin ähnelt er - im Unterschied übrigens zu ihrem Cyborg Jod, dessen künstliche Intelligenz von einer Frau trainiert wird, die ihn zu einem vernunftbegabten und zugleich einfühlsamen Wesen macht[29] - der Hauptfigur in einer der bekanntesten Erzählungen von künstlichen Menschen: Das ›Monster‹ in Mary Shelleys »Frankenstein« ist die erste Kreatur, die nicht mehr im Zeichen der Kunst, sondern dem der modernen (Natur-)Wissenschaft ›geboren‹ wird.[30] Und sie ist die erste Kreatur, die den Namen ›Cyborg‹ verdient: Denn hier wird menschliches Fleisch mit den Mitteln der Technik zum Leben revitalisiert, ein Organismus technologisch zum Leben erweckt.

/

Schöpfungsgeschichten, revisited 15/009

Vor diesem Hintergrund verwundert es nicht, dass im Zeichen von Cyborg-Configurationen auch die alten Erzählungen von ›künstlichen Menschen‹ Konjunktur feiern können - in den Künsten ebenso wie in der Populärkultur.[31] Doch wo liegen die entscheidenden ›Schnittstellen‹ dieses kulturellen Erbes zu den Entwicklungen im Bereich der digitalen Technologien einerseits und auf dem Sektor der Gen- beziehungsweise Biotechnologien andererseits, die ganz offensichtlich einen Gutteil zu dieser Konjunktur beigetragen haben?

Was die digitalen Technologien mit der Gentechnologie mindestens auf einer metaphorischen Ebene miteinander verbindet und zugleich das Tertium Comparationis zu den kulturgeschichtlich überlieferten Fantasmen von ›künstlichen Menschen‹ bildet, ist das suggestive Versprechen, die Formel des Lebens selbst zu finden und reproduzieren zu können, also: Leben zu schaffen.[32]

/

Leipzig 1925; für jüngere Überlieferungen der letzteren die Auswahl in Völker (1971). 28 — Vgl. Marge Piercy, *He, She and It*, New York 1991 (dt.: *Er, Sie und Es*, Hamburg 1993). 29 — Frühere Versionen dieses Cyborg, denen keine entsprechende ›Education sentimentale‹ zugekommen ist, werden von Piercy als entfesselte Kampfmaschinen beschrieben, deren Aggressivität sie auch für die Dienste am Menschen untauglich macht. 30 — Vgl. Shelley (1818). 31 — Vgl. Aurich/Jacobsen/Jatho (2000). 32 — Allerdings ist die Analogisierung biomedizinischer beziehungsweise -technologischer Verfahren zur künstlichen ›Herstellung von Leben‹ mit digitalen Kreationen künstlicher ›Lebensformen‹, also der Herstellung künstlichen ›Lebens‹ in einer künstlichen Umgebung argumentativ hoch problematisch. Allein schon, da sie einer Ästhetisierung des Politischen im Dienste einer Verschleierung Vorschub leistet - etwa in der Suggestion einer vergleichbaren Kontrollierbarkeit der Vorgänge und ihrer Konsequenzen. Vor allem erscheint sie insofern prekär, als in diesem Zuge prinzipielle Unterschiede zwischen Bildern als Trägern von Symbolpolitik - also einer Machtpolitik auf der Ebene der Repräsentation - und Körpern als direkten Austragungsorten von Machtpolitik verwischt werden. Es lohnt folglich, einerseits zu überlegen, was diese Analogieschlüsse so suggestiv macht oder gar glaubwürdig erscheinen lässt - und andererseits, was den Biotechnologien denn tatsächlich mit digitalen (Re-)Produktionstechnologien gemeinsam sein könnte.

15/010 **Lebende Bilder**

Mit den kunst- und kulturhistorischen Geschichten vom ›künstlichen Menschen‹ wird die Gentechnologie in Verbindung gebracht, weil sie sich mittelbar mit der künstlichen Herstellung organischen Lebens beschäftigt – während sie unmittelbar den genetischen ›Code‹ manipuliert, also auf der Ebene eines ›Programms‹ operiert, was sie wiederum umso leichter mit den digitalen Technologien in Verbindung bringen lässt. Die Vermengung der technologischen Paradigmen mag unzulässig sein – gleichwohl ist sie viel sagend. So kann uns der Kurzschluss von der biologischen zur digitalen Technologie und zur Simulation künstlichen Lebens in einer Virtual Reality verraten, dass es auch in den Diskursen um die Gentechnologie implizit weniger um eine Belebung der Materie als um eine Mobilisierung von Bildern geht, nämlich um die Propagierung eines bestimmten Menschenbildes. In diesem Sinne ist den beiden Technologien also tatsächlich etwas gemeinsam: nicht nur, insofern sie dort, wo sie zu reproduzieren scheinen, tatsächlich etwas produzieren, sondern auch insofern sie dort, wo sie zu produzieren scheinen, etwas reproduzieren: nämlich eben jenes normative Bild vom Menschen, das auch in Bezug auf Geschlechtervorstellungen tradierte Normen transportiert.

Die Verknüpfung beider Technologien mit den mythologischen Narrationen, die von der künstlichen beziehungsweise künstlerischen Belebung der Körpern berichten, fügt sich in diesen Zusammenhang ein: Wofür Dr. Frankenstein (stellvertretend für den legendären Wissenschaftler) und Pygmalion (stellvertretend für den mythologischen Künstler) stehen, ist die Schaffung künstlichen Lebens auf dem Wege der Belebung toter Materie: im Falle Frankensteins aus Fleisch, im Falle Pygmalions aus Stein. Genau genommen, heißt es also auch hier: *Es werden Bilder belebt.*[33]

In den Re-Lektüren der alten Geschichten und im Wiederaufruf ihrer bewegenden Bilder geht es jedoch nicht allein um eine Vor- und Frühgeschichte der Reproduktionstechnologien, die mit der biologischen (und sexuellen) Re-Produktion menschlichen Lebens konkurrieren, wie im Folgenden deutlich werden soll.

/

15/011 **Kreuzungen von Kunst und Wissenschaft**

Bezeichnend ist nämlich auch, dass die seit der Renaissance kursierende Gleichsetzung des ›Divino artista‹ mit dem ›Deus artifex‹ einerseits[34] und dem technisch wie künstlerisch versierten ›Universalgenius‹ andererseits im Zeitalter dieser neuen Schöpfungsmythologien ebenfalls eine wahre Renaissance erfährt. Allerdings zeugt davon nicht nur die Berufung auf Leonardo da Vinci, der in den theoretischen Debatten um Kunst im Zeitalter neuer Technologien als Modell für den ›genialen‹ Künstler-Wissenschaftler-

33 — Vgl. zum Topos des lebenden Bildes an der Schnittstelle von Informations- und Biotechnologien den Essay von Claudia Reiche, »**›Lebende Bilder‹ aus dem Computer. Konstruktionen ihrer Mediengeschichte**«, in: Marianne Schuller / Claudia Reiche / Gunnar Schmidt (Hg.), *BildKörper. Verwandlungen des Menschen zwischen Medium und Medizin*, Hamburg 1998. 34 — »Divino artista« ital. für »der göttliche Künstler«, »Deus artifex« lat. für »Gott als Künstler«, vgl. Ernst Kris / Otto Kurz, *Die Legende vom Künstler. Ein geschichtlicher Versuch*, Wien 1934, Frankfurt / Main 1980, S. 64ff. 35 — Vgl. Herbert W. Franke, *Leonardo 2000. Kunst im Zeitalter des Computers*, überarb. 2. Auflage Frankfurt / Main 1987; die 1978 erschienene Erstausgabe hatte noch den Titel »Kunst contra Technik?«. 36 — Vgl. Bruce Sterling, *Schismatrix*, New York 1985 und *Schismatrix plus*, New York 1996 (dt.: *Schismatrix*, Hamburg 2000). 37 — Vgl. für eine entsprechende Wahrnehmung in den Medien z. B. Chri-

Ingenieur allenthalben begegnet und auch Buchtitel von Herbert W. Frankes Streitschrift zur »Kunst im Zeitalter des Computers«[35] bis zum Cover der deutschen Ausgabe von Bruce Sterlings Cyberpunkroman »Schismatrix«[36] ziert und zum Namenspatron zahlreicher Projekte erkoren wird, so etwa für die »International Society for the Arts, Sciences and Technology (ISAST)«, die seit 1968 die Zeitschrift **»Leonardo«** herausgibt. Und es sind keineswegs allein Künstler wie **Eduardo Kac**, welche die Rolle des Wissenschaftlers für sich in Anspruch nehmen. Umgekehrt gefallen sich nämlich auch nicht wenige Wissenschaftler darin, als Künstler aufzutreten beziehungsweise wie Craig Venter sich mit einem Künstler zu vergleichen.[37]

Wiederum erweisen sich die Analogisierungen der Technologien und ihre Überblendung mit den mythischen Narrationen, die zu neuen Mythologien von Kunst- und Wissenschaftsgeschichte(n) führen, als sprechend – besonders an der ›Schnittstelle Geschlecht‹: Die Erzählungen heroisieren nicht nur das menschliche, genauer gesagt, das männliche Bemühen, dem ›Geheimnis des Lebens‹ auf die Spur zu kommen. Darüber hinaus geht es auch um die Möglichkeit einer ›Verbesserung der Natur‹, die der traditionellen und kulturell tradierten Perspektive entsprechend als »Geburt ohne die Frau« verstanden wird.[38] Ihr bleibt – bis in aktuelle Variationen dieses Kernstoffs hinein, vom Alien-Klon Ripley aus »Alien IV«[39] bis zum Klonschaf Dolly[40] – bestenfalls die Rolle einer (Aus)Trägerin, des Austragungsortes für die Experimente der Produktionskünstler vorbehalten. Tatsächlich ist schon in den historischen Vor-Bildern (beziehungsweise Bilder-Geschichten) nur scheinbar die Kreatur die Hauptfigur. Vielmehr jedoch ist sie die Projektionsfläche eines Diskurses, dessen fantasmatischer Kern – und dies verraten bereits die Titel der Geschichten – zuvorderst um die menschlichen/männlichen Schöpfer kreist, deren ›wahrhaftige‹ Kunstfertigkeit (im Falle Pygmalions) belohnt oder deren Hybris wider die natürliche/göttliche Schöpfung (im Falle Frankensteins) zum Scheitern verurteilt beziehungsweise in ihrem Scheitern vorgeführt wird. Letztlich handelt es sich hier um eine auf ethischer und ästhetischer Ebene geführte Diskussion des Kreator-Status, der Gottgleichheit des Menschen-Mannes, die ›over her/his/its dead body‹[41] geführt wird. Genau dies macht die Aktualität der alten Narrationen für die zeitgenössische Debatte aus. Wenn nämlich die Geschichte des für seine Hybris bestraften Wissenschaftlers mit derjenigen des für seine Kunst belohnten Künstlers überblendet wird, dann hat das für den Aufruf des ›Künstler-Wissenschaftlers‹ und des ›Wissenschaftler-Künstlers‹ zweierlei Konsequenz: Der Künstler wird über sein Engagement für die Wissenskünste promoviert – und ist dafür zuständig, im Aufruf von Bildern des Schreckens und des Scheiterns den Mahner und Warner zu mimen. Der Wissenschaftler, der sich

stian Schwägerl, »Im Eiweiß riecht's nach Geld. Nach der Humangenomentschlüsselung wird nun der nächste Schritt getan: die Proteomik«, in: *Frankfurter Allgemeine Zeitung*, 14.02.2002, S. 56. 38 — Vgl. Monette Vaquin, *Frankenstein ou les délires de la raison*, Paris 1989 (dt.: *Die Geburt ohne Frau. Frankensteins Kinder und die Gen-Technik*, Bad Münstereifel 1991). 39 — Vgl. »Alien IV – Resurrection« (USA 1997, R.: Jean-Pierre Jeunet). 40 — Zu Dolly und »Alien IV« aus feministischer Perspektive vgl. Ulrike Bergermann, **»Reproduktionen. Digitale Bilder und Geschlechter in Alien«**, in: Katharina Baisch/Ines Kappert/Marianne Schuller, *Gender revisited. Subjekt- und Politikbegriffe in Kultur und Medien*, Stuttgart 2002, S. 149–171.. 41 — In Anlehnung an Elisabeth Bronfen, *Over Her Dead Body. Death, Femininity and the Aesthetic*, Manchester 1992 (dt.: *Nur über ihre Leiche. Tod, Weiblichkeit und Ästhetik*, München (1:1993) 2:1994).

als ›neuer Prometheus‹[42] oder Pygmalion geriert, darf mit der Legende vom mythischen Heilsbringer - den die Götter aus Missgunst bestrafen - und der vom begnadeten Künstler auch deren moralisches Ethos in Anspruch nehmen.

An dieser ›Schnittstelle‹ setzt die Künstlerin **Sonya Rapoport** mit ihrer webbasierten Arbeit »**Redeeming the Gene, Molding the Golem, Folding the Protein**« (2001) an. Sie nimmt mit der Golem-Legende eine traditionelle ›Schöpfungsgeschichte‹ zum Ausgangspunkt, um sie unter den Vorzeichen der Gentechnologie neu zu erzählen. Verfolgt man diese Narration entlang des künstlichen DNA-Strangs, dessen Proteinbasen sich zu einem Navigationssystem entfalten, das dem Sephirotbaum der Kabbala nachempfunden ist, stößt man unter anderem auch auf das »Künstler-Gen«, für das Eduardo Kac mit Arbeiten wie »**Genesis**« (1999ff.) und »Alba«, dem »**GFP Bunny**« (2000ff.), Pate gestanden hat.[43] Der Hybris seiner Selbstbehauptung als ›Künstler-Wissenschaftler‹, der die Paradigmen der Gentechnologie in seiner Arbeiten positivistisch zitiert, setzen Rapoports Protagonistinnen Lilith und Eva - weibliche Urbilder männlicher Schöpfungsfantasien - ein kabbalistisches »Golem-Gen« entgegen, mit dessen Hilfe sie nicht nur das »Künstler-Gen« läutern, sondern auch sich selbst vom Fluch der Dämonisierung, der den biblischen Legenden entsprechend auf ihnen lastet, erlösen und neu erschaffen.

/

15/012 **Monstren machen**

Welche Ansatzpunkte bietet nun speziell die ›Schnittstelle Geschlecht‹, wenn man nicht den charismatisierten ›genetic‹ oder ›digital Engeneer‹, sondern ›die andere Seite‹ der Schöpfung, also die Kreaturen der Kreatoren ins Auge fasst?

Kennzeichnend ist für die künstlichen Geschöpfe der Moderne an den Kreuzungspunkten von Kunst und Wissenschaft, dass sie - gerade dann, wenn sie dem ›Imperativ des Anthropomorphismus‹ zunächst genügen - früher oder später ihre Monstrosität offenbaren, die nicht nur das Misslingen des Schöpfungsaktes, sondern auch ihre Un-Menschlichkeit demonstriert.

Auf der einen Seite steht die Schar weiblicher ›Puppen-Körper-Automaten‹[44], die - geht man von ihren Konturen aus - das Erbe von Pygmalions schönem Bildnis anzutreten scheinen. Doch dieser Eindruck trügt: Zwar werden sie wie Galathea als Objekte des Begehrens belebt - charakterlich gleichen sie jedoch eher der »Eve future«: Sobald sie

42 — Diese Brücke vom Wissenschaftler zum Künstler schlägt mittelbar bereits Mary Shelley mit dem Untertitel ihres »Frankenstein«-Romans; schon ab dem 18./19. Jahrhundert wird die aus der griechischen Mythologie stammende Legende von Prometheus, der den Göttern das Feuer entwendet, sowohl als Künstler-Mythos als auch als Parabel auf Heil und Fluch der Technik bzw. des Menschen, der als Entwickler neuer Technologien sein Schicksal herausfordert, gelesen; vgl. hierzu etwa auch die Ausstellungskataloge Hermann Sturm (Hg.), *Der verzeichnete Prometheus*, Museum Folkwang Essen, Berlin 1988. Dementsprechend hat auch die Bezugnahme auf Prometheus in jüngerer Zeit wieder Konjunktur, vgl. etwa den Katalog zur Bonner Sektion der Ausstellung »Gen-Welten«, Petra Kruse (Hg.), *Gen-Welten. Prometheus im Labor?*, Kunst- und Ausstellungshalle der Bundesrepublik Deutschland, Bonn 1998 oder »Prometheus, Menschen, Bilder, Visionen«, Völklinger Hütte 1998, Richard van Dülmen, *Erfindung des Menschen. Schöpfungsträume und Körperbilder 1500–2000*, Wien u. a. 1998.
43 — Vgl. Eduardo Kac, »Transgene Kunst«, in: *Life Science*, Ars Electronica 99, Wien u. a. 1999, S. 289–296; ders., »GFP Bunny«, in: *Kunstforum International*, Bd. 158, Jan./März 2002, S. 46–57. Siehe auch ausführlicher zum Thema der Überlappung von Kunst und Wissenschaft das Kapitel »**Transgene Körper**« von Ingeborg Reichle. 44 — In Anlehnung an den Titel des von Katharina Sykora/Pia Müller-Tamm herausgegebenen

ein ›Eigenleben‹ zu führen beginnen, entfalten sie dämonische Züge, so dass ihnen schleunigst der Garaus gemacht werden muss.[45] Nicht umsonst trägt die Kunstfrau in »Metropolis« den Beinamen »die falsche Maria« - hinter ihrem täuschend schönen Äußeren, das nichts von ihrer Monstrosität verraten mag, steht die Maschine: eine Konstruktion, die nichts Menschliches an sich hat. Auf der Seite der männlichen Geschöpfe wiederum steht Frankensteins Monster, das von seinen Körpermassen her ›echte‹ Männer in den Schatten stellen mag. Als tumber Tropf, der kleine Mädchen als Blumen behandelt und gegenüber der Frau seines Schöpfers bestenfalls ein unbeholfenes Begehren zu Ausdruck bringt, verkörpert er jedoch alles andere als ›wahre Männlichkeit‹.

›Natürliche Töchter‹ oder ›ganze‹ Männer sind diese Kreaturen also nicht - und das zeigt sich besonders markant an der ›Schnittstelle Geschlecht‹: Einem Monstrum mögen mechanische oder animalische Sexualitäten zugebilligt werden. Diese sind dann jedoch ihrerseits monströs, das heißt als bedrohlich und pathologisch charakterisiert. Anders gesagt: Die Kreaturen der Kreatoren stellen den Kernerzählungen entsprechend Gegenpole zum ›ganzen/richtigen‹ Menschen/Mann, den ihr Schöpfer verkörpert, vor.

Daran ändert sich auch in jüngerer Zeit nur wenig. Eher lassen sich im Zeichen der digitalen und der genetischen (Re-)Produktionstechnologien Kontinuitäten und Wiederaufnahmen benennen, in denen Abweichungen von den mustergültigen Vorlagen bestenfalls Steigerungen der Monstrosität markieren - bezeichnenderweise dort, wo es um die ›bedrohte‹ Grenze zwischen ›Künstlichkeit‹ und ›Natürlichkeit‹, zwischen ›Weiblichkeit‹ und ›Männlichkeit‹ geht. Ebenso eindeutig, wie die Überschreitung dieser Grenze(n) als Bedrohung erscheint, fällt damit die Rolle der Monster aus: Die Norm, zu der nicht zuletzt das Machtverhältnis zwischen Schöpfer und Geschöpf gehört, wird hierdurch bestätigt und nachhaltig stabilisiert. Das ›unheimliche‹ genetische Upgrade von Ripley in »Alien IV«, das ihrem weiblichen Körper - ganz im Sinne der Grenzüberschreitungen, die Haraway als charakteristisch für die neue technologische Ordnung beschreibt - männliche und animalische Qualitäten einschreibt, ist »over her dead body« vorgenommen worden. Als männlich gekennzeichnete Cyborg-Heroen wie der »Robocop«[46] oder die von Schwarzenegger verkörperte, zum Beschützer mutierte Kampfmaschine »Terminator II« mögen sie als ›Manns-Bilder‹ um den Erhalt gefährdeter ›Ideale‹ wie der Kernfamilie ringen, was sie zweifelsohne ›menschlich‹ erscheinen lassen soll.[47] So etwa, wenn letzterer

Katalogbuchs *Puppen - Körper - Automaten. Phantasmen der Moderne*, Kunstsammlung NRW, Köln 1999; zur Relation von Schöpfern und Geschöpfen darin Verena Kuni, »Pygmalion, entkleidet von Galathea selbst? Junggesellengeburten, mechanische Bräute und der Mythos vom Schöpfertum des Künstlers im Surrealismus«, ebd., S. 176-199 sowie in Fortführung auf die zeitgenössischen Cyborg-Configurationen Karlheinz Lüdeking, »Vom konstruierten zum liquiden Körper«, ebd., S. 219-233 und Bernhard Dotzler, »Die Wiederkehr der Puppe. Szenenwechsel im Fin de Siècle«, ebd., S. 234-247. Vgl. hierzu auch den Text zu »**Puppen-Spiele**« von Sigrid Schade. 45 — Vgl. zu diesem monströsen Zug der Puppe unter den Vorzeichen von Cyborg-Configurationen den Sammelband Johanna Riegler u. a. (Hg.), *Puppe - Monster - Tod*, Wien 1999. 46 — Vgl. »RoboCop« (USA 1987, R.: Paul Verhoeven). 47 — Tatsächlich ist der »RoboCop« ein mithilfe von Cyborg-Technologien ›wiederbelebter‹ Mensch - und zwar ein verstorbener Gesetzeshüter, was ihn im Hinblick auf seine Rolle als Komplement zu Frankensteins Monster, das aus Verbrechern zusammengesetzt ist, erscheinen lässt und erklärt, warum er trotz seiner Monstrosität auf der Seite des ›Guten‹ angesiedelt ist. Der von Arnold Schwarzenegger verkörperte »Terminator« wiederum erweist sich erst in den Sequels als ›menschlicher‹ als die mit neueren Technologien hergestellten Nachfolger und kann deshalb zu einem Verteidiger gegen die ›entfesselten Technologien‹ werden.

in »Terminator II« an der Seite der guten Mutter gegen eine ›entmenschlichte‹, vom geschlechtslosen T1000 repräsentierte neue Technologie kämpft und im »Terminator III« dafür sorgen soll, dass der Sohn und dessen Freundin das Ende der Welt überleben, um als letztes Menschenpaar zu ›Adam und Eva der Zukunft‹ zu werden.[48] Sie besitzen aber ungeachtet ihres hypertroph mit Merkmalen von ›Männlichkeit‹ ausgestatteten Körpers keine eigene sexuelle Identität. Der doppelt konnotierte Phallus bleibt also immer in der Hand der Ingenieure: Er ist nur dort am ›richtigen Ort‹.
Gleichwohl kann sich die ›Schnittstelle Geschlecht‹ auch als Angelpunkt potentieller Devianz, also Abweichung vom Verlauf der sonst so stereotyp verlaufenden Narrationen erweisen. So etwa im verfilmten Musical »The Rocky Horror Picture Show«[49]: Frank'n'Furters Kreatur Rocky - gleichsam die Inkarnation eines ›Mister Universum‹ - ist eigentlich als Gespiele für seinen transsexuellen Schöpfer konzipiert. Die Hauptfigur in Tim Burtons Variation auf die »Frankenstein«-Erzählung wiederum, »Edward mit den Scherenhänden«[50], übt trotz der bis ins Karikaturhafte gesteigerten ›phallischen‹ Überformung seiner Finger zu Scherenklingen eine unvergleichliche erotische Anziehung auf die Frauen aus, denen er, ganz dienstbares Geschöpf, die Haare schneidet - während die Männer, deren Vorgartenhecken er trimmt, ganz offenbar einen Kommentkampf (entsprechend den rituellen Scheinkämpfen von männlichen Tieren zur Paarungszeit) wittern beziehungsweise unter Kastrationsängsten zu leiden beginnen. Hier zeigen die Monstren - in einer unerwarteten Wendung der »monströsen Versprechen«[51] - ein subversives Potential.

/

15./013 **»Reinvent Yourself!«**

Allerdings spiegeln sich die »monströsen Versprechen« der neuen Technologien nicht allein in Nach- und Neuerzählungen der alten Geschichten von der Schöpfung künstlichen Lebens wider. Als ›Figur des Dritten‹ kommt nunmehr einem alten philosophischen Topos neue Bedeutung zu, indem er ebenfalls beim Wort genommen werden will: Die Selbstschöpfung findet sich unter den Vorzeichen der Cyborg-Configurationen im Zeitalter ihrer technologischen Realisierbarkeit wieder.[52] Ebenso, wie im Fernsehen oder populären Illustrierten mehr oder weniger uneingeschränkt biomedizinische Technologien zur ›Verschönerung‹ oder gar ›Verbesserung‹ des eigenen Erscheinungsbildes geworben wird, werden zugleich mithilfe der neuen Technologien auch die entsprechenden Vorbilder entworfen, kreiert und mitgeliefert. Der Imperativ dieser Cyborg-Configurationen lautet: »Reinvent Yourself!«[53] - »Erfinde Dich selbst!«. Und dies schließt die Erfindung eines neuen Körpers mit ein.

48 — Vgl. »Terminator« (USA 1984, R.: James Cameron); »Terminator II - Judgement Day« (USA 1991, R.: James Cameron); »Terminator III - Rise of the Machines« (USA 2001, R.: Jonathan Mostrow). 49 — Vgl. »The Rocky Horror Picture Show« (GB 1975, R.: Jim Sharman, B. Richard O'Brien). 50 — Vgl. »Edward Scissorshands« (USA 1990, R.: Tim Burton). 51 — Vgl. Haraway (1995), S. 11-80. 52 — Vgl. Scherger in: Becker/Schneider (2000), S. 235-252. 53 — Vgl. die von Dan Friedman (in Zusammenarbeit mit Jeffrey Deitch) gestaltete Bildstrecke im Ausstellungskatalog Jeffrey Deitch/Felix Zdenek (Hg.), *PostHuman - Neue Formen der Figuration in der zeitgenössischen Kunst*, Deichtorhallen Hamburg, Stuttgart 1993, S. 16ff. und insbesondere das Motto, das hier den Aufnahmen einer Brustvergrößerung beigegeben wird: »It's normal to reinvent oneself«, ebd., S. 19.

Der ›Fleischwerdung‹ einer solchen ›Selbsterfindung‹, in der die tradierte Dichotomie von ›Geist‹ und ›Körper‹ auf unerwartete Weise in sich zusammenfällt, scheinen immer weniger Grenzen gesetzt - und es gibt immer mehr Menschen beiderlei Geschlechts, die euphorisch auf das Angebot, ›sich selbst neu zu erfinden‹, reagieren. In diesem Sinne können Film- und Popstars, die wie Liz Taylor mit Schönheitsoperationen dem Altern ihres Köpers zu entgehen versuchen oder sich wie **Michael Jackson** sogar gänzlich in eine Kunstfigur verwandeln, als Protagonisten des ›Posthumanismus‹ gelten, dem der Imperativ der ›Cyborgisierung‹ zur Maxime geworden ist.[54] Das bedeutet jedoch nicht, dass die mit diesem Imperativ verbundenen Versprechen ihre monströsen Züge verlieren würden: Manipulationen des menschlichen Körpers haftet nach wie vor etwas Unheimliches an. Diese Kehrseite der Medaille lässt sich längst nicht mehr allein im Spiegel einer Sciencefictionsatire wie »Brazil« betrachten. Der Protagonist des Films träumt sich immer wieder in eine Fantasiewelt, in der er sich vom schwächlichen Durchschnittsmenschen in einen Superhelden verwandelt, während seine alternde Mutter mittels fehlschlagender Schönheitsoperationen zum Monster mutiert, das am Ende von keiner menschlichen Kontur mehr zusammengehalten werden kann.[55] Jacksons druch biomedizinische Eingriffe von der Pigmentbleichung bis zur Nasenoperation deutlich gezeichnete Züge lassen ihn mittlerweile selbst in den Augen so manches ehemaligen Fans als ein Monster erscheinen.[56] Dass dies nicht zuletzt daran festgemacht wird, dass sein Äußeres zwischen Mann, Frau und Kind zu changieren scheint und auch seine Sexualität der Devianz verdächtigt wird, dürfte kein Zufall sein. Erneut erweist sich die ›Schnittstelle Geschlecht‹ als Kristallisationspunkt sowohl des Fantasmatischen als auch des Unheimlichen der (Selbst-)Schöpfung.

54 — So lautet das Motto, mit dem Michael Jackson in der Bildstrecke von Friedman/Deitch vertreten ist: »Within the next thirty years the fear that we may not be able to distinguish real humans from replicants will no longer be science fiction«, vgl. Deitch/Zdenek (2000), S. 17. 55 — Vgl. »Brazil« (GB 1985, R.: Terry Giliam). 56 — Vgl. hierzu etwa Susan Straight, »Ein Zombie an der Küchentür. Vor dem Prozess gegen Michael Jackson: Warum auch schwarze Jugendliche Angst vor ihrem einstigen Idol haben«, in: *DIE ZEIT*, Nr. 4/2004, 15.01.2004.

Mythical Bodies

Cyborg configurations as formations of (self-)creation in the imagination space of technological (re)production: Old and new mythologies of ‹artificial humans›

/

Verena Kuni

/
/
/
/
/
/
/
/
/
/
/

«There are several consequences to taking seriously the imagery of cyborgs as other than our enemies. Our bodies, ourselves; bodies are maps of power and identity. Cyborgs are no exception.»
Donna Haraway[1]

/

15/100 Cyborgs are hybrid creatures—not only as crosses between machine and organism, but also as constructs in which individual as well as social perceptions and projections, realities and fictions fuse together. If one looks at the images in which fantasies of cyborgs find concrete expression, at first they appear to fit smoothly into the history of artificial creations. This can be particularly exemplified by their form: Like their precursors in the literature and art of former centuries, it is striking how many cyborg configurations[2]—in the arts as well as in popular culture—are modeled after the human (body) image. But what distinguishes them as creatures of an age marked by rapid developments in the areas of information and biotechnology from the artificial humans of the past? What expression do the «promises of monsters» (**Donna Haraway**), which are associated with these developments, find in the images we have of artificial creations in human form? What can cyborg configurations as formations of (self-)creation in the imagination space

1 — Cf. Donna Haraway, «A Cyborg Manifesto: Science, Technology, and Socialist Feminism in the Late Twentieth Century,» in *Simians, Cyborgs and Women: The Reinvention of Nature*, Donna Haraway (ed.), New York, 1991, pp. 149–181. 2 — In its original meaning, the term ‹configuration› denotes the arrangement and reciprocal reference of components to each other in a general structure, which is defined in a specific manner as an entity through these components and functions. While the term is normally enlisted in this sense in the arts for the structural analysis of works of art, it is also of central importance in the field of application of computer technologies. In popular thought, the latter meaning is increasingly eclipsing the former: One interprets configuration to mean the combination of system architectures up to their being equipped with specific capacities and interfaces to other systems, which in their organization are defined by the respective purposes and applications of, and demands, on these systems. For an analysis of the cyborg phenomenon that is directed at the interfaces of art and media culture, the term configuration is helpful in two ways: Firstly, it suggests analyzing not

of technological (re)production tell us about our image of humans? Against the background of these questions, this essay deals with the continuities and discontinuities that can be observed when one views current cyborg configurations in the field of tension between old and new phantasms of the creation of ‹artificial humans.› Part I introduces the old and new mythologies of the ‹artificial human› one encounters in historical and contemporary texts and images from literature and the arts, all the way to popular science fiction. «**Mythical Bodies II**,» the second part of this essay—exclusively published online—directs its focus on the «monstrous promises and posthuman anthropomorphisms» of stories of technological creation as reflected in computer-generated visions in contemporary art and our current game culture.

/

In the beginning there was… 15/101

In the beginning there was an idea that had to take shape. Or more accurately: Each and every idea longs to take shape. It is not only this that brings an idea to life, but also what makes it communicable. It is form that lends it reality, which it already potentially has. This is why cyborg fantasies and cyborg configurations are steadfastly linked to one another.

When Donna Haraway writes at the beginning of «**A Cyborg Manifesto**» that «[a] cyborg is a cybernetic organism, a hybrid of machine and organism, a creature of social reality as well as a creature of fiction,»[3] then we automatically try to translate this definition into images. How are we to imagine these hybrids? What place do they have in our social reality, in our fictions? If they «are,» that is if they are already both here as well as there, should it not then be possible to recognize and describe them as cyborgs?

‹Recognizing› of course requires knowledge about what is to be recognized. We will have to ask about characteristics that allow us to recognize—and identify—cyborgs. And then when we have developed ideas about cyborgs and want to communicate them, we will have to give them characteristics that likewise allow others to recognize cyborgs. However, these characteristics do not develop graphicness until they can be linked with vivid ideas. Vivid ideas require contours in order to be able to take off as figures and become perceptible. Still, this says little about the course of the contours and the shape that produces ideas. And yet it says a lot, namely that we give them a body.

The idea of a body that is a hybrid of machine and organism allows us to virtually imagine—and this principal potential should be kept in mind—an almost endless spectrum of possible embodiments.[4]

only cyborg representations and metaphors, but also their functions—including the interfaces that support the different systems and discourses. Secondly, it brings into focus the outlined crossing of different, even ideologically molded systems of terms and meaning, which decisively influences cyborg fantasies and figurations.

3 — Cf. Haraway (1991), op. cit., pp. 149–181. 4 — For a summarized categorization of «cybervisions» that currently allow reconceiving the relation between corporeality and identity under the sign of the term «cyborg» cf. Barbara Becker, «**Cyborgs, Robots und ‹Transhumanisten›—Anmerkungen über die Widerständigkeit eigener und fremder Materialität**,» in *Was vom Körper übrig bleibt. Körperlichkeit—Identität—Medien*, Barbara Becker/Irmela Schneider (eds.), Frankfurt/Main, 2000, pp. 41–69, p. 44. In the following, the four areas Becker cites here—«virtualization, immaterialization and multiplication of body and identity in electronic communication networks,» «genetic manipulation and bioengineering,» the «construction of intelligent artifacts [...] by way of the simulation of living processes,» and «visions [...]of the controlled regulation, redesigning or even the →

/

15/102 **... the image of humans? Cyborg bodies and their contours**

In view of the space of possibilities, it may at first seem strange that a conspicuously large number of the cyborg configurations we encounter in art have more or less human contours. This has historical and mythological reasons, in which on the other hand history and myth are considerably intermixed.

First of all, let us refer back to the birth of the term «cyborg.» «The Cyborg study is the study of man.» This is the powerful first sentence of the final report by the same name that was submitted by a working group to NASA on May 15, 1963. Its subtitle was equally as striking: «Engineering man for space.»[5] When in 1960 Manfred E. Clynes and Nathan S. Kline gave their idea the name «cyborg,» it was actually a matter of imagining a future human—a human capable of surviving in space.[6] Something decisive would distinguish it from a common «astronaut»: technical apparatuses that equip the human body with supplementary functions and abilities, guaranteeing its ability to survive, were to be integrated into this body and organically fused with it. A small step for the fantasy, but a giant leap for humankind: This is the fundamental philosophy that until this very day has left its mark on cyborg utopias in science and technology as well as in the arts.

However, we can also refer back to the deep rootedness of the cyborg utopias in the imagination space of artificial creations, in which one idea has always proven to be particularly fertile: That of creating an artificial human. In Western culture, the traditional mirror relation between a human's «godlike qualities» and God's «humanlike qualities» plays a decisive role: Humans understand themselves as the measure of all things—and in their ability to give life and procreate, they know themselves to be near ‹their Creator.› However, what separates them from the latter is—and this is equally as decisive—their finiteness, which also means the finiteness of their creative abilities. To overcome this finiteness—above all mortality, which in Christianity attests to the humanity of the Son of God, while his resurrection to eternal life proves his divinity—is a desire that has lastingly characterized humans up to this very day. As it were: A fantasy of omnipotence that is nourished by the (self-)realization of human weakness, vulnerability and finiteness. The longing to be able to create artificial life, and in particular artificial humans, has its root in the wish to overcome one's own finiteness. Viewed against this background, it is no wonder that we encounter the embodiments of cyborgs primarily in human form.

In other words: Cyborg configurations may herald the desire to overcome the «human, all too human» (F. Nietzsche) and thus be characteristic of posthuman thought. However, in that they originate in the human imagination and in that they always have to allow themselves to be compared with humans, they are decisively defined from an anthropocentric perspective. This is another reason why while they go beyond what is human,

← separating off of a body experienced as deficient»—will reappear as prominent ‹locations› of or frameworks for a discourse on cyborg configurations; however, this categorization says little about the concrete formation of cyborg visions. 5 — Cf. Robert W. Driscoll et al., «Engineering Man For Space. The Cyborg Study,» in *The Cyborg Handbook*, Chris Hables-Gray (ed.), New York, 1995, pp. 75–81. 6 — Cf. Manfred E. Clynes / Nathan S. Kline, «Cyborgs and Space,» in *Astronautics*, no. 26/27, Sept. 1960, pp. 74–75. 7 — Cf. Donna Haraway, *Primate Visions. Race, Gender and Nature in the World of Modern Science*, New York, 1989, p. 139. 8 — Cf. Haraway (1991),

the images we have of cyborgs remain bound to those human contours they at the same time are supposed to breach.

/

«The Promises of Monsters» 15/103

This tension between being bound and overcoming is characteristic for the notions we have of cyborgs, and correspondingly also for the images with which we shape these notions. Donna Haraway stresses: «A cyborg exists when two kinds of boundaries are simultaneously problematic: 1) that between animals (or other organisms) and humans, and 2) that between self-controlled, self-governing machines (automatons) and organisms, especially humans (models of autonomy). The cyborg is the figure born of the interface of automaton and autonomy.»[7]

As long as the boundaries between ‹animal› and ‹human› or ‹technical› and ‹human› remain clearly marked, this has no consequences for humans, who believe to have the controlling power over animals and machines in their hands. However, cyborgs show that these boundaries are becoming permeable.[8] What this firstly means is a threat—above all one of the loss of control, which not lastly is a loss of control over one's own body and over its contours, which determine a person's identity. At the same time, however, there are a number of promises that are bound to one such dissolution of boundaries. Donna Haraway appropriately calls these «the promises of monsters»[9]—which, as will be shown in the following, become vividly apparent in fantasies of cyborg configurations. The paradigm of the ‹technical›—in particular in the age of new technologies—promises the overcoming of weaknesses associated with biological existence, particularly the frailty and mortality of the human body. This is not only a feature of Clynes and Kline's cyborg concept, but also of numerous cyborg fantasies we encounter in science fiction literature and in films: let us look at, for instance, the «Terminator» embodied by Arnold Schwarzenegger in the series of films by the same name.[10] From certain viewpoints, positive qualities can also be gotten from the «animal-like»—for example where instincts and abilities are more highly developed in animals than in humans. The Borgs from the science fiction series «Star Trek,»[11] who at first glance seem fairly humanoid—and who are admittedly not cyborgs but living beings who have passed through another evolution than humans—are characterized by a collective, interfaced intelligence modeled after species of animals who tend to form swarms and colonies, which makes them strategically superior to humans. And after all, the promise of a potential for liberation can also lie in a ‹loss of control› where the mechanisms of control represent oppression or at least restriction. It is precisely this potential that Donna Haraway highlights in her «Cyborg Manifesto»: According to Haraway, cyborgs break with the tradition of a creation controlled and dominated by humans, a creation that refers to a genealogy of creators and creatures and in which neither the boundaries between humans and

op. cit., pp. 150ff. 9 — Cf. Donna Haraway, «The Promises of Monsters: A Regenerative Politics for Inappropriate/d Others,» in Lawrence Grossberg/Cary Nelson/Paula A. Treichler (eds.), *Cultural Studies*, New York, 1992, pp. 295–337. 10 — Cf. «Terminator» (USA 1984, directed by James Cameron); «Terminator II—Judgement Day» (USA 1991, directed by James Cameron); «Terminator III—Rise of the Machines» (USA 2001, directed by Jonathan Mostrow); for an overview of all three films refer to the Web site movieprop. 11 — Cf. «Star Trek» USA, first broadcast in 1966.

animals or between humans and machines, nor those between subjects and objects are clearly defined.[12] This erodes a number of classic dichotomies upon which the supremacy of the Western, white, male is traditionally based. Those who do not profit from traditional relations of power may find it much more appealing to discover cyborg potentials for themselves.

/

15/104 Interface gender

One of the interfaces at which the wish to breach the boundaries prescribed by the measure of humans and the effectiveness of bonds with the measure of humans clash in a particularly striking way is gender. This can already be discerned in the two ‹boundaries› whose becoming permeable Haraway identifies as the condition for the emergence of cyborg configurations.[13] The ‹animal› is associated with the bond with sexuality and biological sex, which—as ‹instinctive› and ‹unbridled› is subject to the maxim of the survival of the species—both falls short of and transgresses what is considered to be the *condition humana.* The loss of the human ethos of a consciously regulated sexuality would at the same time be accompanied by an abandonment of control functions, which can be imagined as ‹liberating.› In contrast, the paradigms of the ‹technological›—and this already applies for automatons as well as machines, all the more for IT systems—seem to imply the promise of overcoming the bonds with body-gender reproduction. However, automatization can also imply a delegation or an abandonment of human functions of consciousness. The notion of a ‹sex machine› is equally compatible with the ‹animal› as well as the ‹technological.› Therefore, with regard to the aspect of gender or sexuality, something ambivalent, whose oscillations will be dealt with later, is attached to both figures of transgression.

But for the time being one could ask why cyborgs even have to have gender: Must not one assume that an artificial creation does not require a sexual act of procreation either for its manufacture or for its reproduction?

This is a question that with complete justification could be directed towards the precursors to cyborgs—therefore the fantasies of artificial humans we encounter in cultural and art history: From the legendary «golem» from Jewish mythology,[14] Pygmalion's living sculpture, and the uncanny doll Olimpia in E.T.A. Hoffmann's novella «Der Sandmann,»[15] to Frankenstein's monster in Mary Shelley's novel of the same name;[16] and numerous science fiction fantasies, from Villiers de l'Isle Adam's «The Future Eve»[17] and the woman robot Maria in Fritz Lang's «Metropolis»[18] to the replicants in Ridley Scott's «Blade Runner.»[19]

12 — Cf. Haraway (1991), op. cit., pp. 150ff. 13 — Cf. ibid, p. 154. 14 — For different literary variations on this motif cf. the collection concerning the «golem» in *Künstliche Menschen. Dichtung & Dokumente über Golems, Homunculi, Androiden und lebende Statuen,* Klaus Völker (ed.), part 1, Munich, 1971; Gustav Meyrink: *Der Golem* (1914/1915), Munich, 1984. 15 — Within the framework of a collection of stories on the theme cf. E.T.A. Hoffmann, «Der Sandmann,» in *Künstliche Menschen. Dichtung & Dokumente über Golems, Homunculi, Androiden und lebende Statuen,* Klaus Völker (ed.), part 1, Munich 1971, pp. 181–221. 16 — Cf. Mary Wollstonecraft Shelley, *Frankenstein, or: The New Prometheus* (1818); for filmed versions cf. «Frankenstein» (USA 1931, directed by James Whale) and «Bride of Frankenstein» (USA 1935, directed by James Whale); amongst the more recent filmed versions «Frankenstein» (GB 1994, directed by Kenneth Brannagh) as well as—from the area of art—«Andy Warhol's Frankenstein»

If one looks at the ‹interface gender› here, certainly the answer turns out quite clearly: The bodies of these creatures—this is demonstrated both by the stories that tell of them as well as the images that are in circulation about them—are very clearly marked by a gender (and bring about meaning) that is more or less oriented towards traditional concepts of «maleness» and «femaleness.»

/

Artificial humans or anthropomorphism as an imperative 15/105

The ‹imperative of anthropomorphism› states: Gender belongs to the successful production of a human. And this means a gender that is one or the other, in any case one which allows unambiguous classification. This is the law with which scientific, juridical and social authorities in our society must equally comply with, as they appear to be at pains to assure its continued existence. They are not only backed up by the cultural history of religious and mythological traditions that relegate dual or mixed gendered figures to the realm of the numinous or the monstrous.

For long stretches this is also reflected by the (art) history of fantasies of ‹artificial humans.› In these tales of creation it is the decided aim to create an ideal-typical embodiment of the ‹natural gender,› a ‹real man› or a ‹future Eve,› by means of art and technology. In other words: What distinguishes or should distinguish these artificial/artistic creations from natural humans is not only their outer perfection, but also their having overcome «human, all too human» weaknesses. This is what they have in common with cyborgs.

However, what identifies these kinds of artificial creatures as perfect humans of a ‹second nature› is not only their human shape, but also their gender—which by the way, as will be shown, is not seldom in a specific relation of tension with that of their creators or their manufacturers, who in turn represent the side of the humans who as a godlike artist or ingenious engineer follow in the footsteps of God the Creator.

/

The future Eve 15/106

The protagonist in the science fiction novel «The Future Eve,» the inventor Edison, proudly prophesies his «future Eve»—an incarnation of the ‹eternally female› created by means of the highest skill and most modern technology: «But this copy will outlive the original and always look young and alive. It is artificial flesh that will never age....»[20] His artificial woman may be modeled after a living woman and is for this reason a ‹copy›—however she is a ‹copy› that in several respects is supposed to be superior to the ‹original.› Above all in that she triumphs over the impermanent nature of human life and human beauty. In addition, Hadaly—this is the name of Edison's «future Eve»—is also

(D/I/F 1973, directed by Paul Morissey). **17** — Cf. Villiers de l'Isle Adam, *L'Eve future,* 1886. **18** — Cf. «Metropolis,» (D 1926, directed by Fritz Lang) as well as the novel of the same name by Thea von Harbou (1925), on which the screenplay was based. **19** — Cf. «Blade Runner» (USA 1982, directed by Ridley Scott); the screenplay is based on a novel written by the American science fiction author Philipp K. Dick: *Do Androids Dream of Electrical Sheep* (1968); later sequels were published under the (film) title «Blade Runner.» The catalogue *Künstliche Menschen—Manische Maschinen—Kontrollierte Körper* edited by Rolf Aurich/Wolfgang Jacobsen/Gabriele Jatho, Berliner Filmfestspiele, Berlin, 2000, provides a comprehensive overview of filmed stories of artificial humans. **20** — Cf. de l'Isle Adam (1886), op. cit.

highly intelligent and has refined manners, traits that make her all the more desirable. Unlike humans of the same sex, because she for her part has no active desire or other further demands on men, she exhibits a certain emotional coldness that even her admirers find uncanny. At this point the perfection of the artificial woman—quite similar to the animated doll Olimpia in «Der Sandmann,»[21] reveals itself to be a monstrous trait. For this reason, Edison will ultimately destroy his invention.

Meanwhile, in the age of information and biotechnological producibility, Hadaly appears to embody herself under new circumstances. In the meantime, in the profane reality of postmodern everyday media, the «future Eve» has taken shape in a highly prosaic way. The ‹femmes fatales digitales› who conjures up our Internet connection on the monitor—these are those not always picture-perfect but current cliches of beings who virtually exceed femininity, such as those we otherwise encounter everywhere in the mass media. Appropriately, as early as 1997 the first issue of «Konr@d,» the glossy magazine published in conjunction with ex-hackers, presented Naomi Campbell on its cover as a sexy ‹cyborg›; on the inside of the magazine they had her pose with her knees turned inwards and eyes chastely lowered.[22] In other ways, too, digital technologies and their image carriers or image multiplication equipment prove to be true ‹bachelor machines.›[23] Whether one looks at the concepts for willing ‹avatars› and virtual film divas, such as those the **MIRALab** has been creating for several years now, artificial pop starlets such as «Kyoko Date»[24] or computer game figures and heroines such as «Lara Croft»[25] or the ‹new Eve› we encounter in **Xavier Roca**'s **»RE-Constructing EVE«** (1999): They are all in their own way ‹sisters› of the «future Eve»—idealized ‹surrogate women› who have what ‹real› women do not have or promise to deliver, what ‹real› women in the meantime refuse to. And they are all copies without an original. This even applies to MIRAlab's «virtual Marilyn»: As similar as she may be in her outer contours, facial expression and gestures to her model, the actress Marilyn Monroe, she is nothing more than the copy of an image consisting of data records—and strictly speaking even an artificial figure in which the image of another artificial figure is jjjfbrought back to life.

In this sense, «future Eve» reanimates nothing more than an old image: Eva before or after the Fall of humanity. Although the biblical legend maintains that this Eve was the first «natural woman,» we know very well that she is nothing more than a phantasm.

/

15/107

Creators and their creatures

This myth of creation has something to do with art, yet it was the sculptor Pygmalion who first allowed man to emerge as the creator of an animated figure—as an artist, who like a lover worships his statue so enduringly that the gods take pity upon him and endow

21 — Cf. Hoffmann (1971), op. cit., pp. 181–221. 22 — Cf. *Konr@d. Der Mensch in der digitalen Welt*, Hamburg 1997–1999. All together there were thirteen issues of this Stern supplement. 23 — For the topos of the «bachelor machine» cf. the exhibition catalogue *Junggesellenmaschinen—Les Machines Célibataires*, Harald Szeemann (ed.), Kunsthalle Bern, Bern, 1975; the new revised edition was edited by Harald Szeemann/Hans Ulrich Reck, Vienna, 1999. 24 — Cf. «Kyoko Date—DK 96» (HoriPro Inc., J 1996); the documentation «Natural Born Digital» (D 1998, written and directed by Gusztáv Hámos / Katja Pratschke) is also helpful. 25 — Cf. «Tomb Raider I, II, III» (Eidos Interactive, GB/USA, first distributed in 1996); in the meantime, with «Lara Croft. Tomb Raider» (USA 2001, directed by Simon West) and «Lara Croft. Tomb Raider II—The Cradle of Life» (USA 2003,

the image with life. In the «future Eve» this miraculous animation of art into life repeats itself—it is certainly not coincidental that it occurs in mirror correspondence to those cyborg myths that would like to see flesh equipped by the art of technology. However, what distinguishes modern variations of the Pygmalion legend is the fact that the modern creator-artist-engineer is no longer dependent upon the mercy of the gods, but he understands how to endow his artificial woman with life himself.

This connects her with the tales of another thread which also leads to the cyborgs; and although it originally knew no female creators, it did know male creatures. This thread, too, begins in myth and religion: Here we find «Adam Kadmon,» the primordial man out of clay—and the «golem,» whom Rabbi Low created out of clay after the model of the first man.[26] In her feminist science fiction novel «He, She and It»—one of the texts that inspired Donna Haraway to write her **«Cyborg Manifesto»**—Marge Piercy interwove the story of the golem with that of a cyborg in order to expose the trail that leads into modernity.[27] Piercy's «golem»—like that in the legend—is created as a dim-witted helper, as a simple-minded fighting machine who does not learn to be a dangerous being until he has learned to be like a human. In this respect he resembles—in contrast by the way to her cyborg «Yod,» whose artificial intelligence is trained by a woman who makes him into a being gifted with both reason and empathy[28]—the main character in one of the most well known tales of artificial humans: The ‹monster› in Mary Shelley's «Frankenstein» is the first creature not to be ‹born› under the sign of art, but under that of modern (natural) science.[29] And he is the first creature that deserves to be called a «cyborg»: Because here, human flesh is revitalized by means of technology; an organism is technologically endowed with life.

/

Stories of creation, revisited

Against this background it is no wonder the under the sign of cyborg configurations, the old stories of ‹artificial humans› are also celebrating a boom—in the arts as well as in popular culture.[30] But where are the decisive ‹interfaces› of this cultural heritage between the developments in the area of digital technologies on the one hand, and in the sector of genetic or biotechnologies on the other hand, which have so obviously contributed their fair share to this boom?

What connects the digital technologies with genetic technology, at least at a metaphorical level, and at the same time constitutes the ‹tertium comparationis› to the phantasms of ‹artificial humans› handed down through cultural history is the suggestive promise to be able to discover and reproduce the formula of ‹life› itself: to create life.[31]

/

directed by Jan de Bont) Lara has not only captured the screen, but has also found ‹concrete› human embodiment in the actress Angelina Jolie. For a long time, Eidos Interactive consciously avoided the latter by using changing models in order to uphold the ‹virtual status› of Lara. 26 — Cf. Chajim Bloch, *Kabbalistische Sagen*, Leipzig 1925 for «Adam Kadmon,» the idea for whom goes back to the pre-Christian ‹primordial man,› and for the «golem» legend. 27 — Cf. Marge Piercy, *He, She and It*, New York, 1991. 28 — Piercy describes earlier versions of this cyborg, who had no right to a corresponding ‹Education sentimentale,› as raging fighting machines whose aggression also makes them unfit for service to human beings. 29 — Cf. Shelley (1818). 30 — Cf. Aurich/Jacobsen/Jatho, (2000) op. cit. 31 — It is highly problematical to argue the analogization of→

15/109 **Living images**

Genetic technology is associated with the art and cultural historical tales of ‹artificial humans› because it indirectly deals with the artificial manufacture of organic life—while it directly manipulates the genetic ‹code,› i.e. operates at the level of a ‹program,› which in turn allows it to be more easily associated with the digital technologies. The mixing of technological paradigms may be inadmissible—nevertheless it is significant. Thus the short circuit from biological to digital technology and to the simulation of artificial life in a ‹virtual reality› can reveal to us that in the discourses on genetic technology the issue is less one of endowing life with matter than it is of mobilizing images: the issue is the propagation of a particular image of humans. In this sense, both technologies actually have something in common: Not only in that they appear to reproduce where they actually reproduce something, but also in that they appear to produce where they are reproducing something: viz. precisely that normative image of the human that with respect to gender concepts also transports traditional norms.

The association of both technologies with the mythological narrations that tell of the artificial or the artistic animation of bodies fits into this context: What Dr. Frankenstein (acting for the legendary scientist) and Pygmalion (acting for the mythological artist) stand for is the creation of artificial life by endowing dead matter with life: in Frankenstein's case out of flesh, in Pygmalion's case out of stone. Strictly speaking, here it can also be said that *images are being endowed with life.*[32]

As will become clear in the following, in rereading the old stories and in summoning back their moving images, however, it is not solely an issue of the prehistory or early history of reproductive technologies, which compete with the biological (and sexual) reproduction of human life.

/

15/110 **Hybrids of art and science**

It is also characteristic that the equation since the Renaissance of the ‹divino artista› with the ‹deus artifex› on the one hand,[33] and with the both technically and artistically well-versed ‹universal genius› on the other hand, is also experiencing a true revival in the age of these new mythologies of creation. However, this is not only being demonstrated by reference to Leonardo da Vinci, who in the theoretical debates over art in the age of new technologies is encountered everywhere as a model for the ‹ingenious› artist-scientist-engineer, adorning titles of **Herbert W. Franke**'s polemic on art in the age of the computer[34] and the cover of the German edition of Bruce Sterling's cyberpunk novel «Schismatrix,»[35]

← biomedical or biotechnological methods for the artificial ‹creation of life› with digital creations of artificial ‹forms of life,› i.e. with the creation of artificial ‹life› in an artificial environment, not lastly because it encourages an aesthetization of the political in the service of disguising—for instance in the suggestion of a comparable controllability of the processes and their consequences. It appears precarious above all in that principal differences between images as carriers of symbol policy—i.e. a power policy at the level of representation—and bodies as direct venues of power policy become blurred. Consequently, it is worth considering what makes these analogy conclusions so suggestive or even appear credible—and on the other hand, what biotechnologies actually could have in common with digital (re)production technologies. 32 — For the topos of the living image at the interface of information and biotechnologies refer to the essay by Claudia Reiche, **«‹Lebende Bilder› aus dem Computer. Konstruktionen ihrer Mediengeschichte,»** in *BildKörper. Verwandlungen des Menschen*

and chosen as the name patron for numerous projects, for instance for the «International Society for the Arts, Sciences and Technology (ISAST),» who since 1968 has published the journal «**Leonardo**». And it is by no means only artists such as **Eduardo Kac** who claim for themselves the role of scientist. Conversely, a number of scientists also like to behave like artists, or like Craig Venter compare themselves with artists.

In turn, the analogizations of the technologies and their superimposition with the mythical narrations, which lead to new mythologies of art and science (hi)stories, prove to be striking—in particular at the ‹interface gender›: The stories not only glorify the human—or more accurately put—the male effort to track down the ‹secret of life.› The issue above and beyond this is the possibility of ‹improving nature,› which from a perspective handed down by tradition and culture is understood as «birth without a woman.»[36] She is left with—even in current variations of this crucial topic, from the alien clone «Ripley» in «Alien IV»[37] to the cloned sheep «Dolly»[38]—at best with the role of bearer, as the venue for experiments reserved for production artists.

In fact, in historical examples and stories the creature is only ostensibly the main character. Rather it is the projection surface for a discourse whose phantasmatic core—and this is revealed by the stories' titles—first and foremost revolve around the human/male creator, whose ‹true› skill (in Pygmalion's case) is rewarded, or whose hybrid, which is contrary to natural/ divine creation (in Frankenstein's case), is doomed to failure or is demonstrated in its failure. In the end, what we are dealing with is a discussion of the creator status, of man's likeness to God, being led on an ethical and aesthetic level and «over her/ his / its dead body.»[39]

It is precisely this that makes up the topicality of the old narrations for the current debate. If the story of the scientist punished for his hybrid is superimposed with that of the artist rewarded for his art, then this has two consequences for the appeal by the ‹artist-scientist› and the ‹scientist-artist›: The artist receives a doctorate for his commitment to the arts of knowledge—and in his proclamation of images of horror and failure he is responsible for miming the admonisher and warner. And with the legend of the mythical messenger of salvation—whom the gods punish out of resentment—and that of the reprieved artist, the scientist, who plays the part of the «New Prometheus»[40] or Pygmalion, is also allowed to lay claim to their moral ethos.

The artist **Sonya Rapoport** begins at this interface with her Web-based work «**Redeeming the Gene, Molding the Golem, Folding the Protein**» (2001). With the legend of the «golem» she uses a traditional ‹story of creation› as her point of departure, retelling it

zwischen Medium und Medizin, Marianne Schuller/ Claudia Reiche/ Gunnar Schmidt (eds.), Hamburg, 1998. 33 — «divino artista» is Italian for «the divine artist,» «deus artifex» is Latin for «God as artist.» 34 — Cf. Herbert W. Franke, *Leonardo 2000. Kunst im Zeitalter des Computers*, rev. 2nd ed., Frankfurt/ Main, 1987. 35 — Cf. Bruce Sterling, *Schismatrix* (1985) u. *Schismatrix plus* (1996). 36 — Cf. Monette Vaquin, *Frankenstein ou les délires de la raison*, Paris 1989. 37 — Cf. «Alien IV—Resurrection» (USA 1997, directed by Jean-Pierre Jeunet). 38 — For «Dolly» and «Alien IV» from a feminist perspective cf. Ulrike Bergermann, «**Reproduktionen. Digitale Bilder und Geschlechter in Alien,**» in *Gender revisited. Subjekt- und Politikbegriffe in Kultur und Medien*, Katharina Baisch/ Ines Kappert/ Marianne Schuller (eds.), Stuttgart, 2002, pp. 149-171. 39 — Following Elisabeth Bronfen, *Over Her Dead Body. Death, Femininity and the Aesthetic*, Manchester, 1992. 40 — With the subtitle of her «Frankenstein» novel, Mary Shelley indirectly built the bridge from the scientist to the artist. →

under the sign of genetic technology. If one follows this narration along the artificial DNA string, whose protein bases develop into a navigation system adapted from the Tree of Sephiroth in the Cabala, amongst other things one comes across the «artist gene,» the force behind which is **Eduardo Kac** and his works such as «**Genesis**» (1999ff.) and «Alba,» as well as the «**GFP Bunny**» (2000ff.)[41] Sonya Rapoport's protagonists Lilith and Eve—primordial female images of male fantasies of creation—set a cabalistic «golem gene» against the hybrid of Eduardo Kac's self-assertion as an ‹artist-scientist,› who in his works cites the paradigms of genetic technology in a positivist way. With the aid of the «golem gene,» not only is the «artist gene» purified, but Lilith and Eve are the delivered from the curse of demonization, which according to biblical legend weighs heavily on them, and are recreated.

/

15./111

Making monsters

If instead of the charismaticized ‹genetic› or ‹digital engineer› one contemplates ‹the other side› of creation, i.e. the creatures made by the creators, what starting points does the ‹interface gender› provide in particular?

What is characteristic for the artificial creatures of modernity at the intersection of art and science is that they—especially when they satisfy the ‹imperative of anthropomorphism›—sooner or later reveal their monstrosity, which not only demonstrates the failure of the act of creation, but also its inhumaneness.

On the other side there is the throng of female «doll-body-automatons,»[42] which—if one goes by their contours—appear to come into the inheritance of Pygmalion's beautiful portrait. But this impression is deceiving: Like Galathea, they may have been endowed with life as objects of desire, their character, however, is more like that of the «future Eve»: As soon as they begin to lead their ‹own life› they develop demonic streaks, so that they immediately have to be put an end to.[43] It is no without reason that the artificial woman in «Metropolis» bears the epithet «the false Maria»—behind her remarkably beautiful exterior, which betrays nothing of her monstrosity, there lies the machine: a construction with nothing human about it. On the side of the male creatures, on the other hand, there is Frankenstein's monster, whose physical dimensions overshadow those of ‹real men.› As a dim-witted dummy, however, he embodies everything else except ‹true maleness›: he treats girls as if they were flowers, and he expresses at best clumsy desire towards the wife of his creator.

←—As early as the eighteenth/nineteenth century, the legend of Prometheus, which comes from Greek mythology (Prometheus stole the fire from the gods), was being read as an artist myth as well as a parable of the blessing and curse of technology or of man, who in his role as the developer of new technologies challenges his destiny. 41 — Cf. Eduardo Kac, «Transgene Kunst,» in *Life Science*, Ars Electronica 99, Vienna., 1999, pp. 289–296; Eduardo Kac, «GFP Bunny,» in *Kunstforum International*, vol. 158, Jan.-Mar. 2002, pp. 46–57. For more details on the subject of the overlapping of art and science cf. the chapter «**Transgenetic Bodies**» by Ingeborg Reichle. 42 — Following the title of the catalogue *Puppen—Körper—Automaten. Phantasmen der Moderne*, Katharina Sykora/Pia Müller-Tamm (eds.), Kunstsammlung NRW, Cologne, 1999. Cf. also the chapter on «**Doll Games**» by Sigrid Schade. 43 — For more on this monstrous characteristic of the doll under the sign of cyborg configurations refer to the anthology *Puppe—Monster—Tod*, Johanna Riegler et al. (eds.,), Vienna, 1999.

These creatures are not ‹natural daughters› or ‹real› men—and this becomes strikingly evident at the ‹interface gender›: A monster may be granted a mechanical or an animal sexuality. However, for its part it is characterized as monstrous, i.e. threatening and pathological. In other words: According to the core narrations, the creator's creatures represent counterpoles to the ‹real/right› human/man embodied by their creators.
And little has changed in recent years. Rather under the sign of digital and genetic (re)productive technologies, continuities and reversions can be identified that in their deviations from exemplary models at best mark the intensification of monstrosity—typically when the issue is the ‹threatened› boundary between ‹artificialness› and ‹naturalness,› between ‹femaleness› and ‹maleness.› The role of the monster turns out to be as plain as the transgression of this boundary/these boundaries appears to be a threat: The norm, to which the power relation between creator and creature ultimately belongs, is confirmed and lastingly stabilized by this. Ripley's ‹uncanny› upgrade in «Alien IV,» which—quite in the spirit of the transgression of boundaries Haraway describes as being characteristic for the new technological order—inscribes male and animal qualities onto her female body, was performed «over her dead body.»
As ‹males,› cyborg heroes such as «Robocop»[44] or «Terminator»—embodied by Schwarzenegger, in the second film he mutated into a protective battle machine—may struggle for the preservation of jeopardized ‹ideals› such as the nuclear family, which no doubt is supposed to allow them to appear to be ‹human.›[45] In the film «Terminator II» for instance, on the side of the good mother the latter battles against a ‹dehumanized› new technology embodied by the genderless «T1000,» and in «Terminator III» he is supposed to ensure that as the ‹last› human couple, her son and his girlfriend survive the end of the world to become the ‹future Adam and Eve.›[46] However, despite their bodies, which are hypertrophically equipped with ‹male traits,› they have no sexual identity of their own. Thus, the doubly connoted phallus always remains in the hands of the engineers: This is the only ‹right place› for it to be.
Nevertheless, the ‹interface gender› can also prove to be the crucial point of potential deviance from the otherwise stereotypically developed narrations. Take, for example, the filmed version of the musical «The Rocky Horror Picture Show»[47]: Frank'n'Furter's creature Rocky—the incarnation, so to speak, of a ‹Mr. Universe›—was actually conceived as a playmate for his transsexual creator. On the other hand, despite the phallic overformation—raised to a caricature—of his fingers to scissor blades, the main character in

44 — Cf. «RoboCop» (USA 1987, directed by Paul Verhoeven). 45 — The «RoboCop» is actually a human who was ‹reanimated‹ with the aid of cyborg technologies. He was a dead guardian of the law, which in view of his role allows him to appear as a complement to Frankenstein's monster, who is put together out of criminals. This also explains why he belongs to the ‹good› side despite his monstrosity. On the other hand the «Terminator,» who is embodied by Arnold Schwarzenegger, first becomes ‹more human› than his successors manufactured with the aid of newer technologies in the sequels to the first film. This is why he can become a defender against the ‹unleashed technologies.› 46 — Cf. «Terminator» (USA 1984, directed by James Cameron); «Terminator II—Judgement Day» (USA 1991, directed by James Cameron); «Terminator III—Rise of the Machines» (USA 2001, directed by Jonathan Mostrow). 47 — Cf. «The Rocky Horror Picture Show» (GB 1975, directed by Jim Sharman, screenplay by Richard O'Brien).

Tim Burton's variation on the tale of «Frankenstein,» «Edward Scissorhands,»[48] exercises an incomparable erotic attraction on women, whose hair he subserviently cuts, while the men, whose front yard hedges he trims, quite obviously sense a code-of-conduct battle or begin to suffer from fears of castration. In an unexpected turn of the «promises of monsters» (Haraway),[49] in this case the monsters exhibit subversive potential.

/

15/112

«Reinvent yourself!»

The monstrous promises of the new technologies are not, however, only reflected in the retelling or new versions of the old stories of the creation of artificial life. As a ‹figure of the third,› from now on new meaning is given to an old philosophical topos in that it also wants to be taken at its word: Self-creation finds itself under the sign of the cyborg configuration in the age of its technological realizability.[50] Just as television or popular magazines contain advertisements for more or less unrestricted biomedical technologies for the ‹improvement› or even the ‹correction› of one's appearance, with the aid of new technologies the corresponding models are at the same time being designed, created and supplied. The imperative of these cyborg configurations is: «Reinvent yourself!»[51] And this includes the invention of a new body.

Fewer and fewer limits appear to be being set to the ‹becoming flesh› of such a ‹self-invention,› in which the traditional dichotomy of ‹mind› and ‹body› collapses in an unexpected way—and more and more people of both genders are reacting euphorically to the offer of ‹reinventing themselves.› In this sense, movie and pop stars, who like Liz Taylor attempt to avoid the aging of their body with cosmetic surgery, or like **Michael Jackson** completely transform themselves into an artificial figure, can be considered to be protagonists of «posthumanism,» whose maxim has become the imperative of ‹cyborgization.›[52] This does not, however, mean that they will lose their monstrous traits, which is the promise associated with this imperative: There continues to be something uncanny attached to the manipulation of the human body. This other side of the coin can no longer be solely viewed in the mirror of a science fiction satire such as «Brazil.» The protagonist in this film dreams himself time and again a fantasy world in which he transforms from a weakly average person into a superhero, while due to unsuccessful cosmetic surgery his aging mother mutates into a monster, who in the end cannot be held together by a human contour.[53] In the meantime, in the eyes of some of his former fans Jackson, whose features are distinctly marked by biomedical operations from pigment bleaching to nose surgery,

48 — Cf. «Edward Scissorhands» (USA 1990, directed by Tim Burton). 49 — Cf. Haraway (1992), op. cit. 50 — Cf. Simon Scherger, «Die Kunst der Selbstgestaltung,» in Becker/Schneider (2000), op. cit. pp. 235–252. 51 — Cf. the section of images created by Dan Friedman (in collaboration with Jeffrey Deitch) in the exhibition catalogue *PostHuman—Neue Formen der Figuration in der zeitgenössischen Kunst*, Jeffrey Deitch/Zdenek Felix (eds.), Deichtorhallen Hamburg, Stuttgart, 1993, pp. 16 ff. and in particular the motto that is added to the photographs of enlarged breasts: «It's normal to reinvent oneself,» ibid., p. 19. 52 — This is the text of the motto with which Michael Jackson is represented in the section of images by Friedman/ Deitch: «Within the next thirty years the fear that we may not be able to distinguish real humans from replicants will no longer be science fiction.» Cf. ibid., p. 17. 53 — Cf. «Brazil» (GB 1985, directed by Terry Giliam). 54 — Cf. Susan Straight, «Ein Zombie an der Küchentür. Vor dem Prozess gegen Michael Jackson: Warum auch schwarze Jugendliche Angst vor ihrem einstigen Idol haben,» in *DIE ZEIT*, no. 4/2004, Jan. 15, 2004.

appears to have become a monster.[54] It is no coincidence that this can be demonstrated by the fact that his outer appearance seems to change between man, woman and child, and that his sexuality is also suspiciously deviant. The ‹interface gender› once more proves to be the focal point of both the phantasmatic as well as the uncanny quality of (self-)creation.

/

Translation by Rebecca van Dyck

FOTO/BYTE / PHOTO/BYTE//

▥ SUSANNE HOLSCHBACH ◫-16 EDITORIAL FOTO/BYTE/ EDITORIAL PHOTO/ BYTE ▥ SUSANNE HOLSCHBACH ◫-17 FOTO/BYTE – KONTINUITÄTEN UND DIFFERENZEN ZWISCHEN FOTOGRAFISCHER UND POST-FOTOGRAFISCHER MEDIALITÄT/ PHOTO/BYTE – CONTINUITIES AND DIFFERENCES BETWEEN PHOTOGRAPHIC AND POST-PHOTOGRAPHIC MEDIALITY ▥ ANETTE HÜSCH KÜNSTLERISCHE KONZEPTIONEN AM ÜBERGANG VON ANALOGER ZU DIGITALER FOTOGRAFIE/ ARTISTIC CONCEPTS LINKED TO THE TRANSITION FROM ANALOG TO DIGITAL PHOTOGRAPHY ▥ KATHRIN PETERS SOFORTBILDER/ INSTANT IMAGES ▥ JENS SCHRÖTER ARCHIV – POST/ FOTOGRAFISCH/ ARCHIVE – POST/ PHOTOGRAPHIC ....

....

....

....

....

....

....

....

....

16/ ....

17/ ....

....

....

....

....

....

....

....

....

....

....

....

....

....

....

....▥

Foto/Byte → Editorial

/

Susanne Holschbach

/

/

/

»Im Augenblick ihres 150sten Geburtstages
war die Fotografie tot,
bzw. präziser ausgedrückt:
radikal und für immer de-plaziert.«
William J. Mitchell[1]

/

Das älteste in der Reihe der neuen Medien, die Fotografie, behauptet nach wie vor eine zentrale Stellung - sowohl im Feld der Kunst als auch im Bereich der Massenmedien. Daher löste ihr technologischer Wandel von analog zu digital, der vor über zwanzig Jahren begonnen hat, in den Reihen von Fotoexperten und Medientheoretikern eine heftige Debatte aus: Es ging die Rede von einer ›Revolution der Fotografie‹ um, vom ›Tod der Fotografie‹, vom Anbruch des ›postfotografischen Zeitalters‹. An der affektiven Aufladung dieser Debatte zeigt sich deutlich, dass es sich dabei um mehr handelte, als um die schlichte Ersetzung eines technischen Verfahrens durch ein anderes: Mit der Existenz der chemo-optischen Fotografie schienen auch die Werte und Mythen des Fotografischen selbst auf dem Spiel zu stehen - insbesondere das ›Versprechen‹, Realität nicht nur darstellen, sondern auch bezeugen zu können. Inzwischen hat der technologische Wandel unseren Alltag erreicht. Im Comsumerbereich werden schon mehr digitale als analoge Kameras verkauft, Großlabore für den Fotofilmbereich werden aufgelöst beziehungsweise rüsten auf Prints von digitalen Daten um, der Vorstoß in den Millionen-Megapixelbereich macht digitales Fotografieren auch für Profis relevant. An die Stelle von Spekulationen über die gesellschaftlichen Folgen des medialen Umbruchs sind die Auseinandersetzungen über technische Detailfragen getreten, wie beispielsweise die der Sicherung elektronischer Bilddatenbanken oder der Vereinheitlichung von Speicherformaten für die so genannten ›Rohdaten‹ einer digitalen Aufnahme. 16/000

Das thematische Modul **»Foto/Byte«** geht von dieser bereits veränderten Praxis der Fotografie aus, die von den einzelnen Beiträgen an konkreten Beispielen erläutert wird. Dabei werden sowohl der künstlerische Bereich als auch die privaten, journalistischen und archivarischen Gebrauchsweisen der Fotografie in den Blick genommen.[2] Ziel ist es, nach dem Abklingen der ersten Welle von Aufregung über das Verschwinden der analogen Fotografie eine nüchterne Zwischenbilanz zu ermöglichen: über die Bedeutung von Fotografie als Kunst und als Medium unter dem Vorzeichen des Digitalen.

1 — William J. Mitchell, *The Reconfigured Eye. Visual Truth in the Post-Photographic Era*, Cambridge, MA/London 1992, S. 20 (Übersetzung S.H.). 2 — Das Modul beinhaltet neben vier wissenschaftlichen Texten auch drei Beiträge der KünstlerInnen **Günther Selichar, Jörg Sasse, Isabell Heimerdinger.**

Der Vorteil der digitalen gegenüber der analogen Fotografie liegt in ihrer Anschlussfähigkeit an den Verbund elektronischer Medien: Das digitale Foto kann direkt am Computer bearbeitet und über das Internet distribuiert werden. Eingefügt in die grafische Oberfläche des Bildschirms, lässt es sich in beliebige intermediale Relationen bringen - das heißt, mit Texten, Ikons, Ton, Videostreams und anderem verknüpfen. Wie der in diesem
□-17 Band abgedruckte Text »**Foto/Byte**« von Susanne Holschbach darlegt, finden diese multimedialen Optionen ihren Vorläufer in der Koppelung von Fotografie und Printmedien. Im Hinblick auf die »Kontinuitäten und Differenzen zwischen fotografischer und postfotografischer Medialität«, die der Text in einer historischen Perspektive erläutert, erweist sich der jüngste technologische Wandel der Fotografie somit weniger als ein radikaler Bruch denn als eine Potenzierung ihrer (massen)medialen Gebrauchsweisen, das heißt derjenigen Gebrauchsweisen, die auf dem Dispositiv der technischen Reproduzierbarkeit gründen.

Der epistemologische Schnitt zwischen analoger und digitaler Fotografie ist bedingt durch das Obsoletwerden des chemischen Trägers. Die Digitalisierung macht den Umweg über Film, Entwicklung und Abzug überflüssig; die fotografische Aufnahme verliert jedoch im gleichen Zuge ihre Materialität - sie kann sofort gelöscht oder verändert werden, ohne einen Hinweis auf ihren ursprünglichen Zustand zu hinterlassen. Der Einsatz und die Rezeption von Fotografien als Dokumente, vielmehr: Existenzbeweise gründeten aber auf eben jener Spezifik des chemo-optischen Verfahrens, den aufgenommenen Gegenstand, die aufgenommene Szene als Lichtspur auf der fotosensiblen Schicht irreversibel zu fixieren. Der Verlust dieser indexikalischen Materialität belegt das Wirklichkeitsversprechen von Fotografien mit einem nachhaltigen Zweifel. Insbesondere der Journalismus und die Knipserfotografie rekurrieren dennoch weiterhin auf das Fotografieren als Strategie der Authentifizierung - neue Kommunikationsformen wie das Aufnehmen und Versendungen von Fotos über Handy sprechen sogar für eine Steigerung der fotografischen Unmittelbarkeit durch ihre Digitalisierung. In ihrem Text »**Sofortbilder**« verfolgt Kathrin Peters Überlegungen, inwiefern diese Überbetonung des Zufälligen den Status des Amateurs einerseits und des professionellen Fotoreporters andererseits zur Disposition stellt: Beide haben sich gewisse Handfertigkeiten, technische Kenntnisse und ästhetische Wertmaßstäbe angeeignet, die im Sofort des digitalen Knipsens, Distribuierens und Konsumierens entbehrlich, für den Ausdruck von Lebensnähe und ›Realness‹ sogar hinderlich sind. Peters vermutet, dass mit der digitalen Produktion und Zirkulation von Bildern die Differenzen zwischen High und Low, zwischen Meisterschaft und Dilettantismus, zwischen ›begabtem Auge‹ und bloßem ›Draufhalten‹ verwischen; Differenzen, die innerhalb des fotografischen Feldes Qualität markierten. (Darüber hinaus wird auch die Mediendifferenz von stehendem und bewegtem Bild unscharf, wenn nämlich Pictures und Movies mit einem einzigen Apparat hergestellt und betrachtet werden können.)

Auch in der künstlerischen Fotografie spielen Authentizität und Wirklichkeitsbezug nach wie vor eine tragende Rolle. Dokumentarische Richtungen wie die der topografischen Fotografie verstehen sich jedoch zugleich als kritische Reflexion des naiven Glaubens an die Unmittelbarkeit des fotografischen Realismus. Dokumentarisches Arbeiten ist eine Frage der Haltung - gegenüber dem Untersuchungsgegenstand und in der Analyse der eigenen Perspektive - und nicht eine der Technologie. Die Umstellung auf digitale Medien wird zweifelsohne Praktiken, Ästhetik und Präsentationsformen dokumentarischer Fotografie verändern, nicht aber diese Agenda des Dokumentarischen als solche.
Die Anerkennung der Dokumentation als künstlerische Richtung ist eine vergleichsweise späte Entwicklung in der Fotogeschichte; zunächst setzte Fotografie, die sich als Kunst verstanden wissen wollte, auf die Inszenierung vor der Kamera und die nachträgliche Bildbearbeitung im Labor. Mittels fotografischer Rhetorik wurde Imaginationen eine visuelle Glaubwürdigkeit verliehen, über Inszenierung und Nachbearbeitung ließen sich andererseits Fotografien zu einem allegorischen Realismus verdichten. Die elektronische Bildbearbeitung hat das Spektrum möglicher Eingriffe in das fotografische Bild nahezu grenzenlos erweitert. Der Text »**Künstlerische Konzeptionen am Übergang von analoger zu digitaler Fotografie**« von Anette Hüsch untersucht, wie KünstlerInnen diese konkret einsetzen, in welcher Weise sie sich in der Bildästhetik niederschlägt, und nicht zuletzt, welche Themen und Diskurse die digitalen Bilder vorrangig behandeln. Konnte man mit Jeff Wall konstatieren, dass die Fotografie die Malerei in der Darstellung des modernen Lebens abgelöst hat, führt ihre digitale Bearbeitung notwendig zu der Frage, ab welchem Grad des Eingriffes sich das Fotografische in einer Art elektronischer ›Malerei‹ gänzlich auflöst.
Im Laufe ihrer Geschichte hat die Fotografie zur Anhäufung eines unübersehbaren, heterogenen Bilderreservoirs geführt. KünstlerInnen haben von Beginn an auf dieses Reservoir zugegriffen - zunächst nur als Bildvorlage, schließlich auch um das angeeignete Material zu analysieren, zu bearbeiten, neu zu kontextualisieren, einer anderen Bewertung zu unterstellen. Mit der Digitalisierung wächst dieses Reservoir nicht nur weiter an; es macht auch Bilder verfügbar, auf die man zuvor allenfalls über zufällige Funde oder aktive Sammlertätigkeit stieß. Von zentraler Bedeutung ist jedoch vor allem die Wandlung, die das Bildarchiv durch seine Überführung in die Ortlosigkeit digitaler Netze erfährt. Der Text »**Archiv - post/fotografisch**« von Jens Schröter befasst sich in diesem Sinne mit den Voraussetzungen und den Konsequenzen digitaler Bilddatenbanken. Untersucht wird das Paradoxon von »potentieller Ewigkeit« und »apparativer Vergänglichkeit« digitaler Daten (Dieter Daniels), von allgemeiner Zugänglichkeit elektronischer Bildarchive und der tatsächlichen Beschränkungen ihrer Nutzung. Mit der Distribution künstlerischer, journalistischer, privater et cetera Fotografie im Internet

erhalten nicht zuletzt Fragen des Copyrights und der Autorschaft neue Brisanz; die erweiterte Verfügbarkeit von Bilder eröffnet jedoch auch die Möglichkeit, neue Anordnungen von Bildern (das heißt jenseits administrativ gesteuerter Zugriffe) nicht nur zu denken, sondern zu erproben.

Photo/Byte → Editorial

/

Susanne Holschbach

/

/

«From the moment
of its sesquincentennial in 1989
photography was dead—or, more precisely,
radically and permanently displaced—as was painting 150 years before.»
William J. Mitchell[1]

/

/

/

The oldest in the succession of new media, photography, continues to maintain a central position—both in the field of art as well as in the sphere of mass media. This is why its technological conversion from analog to digital, which began over twenty years ago, triggered off a fierce debate amongst photography experts and media theorists. There was talk of a ‹photographic revolution,› the ‹death of photography,› of the ‹dawn of the post-photographic age.› The emotional charge of this debate clearly shows that this is more than just an issue concerning the simple substitution of one technical process by another: With the arrival of chemo-optical photography, the values and myths of the photographic itself also seemed to be at stake—in particular the ‹promise› of not only being able to represent reality, but also of being able to verify it. In the meantime, this technical transformation has permeated our everyday lives. More digital than analog cameras are already being sold in the consumer area; major photographic processing laboratories are being closed down or are converting to prints from digital data; the advance into the area of millions of megapixels is also making digital photography relevant for professional photographers. The examination of questions of technical detail, such as e.g. the securing of electronic image databases or the standardization of storage formats for the so-called ‹raw data› of a digital photograph, are replacing speculations over the social consequences of this media upheaval. 17/100

The thematic module «**Photo/ Byte**» starts out from the fact that photographic practice has already changed, which the individual contributions will illustrate using concrete examples. The artistic sphere as well as the private, journalistic and archival working methods of photography will be examined.[2] Following the subsiding of the first wave of agitation over the disappearance of analog photography, the aim is to enable a temperate interim appraisal of the significance of photography as art and as a medium under the sign of the digital.

1 — William J. Mitchell, *The Reconfigured Eye. Visual Truth in the Post-Photographic Era*, Cambridge, MA/London, 1992, p. 20. 2 — In addition to four academic texts, the module also contains three contributions by the artists **Günther Selichar, Jörg Sasse** and **Isabell Heimerdinger**.

The advantage of digital over analog photography lies in its ability to be connected to interlinked electronic media: Digital photographs can be processed directly on the computer and distributed via the Internet. Once they have been integrated into the graphical interface of the screen they can be placed into any number of intermedial relations, i.e. CD-17 linked with text, icons, sound, video streams, etc. As demonstrated in the text «**Photo/ Byte**» by Susanne Holschbach, the precursors to these multimedia options can be found in the coupling of photography and print media. In view of the «Continuities and differences between photographic and post-photographic mediality,» which the text illustrates from a historical perspective, the most recent technological transformation in photography thus proves to be less a radical break with its conventional application than a multiplication of its uses in (mass) media, i.e. those uses based on the dispositive of mechanical reproduction.

The epistemological cut between analog and digital photography is the result of its chemical carrier having become obsolete. Digitalization makes the circuitous route via film development and print superfluous; however, in the same move the photograph loses its materiality—it can be instantly deleted or altered without leaving behind a trace of its original state. However, the use and the reception of photographs as documents—or rather verification of the existence of something—were based on precisely that specific aspect of the chemo-optical process of irreversibly fixing the photographed object or scene as a trace of light on the photosensitive layer. The loss of this indexical materiality blankets the promise of the photograph's reality with lasting doubt. Nevertheless, journalism and shutter photography in particular still continue to make an appeal to take photographs as a strategy of authentication—new forms of communication such as taking and sending photographs per cell phone even speak for an intensification of photographic immediacy through its digitalization. In her text «**Instant Images**,» Kathrin Peters pursues considerations of in how far the overemphasis of the coincidental puts the status of the amateur on the one hand, and that of the professional press photographer on the other hand, up for debate: Both of them have acquired certain skills, technical know-how and aesthetic standards that are unnecessary in the immediacy of digital shooting, distributing and consuming, and which are even a hindrance to expressing authenticity and ‹realness.› Peters suspects that along with the digital production and circulation of images, the differences between high and low, between mastery and dilettantism, between gifted eye and merely ‹aiming› will become blurred—differences that have marked quality within the field of photography. (Beyond this, the media difference between still and moving image becomes blurred if pictures and movies can be both created and viewed with a single piece of equipment.)

Authenticity and a reference to reality also continue to play a fundamental role in artistic photography. However, at the same time documentary movements such as topographic

photography regard themselves as a critical reflection of the naive belief in the immediacy of photographic realism. Documentary work is a question of attitude—towards the object being examined and in the analysis of one's own perspective—and not one of technology. The switch to digital media will no doubt transform the practices, the aesthetics, and the forms of presenting documentary photography, but not the documentary agenda as such.
Recognition of photodocumentation as an artistic movement is a comparatively late development in the history of photography; in the beginning photography, which wanted to be regarded as art, relied on setting a stage in front of the camera and later processing the image in the laboratory. Fantasies were lent visual credibility by means of photographic rhetoric; staging and postprocessing, on the other hand, allowed photographs to develop into an allegorical reality. Electronic image processing has vastly expanded the spectrum of possible intervention in the photographic image. The text by Anette Hüsch, «**Artistic Concepts Linked to the Transition from Analog to Digital Photography,**» examines how artists specifically employ electronic image processing, in what way it finds expression in the aesthetics of the image, and not lastly, which subjects and discourses the digital images primarily deal with. While Jeff Wall makes evident that photography has replaced painting in depicting modern life, its digital processing necessarily leads to the question of from what degree of intervention the photographic completely disintegrates into electronic ‹painting.›
In the course of its history, photography has led to the accumulation of an incalculable, heterogeneous reservoir of images. Artists have accessed this reservoir from the very beginning—at first as picture copy, and finally also in order to analyze the appropriated material, to process it, to recontextualize it, to reevaluate it. This reservoir not only continues to grow with digitalization, it also makes images available that one previously at best came across accidentally or by way of one's activity as a dedicated collector. However, of central significance is the transformation the image archive is undergoing through its transferal into the nonlocality of digital networks. The text «**Archive—post/photographic**» by Jens Schröter looks into the conditions and the consequences of digital image databases. He examines the paradox of the «potential endurance» and «mechanical impermanence» (Dieter Daniels) of digital data, of the general accessibility of electronic image archives, and the actual limitations of their use. Not lastly, with the distribution of artistic, journalistic, private, etc. photography in the Internet, the issues of copyright protection and authorship gain new explosiveness; the extended availability of images also opens up the possibility not only of conceiving of new orders of images (i.e. beyond administratively controlled access), but also of testing them.
/
Translation by Michael Robinson

17/000-013
17/100-113

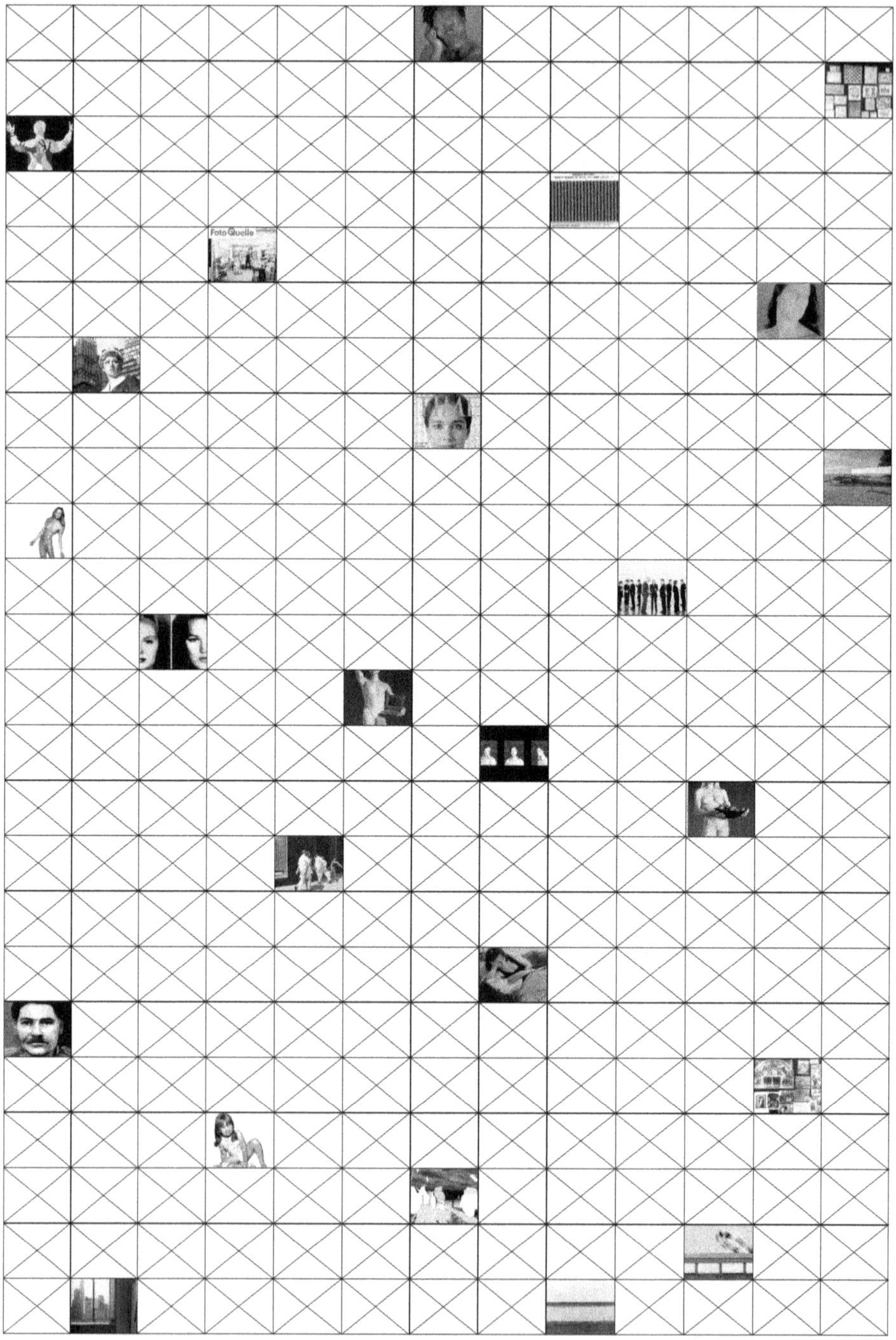

Foto/ Byte
Kontinuitäten und Differenzen zwischen fotografischer und postfotografischer Medialität

/

Susanne Holschbach

/

Ende der 1980er, Anfang der 1990er Jahre beginnen FotokuratorInnen, Kunst- und MedientheoretikerInnen sich mit der Bedeutung elektronischer Bildtechnologie für den Status und die Praxis der Fotografie zu beschäftigen.[1] Die rasche Durchsetzung digital bearbeiteter Fotografien im kommerziellen und journalistischen Bereich, die Einführung verhältnismäßig leistungsstarker und preiswerter PCs, Software, Scanner, Drucker et cetera, die die elektronische Bildbearbeitung auch für KünstlerInnen und Amateure zugänglich machen, veranlasste dazu, von einem epochalen Einschnitt zu sprechen: »Im Augenblick ihres 150sten Geburtstages war die Fotografie tot, bzw. präziser ausgedrückt: radikal und für immer de-plaziert«.[2] 17/000

Die Fokussierung auf die Differenz zwischen analogen und digitalen Medien, die in der zweiten Hälfte des 20. Jahrhunderts zur Leitdifferenz der Mediengeschichte und -theorie avanciert ist,[3] verdeckt jedoch deren gemeinsamen Ausgangspunkt im 19. Jahrhundert und den radikalen Einschnitt, der mit der Erfindung der Fotografie verbunden war: Als erstes technisches Bildgebungsverfahren hat sie den Umbruch zwischen ›alten‹ und ›neuen‹ Medien eingeleitet. Die Medientheoretiker **Marshall McLuhan** und **Vilém Flusser**, die in großzügig bemessenen Epochenabschnitten denken, stellen die Fotografie in diesem Sinne an den Anfang des Informationszeitalters beziehungsweise der telematischen Gesellschaft: »Die Fotografie trug [...] zum Bruch zwischen rein mechanischer Industrialisierung und dem grafischen Zeitalter des elektronischen Menschen bei«, so McLuhan in seiner 1964 erstmals veröffentlichten Textsammlung »Understanding Media«[4]; Flusser konstatiert in seiner zwanzig Jahre später erschienenen Schrift »Ins Universum der technischen Bilder«, dass »die technischen Bilder völlig neuartige Medien sind, auch wenn sie in vieler Hinsicht an traditionelle Bilder erinnern mögen, und daß sie etwas völlig anderes als die traditionellen Bilder ›bedeuten‹. Kurz: daß es bei ihnen tatsächlich um eine Kulturrevolution geht«[5]. Beide sehen das Computerzeitalter in Konsequenz beziehungsweise Fortsetzung dieser ›fotografischen Revolution‹. McLuhan

1 — Siehe vor allem: Marnie Gillett/Paul Berger (Hg.), *Digital Photography: Captured Images, Volatile Memory, New Montage*, Ausstellungskatalog, SF Camerawork, San Francisco 1988; Fred Ritchin, *In Our Own Image. The Coming Revolution in Photography*, New York 1990; William J. Mitchell, *The Reconfigured Eye. Visual Truth in the Post-Photographic Era*, Cambridge, MA/London 1992; Paul Wombell (Hg.), *PhotoVideo. Photography in the Age of the Computer*, Ausstellungskatalog, London 1991; Martin Lister (Hg.), *The Photographic Image in Digital Culture*, London/New York 1995; Stefan Iglhaut/Hubertus von Amelunxen/Alexis Cassel (Hg.), *Fotografie nach der Fotografie*, Ausstellungskatalog, München 1995. 2 — Mitchell (1992), S. 20 (Übersetzung S.H.). 3 — Vgl. hierzu Jens Schröter, »Analog/Digital - Opposition oder Kontinuum?« in: ders./Alexander Böhnke, *Analog/Digital. Opposition oder Kontinuum. Zur Theorie und Geschichte einer Unterscheidung*, Bielefeld 2004, S. 7-30, hier S. 8f. Schröter geht in seiner Einleitung auf die verschiedenen Ebenen der Differenz analog/digital ein, die sowohl in technologischer, medienhistorischer als auch in symboltheoretischer Hinsicht gebraucht wird. 4 — Marshall McLuhan, *Understanding Media*, Toronto 1964 (dt.: *Die magischen Kanäle. Understanding Media*, Dresden/Basel 1995, S. 291). 5 — Vilém Flusser, *Ins Universum der technischen Bilder*, Göttingen 1992, S. 11.

und Flusser in dieser Hinsicht folgend, beginnt der vorliegende Beitrag mit einem Rekurs auf die grundlegenden Eigenschaften fotografischer Medialität und deren Manifestierung in den unterschiedlichen Gebrauchsweisen und Diskursen der Fotografie. Erst aus dieser medienhistorischen Perspektive lässt sich ermessen, welche Veränderungen das fotografische Dispositiv durch den technologischen Wandel erfährt und wie sich diese Veränderungen auf die mediale Funktion der Fotografie auswirken.

/

17/001 **Automatische Aufzeichnung**

Louis Daguerre und Henry Fox Talbot bezeichneten ihre Erfindungen als chemischen und physikalischen Prozess, der der Natur dabei hilft, sich selbst abzubilden beziehungsweise, in den Worten Talbots, »durch den natürliche Objekte dazu gebracht werden, sich selbst abzubilden ohne die Hilfe des Stifts eines Künstlers«[6]. Betont wird die *Unmittelbarkeit* des Bildes, das Fehlen einer künstlerischen Übersetzung. Der Wegfall dieser ›fehleranfälligen‹ Übersetzung garantierte Wirklichkeitstreue und Objektivität. Diese Objektivität wurde von den Fototexten des 19. Jahrhunderts immer wieder mit der Gleichgültigkeit, der Neutralität der Fotografie gegenüber ihrem Gegenstand, das heißt ihrem Referenten in Verbindung gebracht: Die automatische Aufnahme selektiert nicht, sie stellt alle Gegenstände mit der gleichen Sorgfalt dar, unterscheidet nicht zwischen wichtig und unwichtig, bildwürdig oder nicht. »Vor der Sonne sind alle Dinge gleich« lautete ein Slogan, mit dem die Zeitgenossen die egalisierende Eigenschaft der Fotografie in einen politisch-progressiven Horizont rückten. Die positiv bewerteten Eigenschaften der automatischen Aufzeichnung wurden bestimmend für den Einsatz der Fotografie als Dokument: in der Denkmalpflege, in den Wissenschaften, der Kriminalistik, der Medizin, um zentrale Bereiche des 19. Jahrhunderts zu nennen; sie standen jedoch der Anerkennung der Fotografie als Kunst entgegen. Bis weit ins 20. Jahrhundert wurde daher auf die gestalterischen Mittel der FotografInnen Bezug genommen, um ihre Arbeiten als Kunst zu legitimieren.

Eine Wende bedeutete in dieser Hinsicht der gezielt unkünstlerische Einsatz der Fotografie in der Concept Art der 1960er und 1970er Jahren: Um etablierte Kunstwerte zu dekonstruieren, wurden genau diejenigen Verwendungsweisen der Fotografie aufgegriffen, die mit ihrer künstlerischen Nobilitierung nicht in Einklang zu bringen waren. So rekurrieren beispielsweise **Ed Ruscha** und **Hans Peter Feldmann** mit Fotobüchern wie **»Twenty six Gasoline Stations«**, **»Every Building on the Sunset Strip«** beziehungsweise **»Alle Kleider einer Frau«** auf die fotografische Aufzeichnung im Sinne einer schlichten Auflistung oder bürokratischen Registrierung. Die KünstlerInnen der Concept Art ›mimen‹ gewissermaßen unterschiedliche Gebrauchsweisen der Fotografie, wie

6 — So im Titel der Schrift, mit der Talbot sein Verfahren vorstellt: William Henry Fox Talbot, »Some Account ot the Art of photogenic Drawing or the Process by which natural objects may be made to delineate themselves without the aid of the artist's pencil« in: *The Athenaeum*, London, 9. Feb. 1893. 7 — William Jenkins (Hg.), *New Topographics. Photographs of a Man-Altered Landscape*, Ausstellungskatalog, International Museum of Photography at George Eastman House, Rochester 1975. 8 — Die Zeichentheorie unterscheidet nach Charles S. Pierce drei grundlegende Formen der Beziehung zwischen dem Zeichen und seinem Referenten: die symbolische, die über eine Konvention hergestellt wird, die ikonische, die auf einer Ähnlichkeit zwischen den Zeichen und seinem Gegenstand beruht, und die indexikalische, die eine physikalischen Verbindung voraussetzt.

beispielsweise die wissenschaftliche Dokumentation, die Chronofotografie, die Tatortfotografie, die Illustration, die Fotoreportage, die Knipserfotografie, und stellen auf diese Weise nicht zuletzt - in oft ironischer Form - kritische Analysen dieser Anwendungsformen dar.
Während sich die Künstler der Concept Art auf die vordergründige Banalität der Fotografie beziehen, setzt die konzeptionelle Fotografie, die etwa zeitgleich mit der Concept Art in Erscheinung tritt, auf deren dokumentarische Qualität, das heißt auf die Abbildungsleistung und Objektivität des fotografischen Mediums. Der Rekurs auf die automatische Aufzeichnung bedeutet in diesem Zusammenhang größtmögliche technische Qualität verbunden mit der Zurückname des Fotografen, der Fotografin zugunsten des Gegenstands (programmatisch formuliert in der Einleitung des Ausstellungskatalogs »**New Topographics. Photographs of a Man-Altered Landscape**«[7]; als exemplarisch für diese fotografischen Haltung ist insbesondere das Werk von **Bernd und Hilla Becher** zu nennen).
/ /

Das Foto als Index 17./002

Die automatische Aufzeichnung erhält im 20. Jahrhunderts eine Akzentuierung, die über die Objektivität der fotografischen Darstellung hinausgeht. Die Charakterisierung der Fotografie als ›Abdruck der Natur‹ wird in den Fototheorien des 20. Jahrhunderts auf den zeichentheoretischen Begriff der ›Indexikalität‹ gebracht.[8] Indexikalische Zeichen wie der Rauch eines Feuers, Fußabdrücke im Sand und Ähnliches stehen in einer physikalischen, man könnte auch sagen, kausalen Verbindung (Ursache/Wirkung) zu ihrem Referenten. In diesem Verständnis ist das fotografische Bild ›Spur‹ beziehungsweise ›Wirkung‹ des aufgenommenen Gegenstands: ein Abdruck der von einem Objekt zurückgeworfenen Lichtstrahlen auf einem mit Silbersalzkristallen lichtempfindlich gemachten Träger. Die fotografische Abbildung eines Objekts ist somit zugleich dessen Existenzbeweis, wenn auch bezogen auf einen bereits vergangenen Augenblick: »Es-ist-so-gewesen«, so lautet Roland Barthes' Formel für die Beglaubigung einer vergangenen Präsenz, die für ihn das Wesen, das ›Noema‹, der Fotografie ausmacht.[9] Diese Eigenschaft prädestinierte die Fotografie natürlich in besonderem Maße für den Einsatz in der detektivischen Beobachtung und der kriminalistischen Spurensicherung - Einsätze, die in der künstlerischen Fotografie in vielfältiger Weise aufgegriffen wurden (beispielsweise »**Tatorte**« von **Joel Sternfeld** oder »**La Filiature**« und »**L'Hôtel**« von **Sophie Calle**).[10]
Auf diese physiko-chemisch basierte Indexikalität gründet sich das Realitätsversprechen der Fotografie[11], das über die wirklichkeitsgetreue Abbildung hinausgeht: nämlich Wirklichkeit bezeugen zu können. Dabei bezieht sich die Indexikalität nur auf den »fotografischen

9 — Vgl. Roland Barthes, *La chambre claire. Note sur la photographie*, Paris 1980 (dt.: *Die helle Kammer. Bemerkungen zur Photographie*, Frankfurt / Main 1985). 10 — Zum Thema Tatortfotografie siehe insbesondere Christine Karallus, »Staatsanwälte, Kriminalisten und Detektive«, in: *Kunstforum International*, Themenheft: Choreographie der Gewalt, Januar/ März 2001, S. 132-143 und dies.: »Etwas in Augenschein nehmen. Der Tatort und seine fotografische Identifizierung um 1900«, in: Charles Grivel u. a. (Hg.), *Die Eroberung der Bilder. Photographie in Buch und Presse 1816-1914*, München 2003, S. 141-155. 11 — Vgl. *Wirklich wahr. Realitätsversprechen von Fotografie*, Ausstellungskatalog, Ruhrlandmuseum Essen, Ostfildern 2004. Zur Agenda des Wirklichkeitsversprechens der Fotografie im Kunstkontext vgl. Susanne Holschbach, »Die Wiederkehr des Wirklichen? →

Akt«[12], den Moment der Bildauslösung – alle anderen Faktoren, die dem fotografischen Bild Bedeutung zuweisen (Motivwahl, Inszenierung, Bearbeitung des Abzugs, materielle und diskursive Kontextualisierung), werden dabei ausgeblendet.

/

17/003

Technische Reproduzierbarkeit

Die Suche nach einem vereinfachten Verfahren zur Vervielfältigung von bereits existierenden Vorlagen stand in den proto-fotografischen Experimenten gleichberechtigt neben der Zielsetzung, Bilder der Camera obscura zu fixieren. **Niépce** beschäftigt sich schon in den 1820er Jahren mit der Übertragung von Stichen auf einen lichtempfindlichen Träger, der dann als Druckplatte dienen sollte. Talbot, dessen Positiv-Negativ-Verfahren die Voraussetzung für die prinzipiell unendliche Vervielfältigbarkeit von Fotografien lieferte, denkt ebenfalls an die Herstellung »preiswerter Kopien von seltenen Stichen beziehungsweise von Unikaten«[13]. Die Reproduktion von Kunstwerken und Denkmälern aus aller Welt avanciert tatsächlich zu einem der erfolgreichsten Zweige der Fotografie des 19. Jahrhunderts. Die sich daraus ergebenden Konsequenzen für die Funktion von Kunst hat **Walter Benjamin** in seinem kanonischen Text »**Das Kunstwerk im Zeitalter seiner technischen Reproduzierbarkeit**« als Verlust ihrer Aura beschrieben: Aus ihrem Zusammenhang, ihrem Hier und Jetzt entbunden verlieren die Kunstwerke ihre Einmaligkeit als Originale – und damit ihren Kultwert. In einem »imaginären Museum«[14] versammelt, können Werke unterschiedlicher Herkunft und Epochen unter Absehung ihrer ursprünglichen Funktion und Einbindung in einen kulturellen Kontext als rein visuelle Daten (Oberflächen) verglichen werden. Ein solcher Vergleich machte eine Formanalyse erst möglich und begründete so Ende des 19. Jahrhunderts die stilgeschichtliche Kunstwissenschaft. Die fotografische ›Egalisierung‹ von Artefakten sprengt aber zugleich die Grenzen der disziplinären Kunstwissenschaft: **Aby Warburg**, der auf den Bildtafeln seines »**Mnemosyne-Atlas**«[15] fotografische Reproduktionen nach motivischen Kriterien anordnete, machte keinen Unterschied zwischen antikem Relief und zeitgenössischer Werbung und weist so bereits in Richtung einer umfassenderen Bildwissenschaft.

//

←Pop(uläre)-Fotografie im Kunstkontext der 90er Jahre«, in: Sigrid Schade/Georg Christoph Tholen (Hg.), *Konfigurationen zwischen Kunst und Medien*, München 1999, S. 400–412 und das von Kathrin Peters initiierte Netzgespräch über »**Wirklichkeitsfotografie**«. **12** — Philippe Dubois, *L'Acte photographique*, Paris/Bruxelles 1983 (dt.: *Der fotografische Akt. Versuch über ein theoretisches Dispositiv*, Herta Wolf (Hg.), Amsterdam/Dresden 1998). **13** — Henry Fox Talbot, »Some Account ot the Art of photogenic Drawing or the Process by which natural objects may be made to delineate themselves without the aid of the artist's pencil«, zit. n. Helmut Gernsheim, *Geschichte der Photographie. Die ersten Hundert Jahre*, Frankfurt/Main u. a. 1983, S. 69. **14** — So betitelte André Malraux, französischer Kulturminister unter de Gaulles, sein Konzept eines Museums, das nur aus fotografischen Reproduktionen bestehen sollte, vgl. hierzu den Text von Jens Schröter »**Archiv – post/fotografisch**«.
01-21 **15** — Vgl. hierzu den Text »**Das Archiv, die Medien, die Karte und der Text**« von Rudolf Frieling im vorliegenden Band. **16** — Dieses konnte wiederum nur erstritten werden, indem auch Fotografien als Werke eines ›schöpferischen Subjekts‹ anerkannt wurden. Ausgerechnet die kommerziellen Fotografen und Fotounternehmen des 19. Jahrhunderts wurden somit zu Wegbereitern der Nobilitierung der Fotografie als Kunst. Bereits an diesem historischen Beispiel zeigt sich auch, dass vom Copyright weniger die Künstler als die industriellen Produzenten (in diesem Fall die kommerziellen Ateliers und Fotoverlage) profitieren. Vgl. dazu John Tagg, »Eine Rechtsrealität. Die Fotografie als Eigentum vor dem Gesetz«, in: Herta Wolf (Hg.), *Paradigma Fotografie*.

Das Foto als Multiple 17/004

Die Verbindung von technischer Reproduzierbarkeit und arbeitsteiliger Produktionsweise macht das Foto im 19. Jahrhundert zu einer Massenware. Für das Foto als Ware wird die problemlose Kopierbarkeit zugleich zum Problem: Der juristische Streit um das Urheberrecht an Fotografien geht von der kommerziellen Fotografie aus, die sich vor der Weiterverwertung ihre Produkte - beispielsweise von Prominentenporträts und Stereokarten - schützen will.[16]

Die Eigenschaft des Fotos als Kopie impliziert jedoch mehr als die technische Reproduktion bereits vorhandener Bilder - sei es in Form der Abzüge vom Negativ oder des Abfotografierens von Bildvorlagen. So führt die Kunsttheoretikerin Rosalind Krauss im Zusammenhang mit Walter Benjamins Kunstwerkaufsatz aus, dass es sich bei der Fotografie »um ein Medium handelt, das direkt Kopien hervorbringt, ein Medium also, in dem die Vervielfältigungen *ohne* Original existieren«[17]. Auch das Negativ einer Naturansicht ist in diesem Verständnis bereits eine Kopie: eine Reproduktion des abgebildeten Motivs.[18] Die Sprengkraft dieser Eigenschaft des Fotografischen für die Kunst der Moderne (und der Kunstproduktion des 20. Jahrhunderts im Allgemeinen) liegt für Krauss darin, dass sie das Konzept der Originalität selbst unterhöhlt.[19] Vor allem die »fotografische Aktivität der Postmoderne«[20] griff diese Eigenschaft des Fotografischen bewusst auf, um die Vorstellungen von (schöpferischer) Autorenschaft und der Autonomie von Kunstwerken zu dekonstruieren. So ›appropriierte‹[21] die Künstlerin **Sherrie Levine** Ikonen der künstlerischen Fotografie durch schlichtes Abfotografieren (beispielsweise in der Serie **»After Walker Evans«**) und griff damit nicht zuletzt die Auratisierung der Fotografie an, die ihre Musealisierung in den 1970er und 1980er Jahren begleitete.[22]

/

Massenmedium avant la lettre 17/005

Die technische Reproduzierbarkeit bildete die Voraussetzung für die Entwicklung der Fotografie zum Massenmedium, dessen Hegemonie erst in den 1950er beziehungsweise 1960er Jahren des 20. Jahrhunderts durch das Fernsehen aufgebrochen wurde.[23] Sie beginnt in den 1850er Jahren mit dem Vertrieb von Prominentenporträts und Stereo-

Fotokritik am Ende des fotografischen Zeitalters, Frankfurt/Main 2002, S. 239–254. 17 — Rosalind Krauss, »Das Schicksalsministerium«, in: Wolf (2002), S. 392. Vgl. auch Rosalind Krauss, »Die Fotografie und das Simulakrale« (engl.: »A Note on Photography and the Simulacral«, *October* Nr. 31, Winter 1984), in: dies., *Das Photographische. Eine Theorie der Abstände*, München 1998, S. 210–223. Als Beispiel für Kopien ohne Original führt Krauss die **»Untitled Film Stills«** von **Cindy Sherman** an. 18 — Das heißt, der Status des Originals käme allenfalls der ›realen‹ Landschaft, dem ›realen‹ Gegenstand zu, auf den das Foto referiert. 19 — Zu Rosalind Krauss' Verständnis der Fotografie als Leitmedium der Kunstproduktion im 20. Jahrhundert vgl. Herta Wolfs Einleitung zu der Aufsatzsammlung von Rosalind Krauss, *Die Originalität der Avantgarde und andere Mythen der Moderne*, Amsterdam/Dresden 2000, S. 9–38. 20 — Vgl. Douglas Crimp, »Die fotografische Aktivität der Postmoderne«, in: ders., *On the Museum's Ruins*, Cambridge, MA, 1993 (dt.: *Über den Ruinen des Museums*, Dresden/Basel 1996) und Douglas Crimp, »Pictures«, in: Tamara Horáková u. a. (Hg.), *Image:/images. Positionen zur zeitgenössischen Fotografie*, Wien 2001, S. 121–138. 21 — Strategien der Aneignung (= Appropriation) wie Sherrie Levines Re-Fotografien standen Pate für den Begriff ›Appropriation Art‹. 22 — In umgekehrter Richtung funktionieren **Richard Princes** Re-Fotografien von Werbefotos, die er durch Isolation und Vergrößerung zu Bildern erhöht. 23 — Vgl. zum Begriff des Massenmediums Dieter Daniels **»Fernsehen - Kunst oder Antikunst?«** in: »Medienkunst im Überblick«.

fotografien und erfährt in den 1880er Jahren eine weiteren Schub durch die Anfänge der Knipserfotografie und der fotografisch illustrierten Presse.

//

17/006 *Faciale Gesellschaft*

1854 lässt der Fotograf Alphonse-Eugene Disdéri ein Verfahren patentieren, mit dem sich mehrere Porträts hintereinander auf einer Platte aufnehmen lassen. Er rationalisiert und verbilligt auf diese Weise die Porträtfotografie, die in der Folge einen ungeheuren Boom erlebt.[24] Die kleinformatigen ›Cartes de Visite‹, so die Bezeichnung der zugeschnittenen Porträtkarten, dienen dabei weniger dem persönlichen Andenken als dem kommunikativen Austausch. Besonders beliebt sind Prominentenporträts, deren Spektrum von den Herrscherfamilien, über Literaten, Musiker, Wissenschaftler, Schauspieler bis hin zur Demimonde reicht. Das Sammeln und Betrachten der Karten wird zum Gesellschaftsspiel, das soziale Hierarchien durch das Nebeneinander gleichartig inszenierter Bilder einebnet. Das Prominentenporträt nimmt das moderne Starbild vorweg und steht damit am Beginn einer »facialen Gesellschaft«, in der »Gesichter von Politikern, Generälen, Managern, Sportlern, Künstlern oder eben Produkten zu Starporträts und Markenzeichen, zu publikumswirksamen *Logos* avancieren«[25].

//

17/007 *Moderner Betrachter*

Auf der Londoner Weltausstellung von 1851 stellte Sir David Brewster ein transportables Sichtgerät vor, mit dem sich eine leicht verschoben aufgenommene Doppelfotografie zu einem räumlich wirkenden Bild verschmelzen ließ.[26] Brewsters Stereoskop wird ein großer Erfolg, denn »bald darauf beugten sich Tausende gieriger Augenpaare über die Öffnungen des Stereoskops wie über die Dachfenster der Unendlichkeit«[27]. Die in der Folgezeit massenhaft hergestellten Stereokarten[28] zeigen in erster Linie Baudenkmäler, Landschafts- und Stadtansichten - touristische ›Views‹ aus nahen und fernen Ländern, die via Stereoskop quasi ›virtuell‹ bereist werden konnten. Sie erlaubten dem Bürgertum zudem eine visuelle Aneignung fremder Länder und Kulturen, die im Kolonialismus real vollzogen wird.

Zeitgenössische Beschreibungen[29] belegen, dass die ›visuelle Lust‹ bei der stereoskopischen Betrachtung von Fotografien in der Empfindung von Immersion[30] bestand: Die Außenwelt verschwindet zugunsten eines Bildraums, der wie ein realer erlebbar wird.

24 — Vgl. Elizabeth Anne McCauley, *A.A.E. Disdéri and the Carte de Visite Portrait Photograph*, New Haven/London 1984 und dies., *Industrial Madness. Commercial Photography in Paris 1848–1871*, New Haven/London 1993. 25 — Vgl. Thomas Macho, »Vision und Visage. Überlegungen zur Faszinationsgeschichte der Medien«, in: Wolfgang Müller-Funk/Hans Ulrich Reck (Hg.), *Inszenierte Imagination. Beiträge zu einer historischen Anthropologie der Medien*, Wien/New York 1997, S. 87–108, hier S. 88f. und ders., »Das prominente Gesicht. Vom Face-to-Face zum Interface«, in: Manfred Faßler (Hg.), *Alle möglichen Welten. Virtuelle Realität. Wahrnehmung. Ethik der Kommunikation*, München 1999, S. 121–136. 26 — Brewster entwickelte sein Stereoskop auf der Grundlage einer Apparatur, die der englische Physiker Charles Wheatstone zur Veranschaulichung des binokularen Sehens konstruiert hatte. 27 — So die spöttische Bemerkung Charles Baudelaire in seiner berühmten Polemik »Die Photographie und das moderne Publikum«, eine erste Kritik am banalen Geschmack des Medienrezipienten (im Unterschied zum Kunstrezipienten). Charles Baudelaire, »Der Salon von 1859«, in: ders., *Der Künstler und das moderne Leben. Essays, ›Salons‹, Intime Tagebücher*, Henry Schumann (Hg.), Leipzig 1990, S. 199–229, hier S. 206; vgl. dazu auch den Abschnitt »Modernität und Medien«, in: Dieter Daniels, »**Kunst als Sendung. Von**

In ihrer Verknüpfung von Apparatur und Sehphysiologie ist Stereoskopie Bestandteil einer »Modernisierung des Sehens«[31], die, so der Kunsthistoriker Jonathan Crary, mit einem neuen Konzept des Betrachters verbunden ist. Die im ersten Drittel des 19. Jahrhunderts vorangetriebene Erforschung der menschlichen Sehphysiologie kam zu dem Ergebnis, dass der Betrachter keineswegs passiver Empfänger von Bildern der Außenwelt ist, sondern diese erst im Sehvorgang herstellt. Optische Spielzeuge wie das Phenakistiskop, das Zootrope[32] und eben das Stereoskop veranschaulichen die neuen Erkenntnisse über das Sehen (wie etwa den Nachbildeffekt oder die Binokularität) und trainieren zugleich die Wahrnehmung, die im Zeitalter der Industrialisierung neuen Anforderungen ausgesetzt ist.

/ /

Konsument als Produzent – Produzent als Konsument 17/008

Die Fotografie bringt jedoch nicht nur den modernen Bilderkonsumenten hervor, sondern ermächtigt ihn auch zum Bilderproduzenten. Das Fotografieren als privates Vergnügen ist dabei zunächst nur einer kleinen Schicht vorbehalten, denn es erfordert Geld und vor allem Zeit, die für das Fotografieren und Entwickeln von Fotos notwendigen Fertigkeiten zu erlernen. Die Entwicklung von Handkamera und Rollfilm schaffen dann Ende der 1880er Jahre die Voraussetzungen für die Knipserfotografie, für die keine Kenntnisse des fotografischen Verfahrens mehr erforderlich ist. Der berühmte Slogan »You press the button, we do the rest«, mit dem die ersten Kodak-Kameras beworben wurden, benennt dabei präzise die Abhängigkeit des Knipsers von der Fotoindustrie: Er oder sie wird zum Bildproduzenten, zur Bildproduzentin nur als Konsument, Konsumentin von deren Produkten und Dienstleistungen.

Wesentlich für die Praktiken der privaten Fotografie ist die Eigenschaft des Fotos als Index (siehe den Abschnitt »Das Foto als Index«): Biografische Ereignisse werden festgehalten und zugleich authentifiziert (›Es-ist-wirklich-passiert‹). Die Knipserfotografie, so analysierte es der Soziologe Pierre Bourdieu in den 1960er Jahren, wurde dabei vor allem zu einer Agentin des Familienzusammenhalts, für den sie Beweise erbringt und ihn dabei zugleich herstellt.[33] Die neuen Praktiken der Knipserfotografie, die im Zuge der Digitalisierung entstehen, sind daher auch im Zusammenhang mit der Auflösung traditioneller Familienstrukturen und der an ihre Stelle tretenden Beziehungs- und Kommunikationsformen zu sehen.[34]

der Telegrafie zum Internet«, München 2002 S. 162–176. 28 — Die 1854 gegründete London Stereoscopic Company hatte bereits vier Jahre später 100.000 verschiedene Stereogramme anzubieten, in den USA wurden 1864 etwa fünf Millionen Aufnahmen gemacht. 29 — Vgl. Oliver Wendell Holmes, »Das Stereoskop und die Stereoskopie« (1859), in: Wolfgang Kemp, *Theorie der Fotografie 1839–1912*, München 1980, S. 114–121: »Wir fühlen uns in die Tiefe des Bildes hineingezogen. Die dürren Äste eines Baumes im Vordergrund kommen auf uns zu, als wollten sie uns die Augen auskratzen. Der Ellbogen einer Figur steht derart heraus, daß wir uns bedrängt fühlen. Und dann ist da eine so erschreckende Fülle an Details, daß wir den gleichen Eindruck einer unendlichen Vielfalt empfangen, wie ihn die Natur selbst hervorbringt«, S. 116f. 30 — Vgl. hierzu den Text **»Immersion und Interaktion«** von Oliver Grau in »Medienkunst im Überblick«. 31 — Jonathan Crary, »Die 03-08 Modernisierung des Sehens«, in: Wolf (2002), S. 67–81. 32 — Phenakistiskop und Zootrope sind in erster Linie noch als ›Vorläufer‹ der Kinematografie bekannt: Mit ihrer Hilfe verschmelzen Einzelbilder zu einem Bewegungsablauf. 33 — Vgl. Pierre Bourdieu, *Un art moyen*, Paris 1965 (dt.: *Eine illegitime Kunst*, Frankfurt/Main 1981). 34 — Siehe dazu den Text **»Sofortbilder«** von Kathrin Peters.

//

17/009 *Das Foto im Medienverbund*

Mit Talbots Buch »The Pencil of Nature«[35] beginnt die Geschichte fotografischer Intermedialität - die Koppelung Foto/Buch, Text/Bild. Bis in die 1880er Jahre ist diese Koppelung jedoch mit kleinen Auflagen verbunden, da Fotos entweder in die Bücher eingeklebt oder in handwerklich aufwändigen Druckverfahren reproduziert wurden. Für die Massenauflagen illustrierter Magazine und Zeitungen mussten Fotografien zunächst noch in Holzstiche übersetzt werden - mit dem Rasterverfahren der Autotypie, das in den 1880er Jahren aufkam, konnten sie schließlich mechanisch auf eine Druckplatte übertragen und gleichzeitig mit einem Text gedruckt werden. Im Zuge des Booms illustrierter Magazine in der ersten Hälfte des 20. Jahrhunderts entstehen die Fotoreportage und das dokumentarische Fotoessay als spezifische Formen der Verknüpfung von Bildserien und Textbeiträgen. Mit dem Erfolg der Massenpresse in den 1920er Jahren setzt auch ihre Kritik ein: »In den Illustrierten sieht das Publikum die Welt, an deren Wahrnehmung es die Illustrierten hindern«[36], beschwört beispielsweise Siegfried Kracauer die Gefahr der Ersetzung der Wirklichkeitserfahrung durch die Bilderwelt der Medien, die in der Folge in vielen Variationen formuliert wird.[37] Im Medienverbund der illustrierten Presse wird Fotografien durch Bildunterschriften und Textbeiträge eine Bedeutung zugewiesen, Textbeiträge werden durch Fotografien verifiziert: Diese intermediale Konfiguration wird bestimmend für die Rezeption fotografischer Bilder. Die Umstellung des Offsetdrucks auf computerbasiertes Desktoppublishing erforderte schließlich die Umwandlung des fotografischen Bildes in digitale Daten - für die Fotografie im Medienverbund stellt die Digitalisierung somit eine folgerichtige Weiterentwicklung dar.

Blickt man zurück auf die hier nur kurz angerissene Geschichte ihrer massenmedialen Gebrauchsweisen, stellt der jüngste technologische Wandel der Fotografie, das heißt ihr Anschluss an die elektronischen Medien, nichts als eine Erweiterung und Effektivierung eben dieser medialen Funktionen dar. So ließen sich erst mit dem Internet die bereits von den frühen Fototexten ventilierten Optionen einer ortsungebundenen Verfügbarkeit und grenzenlosen Zirkulation von Bildern wirklich einlösen. Dabei ossiziliert auch diese Weiterführung von Zielsetzungen und Anwendungen, die von Beginn an mit der Fotografie verbunden waren, zwischen Demokratisierung und Kommerzialisierung, zwischen dem Ideal einer allgemeinen Zugänglichkeit von Medientechnik und dem Problem ihrer Abhängigkeit von Mechanismen der Ökonomie und industriellen Produktion.

/

17/010 **Digitalisierung**

Der technologische Wandel der Fotografie ist eine nahe liegende Konsequenz ihrer Intermedialität: So wie das Rasterverfahren die Voraussetzung für ihre Integration in das Medium des Massendrucks bildete, ist ihre Digitalisierung Voraussetzung für ihre

35 — Henry Fox Talbot, *The Pencil of Nature*, London 1844-1846. 36 — Siegfried Kracauer, »Die Photographie«, in: ders., *Der verbotene Blick. Beobachtungen, Analysen, Kritiken*, Leipzig 1992, S. 198. 37 — Vgl. Susan Sontag, *On Photography*, New York 1977, die auf Platons Höhlengleichnis Bezug nimmt. 38 — Zur medienhistorischen Verbindung von Fotografie und Telegrafie vgl. Daniels (2002), »**Kunst als Sendung**«, v. a. S. 49-55. 39 — Damit ist nur eines von mehreren Verfahren der Bildtelegrafie beschrieben, die sogenannte ›statistische Methode der Zwischenklischees‹. Hierzu in medienarchälogischer Perspektive vgl. Birgit Schneider/Peter Berz,

Implementierung in das Universalmedium Computer. Die Ersetzung des analogen durch das digitale oder genauer: analogo-numerische Verfahren erfolgte in mehreren Schritten beziehungsweise auf verschiedenen technologischen Ebenen: derjenigen der *Aufzeichnung*, der *Bearbeitung* und der *Übertragung* von Daten.

In einer medienarchäologischen Perspektive lässt sich die Aufrasterung fotografischer Vorlagen zwecks automatischer Übertragung auf Druckplatten bereits als Form der Digitalisierung beschreiben: Die kontinuierlichen Tonwerte der fotochemischen Vorlage werden in diskrete Einheiten zerlegt, das heißt schwarze Punkte und weiße Leerstellen. Diese Zerlegung ist zugleich die Voraussetzung für die Koppelung von Fotografie und elektrischer Telegrafie.[38] Um fotografische Bilder telegrafisch übertragen zu können, wurde das zu sendende Bild in Felder gerastert und deren unterschiedlichen Helligkeitswerten entsprechend diskrete Zeichen zugeordnet. Diese Zeichen gehen dann durch den Kanal und werden auf der Empfängerseite wieder entsprechenden Bildpunkten zugeordnet, wodurch sich das Bild rekombinieren lässt[39]. Rasterung und bildtelegrafische Abtastung nehmen in ihrer technischen Anordnung bereits das Scannen vorweg, unterscheiden sich von diesem aber in einem wesentlichen Punkt: Beim Vorgang des Scannens werden die Werte gespeichert und können weiter bearbeitet werden. Durch das Scannen wird analoge Fotografie in das Computermedium übersetzt und so mathematischen Operationen zugänglich gemacht: Damit wurde die Voraussetzung für das *Image Processing* geschaffen.

Die elektronische Bild*aufzeichnung* wird 1974 durch den patentierten CCD-Chip (= Charged Coupled Device) möglich, bestehend aus einer gitterförmige Anordnung lichtempfindlicher Elemente, über die Licht in elektrische Ladung umgewandelt werden kann. Diese wiederum kann gemessen und anschließend digitalisiert, das heißt, in Bitmuster umgewandelt werden.[40] Obwohl Fotografien auf diesem Wege unmittelbar (ohne Umweg über einen Scanner) einer Bearbeitung oder Übertragung durch den Computer zur Verfügung stehen, bleibt ihre Erzeugung an die analoge Übersetzung von Lichtquantitäten gebunden: Die eigentliche Digitalisierung erfolgt erst über die Ausmessung dieser Lichtwerte und deren Umkodierung in Zahlenwerte (Bits). Das unterscheidet die analogo-numerische Fotografie (siehe oben) von gänzlich computer*generierten* Bildern, die in ihrem ›Look‹ der fotografischen (beziehungsweise filmischen) Ästhetik bloß angeglichen werden.[41]

Im Hinblick auf die massenmediale Verwendung der Fotografie liegen die Vorteile ihrer Digitalisierung klar auf der Hand: Sie steht damit einer sofortigen Übermittlung (beispielsweise als Pressefoto) und der umgehenden Weiterverarbeitung (beispielsweise für das Layout einer Zeitschrift) zur Verfügung; via Internet lässt sie sich zudem direkt weltweit distribuieren.

/

»Bildtexturen. Punkte Zeilen Spalten; Teil II: Bildtelegraphie,« in: Sabine Flach/Georg Christoph Tholen (Hg.), *Intervalle 5 Mimetische Differenzen. Der Spielraum der Medien zwischen Abbildung und Nachbildung*, Kassel 2002, S. 202–220. 40 — Die epistemologischen Voraussetzungen dieser Technologie liegen in der Quantenmechanik, die technologischen in der Halbleiterphysik. Vgl. Wolfgang Hagen, »Die Entropie der Fotografie. Skizzen zu einer Genealogie der digital-elektronischen Aufzeichnung«, in: Wolf (2002), S. 195–235. 41 — Zu Verfahren computergenerierter Bilder vgl. Friedrich Kittler, »Computergrafik. Eine halbtechnische Einführung«, in: ebd., S. 178–194.

17/011

Digitale Montage

Abgesehen von ihrem Einsatz in militärischen und wissenschaftlichen Kontexten[42], werden die Möglichkeiten digitaler Bildbearbeitung und analog-digitaler Bildaufzeichnung (zunächst mit der so genannten ›Videostillkamera‹, die 1981 auf den Markt kommt) zuerst im Magazin- und Pressebereich genutzt. Bis weit in die 1980er Jahre bleibt digitale Bildbearbeitung eine hochtechnologische, nur für große Agenturen finanzierbare Option - beispielsweise wurden die Pyramiden auf einem Coverfoto der »National Geographic« vom Februar 1982, das in den Debatten über die Digitalisierung eine exemplarische Rolle spielt, mittels Scitex Rendering zusammengerückt. Mit der Einführung des PCs und der Öffnung des Internets konturiert sich jedoch auch das partizipatorische und (inter)aktivistische Potential der Konfiguration von Fotografie, Video und Computerbearbeitung: Multimediales ›Desktoppublishing‹ steht nun nicht mehr nur den Massenmedien, sondern auch politischen Gruppen, Bürgerinitiativen, KünstlerInnen - sprich jedem, der etwas kommunizieren will - zur Verfügung. In diesem Sinne greift Jim Pomeroy im Katalog der Ausstellung »Digital Photography: Captured Images, Volatile Memory, New Montage« eine Parole der linken Medienavantgarde der 1930er Jahre auf: Jeder Empfänger kann zum Sender werden.[43] Auch in anderer Hinsicht nimmt die Ausstellung, die 1988 mutmaßlich als erste im Kunstkontext das Thema ›digitale Fotografie‹ aufgegriffen hat, auf die Avantgarde der 1920er, 1930er Jahre Bezug. Die meist in Form einfacher Computerausdrucke präsentierten Bild/Text-Arbeiten der vorgestellten KünstlerInnen werden in ihrer Methode verglichen mit den Montage-Konzepten des Dadaismus, Surrealismus und Konstruktivismus[44]: Wie die ›analogen‹ Collagen aus fragmentarischen Fotos und Texten unterschiedlicher Herkunft legen auch die Computerarbeiten ihre Konstruktionsprinzipien - das kontrastive Überlagern von heterogenem Material - offen. Dabei wird die Lowtechoptik grober, mosaikartiger Pixelauflösung, sichtbarer Videozeilen, von Treppeneffekten und Übertragungsstörungen (vgl. beispielsweise »**The Noise Factor**« (1988) von **George Legrady**) gegen die ›nahtlose‹ Hightechmanipulation der großen Bildagenturen gesetzt. Das ›Rauschen‹ der Daten verhindert aber nicht nur illusionistische Effekte - es zeigt gewissermaßen das Medium Computer bei der Arbeit.

Mit der Einführung der Bildbearbeitungssoftware Photoshop tritt eine weitere Form der digitalen Montage in Erscheinung. KünstlerInnen können nun wie die großen Magazine Fotografien bearbeiten, ohne dass ihre Eingriffe am Ergebnis direkt sichtbar sind. Arbeiten wie »**Faces #1-12**« (1998) von **Vibeke Tandberg**, »**Affaires infinie**« von **Bettina Hoffmann** (1997), »**Jeu du règle**« (1939) von **Alain Fleischer** basieren auf der - noch

42 — Für diese Kontexte wurden die Verfahren digitaler Fotografie zunächst entwickelt und konnten vor der Kommerzialisierung der Computertechnik auch nur dort verwendet werden. Vgl. Jens Schröter, »Eine kurze Geschichte der digitalen Fotografie«, in: *Verwandlungen durch Licht. Fotografieren in Museen & Archiven & Bibliotheken*, Rundbrief Fotografie, Sonderheft 6, Dresden 2000, S. 249-257. 43 — Vgl. Jim Pomeroy in: Gillett/Berger (1988), S. 2. 44 — Vgl. in diesem Zusammenhang auch die 1997 entstandene Serie »**Plakat**« von **Thomas Ruff**, die an die politischen Collagen John Heartfields erinnert. 45 — Siehe zu diesem Thema den Beitrag von Anette Hüsch »**Künstlerische Konzeptionen am Übergang von analoger zu digitaler Fotografie**«. 46 — Dies würde in der Konsequenz die Entwertung ihrer Arbeit bedeuten. Eine differenzierte Analyse der berufständischen Auseinandersetzung mit neuen Bildtechnologien unternimmt Karin E. Becker am Beispiel der

unterstellten - Rezeption fotografischer Bilder als Repräsentationen einer realen (oder inszenierten) Begebenheit. Die Irritation stellt sich hier erst auf den zweiten Blick oder im Verlauf einer Bildreihe ein; sie hebt die ›naive‹ Wahrnehmung der Szene auf und eröffnet so einen weiteren Bedeutungshorizont.[45]

/

Digital Trouble 17/012

Die Begrüßung der kreativen Potentiale und der multimedialen ›Anschlussfähigkeit‹ einer digitalisierten Fotografie wird überlagert von einem kritischen Diskurs, der in der elektronischen Bildbearbeitung vor allem das Potential für Manipulationen und Fälschungen jeglicher Art herausstellt. Die Debatte um den Verlust der Glaubwürdigkeit fotografischer Bilder entzündet sich daher nicht zufällig im fotojournalistischen Bereich. Die Autorität des klassischen Reportagefotos ist in besonderem Maße an die fotografische Indexikalität gebunden, wobei das ›Es-ist-so-gewesen‹ des abgebildeten Gegenstands durch das ›Ich-bin-dort-gewesen‹ des Fotografen noch bekräftigt wird (und umgekehrt). Die Digitalisierung durchtrennt die indexikalische Verbindung zwischen Foto und Bildgegenstand und enteignet es zugleich dem Fotografen, indem es nun jeglicher Form von Bearbeitung zugänglich ist. Die Vereinfachung des ›kreativen‹ Editing von Fotovorlagen, so die Befürchtung der Fotografenverbände, werde schleichend die Differenz zwischen ›authentischen‹ und ›manipulierten‹ Fotos und damit schließlich den Glauben an den dokumentarischen Wert der Fotografie schlechthin untergraben.[46] Die theoretischen Beiträge, die sich mit diesem Aspekt der Digitalisierung befassen, kommen notwendig auf die lange Geschichte der Bildfälschung zwecks gezielter Täuschung und die Bedeutung zuweisenden Verfahren des ›klassischen‹ Bild/Text-Layouts zurück.[47] AutorInnen wie **Martha Rosler**, die als Künstlerin unter anderem die Bedingungen einer kritischen Praxis der Dokumentarfotografie untersucht hat, betonen darüber hinaus die grundsätzliche Abhängigkeit der Fotografie und ihrer dokumentarischen Funktion von gesellschaftlichen, politischen, diskursiven Kontexten.[48] Über diese Aspekte lässt sich die Bedeutung des technologischen Wandels von der analogen zur digitalen Fotografie relativieren und auf die grundsätzlichere Frage nach den Veränderungen im gesellschaftlichen Gebrauch von Medien verschieben.

Das Unbehagen, das der Verlust fotografischer Indexikalität auslöst, geht jedoch über den Täuschungsverdacht hinaus: Es knüpft sich an die Vorstellung vom Schwinden jeglichen Bezugs zur äußeren Wirklichkeit und, daraus resultierend, der Urteilsfähigkeit des Einzelnen.[49] Hier trifft sich die Debatte über den ›Tod der Fotografie‹ mit derjenigen über die Virtualisierung menschlicher Erfahrung, die in den 1990er Jahren im

Monatsschrift *News Photographer*, der offiziellen Publikation der National Press Photographer's Association (NPPA): Karin E. Becker, »To Control Our Image. Photojournalists Meeting New Technology«, in: *Media, Culture and Society*, Vol. 13/3, S. 375-391, wieder abgedruckt in Wombell (1991), S. 16-31. 47 — Vgl. Ritchin (1990). 48 — Martha Rosler, »Bildsimulation, Computersimulation: einige Überlegungen« (1988, 1995), in: Hubertus von Amelunxen (Hg.), *Theorien der Fotografie Bd. IV. 1980-1995*, München 2000, S. 129-170. 49 — Vgl. beispielsweise Fred Ritchin, »The End of Photography as we have known it«, in: Wombell (1991), S. 8-15, hier S. 15: »There is nothing more real than anything else. Into the societal vacuum comes power, both overt and covert, determining thruth. Logic, prediction, and specificity are concepts which are being devalued, replaced by a sense of overwhelming chaos.« Auf die Angst vor dem Realitätsverlust spielt auch der Titel von →

Zusammenhang mit Computerspielen und zunehmender Internetnutzung, aber auch mit der medialen Aufbereitung des ersten Golfkriegs von 1990/1991 geführt wurde. Der Golfkrieg erhielt in zweifacher Hinsicht exemplarische Bedeutung: Er steht für eine neue Dimension in der ›sichttechnologischen‹ Distanzierung des Kampfpiloten von seinem Angriffsziel und eine besonders restriktive Bilderpolitik seitens der amerikanischen Kriegsführung. »In diesem Krieg«, so Mitchell in »The Reconfigured Eye«, das ein Jahr nach dem Golfkrieg erschien, »erledigten satellitengestützte Imaging Systeme den größten Teil des Spionierens und Auskundschaftens. An den Spitzen der lasergesteuerten Bomben waren Kameras angebracht; Piloten und Panzerführer wurden zu Cyborgs, untrennbar verbunden mit ihren hoch entwickelten visuellen Prothesen, die ihnen die digital verstärkte, geisterhaft-grünliche Ansichten der dunklen Kampfgebiete lieferten. Es gab keinen Matthew Brady, der uns die Leichen am Boden zeigte, keinen Robert Capa, der uns mit der menschlichen Realität eines Kopfschusses konfrontierte. Stattdessen wurden die Leute zu Hause mit sorgfältig ausgewählten, elektronisch aufgenommen und manchmal sogar generierten Bildern einer distanzierten, unpersönlichen Zerstörung abgespeist. Abschlachtung wurde zum Computerspiel: Der Tod imitierte die Kunst.«[50] Das Zitat steht beispielhaft für die moralische Aufladung, die die Diskussion um fotografische und postfotografische ›Wahrheit‹ über diesen Kontext erhielt: Die elektronische Bildtechnologie steht für den Blick von oben, den Feldherrenblick, der nur anonyme Ziele im Visier hat; die ›klassische‹ Fotografie für den Blick von unten, für das Leid und den Tod des Einzelnen als ›menschliche‹ Wirklichkeit des Krieges. Die fotografische Arbeit **»Aftermath«**, die **Sophie Ristelhuber** nach dem Ende des Irakkrieges begonnen hat, setzt dagegen auf eine dritte Perspektive. Die Voraussetzung ihrer fragmentarischen Spurensuche ist die Überzeugung, dass die ›Wahrheit‹ eines Krieges über Bilder grundsätzlich nicht vermittelt werden kann. Ohne auf das Pathos der Opferfotografie zurückzugreifen, widerlegen ihre Aufnahmen dennoch die Virtualisierung des Krieges, die Jean Baudrillard zu dem Schlagwort »Der Krieg hat nicht stattgefunden« veranlasst hatte.

In der Ausstellung »Fotografie nach der Fotografie« rückt ein weiterer Kontext des ›digital Trouble‹ in den Vordergrund. Eine Reihe der dort gezeigten Arbeiten erproben die neuen Tools (Photoshop, Paintbox und ähnliche) am menschlichen Körper, am menschlichen Gesicht: Körper werden deformiert und hybridisiert (**Inez van Lamsweerde**), konstruiert (**Keith Cottingham, »Ficticious Portraits«**, 1992), Gesichter werden ›gefaltet‹ (**Valie Export, »o.T.«**, 1989), ihres Antlitzes (**Anthony Aziz/ Sammy Cucher, »Dystopia«**, 1994), ihrer Individualität (**Nancy Bursons** Serie **»Chimären«**, 1982ff.) beraubt.[51] An der Schnittstelle des menschlichen Körpers überlagert sich der postfotografische Diskurs mit

← Jens Schröter an: »Das Ende der Welt. Analoge vs. Digitale Bilder - mehr oder weniger ›Realität‹?«, in: Schröter/Böhnke (2004), S. 335-354. **50** — Mitchell (1992), S. 13 [Übersetzung S.H.]. **51** — Vgl. zu diesen Arbeiten auch den Text »**Künstlerische Konzeptionen am Übergang von analoger zu digitaler Fotografie**« von Anette Hüsch. **52** — Siehe die Ausstellung »PostHuman. Neue Formen der Figuration in der Zeitgenössischen Kunst«, Deichtorhallen Hamburg 1993. **53** — Vgl. das Kapitel »Schöpfungsgeschichten, revisited« in Verena Kuni, »**Mythische Körper**«, aus dem Modul »Cyborg Bodies«, abgedruckt im vorliegenden Band. **54** — Vgl. Hubertus von Amelunxen, »Fotografie nach der Fotografie. Das Entsetzen des Körpers im digitalen Raum«, in: Iglhaut/Amelunxen/Cassel (1995), S. 116-123. **55** — Ebd., S. 117. **56** — Den Begriff des »dubitativen« Bildes hat Peter Lunenfeld eingeführt (Vgl. ders., »Digitale Fotografie. Das dubitative Bild«, in: Wolf

dem des ›‹Posthumanen‹[52], wobei die digitale Bearbeitung gewissermaßen metaphorisch für die allgegenwärtige schönheitschirurgische und zukünftige gentechnologische Veränderbarkeit des menschlichen Körpers steht. Während die Rede vom ›Posthumanen‹ jedoch in einem eher affirmativen Gestus die Imaginierung eines neuen Designs, eines neuen Modells des Menschen vorantreibt[53], visualisieren die genannten künstlerischen Arbeiten das Unbehagen, das die Verunsicherung unserer traditionellen Vorstellungen von Ähnlichkeit und Identität des Subjekts[54] auslöst (bestätigt vom traditionellen fotografischen Porträt in seiner Referenz auf eine individuelle Physiognomie, einen unverwechselbaren Körper), das heißt, sie beziehen sich ›dystopisch‹ auf eine sich möglicherweise verändernde Gestalt des ›Humanen‹.

/

Instabile Bilder 17/013

»Die digitalen Bildtechniken haben ein fotografisches Modell der Repräsentation, die raum-zeitliche Gebundenheit eines lichtempfindlichen Trägermaterials an eine raumzeitliche Konstellation/Figuration vor der Kamera buchstäblich ausgeschaltet und zur Disposition gestellt. Die Ontologie des fotografischen Bildes, wie sie in den 1920er Jahren von Kracauer bis **Benjamin**, später Bazin bis Barthes gedacht wurde, ist in ihren Grundfesten erschüttert. Auch die an Charles S. Pierce angelehnte Theorie des Indexes erscheint nun angesichts der binären Kodierung fotografischer Kontingenz als obsolet.«[55]
Die Indexikalität der Fotografie begründete, wie oben ausgeführt, ihre Glaubwürdigkeit als Zeugnis von etwas wirklich Dagewesenem. Auch das Wissen darum, dass ein Foto erst durch seine Kontextualisierung eine Bedeutung erhält, hat diese Glaubwürdigkeit nicht grundsätzlich in Frage gestellt. Heute beginnt sich die Rezeption von Fotografien umzukehren: Am Anfang steht nun der *Zweifel* an ihrem Realitätsversprechen. Das digital(isiert)e Foto ist ein »dubitatives« Bild[56]: Seine Authentizität als direkte Aufnahme und die damit verbundene Beweiskraft können nur noch durch eine externe Autorisierung hergestellt werden.[57] Eine Gesellschaft, deren Kommunikation sich primär auf digitale (Bild)Medien stützt, benötigt daher eine »gut begründete, strikt verabredete Medienpolitik«[58] - in dieser Schlussfolgerung sind sich die AnalytikerInnen des technologischen Wechsels von analoger zu digitaler Fotografie einig.
Technologisch gesehen, gründet das »Es-ist-so-gewesen« der analogen Fotografie auf der »Irreversibilität des belichteten Materials«[59], das digitale Foto ist dagegen durch seine »immanente Veränderbarkeit«[60] gekennzeichnet: Die digitale Aufnahme ist grundsätzlich reversibel (sie kann sofort wieder gelöscht werden), ihre Ausgabe als Bild nur eine der möglichen Manifestationen der in binärer Form gespeicherten Daten.[61]

(2002), S. 158-177 (engl. »Digital Photography: The Dubitative Image«, in: ders., *Snap to Grid. A User's Guide to Digital Arts, Media, and Cultures*, Cambridge, MA, 2000, S. 55-59). Der Begriff »dubitativ« lässt sich mit »zweifelnd, schwankend, einen Zweifel ausdrücken« übersetzen (vgl. die Anmerkungen des Übersetzers Winfried Prantner in: Wolf (2002), S. 158). 57 — Das heißt durch die Glaubwürdigkeit der Quelle oder ein elektronisches Wasserzeichen, das den Zustand der Aufnahme *vor* jeder weiteren Bearbeitung besiegelt. 58 — Vgl. Wolfgang Hagen in: Wolf (2002), S. 253. 59 — Ebd., S. 233. 60 — Den Ausdruck verwendet Peter Lunenfeld in: Wolf (2002), S. 165. 61 — In der Ausstellung »Fotografie nach der Fotografie« wurden eine Reihe von Arbeiten gezeigt, die auf dieser prinzipielle Übersetzbarkeit digitaler Daten beruhen.Vgl. **Andreas Müller-Pohle**, **»Digitale Partituren (nach Nicéphore Niépce)«** (1995-1998) und **George Legrady**, **»Equivalents II«** (1993)

Ein weiterer Faktor der ›Instabilität‹ digitaler Fotografien ist ihre Abhängigkeit von Hard- und Software. Ihre visuelle Erscheinungsform ändert sich mit dem Dateiformat, mit der Bildschirmkonfiguration, durch Komprimierung, Konvertierung et cetera. Das größte Problem erwächst jedoch aus der ständigen Weiterentwicklung der Computersysteme: Der Wechsel von einem System zum übernächsten kann Bilddaten unlesbar und damit unzugänglich machen. Es besteht also eine Kluft zwischen potentieller »digitaler Ewigkeit« und tatsächlicher »apparativer Vergänglichkeit«[62], die nur durch eine kontinuierliche Aktivität überbrückt werden kann: Im Tempo der Computerindustrie müssen Datenbestände dem jeweils neuen Format angepasst werden, auf die jeweils neuen Speichermedien gebracht werden, bevor die alten nur noch eine Angelegenheit für die Medienarchäologie sind.[63] »Digitalisierungsprojekte«, so eine Expertin für Bilddatenbanken, »zwingen zu stetigem Reagieren und Agieren, denn Digitales ruht nicht, genauso wenig, wie die gesamte technische Entwicklung ruht«[64]. Was für Betreiber von Bilddatenbanken professionelle Voraussetzung ist, betrifft auch KünstlerInnen, die mit digitalen Medien arbeiten, und selbstverständlich auch jede(n) KnipserIn: Während sich der physiko-chemische Verfallsprozess von Fotografien am ehesten durch den Schutz vor jeglichem Zugriff bremsen lässt (indem man die Abzüge möglichst wenig Licht aussetzt und Negative in unterirdischen, tief gekühlten Depots lagert), erhalten sich digitale Fotos nur durch ihren Gebrauch - entzieht man ihnen die Aufmerksamkeit, sind die auf ihnen gespeicherten Informationen auch für nachfolgende Generationen verloren.[65]
Möglicherweise sind das Unbehagen an der Instabilität digitaler Fotografien und das Bemühen um ihre Bestandssicherung nichts als der Reflex eines »traditionellen (alteuropäischen) Kulturselbstverständnisses«; die »transatlantischen Medienkulturen [haben] den Akzent längst auf Technologien der multimedialen und raumgreifenden Übertragung gelegt - auf Datenströme im Internet«[66]. Im Sinne einer Informationsgesellschaft lässt sich ›Instabilität‹ als positiver Wert begreifen: Sie steht für dynamische Übertragung, ungehinderte Zirkulation und an keinen realen Raum gebundene Kommunikation, für Virtualität als Erfahrbarkeit des Möglichen. Die analoge Fotografie hängt dagegen am Vergangenen; ihre Geste ist das Festhalten - eines Zustands der sichtbaren Wirklichkeit, von öffentlichen und privaten Ereignissen, von flüchtigen Momenten des Alltags. Ihre großen Themen, die Topografie des urbanen und suburbanen Lebens und die Visualisierung von Biografie und Identität werden (beziehungsweise wurden) von einem Konzept des Gedächtnisses getragen, das historische Überlieferung und persönliche Erinnerung an materielle Zeugnisse bindet. 15 Jahre nach dem Beginn der Debatte um das ›Ende der Fotografie‹ kann man feststellen, dass der Umbruch von analoger zu digitaler Technologie die mit dem fotografischen Dispositiv verbundenen Vorstellungen

62 — Dank für die Formulierung an Dieter Daniels. 63 — Vgl. hierzu das »Digital Preservation Summery« (April 4, 2003) von Jeff Rothenberg, das die verschiedenen Faktoren der apparativen Vergänglichkeit und Gegenmaßnahmen zur Erhaltung digitaler Artfakte auflistet und hinsichtlich der Überlieferbarkeit digitaler Archive noch zu keiner optimistischen Prognose Anlass gibt. 64 — Kathryn Pfenniger, *Bildarchiv digital*, Rundbrief Fotografie, Sonderheft 7, Esslingen 2001, S. 10. 65 — Das Zeitalter der Digitalisierung wird keine vergessenen Schätze auf den Dachboden hinterlassen, sondern allenfalls Computerschrott. 66 — So Wolfgang Ernst in einem Beitrag über die Auswirkungen des Medienwechsels für das Paradigma des Archivs.

von Repräsentation, Identität und Erinnerung nicht außer Kraft gesetzt hat - vielmehr trägt er zu einer Destabilisierung dieser Vorstellungen bei. Im Verbund der elektronischen Medien stellt die digitale Fotografie ein Schwellenphänomen dar: Sie steht gleichsam am Übergang zwischen alten Speichermedien und neuen Kommunikationsmedien und ihren Paradigmen.

Seine Prognose lautet, dass das 21. Jahrhundert »jenseits der Archive« sein wird. Das Festhalten am Archiv im traditionellen Sinn (als Bewahrung und Sicherung einmaliger Kulturgüter) würde dagegen bedeuten, »Archive nicht im Sinne der digitalen Räume zu mobilisieren, sondern sie als medial konservatives Gegengewicht zu erhalten in ihrer einfachen Mechanik gegenüber elektronischer Information«, Wolfgang Ernst, »Archive im Übergang«, in: *Interarchive. Archivarische Praktiken und Handlungsräume im zeitgenössischen Kunstfeld*, Köln 2002, S. 137-146, hier S. 137. Vgl. im Modul »Mapping und Text«: Wolfgang Ernst, **»Jenseits des Archivs: Bit Mapping«** ≡ und Rudolf Frieling, **»Das Archiv, die Medien, die Karte und der Text«** im vorliegenden Band. □-21

Photo/Byte
Continuities and differences between photographic and post-photographic mediality

/

Susanne Holschbach

/

17/100 At the end of the 1980s through the beginning of the 1990s, photo curators, art and media theorists began to examine the significance of electronic image technology for the status and the practice of photography.[1] The rapid permeation of digitally processed photographs in the commercial and journalistic areas, the introduction of relatively high-performance and reasonably priced PCs, software, scanners, printers, etc., which made electronic image processing accessible to artists and amateurs as well, gave cause to speak of an epoch-making turning point: «From the moment of its sesquincentennial in 1989 photography was dead—or, more precisely, radically and permanently displaced—as was painting 150 years before.»[2]
However, the focus on the difference between analog and digital media, which in the second half of the twentieth century advanced to become the dominant difference in media history and theory,[3] conceals their common starting point in the nineteenth century and the radical turning point associated with the invention of photography: As the first technical imaging method, it ushered in the radical change between ‹old› and ‹new› media. In this sense, the media theorists **Marshall McLuhan** and **Vilém Flusser**, both of whom think in terms of generously measured eras, place photography at the beginning of the information age and the telematic society. In his anthology «Understanding Media,»[4] which was first published in 1964, McLuhan writes: «Photography was [...] decisive in making the break between mere mechanical industrialization and the graphic age of electronic man.» In his work «Ins Universum der technischen Bilder» (Into the universe of technical images), which was published 20 years after McLuhan's, Flusser establishes that «technical images are a completely new type of media, even though in many respects they may be reminiscent of traditional images, and that they have a completely different ‹meaning› than traditional images. In short: they are indeed about a cultural revolution.»[5] Both of them see the age of the computer as a consequence or a continuation of this ‹photographic revolution.› Following McLuhan and Flusser in this respect, this contribution begins with a return to the fundamental qualities of photographic mediality and their manifestation in the various ways photography is used and the discourse surrounding it. It is only from this media-historical perspective that one can comprehend what transformations the photographic dispositive undergoes in the

1 — Cf. Marnie Gillett/Paul Berger (eds.), *Digital Photography: Captured Images, Volatile Memory, New Montage*, exhib. cat., SF Camerawork, San Francisco, 1988; Fred Ritchin, *In Our Own Image. The Coming Revolution in Photography*, New York, 1990; William J. Mitchell, *The Reconfigured Eye. Visual Truth in the Post-Photographic Era*, Cambridge, MA/London, 1992; Paul Wombell (ed.), *PhotoVideo. Photography in the Age of the Computer*, exhib. cat., London, 1991; Martin Lister (ed.), *The Photographic Image in Digital Culture*, London/New York, 1995; Stefan Iglhaut/Hubertus von Amelunxen/Alexis Cassel (eds.), *Photography after Photography*, Basel/London, 1996. 2 — Mitchell (1992), op.cit., p. 20. 3 — Cf. Jens Schröter, «Analog/Digital—Opposition oder Kontinuum?» in Jens Schröter/Alexander Böhnke, *Analog/Digital. Opposition oder Kontinuum. Zur Theorie und Geschichte einer*

course of technological change and how these transformations affect the media function of photography.

/

Automatic recording 17/101

Daguerre and Talbot regarded their inventions as a chemical and physical process by which, in Talbot's words, «natural objects may be made to delineate themselves without the aid of the artist's pencil.»[6] What is being stressed is the immediacy of the image, the absence of an artistic rendering. The omission of this rendering, which is ‹prone to errors,› guaranteed truth to reality and objectivity. In writings on photography in the nineteenth century, this objectivity was time and again connected with the indifference and neutrality of photography towards its object, i.e. its referent. The automatic photo is not selective—it depicts all objects with the same care; it does not distinguish between important and unimportant, worthy or unworthy of being taken. There was a slogan used by contemporaries to move the equalizing quality of photography onto a politically progressive horizon: ‹All things are equal under the sun.› The qualities of automatic recording judged as positive became decisive for the use of photography for documentary purposes: in the preservation of historical monuments; in the sciences, criminology, and medicine—to name the central areas of the nineteenth century. However, they stood in the way of the recognition of photography as art. This is the reason that until far into the twentieth century, reference was still made to the creative means of photographers in order to justify their work as art. The intentional inartistic implementation of photography in the Concept Art of the 1960s and 1970s signified a transition in this regard: In order to deconstruct established art values, precisely those ways of using photography were taken up that could not be brought into line with their artistic ennoblement. With books of photographs such as «**Twenty-Six Gasoline Stations**» or «**Every Building on the Sunset Strip**» by **Ed Ruscha** and «**Alle Kleider einer Frau**» (All of a woman's clothes) by **Hans Peter Feldmann**, for example, these artists return to the photographic recording in the sense of a simple list or bureaucratic registration. Concept artists ‹mime,› so to speak, different ways of using photography—such as e.g. scientific documentation, chronophotography, crime scene photography, illustration, the photo report, shutter photography—and in this way present—often ironically—critical analyses of these usages.

While Concept artists refer to the superficial banality of photography, conceptional photography, which appeared at about the same time as Concept Art, relies on its documentary quality, i.e. on the reproductive output and objectivity of the photographic medium. Within this context, the return to automatic recording means the greatest possible technical quality combined with the withdrawal of the photographer in favor of the object

Unterscheidung, Bielefeld, 2004, pp. 7-30, here pp. 8f. In his introduction, Schröter deals with the different levels of the difference between analog and digital, which are used with respect to technology and media history as well as semiotic theory. 4 — Marshall McLuhan, *Understanding Media. The Extensions of Man*, Cambridge, MA, 1964. 5 — Vilém Flusser, *Ins Universum der technischen Bilder*, Göttingen, 1992, p. 11. 6 — William Henry Fox Talbot, «Some Account of the Art of photogenic Drawing or the Process by which natural objects may be made to delineate themselves without the aid of the artist's pencil,» in *The Athenaeum*, London, Feb. 9, 1893.

(this was formulated in the introduction of the exhibition catalogue «**New Topographics. Photographs of a Man-Altered Landscape**» in a way that points the way ahead;[7] because it exemplifies this photographic attitude, the book by **Bernd and Hilla Becher** is particularly worth mentioning).

/ /

17./102 *The photograph as an index*

In the twentieth century, automatic recording was given an emphasis that went beyond the objectivity of photographic depiction. In the photographic theory of the time, the characterization of photography as a ‹copy of nature› was restated using the semiotic theoretical term of ‹indexicality.›[8] Indexical signs such as the smoke of a fire, footprints in the sand and the like have a physical—one could also say causal (cause and effect)—connection to their referent. In this understanding, the photographic image is a ‹trace› or the ‹effect› of the object that was photographed: a print of the rays of light thrown back from an object onto a carrier material that has been made sensitive to light with silver salt crystals. Thus the photographic depiction of an object is at the same time verification of its existence, even if this applies to a past moment. Roland Barthes' formula for the certification of a past present, which for him constitutes the nature—the ‹noema›—of photography, is: «That's the way it was.»[9] Of course this quality especially predestines photography for its use in investigative surveillance and the securing of criminal evidence—uses that have been adopted by artistic photography in many ways (for instance «**Tatorte**» (Crime scenes) by **Joel Sternfeld**, or «**La Filiature**» and «**L'Hôtel**» by **Sophie Calle**).[10] Photography's promise of reality,[11] which goes beyond realistic depiction, is based on this physico-chemically based indexicality: because it claims to be capable of verifying reality. In doing so, indexicality relates only to the «photographic act,»[12] the moment of releasing the image; all of the other factors that lend meaning to the photographic image—choice and choreography of the subject, processing the print, material and discursive contextualization—are blended out in the process.

/

17./103 **Mechanical reproduction**

In early proto-photographic experiments, the search for a simplified process for duplicating existing masters was equally as important as the goal of fixing the camera obscura's

7 — William Jenkins (ed.), *New Topographics. Photographs of a Man-Altered Landscape*, exhib. cat., International Museum of Photography at George Eastman House, Rochester, 1975. 8 — According to Charles P. Pierce, semiotic theory distinguishes three basic forms of the relationship between the sign and its referent: the symbolic, which is produced through convention; the iconic, which is based on a similarity between the sign and its object; and the indexical, which requires a physical connection. 9 — Roland Barthes, *La chambre claire. Note sur la photographie*, Paris 1980, (English as *Camera Lucida: Reflections on Photography*, trans. Richard Howard, New York, 1981). 10 — On the subject of crime scene photography, cf. in particular Christine Karallus, «Staatsanwälte, Kriminalisten und Detektive,» in *Kunstforum International, Themenheft: Choreographie der Gewalt*, Jan.-Mar. 2001, pp. 132-143; and Christine Karallus, «Etwas in Augenschein nehmen. Der Tatort und seine fotografische Identifizierung um 1900,» in Charles Grivel et al. (eds.), *Die Eroberung der Bilder. Photographie in Buch und Presse 1816-1914*, Munich, 2003, pp. 141-155. 11 — Cf. *Wirklich wahr. Realitätsversprechen von Fotografie*, exhib. cat., Ruhrlandmuseum Essen, Ostfildern, 2004. On the agenda of photography's promise of reality within the context of art cf. Susanne Holschbach, «Die Wiederkehr des Wirklichen? Pop(uläre)-Fotografie im Kunstkontext der 90er Jahre,» in Sigrid Schade/Georg Christoph Tholen (eds.), *Konfigurationen zwischen Kunst und Medien*, Munich, 1999,

images. As early as the 1820s, **Niépce** dealt with the transfer of engravings onto light-sensitive carrier material, which was then meant to serve as a printing plate. Talbot, whose positive/negative process provided the prerequisite for what was in principle the infinite duplicability of photographs, also had in mind the production of «multiplying at small expense copies of rare or unique engravings.»[13] Indeed, the reproduction of works of art and historical monuments from throughout the world advanced to one of the most successful branches of photography in the nineteenth century. In his canonic essay **«The Work of Art in the Age of Mechanical Reproduction,» Walter Benjamin** described the resulting consequences for the function of art as the loss of its aura: Outside of their context—released from the here and now—works of art lose their uniqueness as originals and thus their cultural value. Assembled in an «imaginary museum»[14] and disregarding their original function and integration into a cultural context, works of different origins and of different epochs can be compared as purely visual data (surfaces). This kind of comparison was first made possible by form analysis, thus establishing an aesthetics based on the history of style at the end of the nineteenth century. At the same time, however, the photographic ‹parity› of artifacts goes beyond the boundaries of disciplinary aesthetics: **Aby Warburg**, who arranged photographic reproductions according to subject in the plates of his **«Mnemosyne Atlas»**[15], made no distinction between antique relief and contemporary advertisement, and thus already pointed in the direction of visual studies.

//

The photograph as a multiple 17/104

The combination of mechanical reproduction with a mode of production based on the division of labor made the photograph into a mass-produced article in the nineteenth century. At the same time, however, the trouble-free duplicatability of the photograph as a product became a problem: The legal dispute over the copyright of photographs starts out from commercial photography, which needed to protect itself from the exploitation of its products—e.g. portraits of prominent figures or stereoscopic cards.[16]

However, the quality of the photograph as a copy implies more than just the mechanical reproduction of existing images—be it in the form of prints from a negative or rephotographing image masters. In connection with Walter Benjamin's essay on the work of art,

pp. 400-412, and the Net discussion initiated by Kathrin Peters on **«Wirklichkeitsfotografie.»** 12 — Philippe Dubois, *L'Acte photographique*, Paris/Brussels, 1983. 13 — Henry Fox Talbot, «Some Account of the Art of photogenic Drawing or the Process by which natural objects may be made to delineate themselves without the aid of the artist's pencil,» cited in Helmut Gernsheim, *History of Photography. From the Camera Obscura to the Beginning of the Modern Era*, London, 1969, p. 78. 14 — The term is used by André Malraux, French minister for the arts and culture under de Gaulles, to describe his concept of a museum that consists solely of photographic reproductions. Cf. the text by Jens Schröter **«Archive—post/photographic.»** 15 — Cf. Rudolf Frieling's text **«The Archive, the Media, the Map and the Text»** in the present volume. 16 — This, on the other hand, could only be achieved through recognizing that photographs are works produced by a ‹creative subject.› Thus of all people, it was the commercial photographers in the nineteenth century who paved the way for the ennoblement of photography as art. This historical example also shows that it was the industrial producers (in this case commercial studios and photo publishers) and not artists who profited most from copyright. Cf. John Tagg, «A Means of Surveillance. The Photograph as Evidence in Law,» in John Tagg, *The Burden of Representation. Essays on Photographies and Histories*, Amherst, 1988, pp. 66-102. D-21 the art theorist Rosalind Krauss sets out that photography «is a medium that directly produces copies, i.e. a medium in which the copies exist *without* an original.»[17] According to this understanding of photography, even the negative of a nature scene is already a copy: a reproduction of the depicted subject.[18] For Krauss, the explosive force of this photographic quality for art of the modern age (and of art reproduction in the twentieth century in general) lies in the fact that it undermines the concept of originality itself.[19] It was above all the «photographic activity of post-modernism»[20] that consciously took up this quality in order to deconstruct notions of (creative) authorship and the autonomy of works of art. In this way, the artist **Sherrie Levine** ‹appropriated›[21] icons from artistic photography simply by taking her own photographs of them (e.g. in the series «**After Walker Evans**»), and in doing so attacked the auralization of photography, which had accompanied its musealization in the 1970s and 1980s.[22]

/

17/105 **Mass medium avant la lettre**

Mechanical reproduction created the condition for the development of photography into a mass medium, whose hegemony was not forced open until the 1950s and 1960s with the advent of television.[23] It began in the 1850s with the distribution of portraits of prominent figures and stereographs, and experienced a further thrust in the 1880s through the beginnings of shutter photography and the illustrated press.

/ /

17/106 *Facial society*

In 1854 the photographer Alphonse-Eugene Disdéri patented a process that allowed taking several portraits in succession on one plate. He rationalized and reduced the cost of portrait photography in this way, which consequently experienced a tremendous boom.[24] The small-format carte de visite, the term for the cut-to-size portrait cards, were used less as a personal keepsake than for communicative exchange. Portraits of prominent figures, whose spectrum ranged from ruling families, writers, musicians, scientists and actors

17 — Rosalind Krauss, «Das Schicksalsministerium,» in Wolf (1992), op cit., p. 392 (English as «The Ministry of Fate,» in Denis Hollier (ed.), *A New History of French Literature*, Cambridge, MA, 1989, pp. 1000–1006). Also refer to Rosalind Krauss, «A Note on Photography and the Simulacral,» *October*, 31, Winter 1984, pp. 49–68. Krauss cites the «**Untitled Film Stills**» by **Cindy Sherman** as an example of copies without an original. 18 — This means that the status of being an original at best befits the ‹real› landscape, the ‹real› object to which the photograph refers. 19 — For Rosalind Krauss' understanding of photography as a dominant medium in art production in the twentieth century refer to Herta Wolf's introduction to the collection of essays by Rosalind Krauss, *The Originality of the Avant-garde and Other Modernist Myth*, Cambridge, MA, 1986. 20 — Cf. Douglas Crimp, «The Photographic Activity of Postmodernism,» in Douglas Crimp, *On the Museum's Ruins*, Cambridge, MA, 1993 and idem., «Pictures,» in Tamara Horáková et al. (eds.), *Image: /images. Positionen zur zeitgenössischen Fotografie*, Vienna, 2001, pp. 121–138. 21 — Strategies of appropriation such as Sherrie Levine's rephotographs inspired the coinage of term ‹Appropriation Art.› 22 — **Richard Prince**'s rephotographs of advertising photos, which he heightens to images through their isolation and enlargement, function in the reverse direction. 23 — This first
CD-02 gave rise to the term mass media. Cf. Dieter Daniels' text «**Television—Art or Anti-art?**» in «Survey of Media Art.» 24 — Cf. Elizabeth Anne McCauley, A.A.E. Disdéri and the Carte de Visite Portrait Photograph, New Haven/London, 1984, and Elizabeth Anne McCauley, *Industrial Madness. Commercial Photography in Paris 1848–1871*, New Haven/London, 1993. 25 — Cf. Thomas Macho, «Vision und Visage. Überlegungen zur Faszinationsgeschichte der Medien,» in Wolfgang Müller-Funk/Hans Ulrich Reck (eds.), *Inszenierte Imagination. Beiträge zu einer historischen Anthropologie der Medien*, Vienna/New York, 1997, pp. 87–108, here pp. 88f.; and Thomas Macho,

to demimondes, were especially popular. Collecting and looking at the cards became a parlor game that leveled off social hierarchies by juxtapositioning images that had been choreographed in a similar way. The portrait of prominent figures anticipated the modern portrait of stars and was thus incipient of a «facial society,» in which «the faces of politicians, generals, managers, athletes, artists or products advanced to portraits of stars and brand names, to logos with public appeal.»[25]

/ /

Modern observer 17/107

In 1851, Sir David Brewster introduced a transportable viewing device at the London World's Fair that allowed merging together slightly displaced paired photographs to create one image, which appeared to be three-dimensional.[26] Brewster's stereoscope became a huge success, and «soon thereafter thousands of greedy pairs of eyes bent over the stereoscope's openings like over the skylight to infinity.»[27] The stereograms[28] mass produced in the period following the stereoscope's introduction for the most part showed historical monuments, landscapes and urban scenes—tourist views from countries near and far that could be quasi ‹virtually› traveled via the stereoscope. In addition, they allowed the middle class a visual appropriation of foreign countries and cultures, which was already taking place through colonization. Contemporary descriptions[29] verify that the ‹visual desire› that arises when viewing stereoscopic photographs lay in the feeling of immersion:[30] The outside world disappears in favor of the space of an image, which is experienced as a real space. In its linking of apparatus and the physiology of sight, stereoscopy is part of a «modernization of vision»[31] that according to the art historian Jonathan Crary is associated with a new concept of the observer. The exploration of the physiology of human vision driven forward in the nineteenth century came to the conclusion that the observer is in no way merely a passive recipient of images of the outside world, rather the images are created in the visual process. Optical toys such as the phenacistiscope, the zootrope,[32] and of course the stereoscope represent the new insight

«Das prominente Gesicht. Vom Face-to-Face zum Interface,» in Manfred Faßler (ed.), *Alle möglichen Welten. Virtuelle Realität. Wahrnehmung. Ethik der Kommunikation*, Munich, 1999, pp. 121-136. **26** — Brewster developed his stereoscope on the basis of an apparatus that had been constructed by the English physicist to illustrate binocular vision. **27** — Charles Baudelaire made this mocking remark in his famous polemic work «The Modern Public and Photography,» a first criticism of the commonplace taste of the media recipient (in contrast to the art recipient): Charles Baudelaire, «Der Salon von 1859,» in Charles Baudelaire, *Der Künstler und das moderne Leben. Essays, ‹Salons,› Intime Tagebücher*, Henry Schumann (ed.), Leipzig, 1990, pp. 199-229, here p. 206; cf. Dieter Daniels, **»Kunst als Sendung. Von der Telegrafie zum Internet«**, Munich, 2002, in particular the section on «Modernität und Medien» (Modernity and media), pp. 162-176. **28** — Three years later, the London Stereoscopic Company, which was founded in 1854, had a selection of 100,000 different stereograms. In 1864 approximately five million stereograms were produced in the United States. **29** — Cf. Oliver Wendell Holmes in his article «The Stereoscope and The Stereograph,» *Atlantic Monthly*, 3, June 1859, pp. 738-748: «The mind feels its way into the very depths of the picture. The scraggy branches of a tree in the foreground run out at us as if they would scratch our eyes out. The elbow of a figure stands forth so as to make us almost uncomfortable. Then there is such a frightful amount of detail, that we have the same sense of infinite complexity which Nature gives us.» **30** — Cf. the text **«Immersion and Interaction»** by Oliver Grau in «Survey of Media Art.» **31** — Jonathan Crary, «Modernizing Vision,» in Hal Foster (ed.), *Vision and Visuality. Discussions in Contemporary Culture*, Seattle, 1988, pp. 29-44. **32** — The phenacistiscope and the zootrope are first and foremost still known as ‹precursors› to cinematography. They allow individual images to merge together to a single sequence of movement.

that was being gained into vision (such as the after-image effect or binocularity). Besides their being a form of entertainment, at the same time they trained perception, which was being subjected to new demands in the age of industrialization.

/ /

17/108 *Consumer as producer—Producer as consumer*

Photography, however, not only produces the modern consumers of images, but also empowers them to produce their own images. In the beginning, photography as a private pastime was reserved for a small class as it required money and above all time to learn the skills necessary for taking and developing photos. At the end of the 1880s, the creation of the hand camera and roll film created the conditions for shutter photography, which no longer required knowledge of the photographic process. The famous slogan ‹You press the button, we do the rest,› with which the Kodak company advertised its first cameras, is an accurate indication of the dependence of the lay photographer on the photographic industry: S/he had become a producer of photographs only in the sense of being a consumer of its products and services.

An essential part of the practices of private photography is the photograph's quality as an index (refer to the section on «The photograph as an index,» above): Biographical occurrences are recorded and authenticated at the same (‹It actually happened›). Shutter photography, as analyzed by the sociologist Pierre Bourdieu in the 1960s, became primarily an agent of the cohesion of the family, for which it both produced verification and at the same time created.[33] For this reason, the new practices of shutter photography that arose in the course of digitalization are to be viewed in connection with the dissolution of traditional family structures and the forms of relationships and communication that take their place.[34]

/ /

17/109 *The photograph in the media environment*

The history of photographic intermediality—the connection of photo/book, text/image—began with the publication of Talbot's book «The Pencil of Nature.»[35] However, prior to the 1880s this connection was associated with a small number of copies, as photographs were either glued into books or produced using printing processes that required a high degree of craftsmanship. For the mass circulation of illustrated magazines and newspapers, photographs first had to be transferred onto wood engravings—with the arrival in the 1880s of the screening process of autotypy, they could then be transferred mechanically to a printing plate and printed together with the copy. In the course of the illustrated magazine boom in the first half of the twentieth century, the photo report and the documentary photo essay emerged as specific forms of the combination of photo series with text contributions. The success of the mass press in the 1920s was also accompanied by criticism thereof: Siegfried Kracauer, for instance, implored the danger of substitut-

33 — Cf. Pierre Bourdieu, *Un art moyen*, Paris, 1965. 34 — Cf. the text «**Instant Images**» by Kathrin Peters. 35 — William Henry Fox Talbot, *The Pencil of Nature*, London, 1844. 36 — Siegfried Kracauer, «Die Photographie,» Siegfried Kracauer, *Der verbotene Blick. Beobachtungen, Analysen, Kritiken*, Leipzig, 1992, p. 198. 37 — Cf. Susan Sontag in her book *On Photography* (New York, 1977), in which she makes reference to Plato's Allegory of the Cave. 38 — This is one of many ways to telegraph images, the so-called ‹statistical method of temporary

ing the experience of reality with the world of media. In his words: «The public sees the world in magazines, and magazines prevent perception of the world.»[36] This criticism would later be formulated in a whole range of variations.[37] In the media environment of the illustrated press, photographs are assigned meaning through captions and text contributions; text contributions are verified through photos: This intermedial configuration is decisive for the reception of photographic images. The switchover from offset printing to computer-based desktop publishing required the conversion of the photographic image into digital data—digitalization thus represents a logical further development for photography in the media environment. If one looks back at the history of how it was used in the mass media, which was only briefly touched on here, the most recent technological change in photography, i.e. its connection to electronic media, represents nothing more than an extension of precisely these media functions and their being made more effective. It was not until the advent of the Internet that the options aired by the early phototexts of a non-site-specific availability and an unrestricted circulation of images could actually be redeemed. In doing so, this continuation of objectives and applications, which from the beginning were associated with photography, oscillates between democratization and commercialization, between the ideal of a general accessibility of media technology and the problem of its dependence on the mechanisms of the economy and industrial production.

/

Digitalization 17/110

The technological transformation of photography is a natural consequence of its intermediality. In the same way the screening process constituted the condition for its integration into the medium of mass printing, its digitalization is the condition for its implementation into the universal medium of the computer. The substitution of the analog by the digital—or more precisely: analogo-numeric—process took place in several stages and on different technological levels: that of the *recording*, the *processing*, and the *transmission* of data.

From a media-archeological perspective, the screening of photographic masters for the purpose of their automatic transfer onto printing plates can already be described as a form of digitalization: The continuous tonal values of a photochemical master are broken down into discreet units, i.e. black dots and white blanks[38]. This breaking down is at the same time the condition for coupling photography with electric telegraphy.[39] In order to be able to transmit photographic images per telegraph, the image to be sent is screened into fields, which are then assigned discreet signs according to their various brightness attributes. These signs then travel through the channel, and on the receiving end they are again assigned the corresponding dots, which allows recombination of the image. In their technical arrangement, screening and image-telegraphic scanning anticipate the

clichés.› On the methods of image telegraphy from a media-archeological perspective cf. Birgit Schneider/Peter Berz, «Bildtexturen. Punkte Zeilen Spalten; Teil II: Bildtelegraphie,» in: Sabine Flach/Georg Christoph Tholen (eds.), *Intervalle 5 Mimetische Differenzen. Der Spielraum der Medien zwischen Abbildung und Nachbildung*, Kassel, 2002, pp. 202–220. 39 — Cf. Daniels, «**Kunst als Sendung**,» op. cit., pp. 49–55, on the media historical connection between photography and telegraphy.

modern scanning process: however, they differ on an essential point: During the modern scanning process, values are stored and can be further processed. By scanning them, analog photos are carried over into the computer and thus made accessible to mathematical operations: The condition for *image processing* was created. Electronic image *recording* was not made possible for another twenty years: through the CCD (charged coupled device) chip, which was patented in 1974 and consists of a lattice-like arrangement of light-sensitive elements via which light can be converted into an electrical charge. This, on the other hand, can be measured and subsequently digitalized, i.e. converted into bit patterns.[40] Although photographs are in this way made directly (without going through a scanner) available to processing or transmission by the computer, their creation remains bound to the analog transfer of light quantities: The actual digitalization occurs only through the measuring out of these light values and their code conversion into numerical values (bits).This distinguishes analogo-numerical photography (mentioned above) from images that have completely *generated* by a computer and whose ‹look› is only adapted to photographic (or cinematic) aesthetics.[41]
In view of the use of the photograph by the mass media, the advantages of its digitalization are perfectly apparent: It can be delivered immediately (e.g. as a press photo) and made available for prompt processing (e.g. for the layout of a magazine); in addition, it can be directly distributed throughout the world via the Internet.

/

17/111

Digital montage

Apart from their use in military and scientific contexts,[42] the possibilities of digital image processing and analog-digital image recording (beginning with the so-called ‹video still camera› introduced in 1981) were first used in the areas of magazines and the press. Until way into the 1980s, digital image processing remained a high-tech option only large agencies could afford—the pyramids, for example, were moved closer together by means of Scitex rendering for the February 1982 cover of ‹National Geographic,› who plays an exemplary role in the debate over digitalization. The introduction of the personal computer and the opening of the Internet, however, also shaped the participatory and (inter)-active potential of the configuration of photography, the video and computer processing: Multimedia ‹desktop publishing› is now no longer only available to the mass media, but also political groups, citizens' groups, artists—i.e. anyone who has anything to communicate. It is in this spirit that in the exhibition catalogue «Digital Photography: Captured Images, Volatile Memory, New Montage,» Jim Pomeroy takes up a slogan of the left-wing media avant-garde of the 1930s: Every receiver can become a transmitter.[43]

40 — The epistemological prerequisites for this technology lie in quantum mechanics, the technological prerequisites in semiconductor physics. Cf. Wolfgang Hagen, «Die Entropie der Fotografie. Skizzen zu einer Genealogie der digital-elektronischen Aufzeichnung,» in Wolf (1992), op. cit., pp. 195–235. 41 — Cf. Friedrich Kittler, «Computergrafik. Eine halbtechnische Einführung,» in ibid., pp. 178–194, on the process of computer-generated images. 42 — The processes of digital photography were initially developed for these contexts. Before the commercialization of computer technology they could only be implemented there. Cf. Jens Schröter, «Eine kurze Geschichte der digitalen Fotografie,» in *Verwandlungen durch Licht. Fotografieren in Museen & Archiven & Bibliotheken*, Rundbrief Fotografie, special issue 6, Dresden, 2000, pp. 249–257. 43 — Jim Pomeroy in Gillett/Berger (1988), op.cit., p. 2: «Since digital information is easily copied by modem transfer, disk duplification, and

The exhibition, which in 1988 was presumably the first to take up the subject of ‹digital photography› within the context of art, also makes reference to the avant-garde of the 1920s and 1930s in another respect. The image/text works by the artists, which were presented primarily in the simple form of computer printouts, are compared in their method with the montage concepts of Dadaism, Surrealism and Constructivism:[44] In the same way the ‹analog› collages consist of fragmentary photos and texts of different origins, the computer works also disclose their construction principles—the contrastive superimposition of heterogeneous material. In doing so, the low-tech optics of coarse, mosaic-like pixel resolution, visible video lines, of saw-tooth distortions and transmission errors (cf. e.g. «**The Noise Factor**» (1988) by George Legrady) are set against the ‹smooth,› high-tech image manipulation by the large photo agencies. The ‹noise› of the data not only prevents illusionistic effects—it shows, so to speak, the medium ‹computer› at work.
With the introduction of the image processing software ‹Photoshop,› a further form of digital montage appeared. Like the large magazines, artists can now process photographs without their intervention being directly visible in the result. Works such as «**Faces #1-12**» (1998) by **Vibeke Tandberg**, «**Affaires infinie**» by **Bettina Hoffmann** (1997), or «**Le jeu de la règle**» (1992ff.) by **Alain Fleischer** are based on the—still assumed—reception of photographic images as representations of a real (or a staged) occurrence. The irritation begins at second glance or in the course of the series of images; it lifts the ‹naive› perception of the scene and thus opens up a further horizon of meaning.[45]
/

Digital trouble 17/112

The welcoming of the creative potential and the multimedia ‹connectability› of a digitalized photograph is eclipsed by a critical discourse, which above all points out the potential for manipulation and forgery of all kinds in electronic image processing. For this reason it is not coincidental that the debate over the loss of the credibility of photographic images ignites in the area of photojournalism. The authority of the classical photo report is particularly bound to photographic indexicality, in which the ‹That's how it was› of the object being shown is substantiated by the photographer's ‹I was there,› and vice versa. Digitalization severs the indexical connection between the photograph and the object of the photograph, and at the same time it expropriates the photographer in that the phot is now accessible to any form of processing. Photographer associations fear that the simplification of the ‹creative› editing of photographic masters will gradually disable the difference between ‹authentic› and ‹manipulated› photos and thus in the end completely undermine the belief in the documentary value of photography.[46] The theoretical contributions

other methods, computer images are equally adaptable for mass media publication or tiny, samizdat runs—anyone with a compatible computer can print-out the material. Every *receiver* becomes a press.» 44 — In this connection also refer to the series «**Plakat**» (1997) by **Thomas Ruff**, which is reminiscent of John Heartfield's collages. 45 — On this subject refer to the text by Anette Hüsch «**Artistic Concepts Linked to the Transition from Analog to Digital Photography.**» 46 — This would mean the devaluation of their work. Karin E. Becker undertakes a differentiated analysis of the professional examination of new image technologies using the monthly journal *News Photographer*, the official publication of the National Press Photographer's Association (NPPA), as an example: Karin E. Becker, «To Control Our Image. Photojournalists Meeting New Technology,» in *Media, Culture and Society*, vol. 13, no. 3, pp. 375-391, reprinted in Wombell (1991), op. cit., pp. 16-31.

that look into this aspect of digitalization necessarily return to the long history of forging images for the specific purpose of deception and to the ‹classical› processes of image/text layout that confer meaning.[47] Above and beyond that, authors such as **Martha Rosler**, who as an artist examined the conditions of a critical practice of documentary photography, emphasize the fundamental dependence of photography and its documentary function on social, political and discursive contexts.[48] These aspects allow relativizing the meaning of the technological transformation from analog to digital photography and shifting to the more fundamental question of the changes in the use of media by society. However, the apprehension that the loss of photographic indexicality triggers off goes beyond the suspicion of deception: It is linked to the idea of the fading away of any reference to external reality and, as a result, the individual's power of judgement.[49] This is where the debate over the ‹death of photography› converges with that over the virtualization of human experience, which was conducted in the 1990s in connection with computer games and increasing use of the Internet, but also in conjunction with the media adaptation of the first Gulf War in 1990/1991. The Gulf War gained exemplary meaning in two respects: It stands for a new dimension in the ‹vision-technological› distancing of the fighter pilot from his or her target and for a particularly restrictive image policy on the part of American warfare. «In this war,» writes Mitchell in «The Reconfigured Eye,» which was published a year after the first Gulf War ended, «satellite imaging systems did much of the spying and scouting. Laser-guided bombs had nose-cone video cameras; pilots and tank commanders became cyborgs inseparable from elaborate visual prostheses that enabled them to see ghostly-green, digitally enhanced images of darkened battlefields. There was no Mathew Brady to show us the bodies on the ground, no Robert Capa to confront us with the human reality of a bullet through the head. Instead, the folks back home were fed carefully selected, electronically captured, sometimes digitally processed images of distant and impersonal destruction. Slaughter became a video game: death imitated art.»[50] This quote is typical for the moral charge that the discussion over the photographic and post-photographic ‹truth› gains through this context: Electronic image technology stands for the view from above—the general's view, who only has his or her sights set on anonymous targets—while ‹classical› photography stands for the view from below—for the suffering and death of the individual as the ‹human› reality of war. In contrast, the photographic work **«Aftermath,»** which **Sophie Ristelhuber** began after the end of the first Gulf War, relies on a third perspective. The condition of her fragmentary tracking is the conviction that the ‹truth› of a war cannot in principle be mediated through images: neither through photographs of its victims, nor through cockpit displays.

47 — Cf. Ritchin (1990), op. cit. 48 — Martha Rosler, «Bildsimulation, Computersimulation: einige Überlegungen» (1988, 1995), in Hubertus von Amelunxen (ed.), *Theorien der Fotografie Bd. IV, 1980–1995*, Munich, 2000, pp. 129–170. 49 — Cf. e.g. Fred Ritchin, «The End of Photography as we have known it,» in Wombell (1991), op. cit., pp. 8–15, here p. 15: «There is nothing more real than anything else. Into the societal vacuum comes power, both overt and covert, determining truth. Logic, prediction, and specificity are concepts which are being devalued, replaced by a sense of overwhelming chaos.» The title of Jens Schröter's text, «Das Ende der Welt. Analoge vs. Digitale Bilder—mehr oder weniger ‹Realität›?» (in Schröter/Böhnke (2004), op. cit., pp. 335–354) also plays on the fear of the loss of reality. 50 — Mitchell (1992), op. cit., p. 13. 51 — Also refer to the text by Anette Hüsch, **«Artistic Concepts Linked to the Transition from Analog to Digital Photography.»**

In the exhibition «Photography after Photography» the focus is on a further context of ‹digital trouble.› A number of the works it included tested the new tools (Photoshop, Paintbox and the like) on the human body, on the human face: Bodies were deformed and hybridized (**Inez van Lamsweerde**), constructed (**Keith Cottingham**'s «**Fictitious Portraits**» from 1992); faces were ‹folded› (**Valie Export**'s «**o.T.**» from 1989), robbed of their countenance (**Anthony Aziz** and **Sammy Coucher**'s «**Dystopia**» from 1994), their individuality (**Nancy Burson**'s series «**Chimären**» since 1982).[51] It is at the interface of the human body that the postphotographic discourse eclipses that on the ‹posthuman,›[52] in which digital processing stands so to speak metaphorically for the ubiquitous variability of the human body through cosmetic surgery and the genetic technology of the future. However, whereas talk of the ‹posthuman› drives forward the imagining of a new design, a new model of the human in more of an affirmative gesture,[53] the artistic works cited above visualize the apprehension triggered off by the feeling of uncertainty with respect to our traditional ideas about the similarity and identity of the subject[54] (confirmed by the traditional photographic portrait in its reference to an individual physiognomy, a distinct body), i.e. they make ‹dystopic› reference to what is possibly a changing ‹human› form.

/

Unstable Images 17/113

«The digital image technologies have literally eliminated a photographic model of representation, the spatial-temporal bond of a light-sensitive carrier material to a spatial-temporal constellation/figuration *in front* of the camera, and put it up for debate. The very foundation of the ontology of the photographic image as conceived by the likes of Kracauer and Benjamin, and later by Bazin and Barthes, has been shaken. In view of the binary coding of the photographic contingency, even the index theory, which follows Charles S. Pierce, now appears to be obsolete.»[55] As explained above, the indexicality of photography substantiated its credibility as evidence of something that had actually been there in front of the camera. Even the knowledge that a photo does not gain meaning until it has been contextualized has not led us to fundamentally doubt this credibitility. Today, the reception of photographs is beginning to change: We now start off by *doubting* its promise of reality. The digital/ized photograph is a ‹dubitative› image:[56] Its authenticity as a direct photo and the associated evidential value can now only be established through external authorization.[57] For this reason, a society whose communication rests primarily on digital (image) media requires a «well-founded, strictly arranged media policy»[58]—those who analyze the technological change from analog to digital photography are united in this conclusion.

52 — Cf. the exhib. cat. «PostHuman. Neue Formen der Figuration in der Zeitgenössischen Kunst,» Deichtorhallen, Hamburg, 1993. 53 — Refer to the contribution by Verena Kuni, «**Mythical Bodies**» in particular the section «Stories of creation, revisited» in the present volume. 54 — Cf. Hubertus von Amelunxen,«Photography after Photography,» in Iglhaut/Amelunxen/Cassel (1996), op. cit., pp. 116-123. 55 — Ibid., p. 117. 56 — Peter Lunenfeld introduced the term dubitative image (Cf. Peter Lunenfeld, «Digital Photography: The Dubitative Image,» in idem. *Snap to Grid. A User's Guide to Digital Arts, Media, and Cultures*, Cambridge, MA, 2000, pp. 55-59). 57 — I.e. through the credibility of the source or through an electronic watermark that seals the state of the photograph *before* any further processing. 58 — Cf. Wolfgang Hagen, in Wolf (1992), op. cit., p. 253.

From a technological point of view, the ‹That's how it was› of analog photography is based on the «irreversibility of the exposed material»;[59] the digital photo, in contrast, is characterized by its «immanent variability»:[60] The digital photograph is fundamentally reversible (it can immediately be deleted); its output as an image is only one of the possible manifestations of the data stored in binary form.[61]
A further factor in the ‹instability› of digital photographs is their dependence on hardware and software. Their visual appearance changes along with the file format, the screen configuration, through compression, conversion, etc. The greatest problem, however, is caused by the continuous further development of computer systems: The change from one system to the next but one can make image data unreadable and thus inaccessible. And so there is a rift between potential ‹digital endurance› and ‹mechanical impermanence,›[62] which can only be bridged through continuous activity: Data stocks have to be adapted to each of the new formats in time with the new developments by the computer industry; they have to be put onto each of the new storage media before they only become interesting to media archeologists.[63]
According to an expert on image databases, «[d]igitalization projects necessitate constant reacting and acting, because what is digital does not rest, just as overall technological development does not rest.»[64] The professional condition for operators of image databases also affects both artists who work with digital media as well as each and every lay photographer: While the best way to slow down the physico-chemical process of the decay of photographs is to protect them from being accessed (by allowing them to be exposed to as little light as possible and storing negatives in underground freezer depots), digital photos are only preserved through their use—if one ignores them, the information stored on them will also be lost for future generations.[65]
It is quite possible that the apprehension about the instability of digital photographs and the efforts to secure their longevity is nothing more than the reflex of a «traditional (Old European) self-conception of culture.... [t]ransatlantic media cultures have long since accentuated the technologies of multimedia and space-seizing transmission—the dataflows in the Internet.»[66] In the sense of an information society, ‹instability› can be regarded as a positive value: It stands for dynamic transmission, unobstructed circulation and for communication that is not bound to real space; it stands for virtuality as the ability to experience what is possible. In contrast, analog photography hangs on to what is past; its gesture is a clinging—to a state of visible reality, to public and private occurrences, to fleeting moments in everyday life. Its great subjects, the topography of urban and suburban life and the visualization of biography and identity are (or were)

59 — Cf. ibid., p. 233. 60 — This is a term used by Peter Lunenfeld, ibid., p. 165. 61 — In the exhibition «Photography after Photography,» a number of works were shown that are based on this principle ability of digital data to be translated. Cf. in particular **Andreas Müller-Pohle, «Digitale Partituren (nach Nicéphore Niépce)»** (English as «Digital Scores (after Nicéphore Niépce)» 1995–1998) and **George Legrady, «Equivalents II»** (1993). 62 — My thanks to Dieter Daniels for this formulation. 63 — Refer to Jeff Rothenberg, **«Digital Preservation Summary,»** Apr. 4, 2003, which lists the various factors relating to mechanical impermanence and countermeasures to preserve digital artifacts. Rothenberg sees little reason to be optimistic about the ability to pass on digital archives. 64 — Kathryn Pfenniger, *Bildarchiv digital*, Rundbrief Fotografie, special issue 7, Esslingen, 2001, p. 10. 65 — The age of digitalization will not leave any forgotten treasures in

being sustained by a concept of remembrance that binds historical tradition and personal memory to material evidence. Fifteen years after the beginning of the debate over the ‹end of photography› one can establish that the radical change from analog to digital technology has not invalidated the notions of representation, identity and memory associated with the photographic dispositive—rather it contributes to a destabilization of these notions. In the environment of electronic media, digital photography constitutes a threshold phenomenon: It is located so to speak at the transition from old storage media to new communication media and their paradigms.

/

Translation by Rebecca van Dyck

the attic, rather at most computer scrap. 66 — According to Wolfgang Ernst in a text on the effects of media change on the paradigm of the archive. He predicts that the twenty-first century will be «beyond the archives.» In contrast, holding on to the archive in a traditional sense (for the preservation and safeguarding of cultural assets) would mean «not mobilizing archives in the sense of digital spaces, rather preserving them as a media-conservative counterweight in their simple mechanics in comparison with electronic information.» Wolfgang Ernst, «Archive im Übergang,» in *Interarchive. Archivarische Praktiken und Handlungsräume im zeitgenössischen Kunstfeld*, Cologne, 2002, pp. 137-146, here p. 137. Refer to the key topic area «Mapping and Text»: **«Beyond the Archive: Bitmapping»** by Wolfgang Ernst and **«The Archive, the Media, the Map and the Text»** by Rudolf Frieling in the present volume. -21

GENERATIVE TOOLS//

Generative Tools → Editorial[1]

/

Tjark Ihmels / Julia Riedel

/

/

/

/

/

/

»Ich glaube wirklich,
dass unsere Enkel uns einmal fragen werden:
Du meinst, ihr habt euch damals wirklich
ein und dasselbe Stück
immer und immer wieder angehört?«
Brian Eno[2]

/

Mit der rasanten Verbreitung des Computers als Werkzeug finden zunehmend Vorgehensweisen aus der Informationstechnologie Eingang in künstlerische Prozesse. Der künstlerischen Produktion steht damit eine Technologie zur Verfügung, wie sie sonst nur aus der Informatik, industriellen Arbeitsabläufen, der Robotik und der Künstliche-Intelligenz-Forschung bekannt ist. Alle gestalterischen Grundentscheidungen werden dafür in einzelne Schritte zerlegt und als digitale Prozeduren an den Computer delegiert. Der Rezipient erhält neue Einblicke in Gestaltungsprozesse und neue Zugänge zu den konzeptionellen Grundlagen eines Kunstwerkes. Dadurch werden die Idee der autonomen Künstlerpersönlichkeit in Frage gestellt und die Position des Künstlers in der modernen Mediengesellschaft überdacht. 18/000

Im Zusammenhang mit der Kategorie »Generative Tools« sind im Kunstkontext folgende Begrifflichkeiten auffindbar: Codekunst, Softwarekunst, algorithmische Kunst, Programmiererkunst, generative Kunst, generatives Design. Die Liste der aufgezählten Begriffe hat keinen Anspruch auf Vollständigkeit. Inhaltliche Überschneidungen sind offensichtlich, so dass es notwendig ist, allgemeingültige Definitionen herauszuarbeiten und weitere Ansätze zur inhaltlichen Abgrenzung zu entwickeln. Die Texte aller Autoren geben daher Einblick in grundsätzliche Fragestellungen innerhalb des Themenkomplexes.[3]

Die Aufsätze in diesem Themenschwerpunkt widmen sich der historischen Einordnung, den ästhetischen Anforderungen und dem konzeptionellen Einsatz von generativen Tools. Uns interessiert dabei ausschließlich die künstlerische Position. Die Übertragung

1 — Editorial in Zusammenarbeit mit Rudolf Frieling. 2 — Brian Eno zitiert in einem Bericht vom 11. Urban Aboriginals Festival auf der Website **www.techno.de**. 3 — Alle Beiträge gehen zurück auf ein Symposium zum Thema »Generative Tools«, zu dem das Institut für Mediengestaltung in Mainz am 15.05.2004 die Autoren eingeladen hatte. Neben den Autoren nahm auch **Florian Cramer** teil, der in seinem Vortrag 10 Thesen zur Softwarekunst mit Beispielen vorstellte, was wir online in Exzerpten auf Video dokumentieren.

von ästhetischen Auswahlkriterien an eine Logik außerhalb der detaillierten Kontrolle des Künstlers sowie die Zusammenhänge von Ästhetik / Zufall, Ästhetik / Logik und Ästhetik / Interaktion sind wesentliche Ansatzpunkte. Die Neuartigkeit der zu schaffenden Kategorien erschließt sich unter anderem aus den Stichworten Nichtwiederholbarkeit, Nichtkontrollierbarkeit und nicht-menschliche Kreativität. Der einführende Text von Tjark Ihmels und Julia Riedel »**Die Methodik der generativen Kunst**« zeigt anhand von künstlerischen Standpunkten aus der Musikgeschichte der 1950er Jahre zunächst auf, wie unterschiedlich die Zielrichtungen sein können, obwohl sich alle Künstler der aleatorischen beziehungsweise seriellen Methode bedienten. Abseits von allen musiktheoretischen Erwägungen soll dabei einzig und allein die Frage erörtert werden, welche inhaltlichen und formalen Möglichkeiten die Anwendung einer solchen Methode bietet und wie sich dies auch in einer heutigen künstlerischen Praxis widerspiegelt - erörtert werden dabei unter anderen Arbeiten von **John Cage**, **Yannis (Iannis) Xenakis**, **Max Bense**, **Manfred Mohr**, **Harold Cohen**, **Brian Eno** sowie einige aktuelle Positionen der letzten Jahre.

Die Verschiedenartigkeit sowie die wenigen Überschneidungspunkte zwischen den Texten veranschaulichen dabei die Vielschichtigkeit und Dimensionalität des noch jungen Arbeitsgebietes und der darin zu beleuchtenden Aspekte, wie sie nicht zuletzt auch an terminologischen Definitionen und Abgrenzungen deutlich werden. Der im vorliegenden CD-19 Buch abgedruckte Text »**Read_me, run_me, execute_me**« von Inke Arns im vorliegenden Band formuliert skeptisch, wie der Begriff ›generative Kunst‹ in den letzten zwei Jahren zu einem modischen Begriff geworden ist, der in so differenten Kontexten wie akademischen Diskursen, Medienkunstfestivals, Architekturbüros und Designkonferenzen anzutreffen ist. Oft wird dieser Begriff hier, wenn nicht als Synonym für Softwarekunst, so doch in undeutlicher Abgrenzung zu dieser verwendet. Irgendwie haben generative Kunst und Softwarekunst miteinander zu tun - bloß *was* genau sie miteinander zu tun haben, bleibt meistens im Dunkeln. »Generative Kunst«, so Arns, »bezeichnet Prozesse, die nach bestimmten, zuvor festgelegten Regeln oder Instruktionen autonom (vom Künstler-Programmierer) beziehungsweise ›selbstorganisierend‹ ablaufen. Generative Kunst ist an generativen Prozessen (und auch an Software oder Code) nur insofern interessiert, als sie - verstanden als pragmatisches Tool, das selbst nicht hinterfragt wird - der Erzeugung eines ›unvorhersehbaren‹ Ergebnisses dient. Und genau aus diesem Grund eignet sich der Begriff ›generative Kunst‹ nicht zur Beschreibung von ›Softwarekunst‹, die eine künstlerische Aktivität beschreibt, die *im Medium Software eine Reflexion von Software (und ihrer kulturellen Bedeutung)* ermöglicht.«

Im klassischen Kunstsystem wird in der Regel ignoriert, dass der Computer Werkzeug und Bestandteil von Kunst war und ist, und dies beinahe ebenso lange, wie es die Maschine selbst gibt. Eine Aufarbeitung dieser Geschichte, die sich um eine Einbettung

in den kunsthistorischen Kontext bemüht, ist nach wie vor ein Desiderat – dies behauptet Matthias Weiß in »**Was ist Computerkunst?**«. Er gibt daher zwei Anreize zu einer kunstgeschichtlichen Beschäftigung mit Computerkunst: Zum einen verdeutlicht er die Historizität des Phänomens, zum anderen betont er die Rolle der Beschreibung, um darauf hinzuweisen, dass detaillierte Betrachtung eine Differenzierung erst ermöglicht, damit sich Vergleichbarkeiten zwischen älteren und jüngeren Arbeiten erst erschließen und Möglichkeitsräume für ein tiefer gehendes Verstehen der Computerkunst eröffnen. Entgegen dem Trend, mit immer neuen ›Kategorien‹ das Kunstsystem auf ein Feld von unterschiedlichen Techniken umzuprägen, schlägt er vor, den eher traditionellen und umfassenden Begriff ›Computerkunst‹ für die Phänomene des Digitalen in den Künsten zu verwenden, weil er ein historisch-integratives Moment impliziert, das Anschlüsse an eine vergleichende Untersuchung von Computerkunst ermöglicht. Mit diesem Begriff setzt er neuere Arbeiten der letzten Jahre in eine, wie er sagt, »Familienbeziehung« zur Computerkunst der 1960er und 1970er Jahre.
Ergänzend zu den grundsätzlicheren Texten, reflektiert Tilman Baumgärtel in »**Zu einigen Themen künstlerischer Computerspiele**« die Möglichkeit, Spiele zu modifizieren, da sie inzwischen mehr oder weniger zur Standardausstattung von Computerspielen gehört und durch »Doom« und »Quake« nicht nur in den Kinderzimmer, sondern auch in den Künstlerateliers angekommen ist. In diesem Beitrag geht es um eben jene Kunst, die gerade aus der Auseinandersetzung mit Games entstanden ist. Es stehen Arbeiten im Mittelpunkt, die sich des Codes von Computerspielen bemächtigen und ihn als Grundlage für eigene Werke verwenden. Doch scheint es in der Natur dieser Thematik zu liegen, dass Künstler sich nicht auf das ›reine‹ Abarbeiten am Code beschränken lassen, sondern sich mit allen Facetten des vielschichtigen Themas Computerspiele beschäftigt haben. Ausflüge in ›traditionellere‹ Bereiche von Kunstproduktion – wie Malerei, Installation oder Video – sind da ausdrücklich eingeschlossen.
Permanent werden neue generative Werkzeuge sowohl als kommerzielle Software, wie beispielsweise die Musiksoftware Koan, oder als künstlerisches Statement entwickelt – siehe hier auch **Sven Bauer**, der sein Künstlerprojekt »**Fünf Räume**« für diesen Themenschwerpunkt entwickelte. Generative Tools finden ihren Einsatz also in allen Bereichen des künstlerischen Schaffens und erweitern die Möglichkeiten der Darstellung, Distribution und des interdisziplinären Arbeitens.
Alle Textbeiträge verweisen auf aktuelle Arbeiten der künstlerischen Produktion. Erschwert wird diese Übersicht allerdings durch die Unterschiedlichkeit der Ansätze, mit denen Plattformen und Anwendungen temporär auf Festivals und Netzforen entwickelt und vorgestellt werden. Nicht immer sind die entsprechenden Projekte im Netz wieder auffindbar, teils laufen Projekte aus konzeptionellen Gründen nur eine festgelegte Zeitspanne, teils werden Websites abgeschaltet oder anderweitig verwendet.

Die Diskussion über die künstlerische Qualität von generativen Kunstwerken in ihrer Unterschiedlichkeit ist im vollen Gange. Die in »Generative Tools« gesammelte Textauswahl gibt einen Überblick über den aktuellen Stand des Diskurses und deutet die Notwendigkeit weiterer Spezifikationen an.

Generative Tools → Editorial [1]

/

Tjark Ihmels/ Julia Riedel

/

/

/

/

«I think our grandchildren
will probably look at us
in wonder and say:
You mean you used to listen
to exactly the same thing
over and over again?»
Brian Eno [2]

/

As the computer spreads ever more rapidly as a tool, IT procedures are increasingly featuring in artistic processes. Hence art production has a technology at its disposal that is otherwise known only from informatics, industrial working practices, robotics and research into artificial intelligence. All the basic creative decisions are broken down into individual steps and sent to the computer as digital procedures. The recipient gains new insight into the creative process and new access to the conceptual basis of a work of art. This means that the idea of the autonomous artistic personality is called into question and the artist's position in our modern media society reconsidered. 10/100

The following terms can be found in the art context in the ‹generative tools› category: code art, software art, algorithmic art, programming art, generative art, generative design. This list does not claim to be complete. Clearly there are overlaps in terms of content, so that it is necessary to work out generally valid definitions and develop more approaches to differentiating content. Hence all the authors' texts give insight into fundamental questions within the thematic complex.[3]

The essays on this key topic are devoted to historical classification, aesthetic demands and using generative tools conceptually. We are interested exclusively in the artistic position. Key starting points are applying aesthetic selection criteria to a logic outside the artist's detailed control, and also connections between aesthetics/chance, aesthetics/logic and aesthetics/interaction. The novelty of the categories to be created derives among other things from the keywords nonrepeatability, noncontrollability and nonhuman creativity. The introductory text **«Generative Art Methodology»** by Tjark Ihmels and Julia Riedel uses artistic standpoints from 1950s music history to show how different the aims can be, even though all the artists were using aleatory or serial methods. Leaving

1 — Editorial in collaboration with Rudolf Frieling. 2 — Brian Eno quoted in a report from the 11th Urban Aboriginals Festival on the Web site **www.techno.de**. 3 — All contributions go back to a symposium on the subject of «Generative Tools,» to which the Institut für Mediengestaltung in Mainz invited the authors on May 15, 2004. Besides the authors, **Florian Cramer** also took part, presenting ten theses with examples on software art in his lecture, video excerpts of which are available online.

aside all considerations involving music theory, the only question to be addressed is what possibilities the use of such a method can offer in terms of form and content, and how this is reflected in current artistic practice—works by **John Cage**, **Yannis (Iannis) Xenakis**, **Max Bense**, **Manfred Mohr**, **Harold Cohen**, **Brian Eno** and others are discussed, as well as some current positions from recent years.

The differences between, as well as the very few overlapping points within, the texts show how complex and wide-ranging this still young field of work is, and identify aspects that need to be elucidated; these emerge not least from terminological definitions and differentiations. Inke Arns' text, which is published in the present book, «**Read_me, run_me, execute_me,**» points out skeptically how the term ‹generative art› has become fashionable in the last two years, appearing in contexts as different as academic discourse, media art festivals, architects' offices and design conferences. Here the term is often used if not as a synonym for software art, then without any clear differentiation from it. Generative art and software art do have something to do with each other—but *what* that is usually remains obscure. «Generative art,» says Arns, «defines processes that run according to determined, previously fixed rules or instructions autonomously (of the artist-programmer) or through ‹self-organization.› Generative art is interested in generative processes (and also in software or code) only to the extent that it—seen as a pragmatic tool that that is not itself questioned—serves to produce an ‹unforeseeable› result. And it is precisely for this reason that the term ‹generative art› is not appropriate for describing ‹software art,› which identifies an artistic activity that enables *reflection on software (and its cultural significance) within the medium of software.*»

In the classical art system, notice is not usually taken of the fact the computer was and is a tool and component of art, and that it has been so for as long as the machine itself has existed. A reappraisal of this history, dealing with embedding in the art-historical context, is still desirable—Matthias Weiß asserts this in «**What is Computer Art?**». He therefore comes up with two incentives for art history to address computer art: he explains the historical nature of the phenomenon, and he also stresses the role of description, in order to indicate that differentiation is possible only after detailed consideration without which comparable features of older and more recent works cannot emerge to open up the possibility of a deeper understanding of computer art. He goes against the trend of using a constant stream of new ‹categories› for shifting the art system into a field of different techniques, suggesting instead that that the essentially traditional and all-embracing term ‹computer art› should be applied to the phenomenon of digitality in the arts, because it implies a historical and integrative element that makes connections with a comparative examination of computer art possible. He uses the term to place newer work from recent years into what he calls a «family relationship» with the computer art of the 1960s and 1970s.

As a complement to the more fundamental texts, Tilman Baumgärtel reflects in «**Modification, Abstraction, Socialization**» on the possibility of modifying games, as this is now a more or less standard feature computers offer, and has arrived in artists' studios as well as children's rooms through games such as «Doom» or «Quake.» His contribution deals with the art that has emerged from examining games. He focuses on artists who have mastered computer game codes and used them as a basis for works of their own. But it seems to the in the nature of this subject matter that artists do not restrict themselves to ‹merely› working on the code, but have concerned themselves with all facets of the complex theme of computer games. Excursions into the ‹more traditional› fields of art production—like painting, installation or video—are expressly included here.
New generative tools are constantly being developed both as commercial software, like the Koan music software, or as an artistic statement—for this also refer to **Sven Bauer**, who developed his «**Fünf Räume**» (Five rooms) project for this key topic. So generative tools are used in all fields of artistic creation, expanding the possibilities for presentation, distribution and interdisciplinary work.
All the textual contributions refer to current works of art. However, this survey is impeded by the different approaches used to develop and present platforms and applications temporarily at festivals and network forums. The corresponding projects cannot always be found on the Web. Some projects only run for a certain length of time for conceptual reasons, sometimes Web sites are switched off or put to different use.
A fully differentiated discussion about the artistic quality of generative artworks has only just got under way. The selection of texts brought together in «Generative Tools» provides an overview of the current state of the discourse and indicates that further specifications are needed.
/
Transalation by Michael Robinson

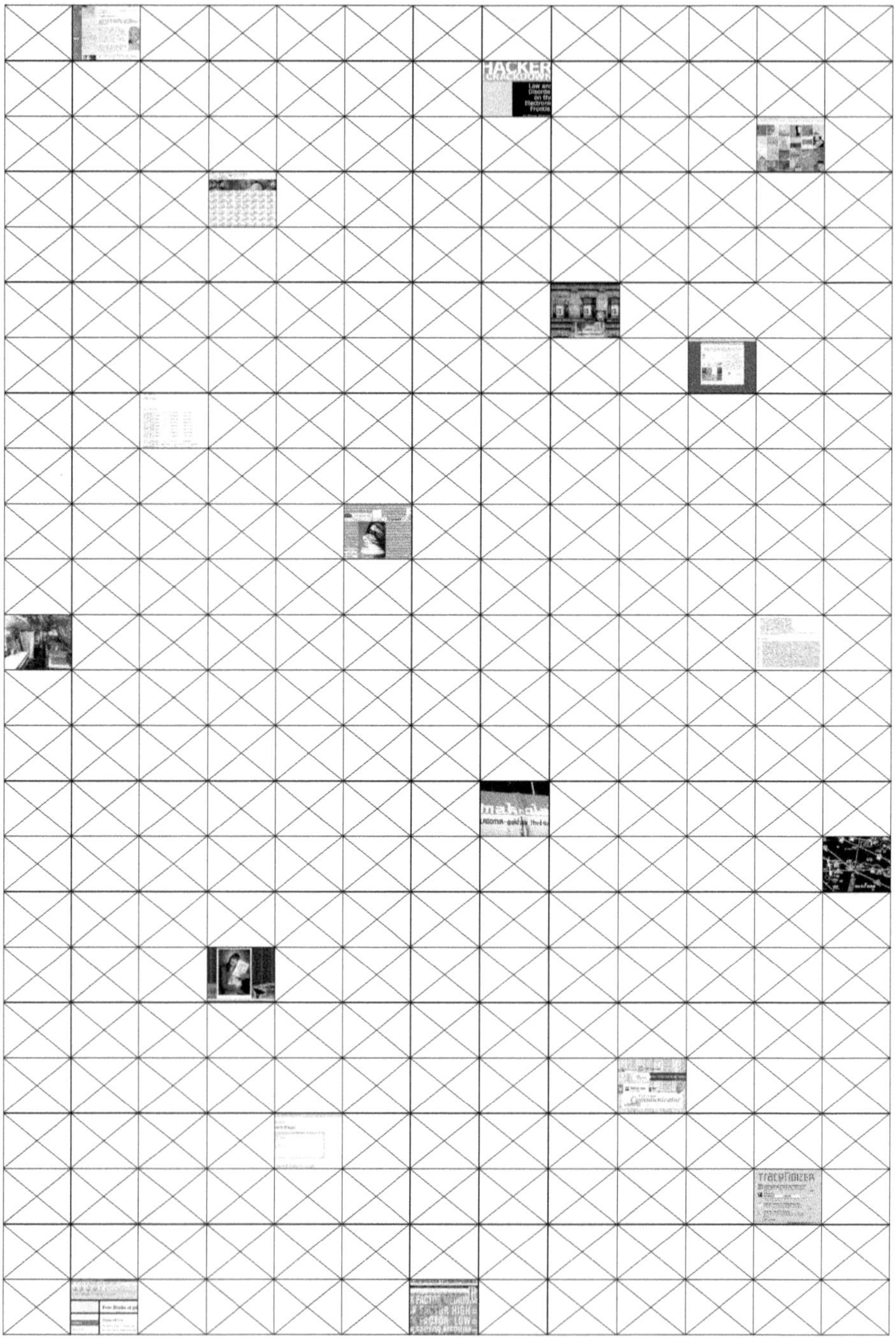

19/000-014
19/100-114

Read_me, run_me, execute_me

Code als ausführbarer Text: Softwarekunst und ihr Fokus auf Programmcodes als performative Texte

/

Inke Arns

/

»*Software is mind control. Come and get some.*«[1]

/

Generative Kunst ist in den letzten zwei Jahren zu einem modischen Begriff geworden, 19./000
der in so unterschiedlichen Kontexten wie akademischen Diskursen, Medienkunstfestivals, Architekturbüros und Designkonferenzen anzutreffen ist. Oft wird dieser Begriff dabei, wenn nicht als Synonym für Softwarekunst, so doch in undeutlicher Abgrenzung zu dieser verwendet. Irgendwie haben generative Kunst und Softwarekunst miteinander zu tun - bloß *was* genau sie miteinander zu tun haben, bleibt meistens im Dunkeln. Ein wenig Licht in das Verhältnis zwischen generativer Kunst und Softwarekunst zu bringen, ist das Ziel dieses Beitrags.

/

Generative Kunst ≠ Softwarekunst 19./001

Philip Galanter fasst 2003 unter dem Begriff ›generative Kunst‹ »künstlerische Praktiken, in denen der Künstler ein System verwendet, zum Beispiel einen Satz von Regeln natürlicher Sprachen, ein Computerprogramm, eine Maschine oder eine andere prozessuale Erfindung, die, in relativ autonome Bewegung versetzt, zur Schaffung eines abgeschlossenen Kunstwerkes beiträgt«[2]. Generative Kunst bezeichnet folglich Prozesse, die nach bestimmten, zuvor festgelegten Regeln oder Instruktionen autonom (vom Künstler-Programmierer) beziehungsweise »selbstorganisierend« ablaufen. Abhängig vom technologischen Kontext, in dem sich der Prozess entfaltet, ist das Ergebnis »unvorhersehbar« und somit weniger ein Resultat individueller Intention oder Autorschaft als vielmehr das Ergebnis der jeweils herrschenden Produktionsbedingungen.[3] Es handelt sich bei dieser (und anderen) Definition(en) von generativer Kunst, wie Philip Galanter selbst schreibt, um eine »inklusive«, umfassende, also sehr breit angelegte Definition, die Galanter zu dem Schluss bringt, dass »generative Kunst so alt ist wie Kunst an sich«[4]. Das in allen

1 — Slogan der Londoner Künstlergruppe **I/O/D** für ihr Programm »**WebStalker**« (1997). 2 — Philip Galanter, »**What is Generative Art? Complexity Theory as a Context for Art Theory**«, in: *Generative Art Proceedings*, Mailand 2003, S. 4. 3 — Vgl. dazu auch Geoff Cox auf der Website, »**anti-thesis: the dialectics of generative art (as praxis)**«, MPhil/PhD Transfer Report 2002: »In broad terms, ›generative art‹ is applied to artwork that is automated by the use of a machine or computer, or by using instructions to define the rules by which the artwork is executed. After the initial parameters have been set by an artist-programmer the process of production is unsupervised, and as such, ›self-organising‹. Work unfolds in ›real-time‹, according to the properties of the technology employed or the particular circumstances in which the instructions are carried out. The outcome of this process is thus unpredictable, and could be described as being integral to the apparatus or situation, rather than solely the product of individual human agency or authorship.« Eine ähnliche Definition findet sich auch bei Adrian Ward auf der Website **www.generative.net** 2003: »Generative art is a term given to work which stems from concentrating on the processes involved in producing an artwork, usually (although not strictly) automated by the use of a machine or computer, or by using mathematic or pragmatic instructions to define the rules by which such artworks are executed.« 4 — Galanter (2003), S. 1.

Definition(sversuch)en vielleicht wichtigste Merkmal generativer Kunst - in elektronischer Musik und algorithmischer Komposition, Computergrafik und -animation, Demo-Szene und VJ-Kultur sowie Industriedesign und Architektur[5] - ist dabei der Einsatz generativer Prozesse zur *Negation von Intentionalität.* Generative Kunst ist an generativen Prozessen (und auch an Software oder Code) nur insofern interessiert, als sie - verstanden als pragmatisches Tool, das selbst nicht hinterfragt wird - der Erzeugung eines »unvorhersehbaren« Ergebnisses dient. Und genau aus diesem Grund eignet sich der Begriff generative Kunst nicht zur Beschreibung von Softwarekunst.

Softwarekunst beschreibt dagegen eine künstlerische Aktivität, die *im Medium Software eine Reflexion von Software (und ihrer kulturellen Bedeutung)* ermöglicht. Sie betrachtet Software dabei nicht als pragmatisches Hilfsmittel, das hinter den durch sie erzeugten Ergebnissen zurücktritt, sondern richtet ihr Hauptaugenmerk auf den Code selbst, auch wenn dieser nicht immer explizit offen gelegt oder in den Vordergrund gestellt wird. Softwarekunst macht die - so formuliert es Florian Cramer - ästhetischen und politischen Subtexte scheinbar neutraler technischer Befehlsabfolgen sichtbar. Sie kann dabei auf den unterschiedlichsten Ebenen von Software angesiedelt sein: auf der des Quellcodes, auf der Ebene der abstrakten Algorithmen oder der des vom jeweiligen Code erzeugten Ergebnisses.[6] Dies zeigt sich in der großen Bandbreite unterschiedlich ausgerichteter Projekte, die von den so genannten ›Codeworks‹, die ›nur‹ aus ASCII-Code bestehen (das heißt, ›nicht ausführbar‹ sind), über experimentelle Webbrowser - **»WebStalker«** (1997) - bis hin zu ausführbaren Programmen reicht. So wie Software in der generativen Kunst nur ein Material von vielen ist, so kann Softwarekunst umgekehrt Elemente von generativer Kunst beinhalten, *muss jedoch nicht zwingend generativ im technischen Sinne sein* (Stichwort ›Codeworks‹). Die beiden Begriffe können daher auf keinen Fall synonymisch verwendet werden. Vielmehr funktionieren die Begriffe in unterschiedlichen Registern, wie ich im Folgenden zeigen möchte.

/ /

19./002 *Dragan Espenschied / Alvar Freude*

Unter dem Motto »Zwei Personen kontrollieren 250 Personen« installierten **Dragan Espenschied** und **Alvar Freude** im Rahmen ihrer Diplomarbeit **»insert_coin«**[7] 2000/2001 an der Merz-Akademie in Stuttgart unbemerkt einen Webproxyserver, der mittels eines Perl-Skripts den gesamten Webdatenverkehr von Studierenden und Lehrenden im Computernetzwerk der Akademie manipulierte. Ziel war es, so Espenschied/Freude, die »Kompetenz und Kritikfähigkeit der Anwender bezüglich des Alltags-Mediums Internet zu überprüfen«[8]. Der manipulierte Proxyserver leitete eingegebene URLs auf andere Seiten um, modifizierte HTML-Formatierungscode, veränderte mittels einer simplen Suche-und-Ersetze-Funktion sowohl aktuelle Meldungen auf Nachrichtensites (zum

5 — Ebd., S. 2; Galanter nennt diese Bereiche die vier »Hauptcluster« generativer Kunst. 6 — »Is it at the level of source code? If so it's a form of typographic layout or illumination. Is it at the level of abstract algorithms? If so it's a form of conceptual art or architecture. Is it at the level of the output of the program? If so it's a form of preparatory sketch.« Rob Myers, **»Re: ›Code as Art‹ Digest [from the PD-List]«**, in: *[eu-gene]*. 7 — Vgl. ihre **Projektseite**. 8 — Vgl. den Text von **Espenschied/Freude** zum Internationalen Medienkunstpreis 2001. 9 — Noch mehrere Monate nach dem Ende des Experiments war der Webzugriff von den meisten Computern der Akademie aus gefiltert.

Beispiel durch Austausch von Politikernamen) als auch den Inhalt privater E-Mails, die über Webinterfaces wie Hotmail, gmx oder Yahoo! abgerufen wurden. Vier Wochen lang lief der solchermaßen manipulierte Webzugang unbemerkt von den Studierenden und Lehrenden der Merz-Akademie. Als Espenschied/Freude das Experiment bekannt machten, interessierte sich jedoch so gut wie niemand dafür. Obwohl die beiden eine simpel zu befolgende Anleitung veröffentlichten, mit der jeder selbstständig den Filter ausschalten konnte, nahm sich nur ein verschwindend geringer Teil der Betroffenen Zeit, um eine einfache Einstellung vorzunehmen und so wieder an ungefilterte Daten heranzukommen.[9]

//

textz.com 19./003

Bei »**walser.php**«, »walser.pl« und »makewalser.php« von **textz.com/Project Gnutenberg**, meinem zweiten Beispiel, handelt es sich um »politische« und »literarische«[10] Software, genauer: um eine anticopyright-aktivistische Software, die als Reaktion auf einen der größten Literaturskandale in Deutschland nach 1945 geschrieben wurde. Die Dateibezeichnung »walser.php« ist dabei nicht nur eine ironische Anspielung auf das vom Suhrkamp Verlag zuerst per E-Mail versandte und dann wieder zurückgerufene »walser.pdf«, eine elektronische Vorabversion von Martin Walsers umstrittenem Roman, sondern es handelt sich hierbei um ein Perl-Skript, das aus dem 10.000 Zeilen umfassenden Quellcode[11] über einen entsprechenden Perl-Interpreter eine ASCII-Textversion von Walsers »Tod eines Kritikers« generieren kann. Während der in der Programmiersprache PHP geschriebene Quellcode selbst den Roman nicht in sicht- beziehungsweise lesbarer Form enthält und somit als freie Software unter der GNU General Public License frei distribuiert und modifiziert werden kann, darf er jedoch nur mit schriftlicher Genehmigung des Suhrkamp Verlages ausgeführt werden.[12]

Während das Experiment von **Espenschied/Freude** zu Filterung und Zensur von Interneteinhalten auf die relativ unbegrenzten Kontrollmöglichkeiten in beziehungsweise durch Software verweist, bietet »walser.php« eine praktikable Lösung zur Handhabung vor allem kommerzieller Restriktionen an, die die Informationsfreiheit im Internet durch Digitale Rechtekontrollsysteme (DRM) begrenzen wollen. Während »**insert_coin**« ein dystopisches Szenario in Form von manipulierter Software temporär in die Tat umsetzt, entwickelt textz.com mit »walser.php« genuin utopische »Gegenmaßnahmen in Form von Software«[13].

Diese beiden Projekte sind *generativ* im besten Sinne des Wortes. Und doch entsprechen weder »insert_coin« noch »walser.php« wirklich den Definitionen von ›generative art‹, die sich gegenwärtig vor allem im Designbereich finden. Der eingangs bereits zitierte Philip Galanter, der sicherlich zu den derzeit profiliertesten Theoretikern generativer Kunst

10 — Florian Cramer, »walser.php«, in: Olga Goriunova/Alexei Shulgin (Hg.), *Read_Me 2.3. Reader*, Helsinki 2003, S. 76–78, hier S. 76. 11 — Vgl. die Projektseite **textz.com**. 12 — Vgl. textz.com, »**Suhrkamp calls back walser.pdf, textz.com releases walser.php**«, o. J.; Michael Thomas, »**Tod einer Kritik. Walsers umstrittenes Buch als Perl-Script im Internet**«, in: *Telepolis*, 27.06.2002. Das Projekt »**pngreader**« funktioniert ähnlich, nur dass hier Texte in PNG-Bilddateien encodiert werden und somit frei distribuiert werden können.
13 — Florian Cramer in: Goriunova/Shulgin (2003), S. 76–78, hier S. 77 (Übersetzung IA).

gehört, definiert diese nämlich als einen Prozess, der zur Schaffung eines *abgeschlossenen Kunstwerkes* beiträgt. Auch Celestino Soddu, Direktor des Generative Design Lab an der Polytechnischen Universität Mailand und Organisator der Konferenzen »**Generative Art**«, beschreibt seinerseits generative Kunst als ein prozessuales Werkzeug, das dem Künstler oder Designer erlaubt, »eine sich permanent verändernde und unvorhersagbare Serie von Ereignissen, Bildern, industriellen Objekten, Architekturen, Musikwerken, Umgebungen und Kommunikationen«[14] zu synthetisieren. Der Künstler könne damit »unerwartete Variationen in die Entwicklung eines Projektes« hervorbringen und so eine »zunehmende Komplexität zeitgenössischer Objekte, Räume und Bedeutungen«[15] bewältigen. Auch auf der Website »**Codemuse.net**« wird generative Kunst als Prozess definiert, mit dessen Parametern man herumexperimentieren müsse, »bis die endgültigen Resultate ästhetisch gefallen und/oder irgendwie überraschend sind«.[16]

Generative Kunst beziehungsweise generative Gestaltung interessiert sich vor allem - wie in diesen Zitaten deutlich wird - für die *Resultate*, die von generativen Prozessen erzeugt werden. Software wird dabei als pragmatisch-generatives Werkzeug beziehungsweise Hilfsmittel zur Erzeugung eines (gestalterischen) Ergebnisses eingesetzt, ohne dabei jedoch selbst hinterfragt zu werden. Die von Software gesteuerten generativen Prozesse dienen hier primär der Vermeidung von Intentionalität und der Produktion unerwarteter, arbiträrer und unerschöpflicher Formenvielfalt. Sowohl die »**n_Gen Design Machine**« von **Move Design**, die zum »Read_Me«-Festival 2003 in Helsinki eingereicht wurde, als auch **Cornelia Sollfranks** »**net.art generator**«[17], der seit 1999 auf Knopfdruck Netzkunst generiert, verstehen sich dabei als ironische Kommentare zu solcherart (miss-)verstandenem generativem Design.[18]

»insert_coin« und »walser.php« gehen über eine solche Definition von generativer Kunst oder Gestaltung insofern hinaus, als sie sich im Vergleich zur stärker ergebnisorientierten generativen Gestaltung (und übrigens auch im Vergleich zu vielen interaktiven Installationen der 1990er Jahre, die die Software in ›Black Boxes‹ versteckten) eher für die *codierten Prozesse* interessieren, die bestimmte Resultate beziehungsweise Oberflächen generieren. Ihr Ziel ist nicht Gestaltung und Design, sondern die Befragung von Software und Code als Kultur - und von Kultur als implementiert in Software. Dazu entwickeln sie experimentelle Software, die sich als eigenständiges Werk beziehungs-

14 — Celestino Soddu, »**Generative Art and Architecture**«, Abstract, o. J. 15 — Ebd. 16 — Vgl. **Codemuse.net.** 17 — Vgl. Cornelia Sollfrank, »**Female Extension**« (1997). 18 — Vgl. Olga Goriunova/Alexei Shulgin, »n_Gen Design Machine«, in: Goriunova/Shulgin (2003), S. 66-67, hier S. 66. 19 — Florian Cramer/Ulrike Gabriel, »Software Art«, in: Andreas Broeckmann/Susanne Jaschko (Hg.), *DIY Media - Kunst und digitale Medien: Software - Partizipation - Distribution. transmediale.01*, Berlin 2001, S. 29-33, hier S. 33. 20 — Weitere wichtige Veranstaltungen waren bzw. sind die Ausstellung »**Kontrollfelder**« (Dortmund 2001), kuratiert von Andreas Broeckmann und Matthias Weiß; das von Olga Goriunova und Alexei Shulgin konzipierte Festival »**Read_Me**« (Moskau 2002, Helsinki 2003); die Ausstellungen »**Generator**« (GB 2002), kuratiert von Geoff Cox; »**CODeDOC**« (New York, Sept. 2002, kuratiert von Christiane Paul; »**I love you - computer_viren_hacker_kultur**« (Frankfurt/Main, 31.01.-05.02.2003) und das seit Januar 2003 bestehende Software Art Repository »**Runme**«. Auf den jeweiligen Webseiten der Projekte finden sich weitere Beispiele für Softwarekunst. Als zentrales historisches Eckdatum für eine noch zu schreibende Geschichte der Softwarekunst wäre das Jahr 1970 zu nennen, in dem gleich drei für diesen Kontext zentrale Events stattfanden: Die von Jack Burnham im Jewish Museum kuratierte Ausstellung »Software - Information Technology: Its New Meaning for Art«, die von Kynaston McShine kuratierte Ausstellung

weise Prozess - und nicht nur als Hilfsmittel zur Generierung arbiträrer Oberflächen - mit der technologischen, kulturellen oder sozialen Bedeutung von Software auseinandersetzt. Darüber hinaus geht es den VerfasserInnen von experimenteller Software sehr wohl um künstlerische Subjektivität, wie die Verwendung verschiedener Privatsprachen zeigt, und weniger um den Nachweis einer wie auch immer gearteten maschinellen Kreativität: »Code can be diaries, poetic, obscure, ironic or disruptive, defunct or impossible, it can simulate and disguise, it has rhetoric and style, it can be an attitude«[19], so die emphatische Definition von Florian Cramer und **Ulrike Gabriel**, beide Mitglieder der transmediale-Jury 2001.

/

»Software art« 19/004

Der Begriff Softwarekunst wurde 2001 erstmalig von dem Berliner Medienkunstfestival transmediale definiert[20] und als Wettbewerbskategorie eingeführt.[21] Softwarekunst, die von anderen AutorInnen auch als »experimentelle«[22] oder »spekulative Software«[23] sowie als »nicht-pragmatische« und »nicht-rationale«[24] Software bezeichnet wird, umfasst nach der von der transmediale-Jury formulierten Definition Projekte, deren wesentliches künstlerisches Material Programmcode ist oder die sich mit dem kulturellen Verständnis von Software auseinandersetzen. Softwarecode wird hier nicht als pragmatisch-funktionales Werkzeug zur Bedienung der ›eigentlichen‹ künstlerischen Arbeit verstanden, sondern als generatives Gestaltungsmaterial maschineller und sozialer Prozesse. Softwarekunst kann dabei das Resultat einer autonomen und formalen kreativen Praxis sein, sie kann sich aber auch kritisch und collagierend auf existierende Software und die technologische, kulturelle oder soziale Bedeutung von Software beziehen.[25]

Der Unterschied zwischen Softwarekunst und generativer Gestaltung erinnert dabei interessanterweise an die Differenz zwischen Softwarekunst ab Ende der 1990er Jahre und früher Computerkunst der 1960er Jahre. Arbeiten aus dem Bereich der Softwarekunst »sind [dabei] keine Kunst, die *mit dem Computer geschaffen* wurde«, so fasst Tilman Baumgärtel in seinem Artikel »**Experimentelle Software**« den Unterschied zusammen, »sondern Kunst, die im Computer stattfindet; keine Software, die von Künstlern programmiert wurde, um *autonome Kunstwerke hervor[zu]bringen*, sondern *Software, die selbst das Kunstwerk ist.* Bei diesen Programmen ist *nicht das Resultat entscheidend*, sondern der

»**Information**« im MoMA in New York sowie die Gründung der Zeitschrift »**Radical Software**« durch Beryl Korot, Phyllis Gershuny und Ira Schneider. 21 — Für ein frühes, programmatisches Konzeptpapier über Softwareprogrammierung und Kunst vgl. Geoff Cox/Alex McLean/Adrian Ward, »**The Aesthetics of Generative Code**«, University of Plymouth/London 2000. Der Versuch einer formalen Definition und historischen Archäologie von Softwarekunst anhand literarischer und künstlerischer Beispiele findet sich bei Florian Cramer in »**Concepts, Notations, Software, Art**«, 23.03.2002, Netzpublikation des Seminars für Allgemeine und Vergleichende Literaturwissenschaft Berlin. 22 — Tilman Baumgärtel, »**Experimentelle Software. Zu einigen neueren Computerprogrammen von Künstlern**«, in: *Telepolis*, 28.10.2001. 23 — Matthew Fuller z. B. unterscheidet »kritische«, »soziale« und »spekulative Software«: »**Behind the Blip: Software as Culture**«, in: *nettime*, 07.01.2002. 24 — Olga Goriunova und Alexei Shulgin definieren »künstlerische Software« als »nicht-pragmatisch« und »nicht-rational«: »[...] if conventional programs are instruments serving purely pragmatic purposes, the result of the work of artistic programs often finds itself outside of the pragmatic and the rational.« Olga Goriunova/Alexei Shulgin, »**Artistic Software for Dummies and, by the way, Thoughts About the New World Order**«, in: *nettime*, 26.05.2002. 25 — Vgl. die **Ausschreibung der transmediale.04**. Zum Thema →

Prozess, den sie im Rechner (und auf dessen Monitor) auslösen«[26]. Zwar steht die Computerkunst der 1960er Jahre mit ihrer Favorisierung der Idee vor der Realisation der Konzeptkunst nahe. Dennoch denkt sie diesen Prozess nicht konsequent zu Ende: Mit ihren auf Plottern und Nadeldruckern auf Papier ausgegebenen Arbeiten betonte sie das finale Produkt, aber nicht das Programm beziehungsweise den Prozess, der dieses Werk hervorgebracht hatte.[27] In der aktuellen Softwarekunst kehrt sich dieses Verhältnis jedoch um: Hier geht es »ausschließlich um den Prozess, der durch den Einsatz dieser Programme ausgelöst wird. Während die Computerkunst der 1960er und 1970er Jahre die Vorgänge im Computer nur als Methode, nicht als eigenes Werk betrachtete, den Rechner als eine Art ›Black Box‹ behandelte, und die Vorgänge in seinem Inneren verschleierte, wollen die Software-Projekte der Gegenwart genau diese Vorgänge thematisieren, sie transparent machen und zur Diskussion stellen«[28]. Für eine (durchaus polemische) Gegenüberstellung von generativer Gestaltung und Softwarekunst siehe das zusammenfassende Schema. (Siehe rechte Seite.) →

→ Software Art vgl. aktuell auch die **Podiumsdiskussion** während der transmediale.03 (Künstlerhaus Bethanien, 04.02.2003) sowie Goriunova/Shulgin (2003). 26 — Tilman Baumgärtel, »**Experimentelle Software. Zu einigen neueren Computerprogrammen von Künstlern**«, in: *Telepolis*, 28.10.2001 [Hervorh. I.A.]. 27 — Typisch in diesem Kontext sind auch die Arbeiten der so genannten ›Algorists‹, deren Mitbegründer Roman Verostko war. Vgl. dazu Roman Verostko, »**Epigenetic Painting: Software As Genotype, A New Dimension of Art**« (1988); Roman Verostko, »Epigenetic Art Revisited: Software as Genotype«, in: Christine Schöpf/Gerfried Stocker (Hg.), *Ars Electronica 2003: Code - The Language of Our Time*, Ostfildern 2003, S. 156–167. Hier finden sich Formulierungen wie: »Der bezeichende Charakter jeder fertigen Arbeit leitet sich vom ›form-

Generative Kunst, generative Gestaltung [29]	**Softwarekunst**
Fokus auf *Oberfläche* (Phänotext), die von generativem Prozess erzeugt wird (›*Black-Box*-Problem‹)	Fokus auf generativen *Prozess* (hervorgerufen durch *Genotext*), der evtl. Oberflächen erzeugt
Software als pragmatisches/ neutrales *Tool* zur Erzeugung eines (gestalterischen) Ergebnisses; das Tool selbst wird jedoch nicht hinterfragt	Software als *Kultur*, die auf ihre ästhetischen und politischen Subtexte befragt wird; Software selbst kann ›experimentell‹, ›nicht-pragmatisch‹ sein
Software als *pragmatisch-generatives Hilfsmittel*	Software als *eigenständiges (experimentelles) Werk*

Effizienter Code
// Programmier›kunst‹ wird oft
gerade deshalb als ›elegant‹ oder
›ästhetisch‹ bezeichnet, weil
sie eine besonders knappe und
speichersparende pragmatische
Lösung für ein Problem entwickelt.[30]
	Code als *Verschwendung* (möglicherweise)
	// Nutzloser, verschwenderischer Code,
	extensiv wuchernder,
	bewusst ›anti-eleganter‹ und
	›experimenteller‹ Code
	// aber auch
	›knapper‹ Code

Einsatz generativer Prozesse zur *Negation von Intentionalität*	»Software artists [...] seem to conceive of generative systems not as negation of intentionality, but as balancing of randomness and control. [...] Far from being simply art for machines, *software art is highly concerned with artistic subjectivity* and its reflection and extension into generative systems.«[31]
Faszination des *Generativen*	Thematisierung der *Performativität* des Code

gebenden Ablauf‹ oder ›Algorithmus‹ ab, der als Genotypus fungiert. Daher könnte man auch sagen, dass das Endprodukt eine Epiphanie oder Manifestierung seines Erzeugers, des Codes, darstellt. Für mich ist jede Arbeit der feierliche Ausdruck ihres Codes [...].« 28 — Baumgärtel (2001). 29 — Die für generative Kunst bzw. generative Gestaltung aufgeführten Eigenschaften gelten zum Teil auch für die Computerkunst der 1960er Jahre und viele interaktive Installationen der 1990er Jahre. 30 — Hier geht es um ›schöne Algorithmen‹. Vgl. dazu Donald Knuth, *The Art Of Computer Programming: Vol. 1, Fundamental Algorithms*, Reading, MA, 1997. 31 — Florian Cramer / Ulrike Gabriel, zit. n. Andreas Broeckmann, »On Software as Art«, in: *Sarai Reader 2003: Shaping Technologies*, New Delhi 2003, S. 215-218, hier S. 216 [Hervorh. I.A.].

19./006 Performativität des Code vs. Faszination des Generativen

Oder: »Code has to do something even to do nothing, and it has to describe something even to describe nothing.« [32]

Das gegenwärtige Interesse an Software ist dabei, so meine These, nicht nur auf eine Faszination mit dem generativen Aspekt von Software zurückzuführen, also auf die Fähigkeit des Erzeugens und Hervorbringens im rein technischen Sinne. Von Interesse für die AutorInnen dieser Projekte ist vielmehr etwas, das ich die *Performativität* des Codes nennen möchte - also seine Wirkmächtigkeit im Sinne der Sprechakttheorie, die nicht nur als eine rein technische zu verstehen ist, das heißt, nicht nur im Kontext eines abgeschlossenen technischen Systems stattfindet, sondern ebenso Auswirkungen auf den Bereich des Ästhetischen, des Politischen und des Gesellschaftlichen hat. Softwarekunst interessiert sich im Gegensatz zu generativer Kunst eher für die ›Performanz‹ als die ›Kompetenz‹, eher für die »parole« als die »langue«[33] - in unserem Zusammenhang sind damit die jeweiligen Aktualisierungen beziehungsweise konkreten Realisierungen und Auswirkungen im Kontext zum Beispiel gesellschaftlicher Systeme gemeint und nicht ›nur‹ innerhalb abstrakt-technischer Regelsysteme. In beiden oben genannten Beispielen ist das Generative zutiefst politisch - aber eben genau weil die versteckte Veränderung bestehender Texte (im Fall von **»insert_coin«**) beziehungsweise die Extrahierung eines urheberrechtlich geschützten Textes aus einem Perl-Skript (im Fall von **»walser.php«**) *nicht im Kontext technisch-funktionaler Systeme, sondern im Kontext der zunehmend auf diese technischen Grundlagen angewiesenen gesellschaftlichen Systeme* brisant sind.

Zunächst ist da jedoch, wie auch Friedrich Kittler bestätigt, die Faszination mit der generativen Potenz des Code: »Codes [heißen] einzig Alphabete im Wortsinn der modernen Mathematik [...], eindeutige und abzählbare, ja, möglichst kurze Folgen von Symbolen also, die dank einer Grammatik mit der unerhörten Fähigkeit begabt sind, sich gleichwohl selbst unendlich zu vermehren: Semi-Thue-Gruppen, Markowketten, Backus-Naur-Formen usw. Das und nur das unterscheidet solche modernen Alphabete vom vertrauten, das unsere Sprachen ja zwar auseinanderlegte und Homers Gesänge schenkte, aber keine Technikwelt zum Laufen bringt wie heutzutage Computercode.«[34] Auch Florian Cramer, **Ulrike Gabriel** und **John F. Simon Jr.** interessieren sich insbesondere für die Algorithmen - »de[n] eigentliche[n] Code, der erzeugt, was man sehen, hören und spüren wird«[35]. Für sie ist der »vielleicht faszinierendste Aspekt der Computertechnik«, dass Code - ob als Textfile oder Binärzahl - maschinell ausführbar wird: »Ein harmloses Stück Text kann das System stören, verändern oder gar abstürzen lassen.«[36] Programmcode als »codierte Performativität«[37] hat zudem unmittelbare, auch politische Konsequenzen auf die virtuellen Räume, in denen wir uns zunehmend bewegen: Hier ist der Code Gesetz, »Code is Law«[38].

32 — Rob Myers, **»Re: ›Code as Art‹ Digest [from the PD-List]«**, in: *[eu-gene]*, 04.01.2004. 33 — Die Unterscheidung von Kompetenz und Performanz geht auf die generative Transformationsgrammatik von Noam Chomsky zurück, vgl. *Aspects of the Theory of Syntax*, Cambridge, MA., 1965; die zwischen »langue« und »parole« auf Ferdinand de Saussure, *Cours de linguistique générale* [1916], Paris 1967. 34 — Friedrich Kittler, **»Code oder wie sich etwas anders schreiben lässt«**, in: Schöpf/ Stocker (2003), S. 15-19, hier S. 18. 35 — Jurystatement **»Software«**, transmediale.01, Berlin 2001. 36 — Ebd. 37 — Reinhold Grether, **»The Performing Arts in a New Era«**, in: *Rohrpost*, 26.07.2001. 38 — Lawrence Lessig, **»Code and other Laws of Cyberspace«**, New

/

Programmiercodes als performative Texte 19/007

Letztendlich ist der Computer nicht das *Bildmedium*, als das er gerne beschrieben wird, sondern essentiell ein *Schriftmedium*, an das alle möglichen audiovisuellen Ausgabemedien anschließbar sind.[39] Multimediale, dynamische Oberflächen werden durch ihnen zugrundeliegende (Programmier-)Texte generiert. Es reicht daher nicht aus, hinsichtlich der »Oberflächeneffekte der Software« - also der dynamischen Datenpräsentationen durch Inszenierung von Information und Animation - von einem »›performative turn‹ graphischer Benutzerschnittstellen«[40] zu sprechen, denn diese Sichtweise bleibt zu sehr einer unterstellten Performativität eben jener Oberflächen verhaftet. Vielmehr sollte man bei der Betrachtung von Software- und Netzkunstprojekten (wie auch von Software allgemein) von mindestens zwei Texten ausgehen: einem *Phäno-* und einem *Genotext*. Die Oberflächeneffekte des Phänotextes, zum Beispiel sich bewegende Texte, werden durch andere, unter den Oberflächen liegende *effektive* Texte, den Programmcodes oder Quelltexten, hervorgerufen und gesteuert. Programmcode zeichnet sich dadurch aus, dass in ihm *Sagen* und *Tun* zusammenfallen, Code als handlungsmächtiger »illokutionärer« Sprechakt (siehe unten) also keine Beschreibung oder Repräsentation von etwas ist, sondern direkt affiziert, in Bewegung setzt, Effekte zeitigt.[41]
Friedrich Kittler verweist in diesem Zusammenhang auf den doppeldeutigen Begriff der ›Kommandozeile‹, ein Zwitterwesen, das heute in den meisten Betriebssystemen durch grafische Benutzeroberflächen fast vollkommen verdrängt worden ist. Noch vor 20 Jahren waren jedoch alle Benutzerschnittstellen und Editoren kommandozeilenorientiert beziehungsweise man konnte zwischen verschiedenen Modi hin- und herwechseln. Während im Textmodus die Return-Taste zu einem Zeilenwechsel führt, verwandeln sich eingegebene Texte plus Return-Taste im Kommandozeilenmodus in potentielle Befehle: »Im Computer [...] fallen, sehr anders als in Goethes ›Faust‹, Wort und Tat zusammen. Der säuberliche Unterschied, den die Sprechakttheorie zwischen Erwähnung und Gebrauch, zwischen Wörtern mit und ohne Anführungszeichen gemacht hat, ist keiner mehr. Kill im Kontext literarischer Texte sagt nur, was das Wort besagt, kill im Kontext der Kommandozeile dagegen tut, was das Wort besagt, laufenden Programmen oder gar dem System selbst an.«[42]

/

»How to Do Things with Words« 19/008

In einer Reihe von Vorlesungen, die John Langshaw Austin (1911-1960) 1955 an der Harvard University unter dem Titel »How To Do Things With Words«[43] hielt, führte er den bahnbrechenden Gedanken aus, dass sprachliche Äußerungen keineswegs nur dem Zweck dienen, einen Sachverhalt zu beschreiben oder eine Tatsache zu behaupten,

York 1999. 39 — Vgl. dazu Florian Cramer, »**Für eine Textwissenschaft des Digitalen**«, Vortrag auf dem Germanistentag in Erlangen, 01.10.2001. 40 — Peter Matussek, »**Performing Memory. Kriterien für einen Vergleich analoger und digitaler Gedächtnistheater**«, in: *Paragrana 10* (2001), H. 1, S. 291-320. 41 — Vgl. dazu ausführlich Inke Arns, »Texte, die (sich) bewegen: zur Performativität von Programmiercodes in Netzkunst und Software Art«, in: Inke Arn u. a. (Hg.), *Kinetographien*, Bielefeld 2004. 42 — Friedrich Kittler, »Die Schrift des Computers. A License to Kill«, Berlin, S. 2 [undatiertes Typoskript]. 43 — John Langshaw Austin, *How to Do Things with Words*, Oxford 1962 (dt.: Zur *Theorie der Sprechakte*, Stuttgart 1979).

sondern dass mit ihnen stets Handlungen vollzogen werden. »Was Sprecher von Sprachen intuitiv immer schon gewußt und praktiziert haben«, so schreibt Erika Fischer-Lichte, »wurde hier von der Sprachphilosophie zum ersten Mal formuliert: dass Sprache nicht nur eine referentielle Funktion erfüllt, sondern immer auch eine performative«[44]. Austins Sprechakttheorie begreift Sprechen also grundsätzlich als Handeln und beobachtet dabei ein Sprechen, das nicht erst durch seine Wirkung effektiv ist, sondern bereits durch sich selbst. Genau hier trifft sich die Sprechakttheorie mit der unterstellten Performativität des Code: »[...] wenn ein Wort nicht nur etwas benennt, sondern etwas performativ herbeiführt und zwar genau das, was es benennt«[45].

Austin unterscheidet in allen Sprechakten drei verschiedene linguistische Akte. Den »lokutionären Akt« bestimmt er als den propositionalen Gehalt, der wahr oder falsch sein kann. Er soll uns in diesem Zusammenhang nicht weiter interessieren. »Illokutionäre Akte« sind Handlungen, die kraft der Worte ausgeführt werden. Sie sind dadurch bestimmt, dass jemand, indem er etwas sagt, gleichzeitig etwas tut (die Aussage des Richters »Ich verurteile Sie« ist keine Absichtserklärung, sondern ein Tun). Bezeichnung und Ausführung fallen zusammen: Indem die Bezeichnung »geäußert wird, führt sie selbst eine Tat aus«[46]. Illokutionäre Sprechakte rufen also Effekte hervor und können gelingen beziehungsweise misslingen, je nachdem, ob bestimmte extralinguistische Konventionen erfüllt sind. »Perlokutionäre Akte« sind dagegen solche Äußerungen, die eine Kette von Folgen auslösen. Das Sagen und die hervorgerufenen Wirkungen fallen zeitlich nicht zusammen. Wie Judith Butler bemerkt, sind die »Folgen nicht dasselbe wie der Sprechakt, sondern eher die Ergebnisse oder das ›Nachspiel‹ der Äußerung«[47]. Sie bringt diesen Unterschied auf folgende prägnante Formel: »Während illokutionäre Akte sich mittels Konventionen vollziehen, vollziehen sich perlokutionäre Akte mittels Konsequenzen. Diese Unterscheidung beinhaltet also, dass illokutionäre Sprechakte ohne zeitlichen Aufschub Effekte hervorrufen, dass hier das ›Sagen‹ dasselbe ist wie das ›Tun‹ und dass beide gleichzeitig erfolgen.«[48] Insofern, als hier ›Sagen‹ und ›Tun‹ zusammenfallen, ließen sich also Programmiercodes als illokutionäre Sprechakte bezeichnen.

Sprechakte können nach Austin auch Handlungen sein, ohne jedoch unbedingt effektiv sein zu müssen (das heißt, ›glücken‹ zu müssen). Scheitern oder missglücken diese Handlungen, stellen sie verfehlte performative Äußerungen dar. Ein Sprechakt ist, auch wenn er sprachliches Handeln ist, also nicht immer ein *effektiver* Akt. »Eine geglückte performative Äußerung ist [jedoch] dadurch definiert«, so Judith Butler, »dass ich die Handlung nicht nur ausführe, sondern damit eine bestimmte Kette von Effekten auslöse«[49]. Programmiercodes machen, ganz pragmatisch betrachtet, nur als geglückte performative Äußerungen Sinn; lösen sie keine Effekte aus (egal, ob diese erwünscht oder unerwünscht sind), sind sie nicht ausführbar, sind sie schlicht und ergreifend überflüssig. Code macht im Kontext von funktional-pragmatischer Software nur als ausführbarer Code Sinn.[50]

44 — Erika Fischer-Lichte, »Auf dem Weg zu einer performativen Kultur«, in: *Paragrana* 7 (1998) 1, S. 13-29. 45 — Judith Butler, *Hass spricht. Zur Politik des Performativen*, Berlin 1998, S. 67. 46 — Ebd. 47 — Ebd., S. 31. 48 — Ebd., S. 31f. 49 — Ebd., S. 31. 50 — Innerhalb der Softwarekunst macht jedoch durchaus auch, wie bereits erwähnt, nicht-ausführbarer Code Sinn. 51 — Reinhold Grether, »The Performing Arts in a New Era«, in: *Rohrpost*, 26.07.2001. 52 — Lawrence Lessig, in: »futurezone.orf.at: Stalin & Disney - Copyright

19/009

Code als Mobilisierungs- und/oder Immobilisierungssystem

Code wirkt sich jedoch nicht nur auf die Phänotexte, also die grafischen Benutzeroberflächen aus. »Codierte Performativität«[51] hat genauso unmittelbare, auch politische Auswirkungen auf die virtuellen Räume (unter anderem des Internets), in denen wir uns zunehmend bewegen: »Programmcode«, so der amerikanische Jurist Lawrence Lessig, »tendiert immer mehr dazu, zum Gesetz zu werden«[52]. Heute werden Kontrollfunktionen direkt in die Architektur des Netzes, also seinen Code, eingebaut. Diese These stellt Lessig in »Code and Other Laws of Cyberspace« (1999) auf. Am Beispiel des Online-Dienstes AOL macht Lessig eindringlich klar, wie die AOL-Architektur mithilfe des sie bestimmenden Codes zum Beispiel jegliche Form von virtueller ›Zusammenrottung‹ verhindert und eine weitgehende Kontrolle der Nutzer erlaubt. Unterschiedliche Codes erlauben unterschiedliche Grade von Bewegung(sfreiheit): »Die Entscheidung für einen bestimmten Code ist«, so Lessig, »auch eine Entscheidung über die Innovationen, die der Code zu fördern oder zu hemmen imstande ist«[53]. Insofern mobilisiert beziehungsweise immobilisiert der Code seine Benutzer.

Dieser wirkmächtige Code bleibt jedoch unsichtbar - **Graham Harwood** bezeichnet diese ›unsichtbare Welt‹ daher auch als »invisible shadow world of process«[54]. In diesem Sinne könnte man von der Gegenwart als von einem ›postoptischen‹ Zeitalter sprechen, in dem der Programmcode - den man in Anlehnung an Walter Benjamin auch als ›Post-optisch-Unbewusstes‹ bezeichnen könnte - zum ›Gesetz‹ wird. Den Begriff des ›Postoptischen‹ habe ich in Auseinandersetzung mit dem Konzept der Ausstellung **»Ctrl_Space«** entwickelt, die 2000-2001 am ZKM in Karlsruhe gezeigt wurde. Diese Ausstellung, die sich ganz dem Benthamschen *panoptisch-visuellen* Paradigma widmete, stellte die problematische (und hier polemisch formulierte) These auf, dass Überwachung heutzutage nur stattfinden würde, wenn eine Kamera anwesend sei - angesichts der schon heute praktizierten unterschiedlichen Formen von ›Dataveillance‹ eine überholte Definition. Der Begriff des ›Postoptischen‹ bezeichnet dagegen all die digitalen Datenströme und (programmierten) Kommunikationsstrukturen und -architekturen, die mindestens ebenso gut zu überwachen sind, aber nur zu einem kleinen Teil aus visuellen Informationen bestehen.[55]

Walter Benjamin definierte das »Optisch-Unbewusste« in seiner »Kleinen Geschichte der Photographie« als eine unbewusste visuelle Dimension der materiellen Welt, die normalerweise vom gesellschaftlichen Bewusstsein des Menschen herausgefiltert wird und somit unsichtbar bleibt, die aber durch den Einsatz mechanischer Aufnahmetechniken (Fotografie und Film: Zeitlupen, Vergrößerungen) sichtbar gemacht werden kann: »Es ist ja eine andere Natur, welche zur Kamera als welche zum Auge spricht; anders vor allem so, dass an die Stelle eines vom Menschen mit Bewusstsein durchwirkten Raums

killt das Internet«, in: *Rohrpost*, 30.05.2000. 53 — Lawrence Lessig, **»Die Architektur der Kontrolle: Internet und Macht«**, in: *Transit/Eurozine*, 28.10.2000. 54 — Graham Harwood, »Speculative Software«, in: Broeckmann/Jaschko (2001), S. 47-49, hier S. 47. 55 — Vgl. dazu auch Timothy Druckrey, »Secreted Agents, Security Leaks, Immune Systems, Spore Wars ...«, in: Ursula Frohne/Thomas Y. Levin/Peter Weibel (Hg.), *Ctrl_Space. Rhetorics of Surveillance from Bentham to Big Brother*, ZKM Karlsruhe, Cambridge, MA, 2002, S. 150-157.

ein unbewusst durchwirkter tritt. Ist es schon üblich, dass einer, beispielsweise, vom Gang der Leute, sei es auch nur im groben, sich Rechenschaft gibt, so weiß er bestimmt nichts mehr von ihrer Haltung im Sekundenbruchteil des ›Ausschreitens‹. Die Photographie mit ihren Hilfsmitteln: Zeitlupen, Vergrößerungen erschließt sie ihm. Von diesem Optisch-Unbewussten erfährt er erst durch sie, wie von dem Triebhaft-Unbewussten durch die Psychoanalyse.«[56] Analog zu Benjamins Definition des Optisch-Unbewussten könnte man heute vielleicht im Computer von der Existenz eines normalerweise durch die grafischen Oberflächen verdeckten ›Postoptisch-Unbewussten‹ sprechen, das es mittels einer geeigneten Apparatur sichtbar zu machen gilt.[57] Dieses ›Postoptisch-Unbewusste› wäre als der den Oberflächen zugrundeliegende Programmiercode zu verstehen, der als codierte Performativität, als algorithmischer Genotext und Tiefenstruktur eben jene für uns sichtbaren Oberflächen generiert, dabei aber für das menschliche Auge selbst meist unsichtbar bleibt.

/

19/010 **Fokus auf eine unsichtbare Performativität**

Viele künstlerische und netzaktivistische Projekte, die sich seit Ende der 1990er Jahre mit der Politik elektronischer Datenräume (wie zum Beispiel des Internets) befassen, setzen daher direkt auf dem Code auf und zielen darauf ab, diese technischen Strukturen der *Transparenz* zu entreißen. KünstlerInnen und NetzaktivistInnen machen mit teils spektakulären Projekten auf die Existenz einer umkämpften Datensphäre im Internet aufmerksam (»**Toywar**«-Plattform), bauen private ECHELON-Systeme (»**Makrolab**« von **Projekt Atol/Marko Peljhan**), entwickeln Werkzeuge zur Verwischung der eigenen Spuren im Internet (»**Tracenoizer**« von **LAN**) und thematisieren die zunehmende Einschränkung des öffentlichen Raumes durch Privatisierung von Telekommunikationsinfrastrukturen (»**Minds of Concern: Breaking News**«[58] von **Knowbotic Research**). Während ›Transparenz‹ im alltäglichen Verständnis eigentlich für Übersichtlichkeit, Klarheit und für Kontrollierbarkeit durch Einsehbarkeit steht, bedeutet der Begriff in der Informatik das genaue Gegenteil, nämlich Durchsichtigkeit, Unsichtbarkeit und *Information Hiding*. Ist ein System (zum Beispiel eine Oberfläche oder ein Graphical User Interface) ›transparent‹, so bedeutet das, dass es für den Benutzer nicht erkenn- oder wahrnehmbar ist. Während dieses *Information Hiding* im Sinne einer Komplexitätsreduktion in vielen Fällen sinnvoll ist, kann es den Benutzer jedoch zugleich in einer falschen Sicherheit wiegen, denn es suggeriert durch seine Unsichtbarkeit eine direkte Sicht auf etwas, eine durch nichts gestörte Transparenz, an die zu glauben natürlich

56 — Walter Benjamin, »Kleine Geschichte der Photographie«, in: ders., *Das Kunstwerk im Zeitalter seiner technischen Reproduzierbarkeit*, Frankfurt/Main 1977, S. 45-63, hier S. 50. 57 — Einschränkend muss man sagen, dass Benjamins »Optisch-Unbewusstes« Phänomene unterhalb der menschlichen Wahrnehmungsschwelle bezeichnet, die von dieser zwecks Komplexitätsreduktion ausgeblendet werden müssen. Das heutige ›Postoptisch-Unbewusste‹ bezeichnet jedoch Programmiercodes, die bewusst verborgen werden, sei es zum Zwecke der Komplexitätsreduktion oder aber zu Zwecken der Schließung und Privatisierung. 58 — Als Teil des Ausstellungsprojektes »**Open_Source_Art_Hack**«, The New Museum, New York, 03.05.-30.06.2002. 59 — Vgl. Inke Arns, »Netzkulturen im postoptischen Zeitalter«, in: Sigrid Schade/Georg-Christoph Tholen (Hg.), *SchnittStellen*, Basel 2004; Inke Arns, »Art Will Be Code, Or It Will Not Be: Medien- und Netzkunst im postoptischen Zeitalter«, Heinrich-Böll-Stiftung (Hg.), »**Save Privacy. Grenzverschiebungen im digitalen Zeitalter**«, Berlin

Unsinn wäre: »Far from being a transparent window into the data inside a computer, the interface brings with it strong messages of its own.«[60] Um diese ›Message‹ sichtbar zu machen, gilt es, die Aufmerksamkeit auf die Fensterscheibe selbst zu lenken. So wie sich durchsichtige Glasfronten von Gebäuden auf Knopfdruck in milchige, halbtransparente Flächen verwandeln und damit sichtbar gemacht werden können,[61] so gilt es auch informationstechnische, postoptische Strukturen der *Transparenz* zu entreißen. In den Kommunikationsnetzen ginge es analog dazu darum, die Strukturen ökonomischer, politischer, gesellschaftlicher Machtverteilungen opak werden zu lassen und so wahrnehmbar zu machen. Letztendlich geht es um die Rückführung des informatisch definierten Begriffs der Transparenz (= Durchsichtigkeit des Interface, *Information Hiding*) in seine ursprüngliche Bedeutung von Übersichtlichkeit, Klarheit und Kontrollierbarkeit durch Einsehbarkeit.[62]

/

Codeworks: »M @ z k ! n 3 n . k u n z t . m2cht . fr3!« 19/011

Arbeiten aus dem Bereich der Softwarekunst richten ihre Aufmerksamkeit auf den Code selbst, auch wenn dieser nicht immer explizit offen gelegt oder in den Vordergrund gestellt wird. Softwarekunst macht auf die ästhetischen und politischen Subtexte scheinbar neutraler technischer Befehlsabfolgen aufmerksam. Das sicherlich »radikalste Verständnis von Computercode als künstlerischem Material«[63] zeigt sich dabei in den so genannten ›Codeworks‹[64] und ihrer künstlerisch(-literarischen) Auseinandersetzung mit Programmiercode. Diese Codeworks benutzen formalen ASCII-Instruktionscode beziehungsweise dessen Ästhetik, ohne jedoch auf die von ihm geschaffenen Oberflächen und multimedialen grafischen Benutzerinterfaces zu rekurrieren. Die Arbeiten von **Jodi**, **Netochka Nezvanova** und **mez**[65], die in diesem Kontext vorgestellt werden, rufen so die Existenz eines normalerweise durch die grafischen Oberflächen verdeckten, unsichtbaren ›Postoptisch-Unbewussten‹ ins Gedächtnis.

Die australische Netzkünstlerin mez[66] (Mary-Anne Breeze) und die anonyme Netzentität Netochka Nezvanova (auch bekannt unter den Pseudonymen nn, antiorp und Integer) produzieren seit einiger Zeit neben hypertextuellen Arbeiten und Software zur Echtzeit-Manipulation von Videobildern einfache Textarbeiten, die sie meist in Form von E-Mails an Mailinglisten wie **nettime**, **Spectre**, **Rhizome**, **7-11** oder **Syndicate** versenden. Sieht man von Attachments und vom zunehmenden Einsatz von HTML-Text ab, erlaubt das Textmedium E-Mail nur die Verwendung von reinem ASCII-Text und ist (technologisch) dementsprechend begrenzt. mez und antiorp haben jedoch jeweils eigene

2002, S. 62–66; Inke Arns, *Netzkulturen*, Hamburg 2002. 60 — Lev Manovich, *The Language of New Media*, Cambridge/MA, 2001, S. 65. 61 — Auf diese Fläche können dann per Rückprojektion Bilder projiziert werden. Zu besichtigen z. B. auf der Fassade der ehemaligen **VEAG**- heute Vattenfall-Zentrale in der Chausseestraße in Berlin-Mitte. 62 — Vgl. dazu Inke Arns, »Netzkulturen im postoptischen Zeitalter«, in: Schade/Tholen (2004). 63 — Florian Cramer, »Exe.cut[up]able statements: Das Drängen des Codes an die Nutzeroberflächen«, in: Schöpf/Stocker (2003), S. 104–109, hier S. 104. 64 — Vgl. dazu Alan Sondheim, »**Codework**«, in: *American Book Review*, Vol. 22, Issue 6 (Sept./Okt. 2001). 65 — Vgl. auch Florian Cramers »›**nettime**‹ **unstable digest**« im *nettime*-Archive. 66 — Weitere Pseudonyme sind: data[h!]bleeder, ms post modemism, mezflesque.exe, ova.kill, net.w]|ho][urker, Purrsonal Areah Netwurker.

Sprachen und Schreibstile entwickelt: mez bezeichnet ihren Stil als »**M[ez]ang.elle**«, während Netochka Nezvanova (Integer) ihn »**Kroperom**« oder »KROP3ROM|A9FF« nennt.

Bei beiden handelt es sich um künstlerische Appropriationen von Programmiercode. Der Programmiersprachen-Unkundige kann in dieser zeitgenössischen Mailart, die den Anschein erweckt, als ob eine Datei von einer Software fehlerhaft und unleserlich formatiert oder dekodiert worden wäre, nicht viel mehr als unverständlichen Datenmüll erkennen. Denjenigen, die sich auf dem Gebiet von Quellcodes und Programmiersprachen als Halbliterat erweisen, wird dagegen durchaus klar, dass hier Computercodes und Programmiersprachen verwendet und appropriiert werden. Ambivalent bleibt jedoch der Status dieser Sprachen beziehungsweise Sprachfetzen: Er oszilliert in der Wahrnehmung des Rezipienten zwischen unterstellter Ausführbarkeit, also Funktionalität, und Nicht-Ausführbarkeit - Dysfunktionalität - des Codes, kurz: zwischen signifikanter Information und asignifikantem Rauschen. Abhängig vom Kontext werden sinnlose Zeichenfolgen plötzlich zu interpretier- und ausführbaren Befehlen oder, vice versa, performative Programmiercodes zu redundantem Datenmüll.

//

19/012 *mez*

Die von mez selbst erfundene Kunstsprache »**M[ez]ang.elle**« ist »an Computer-Programmiersprachen geschult [...], ohne aber in strikter Befehlssyntax geschrieben zu sein«[67]. In ihr vermischen sich ASCII Art und Pseudo-Programmcode. »Wie die portmanteau words von Lewis Carroll und James Joyce«, so schreibt Florian Cramer, »verschachteln sich die Wörter der mezangelle doppel- und mehrdeutig ineinander. Die rechteckigen Klammern sind Programmiersprachen und gängigen Notationen der Booleschen Algebra entlehnt, in denen sie mehrere Zeichen gleichzeitig referenzieren, also Vieldeutigkeit beschreiben«[68]. mez lässt in ihrer Sprache die einzelnen Worte physisch zu Kreuzungspunkten unterschiedlicher Bedeutungen werden - wir haben es hier sozusagen mit einer materiell in den linearen Text implementierten Vielstimmigkeit oder Polysemie zu tun, oder, um mit Lacan zu sprechen, mit einer realisierten »Vertikale« eines Punktes[69], also einer gleichzeitigen Anwesenheit verschiedener Potentialitäten in ein und demselben Wort: »mez introduces the hypertext principle of multiplicity into the word itself. Rather than produce alternative trajectories through the text on the hypertext principle of ›choice‹, here they co-exist within the same textual space.«[70] Texte von mez treten in ein unendliches Schillern von Bedeutungen ein, die prinzipiell nicht festlegbar sind. Diese Polysemie ist, und darauf weist Florian Cramer hin, wie in vielen Texten von mez, auch eine der Geschlechter: »›fe[male]tus‹ liest sich simultan als ›Fötus‹, ›weiblich‹ und ›männlich‹. Andere Wörter greifen die Syntax von Dateinamen und Verzeichnisbäumen sowie die Zitierkonventionen von E-Mail und Chats auf.«[71]

67 — Florian Cramer, »sub merge {my $enses. ASCII Art, Rekursion, Lyrik in Programmiersprachen«, in: H. L. Arnold/R. Simanowski (Hg.), *Text & Kritik*, Themenheft »Digitale Literatur«, H. 152 (Oktober 2001), S. 112-123. 68 — Ebd. 69 — Vgl. Jacques Lacan, »Das Drängen des Buchstabens im Unbewussten oder die Vernunft seit Freud«, in: ders., *Schriften II*, Olten 1975, S. 17-55, hier S. 28. 70 — McKenzie Wark, »Codework«, in: *American Book Review*, Vol. 22, Nr. 6 (Sept./Okt. 2001), hier S. 5. 71 — Cramer (2001).

/ /

Netochka Nezvanova 19/013

»M @ z k ! n 3 n . k u n z t . m2cht . fr3!« bedeutet - einige werden es vielleicht entziffert haben - »Maschinenkunst macht frei« und ist der Signatur der Netzentität **Netochka Nezvanova** a.k.a. Integer entnommen. Integer ist seit 1998 dadurch bekannt geworden, dass sie Mailinglisten mit E-Mails bombardiert, die auf den ersten Blick unlesbaren Datenmüll zu enthalten scheinen, also bewusst eine Art von Rauschen in die menschliche (Tele-)Kommunikation einführt. Auf den zweiten Blick zeigt sich jedoch auch hier, dass es sich um eine Mischung aus menschlicher und Maschinensprache handelt. »**Kroperom**« nennt Integer seine Sprache. Die Besonderheit dieser Sprache besteht darin, dass in ihr das phonetische System des lateinischen Alphabets durch die 256 Zeichen des American Code for Information Interchange (ASCII) ersetzt wird, der lingua franca der Computerkultur. Zum Beispiel ist in dem Kroperom-Wort »m9nd« der phonetische Wert »ine« durch »nine« ersetzt worden. Es gibt in diesem Ersetzungssystem jedoch nicht nur phonetische Substitutionen. In »m@ z k ! n 3 n . k u n z t . m2cht . fr3!« « ersetzt das »@« das »a«, das »zk« den Laut »sch«, das Ausrufungszeichen das »i« und die Zahl »3« das »e«. Ersetzungen finden also auch aufgrund visueller Ähnlichkeiten statt (»!« für ein »i«) oder aufgrund visueller und phonetischer Analogien (»3«/three für »e«). Die menschliche Sprache - in diesem Fall eine Mischung aus Deutsch und Englisch - wird von Ziffern und Computercode-Metaphern durchsetzt und infiltriert. Außerdem bekommt der Kroperom-Text durch die massive Verwendung von Ausrufungszeichen (die einfach daher rührt, dass der Buchstabe »i« im Deutschen so oft auftaucht) eine emphatische Qualität und verwandelt die ausführbaren Computerbefehle in oppressive, manchmal auch komische, menschliche Befehle und Aufforderungen: »Tu dies! Tu das!« Der Leser muss verschiedene Strategien einsetzen, um das aus alphabetischen Buchstaben, Zahlen und ASCII-Zeichen bestehende Skript zu entziffern. Dies erschwert und destabilisiert den Leseprozess und löst unterschiedliche Assoziationen aus. Josephine Berry schreibt dazu: »The act of reading becomes a pointedly self-reflexive and, in terms of chaos theory, nonlinear experience with each word representing a junction of multiple systems.«[72] Es bleibt offen, ob der Kroperom-Text, der sehr stark einem ausführbaren Programmcode ähnelt, an einem anderen Ort im Computer tatsächlich kompilierbar, und in der Folge maschinenlesbar, lauffähig, und somit ausführbar wäre.

/

Performativität und Totalität des Genotextes 19/014

Ob es sich um ausführbaren Code handelt, bleibt auch in **Jodis** »**walkmonster_start** ()«-E-Mail fraglich. Es ist vielleicht eher das Wissen um die potentielle Ausführbarkeit und Performativität des Code, die hier eine Rolle spielt, nicht so sehr die aktuelle technische Ausführung selbst. Dagegen behaupten jedoch Geoff Cox, **Alex McLean** und **Adrian**

72 — Josephine Berry, *The Thematics of Site Specific Art on the Net*, Dissertation, University of Manchester 2001 [unveröffentlichtes Typoskript]. 73 — Cox/McLean/Ward (2000).

Ward: »The aesthetic value of code lies in its execution, not simply in its written form«.[73] Während dieser Aussage für die Projekte »**insert_coin**« und »**walser.php**« zuzustimmen ist - denn gerade in ihrer technischen Ausführung liegt ihre Brisanz (und vielleicht sogar ihre Poesie) - ist diese Definition im Hinblick auf die Struktur der ›Codeworks‹ zu relativieren. Die Poesie der ›Codeworks‹ liegt in der Tat nicht nur in ihrer textuellen Form, sondern in dem Wissen um ihre *potentielle* Ausführbarkeit. Das führt uns zu der Frage, ob formaler Programmcode außer der Maschine, die er adressiert, überhaupt ein Publikum haben kann. Kann formaler Code ohne die Maschine, die ihn umsetzt und ausführt, performativ sein? Ich stimme diesbezüglich mit Florian Cramer überein, der bestreitet, dass »Maschinensprache nur von Maschinen lesbar« ist: »It is important to keep in mind that computer code, and computer programs, are not machine creations and machines talking to themselves, but written by humans.«[74] Es ist eine triviale Feststellung, dass von Menschen verfasster Computercode insofern auch von anderen Menschen gelesen beziehungsweise ›rückübersetzt‹ werden kann. Die haben bei Eintreffen der E-Mail von Jodi das gesamte Kriegsszenario von »walkmonster_start ()« durchspielen können, ohne es zuvor kompiliert zu haben. Der Aspekt des Generativen ist im Hinblick auf die Codeworks daher insofern zu erweitern, als Code nicht nur in technischen Umgebungen ausführbar ist, sondern in einem erweiterten Sinn auch in der Leserin und im Leser produktiv werden kann.

Analog der häretischen Technik der Glossolalie oder der surrealistischen »écriture automatique«, beides Techniken, die durch Ausschaltung des Bewusstseins (Trance, Schlafzustände) wahlweise einer göttlichen Instanz oder dem Unbewussten das Wort erteilen wollten, wird in »**M[ez]ang.elle**« und »**Kroperom**« die menschliche Sprache von maschinensprachlichen Steuercodes und Algorithmen durchsetzt. Im Gegensatz zur surrealistischen These, dass die Befreiung des Unbewussten zu einer gesellschaftlichen Revolution führen würde, erscheint das Hervorbringen einer hybriden Zwitter-Sprache, die halb menschlich, halb maschinell ist, manchmal lustvoll, teils fast zwanghaft zu sein. Wenn wir es hier schon nicht mit den Zeichen einer Machtergreifung zu tun haben, so verweist das konvulsivische Sichtbarwerden des ›Postoptisch-Unbewussten‹ einmal mehr darauf, dass wir auch hier nicht selber sprechen, sondern im Lacanschen Sinne gesprochen werden.[75]

Die Privilegierung des Programmcodes gegenüber den Oberflächen, des Genotextes gegenüber dem Phänotext, der Poiesis gegenüber der Aisthesis führt in den ASCII-Arbeiten und Codeworks von **mez**, Jodi und **Netochka Nezvanova** zu einer Befreiung insofern, als diese Fokussierung auf das ›Postoptisch-Unbewusste‹ eine Ent-Täuschung ermöglicht. Eine Ent-Täuschung darüber beziehungsweise Verabschiedung des Glaubens zum Beispiel daran, dass auch heutzutage nur dann, wenn eine Kamera anwesend ist, Überwachung stattfindet. Die Codeworks lenken unsere Aufmerksamkeit auf die zuneh-

74 — Florian Cramer, »**Digital Code and Literary Text**«, *P0es1s*-Symposium in Berlin, 27.09.2001, S. 4f.

75 — Vgl. Lacan (1975), S. 17-55.

mende Codiertheit und Programmiertheit unserer medialen Umgebung. Sie bedienen sich des ›armen‹ Mediums Text, der aber gleichzeitig im Kontext der Kommandozeile performativ beziehungsweise ausführbar (executable) erscheint. Indem sie genau mit dieser Ambivalenz von Simplizität und Totalität der Ausführung arbeiten, verweisen sie auf die potentiell totalitäre Dimension des algorithmischen Genotextes.

Read_me, run_me, execute_me

Code as executable text: Software art and its focus on program code as performative text

/

Inke Arns

/

«Software is mind control. Come and get some.» [1]

/

19./100 «Generative art» has become a fashionable term over the last two years and can now be found in such varied contexts as academic discourse, media arts festivals, architects' offices and design conferences. It is often used in such a way that it cannot be distinguished from the term «software art,» if not as a direct synonym for it. Generative art and software art are obviously related terms—but exactly *what* their connection is for the most part remains a mystery. This essay attempts to shed some light on the relationship between generative art and software art.

/

19./101 **Generative art ≠ Software art**

According to Philip Galanter (2003), generative art refers to «any art practice where the artist uses a system, such as a set of natural language rules, a computer program, a machine, or other procedural intervention, which is set into motion with some degree of autonomy contributing to or resulting in a completed work of art.»[2] Thus, generative art refers to processes that run autonomously, or in a self-organizing way, according to instructions and rules preprogrammed by the artist. Depending on the technological context in which the process unfolds, the result is unpredictable and thus less the product of individual intention or authorship than the product of the given working conditions.[3] This definition of generative art (as well as some other definitions) is, as Philip Galanter writes, an «inclusive,» comprehensive, wide-reaching definition, which leads Galanter to the conclusion that «generative art is as old as art itself.»[4] The most important characteristic of any description (or attempted description) of generative art—in electronic music and algorithmic composition, computer graphics and animation, on the protest march scene and in VJ culture, and in industrial design and architecture[5]—is that generative processes are used to *negate intentionality.* Generative art is only concerned with generative processes (and in turn, software or code) insofar as they allow—when viewed as a pragmatic tool that is not analyzed in itself—the creation of an ‹unforeseeable› result. It is

1 — Slogan for the program «**WebStalker**» (1997) by the London artists' group **I/O/D**. 2 — Philip Galanter, «**What is Generative Art? Complexity Theory as a Context for Art Theory,**» in *Generative Art Proceedings*, Milan, 2003, p. 4. 3 — See Geoff Cox, «**anti-thesis: the dialectics of generative art (as praxis),**» MPhil/PhD Transfer Report 2002: «In broad terms, ‹generative art› is applied to artwork that is automated by the use of a machine or computer, or by using instructions to define the rules by which the artwork is executed. After the initial parameters have been set by an artist-programmer the process of production is unsupervised, and as such, ‹self-organizing.› Work unfolds in ‹real-time,› according to the properties of the technology employed or the particular circumstances in which the instructions are carried out. The outcome of this process is thus unpredictable, and could be described as being integral to the apparatus or situation, rather than solely the product of individual human agency or authorship.» Adrian Ward gives a similar definition: «Generative art is

for precisely this reason that the term ‹generative art› is not an adequate description of software art.

‹Software art,› on the other hand, refers to artistic activity that enables *reflection of software (and software's cultural significance) within the medium—or material—of software.* It does not regard software as a pragmatic aid that disappears behind the product it creates, but focuses on the code it contains—even if the code is not always explicitly revealed or emphasized. Software art, according to Florian Cramer, makes visible the aesthetic and political subtexts of seemingly neutral technical command sequences. Software art can base itself on a number of different levels of software: source code level, abstract algorithm level, or on the level of the product created by a given piece of code.[6] This is shown in the wide variety of different projects ranging from «Codeworks» (which consist only of ASCII code and in most cases cannot be *executed*) and experimental Web browsers—«**WebStalker**» (1997)—down to executable programs. Just as software is only one of many materials used in generative art, software art can also contain elements of generative art, *but does not necessarily have to be technically generative.* Thus, the terms «generative art» and «software art» cannot be used synonymously under any circumstances. Rather, the two terms are used in different registers, as I will attempt to show below.

//

Dragan Espenschied/Alvar Freude 19./102

As part of their thesis «**insert_coin**,»[7] **Dragan Espenschied** and **Alvar Freude** secretly installed a Web proxy server at the Merz Academy in Stuttgart in 2000/2001. Taking the slogan «two people controlling 250 people,» the proxy server used a Perl script to manipulate both students' and faculty members' entire Web traffic on the academy's computer network. The goal of this, according to Espenschied and Freude, was to «examine the users' competence and critical faculty in terms of the everyday medium Internet.»[8] This manipulated proxy server forwarded URLs entered to other pages, modified HTML formatting code, and used a simple search-and-replace function to change both news reports on news sites (by changing the names of politicians, for example) and the content of private e-mails accessed via Web interfaces such as Hotmail, GMX, and Yahoo! The manipulated Web access was in place for four weeks without being noticed by students or staff at the Merz Academy, and when Espenschied and Freude revealed details of the experiment, practically noone was interested. Although the artists published an easy-to-follow guide to disabling the filters, only a very small percentage of those affected took the time to make a simple adjustment in order to regain access to unfiltered information.[9]

//

a term given to work which stems from concentrating on the processes involved in producing an artwork, usually (although not strictly) automated by the use of a machine or computer, or by using mathematic or pragmatic instructions to define the rules by which such artworks are executed.» 4 — Galanter (2003), op. cit., p. 1. 5 — Ibid., p. 2; Galanter calls these domains the four «main clusters» of generative art. 6 — «Is it at the level of source code? If so it's a form of typographic layout or illumination. Is it at the level of abstract algorithms? If so it's a form of conceptual art or architecture. Is it at the level of the output of the program? If so it's a form of preparatory sketch,» Rob Myers, «**Re: ‹Code as Art› Digest [from the PD List]**,» in *[eu-gene]*, Jan. 1, 2004. 7 — Cf. their **project** site online. 8 — See Espenschied/Freude's text for the **International Media Art Award**, 2001. 9 — Even several months after the experiment had ended, Web access was still being filtered on most of the Academy's computers.

textz.com

My second example, «**walser.php**,» «walser.pl,» and «makewalser.php» by **textz.com/ Project Gnutenberg**, is a form of political literary[10] software, or more specifically anti-copyright activist software, and was developed as a reaction to one of the largest literature scandals in Germany since 1945. The file name «walser.php» is not only an ironic reference to «walser.pdf,» an electronic version of Martin Walser's controversial novel sent by the Suhrkamp publishing house via e-mail and later recalled; it is a Perl script that takes 10,000 lines of source code[11] and uses a Perl interpreter to generate an ACSII text version of Walser's «Tod eines Kritikers» (Death of a Critic). While the php source code does not contain the novel in visible or readable form and can thus be freely distributed and modified under the GNU General Public License, it may only be executed with the written permission of Suhrkamp.[12]

While Espenschied and Freude's experiment on filtering and censorship of Internet content points out software's practically infinite potential to control (and be controlled), walser.php offers a practicable solution with which to handle the commercial restrictions, in particular those that seek to hinder freedom of information through digital rights management systems (DRM). Whereas «insert_coin» temporarily makes a dystopic scenario reality by manipulating software, textz.com with «walser.php» develops genuinely utopian «countermeasures in the form of software.»[13]

These projects are *generative* in the best sense of the word. And yet neither «insert_coin» nor «walser.php» perfectly fits the definitions of generative art as they are currently used in the design field. Philip Galanter, who I have already quoted and is surely among the most prolific generative art theorists at present, defines generative art as a process that contributes to the creation of a *completed work of art.* Celestino Soddu, director of the Generative Design Lab at the Politecnico di Milano technical university in Milan and organizer of the «**Generative Art**» international conferences, also describes generative art as a tool that allows the artist or designer to synthesize «an ever-changing and unpredictable series of events, pictures, industrial objects, architectures, musical works, environments, and communications.»[14] The artist could then produce «unexpected variations towards the development of a project» in order to «manage the increasing complexity of the contemporary object, space, and message.»[15] And finally, also the **Codemuse** Web site defines generative art as a process with parameters that the artist should experiment

10 — Florian Cramer, «walser.php,» in Olga Goriunova/Alexei Shulgin (eds.), *Read_Me 2.3.* Reader, Helsinki, 2003, pp. 76–78, here p. 76. 11 — Cf. the project site **textz.com**. 12 — Cf. textz.com, «**Suhrkamp calls back walser.pdf, textz.com releases walser.php**,» n.d.; Michael Thomas, «**Tod einer Kritik. Walsers umstrittenes Buch als Perl-Script im Internet**,» in *Telepolis*, June 27, 2002. The project «**pngreader**» functions similarly but the texts are encoded as PNG image files and can be thus be distributed freely. 13 — Cramer (2003), op. cit., p. 77. 14 — Celestino Soddu, «**Generative Art and Architecture**,» Abstract, n.d. 15 — Ibid. 16 — See **Codemusenet**. 17 — Cf. Cornelia Sollfrank, «**Female Extensions**» (1997). 18 — See Olga Goriunova/Alexei Shulgin, «n_Gen Design Machine,» in Goriunova/Shulgin (2003), op. cit., here: p. 66. 19 — Florian Cramer/ Ulrike Gabriel, «Software Art,» in Andreas Broeckmann / Susanne Jaschko (eds.), *DIY Media—Kunst und digitale Medien: Software—Partizipation—Distribution. Transmediale.01*, Berlin, 2001, pp. 29–33, here p. 33. 20 — Other notable events: «**Kontrollfelder**» (Dortmund, 2001, an exhibition curated by Andreas Broeckmann and Matthias Weiß); the «**Read_Me**» Festival, conceived by Olga Goruinova and Alexei Shulgin (Moscow, 2002; Helsinki, 2003); and the exhibitions «**Generator**» (GB, 2002, curated by Geoff Cox), «**CODeDOC**» (New York, 2002,

with «until the final results are aesthetically pleasing and/or in some way surprising»[16]. Generative art and generative design are—as these quotes show—mainly concerned with the *results* that generative processes produce. They involve software as a pragmatic-generative tool or aid with which to achieve a certain (artistic) result without questioning the software itself. The generative processes that the software controls are used primarily to avoid intentionality and produce unexpected, arbitrary and inexhaustible diversity. Both the «**n_Gen Design Machine**,» **Move Design**'s entry to the Helsinki Read_Me Festival 2003, and **Cornelia Sollfranks**' «**net.art Generator**,» which has been generating Net art at the touch of a button since 1999, are ironic commentaries on what is often (mis)taken for ‹generative design.›[18]
«insert_coin» and «walser.php» extend beyond such definitions of generative art or generative design insofar as, in comparison to more result-orientated generative design (and also in comparison to many interactive installations of the 1990s, which hid the software in *black boxes*), they are more concerned with the *coded processes* that generate particular results or interfaces. Their focus is not on design, but on the use of software and code as culture—and on how culture is implemented in software. To this end, they develop «experimental software,» a self-contained work (or process) that deals with the technological, cultural and social significance of software—and not only by virtue of its capacity as a tool with which arbitrary interfaces are generated. In addition, the authors of «experimental software» are rather concerned with artistic subjectivity, as their use of various private languages shows, and less with displaying mechanic creativity and whatever methods were used to form it. «Code can be diaries, poetic, obscure, ironic or disruptive, defunct or impossible, it can simulate and disguise, it has rhetoric and style, it can be an attitude,»[19] reads the emphatic definition from 2001 *transmediale* jury members Florian Cramer and **Ulrike Gabriel**.

/

Software art

The term »software art« was first defined in 2001 by the Berlin media art festival *transmediale*[20] and introduced as one of the festival's competition categories.[21] Software art, referred to by other authors as «experimental»[22] and «speculative software»[23] as well as «nonpragmatic» and «nonrational»[24] software, comprises projects that use program code as their main artistic material or that deal with the cultural understanding of software

curated by Christiane Paul), «**I love you—computer_viren_hacker_kultur**» (Frankfurt/Main, 2003) and the software art repository «**Runme**,» launched in January 2003. Further examples of software art can be found on these Web sites. The most historically significant year in terms of software art is 1970, during which three software art-related events took place: Jack Burnham's exhibition «Software—Information Technology: Its New Meaning for Art,» which took place at the Jewish Museum; the exhibition curated by Kynaston McShine at MoMA in New York, entitled «**Information**»; and the founding of the magazine «**Radical Software**» by Beryl Korot, Phyllis Gershuny, Ira Schneider. 21 — For an early, programmatic concept paper on software programming and art cf. Geoff Cox/Alex McLean/Adrian Ward, «**The Aesthetics of Generative Code**» (2000). An attempt to formally define and research the archaeological history of software art using literary and artistic examples can be found in Florian Cramer, «**Concepts. Notations. Software. Art.**,» Mar. 23, 2002. 22 — Tilman Baumgärtel, «**Experimentelle Software. Zu einigen neueren Computerprogrammen von Künstlern**,» in *Telepolis*, Oct. 28, 2001. 23 — Matthew Fuller, for example, distinguishes between «critical,» «social» and «speculative software.» See Matthew Fuller, «**Behind the Blip: Software as Culture**,» in *nettime*, Jan. 7, 2002. 24 — Olga Goriunova →

according to the definition developed by the *transmediale* jury. Here, software code is not considered a pragmatic-functional tool that serves the ‹real› art work, but rather as a generative material consisting of mechanical and social processes. Software art can be the result of an autonomous and formal creative process, but can also refer critically and in a collating manner to existing software and the technological, cultural or social significance of software.[25]

Interestingly, the difference between software art and generative design is reminiscent of the difference between software art that was developed in the late 1990s and the early computer art of the 1960s. Artworks from the field of software art «are not art created *using a computer*,» writes Tilman Baumgärtel in his article «Experimentelle Software» (experimental software), «but art that takes place in the computer; it is not software programmed by artists in order to create autonomous works of art, but software that is itself a work of art. With these programs, it is not the result that is important, but the process triggered in the computer (and on the computer monitor) by the program code.»[26] Computer art of the 1960s is close to concept art in that it privileges the concept as opposed to its realization. However, it does not follow this idea through to its logical conclusion: its work, executed on plotters and dot-matrix-printed paper, has an emphasis on the final product and not the program or process that created the work.[27] In current software art, however, this relationship is inverse; it deals «solely with the process that is triggered by the program. While computer art of the 1960s and 1970s regarded the processes inside computers only as methods and not as works in themselves, treated computers as ‹black boxes,› and kept computer processes veiled inside, present software projects thematicize exactly these processes, make them transparent, and put them up for discussion.»[28] — See next page for a (somewhat polemic) comparison of generative art and software art. →

← and Alexei Shulgin define ‹artistic software› as unpragmatic and irrational: «[I]f conventional programs are instruments serving purely pragmatic purposes, the result of the work of artistic programs often finds itself outside of the pragmatic and the rational.» (Olga Goriunova/Alexei Shulgin, »**Artistic Software for Dummies and, by the way, Thoughts About the New World Order,**» in *nettime*, May 26, 2002). 25 — See the **call for papers** for transmediale.03 and the **panel discussion** from transmediale.03 (Künstlerhaus Bethanien, Feb. 4, 2003) as well as Goriunova/Shulgin (2003), op. cit. 26 — Tilman Baumgärtel, «**Experimentelle Software. Zu einigen neueren Computerprogrammen von Künstlern,**» in *Telepolis*, Oct. 28, 2001 [my emphasis]. 27 — Typical for this context are the works of the «algorists,» one of whose founders was Roman Verostko. See Roman Verostko, «**Epigenetic Paining: Software As Genotype, A New Dimension of Art**» (1988); idem, «Epigenetic Art Revisited:

Generative art/design[29]	Software art
Focuses on the surface («*phenotext*») created by a generative process (‹*black box* problem›)	Focuses on the generative process (set in motion by a «*genotext*»), which may also generate surfaces
Software considered a pragmatic/neutral *tool* with which to create a certain (artistic) result. The tool itself is not called into question.	Software considered *culture* that is questioned; interest in its aesthetic and political subtexts; software can be «experimental» and «nonpragmatic.»
Software considered a *pragmatic-generative* tool	Software considered a *self-contained (experimental) work*
Efficient code _ The ‹art› of programming is often described as being «elegant» or «aesthetic» because it develops particularly small, memory-efficient, pragmatic solutions to problems («beautiful algorithms»).[30]	Code as *excess*, code as *extravagance* (potentially) _ Useless, wasteful code, running wild, deliberately «anti-elegant» and «experimental» code _ Software art can also contain nonwasteful, curt code
Uses generative processes to *negate intentionality*	«Software artists … seem to conceive of generative systems not as negation of intentionality, but as balancing of randomness and control. … Far from being simply art for machines, *software art is highly concerned with artistic subjectivity* and its reflection and extension into generative systems.»[31]
Fascination with the *generative*	Focus on the *performativity* of the code

Software as Genotype,» in Christine Schöpf/Gerfried Stocker (eds.), *Ars Electronica 2003: Code—The Language of Our Time*, Ostfildern 2003, pp. 156–161. This includes formulations such as: «The essential character of each finished work is derived from the ‹form-generating-procedure› or ‹algorithm› acting as genotype. For this reason one could say that the finished work is an epiphany, or manifestation, of its generator, the *code*. For me each work celebrates its code ….» p. 161. 28 — Baumgärtel (2001), op. cit. 29 — The characteristics of ‹generative art› and ‹generative design› listed here are in part also valid for computer art of the 1960s and many interactive installations of the 1990s. 30 — Cf. Donald Knuth, *The Art Of Computer Programming: Vol. 1, Fundamental Algorithms*, Reading, MA, 1997. 31 — Florian Cramer/Ulrike Gabriel, citing Andreas Broeckmann, «On Software as Art,» in *Sarai Reader 2003: Shaping Technologies*, New Delhi 2003, pp. 215–218, here p. 216 [my emphasis].

19/106 **Performance of code vs. the fascination with the generative**

Or: «Code has to do something even to do nothing, and it has to describe something even to describe nothing.»[32]

The current interest in software, according to my hypothesis, is not only attributable to a fascination with the generative aspect of software, that is, to its ability to (pro)create and generate, in a purely technical sense. Of interest to the authors of these projects is something that I would call the *performativity* of code—that is, its effectiveness in terms of speech act theory, which can be understood in more ways than just as purely technical effectiveness—that is, not only its effectiveness in the context of a closed technical system, but its effect on the domains of aesthetics, politics and society. In contrast to generative art, software art is more concerned with «performance» than with «competence,» more interested in *parole* than *langue*[33]—in our context, this refers to the respective actualizations and the concrete realizations and consequences in terms, for example, of social systems and not ‹only› within abstract-technical rule systems. In the two examples above, the generative is highly political—specifically because changing existing texts covertly (in the case of «**insert_coin**») and extracting copyrighted text from a Perl script (in the case of «**walser.php**») is interesting, *not in the context of technical systems, but rather in the context of the social systems that are becoming increasingly dependent on these technical foundations.*

First, however, there is the fascination with the generative potency of the code: «Codes [are] individual alphabets in the literal sense of modern mathematics ..., one-to-one and countable, i.e. using sequences of symbols that are as short as possible, that are, thanks to grammar, gifted with the tremendous ability to reproduce themselves ad infinitum: Semi-Thue groups, Markov chains, Backus-Naur forms, and so on. That and only that distinguishes such modern alphabets from the one we know, the one which can analyze our languages and that has given us Homer's epics, but that cannot set up a technical world like computer code can today.»[34] Florian Cramer, **Ulrike Gabriel**, and **John F. Simon Jr.** also have a particular interest in the algorithms—«the actual code that produces what is then seen, heard and felt.»[35] For them, perhaps the most fascinating aspect of computer technology is that code—whether contained in a text file or a binary number—is machine executable: «an innocuous piece of writing can upset, reprogram, [or] crash the system.»[36] In terms of its «coded performativity,»[37] program code also has direct, political consequences on the virtual space that we are increasingly occupying: Here, «code is law.»[38]

/

19/107 **Program code as performative text**

Ultimately, the computer is not an *image medium*, as it is often described, but essentially a *text medium*, to which all sorts of audio visual output devices can be connected.[39] Multi-

32 — Rob Myers, «**re: ‹Code as Art› Digest [from the PD-List]**,» in *[eu-gene]*, Jan. 4, 2004. 33 — The distinction between competence and performance is credited to Noam Chomsky's generative transformation grammar (See Noam Chomsky, *Aspects of the Theory of Syntax*, Cambridge, MA, 1965); the distinction between *langue* and *parole* is attributed to Ferdinand de Saussure (Cf. Ferdinand de Saussure, *Cours de linguistique générale*, Paris 1967 [1916]). 34 — Friedrich Kittler, «**Code oder wie sich etwas anders schreiben lässt**,» in Schöpf/Stocker (2003), op. cit., pp. 15-19, here p. 18. 35 — Jury statement on «**Software**» for *transmediale* 2001. 36 — Ibid. 37 — Reinhold Grether, «**The Performing Arts in a New Era**,» in *Rohrpost*, July 26, 2001. 38 — Lawrence Lessig, «**Code and other Laws of Cyberspace**,» New York, 1999. 39 — Cf. Florian Cramer, «**Für eine Text-**

media, dynamic interfaces are generated from (programmed) texts. Therefore, it is not enough to talk in terms of the «surface effects of software»—that is, dynamic data presentation through the staging of information and animation—of a «‹performative turn› in graphical user interfaces,»[40] because this view is too attached to the assumed performativity of those surfaces. Rather, when considering software art and Net art projects (and indeed software in general), one should be aware that they are based on two forms of text: a *phenotext* and a *genotext*. The surface effects of phenotext, for example, moving texts, are generated and controlled by other texts—by *effective* texts lying under the surface, by program code, or by source texts. Program code distinguishes itself in that *saying* and *doing* come together inside it. Code is an «illocutionary» speech act (see below) capable of action; not a description or representation of something, but something that affects, sets into motion and moves.[41]

In this context, Friedrich Kittler refers to the ambiguous term «command line,» a hybrid that today has been almost completely eliminated from most operating systems by graphical user interfaces. Some twenty years ago, however, all user interfaces and editors were either command, line orientated, or one could switch back and forth between modes. While pressing the return key results in a line break when in text mode, entering a text and pressing the return key when in command line mode is a potential command: «In computers …, in stark contrast to Goethe's ‹Faust,› words and acts coincide. The neat distinction that the speech act theory has made between utterance and use, between words with and without quotation marks, is no more. In the context of literary texts, ‹kill› means as much as the word signifies; in the context of the command line, however, ‹kill› does what the word signifies to running programs or even to the system itself.»[42]

/

«How to Do Things With Words» 19/108

In a series of lectures held in 1955 under the title of «How to Do Things With Words,»[43] John Langshaw Austin (1911-1960) outlined the groundbreaking theory that linguistic utterances by no means only serve the purpose of describing a situation or stating a fact, but that they are used to commit acts. «What speakers of languages have always known and practiced intuitively,» writes Erika Fischer-Lichte, «was formulated for the first time by the philosophy of language: Speech performs not only a referential function, but also a performative function.»[44] Austin's speech act theory regards speech essentially as action and sees it as being effective not on the merit of its results, but in and of itself. This is precisely where the speech act theory meets the code's assumed performativity: What it means «for a word not only to name, but also in some sense to perform and, in particular, to perform what it names.»[45]

wissenschaft des Digitalen,» lecture at the Erlangen Germanistentag, Oct. 1, 2001. 40 — Peter Matussek, «Performing Memory. Kriterien für einen Vergleich analoger und digitaler Gedächtnistheater,» in *Paragrana* 10 (2001), 1, pp. 291-320. 41 — Cf. Inke Arns, «Texte, die (sich) bewegen: zur Performativität von Programmiercodes in Netzkunst und Software Art» (Texts that move: On the performity of programming codes in Net art and software art), in Inke Arns et al. (eds.), *Kinetographien*, Bielefeld, 2004. 42 — Friedrich Kittler, «Die Schrift des Computers. A License to Kill,» p. 2 (n.d. typescript). 43 — John Langshaw Austin, *How to Do Things with Words*, Oxford, 1962. 44 — Erika Fischer-Lichte, «Auf dem Weg zu einer performativen Kultur,» in *Paragrana* 7 (1998), 1, pp. 13-29. 45 — Judith Butler, *Excitable Speech. A Politics of the Performative*, →

Austin identifies three distinct linguistic acts in all speech acts. He defines the «locutionary act» as the propositional content, which can be true or false. This act is not of further interest to us in this context. «Illocutionary acts» are acts that are performed by the words spoken. They are defined as acts in which a person who says something also does something (for example, a judge's verdict: «I sentence you» is not a declaration of intent, but an action.) The message and execution come together: «[T]he name performs *itself*, and in the course of that performing becomes a thing done.»[46] Thus, illocutionary speech acts have certain consequences and can either succeed or fail, depending on whether certain extra-linguistic conventions are fulfilled. «Perlocutionary acts,» on the other hand, are utterances that trigger a chain of effects. The speech itself and the consequences of that speech do not occur at the same time. As Judith Butler notes, the «consequences are not the same as the act of speech, but are, rather, ‹what we bring about or achieve by saying something.›»[47] Butler summarizes the difference in a succinct formula: «Whereas illocutionary acts proceed by way of conventions, perlocutionary acts proceed by way of consequences. Implicit in this distinction is the notion that illocutionary speech acts produce effects without any lapse of time, that the saying is itself the doing, and that they are one another simultaneously.»[48] Insofar as ‹saying› and ‹doing› coincide, program codes can be called illocutionary acts of speech.

According to Austin, speech acts can also be acts, without necessarily having to be effective (that is, without having to be ‹successful›). If these acts are unsuccessful, they represent failed performatives. Thus, speech acts are not always *effective* acts. «A felicitous performative is one in which I not only perform the act, but some set of effects follows from the fact that I perform it.»[49] Program codes, viewed very pragmatically, are only useful as felicitous performatives; if they do not cause any effect (regardless of whether the effect is desired or not), or they are not executable, they are plain and simply redundant. In the context of functional pragmatic software, only executable code makes sense.[50]

/

19/109

Code as a mobilization and/or immobilization system

Code, however, does not only have an effect on phenotexts, the graphical user interfaces. «Coded performativity»[51] also has direct, political consequences on the virtual spaces (the Internet, for example) which we are increasingly occupying: «Program code,» according to the U.S. law professor Lawrence Lessig, «increasingly tends to become law.»[52] Today, control functions are built directly into the network architecture, that is, into its code, according to the theory that Lessig outlines in «Code and Other Laws of Cyberspace» (1999). Using the Internet provider AOL as an example, Lessig makes forcefully clear how through its very code AOL's architecture prevents all forms of virtual «rioting» and enables extensive control over users. Different code allows different levels of freedom: «The decision for a particular code is,» according to Lessig, «also a decision about the

← New York, 1997, p. 43. **46** — Ibid., p. 44. **47** — Ibid., p. 17. **48** — Ibid. **49** — Ibid. **50** — As already mentioned, nonexecutable code also has a purpose in software art. **51** — Grether (2001), op. cit. **52** — Lawrence Lessig, in «**futurezone.orf.at: Stalin & Disney-Copyright killt das Internet**» (Stalin & Disney-Copyright is killing the Internet), in *Rohrpost*, May 30, 2000. **53** — Lawrence Lessig, «**Die Architektur der Kontrolle: Internet und Macht,**» in *Transit/Eurozine*, Oct. 28, 2000. **54** — Graham Harwood, «Speculative

innovation that the code is capable of promoting or inhibiting.»[53] To this extent, code can mobilize or immobilize its users.

This powerful code remains invisible, however; **Graham Harwood** refers to this as an «invisible shadow world of process.»[54] In this sense, one could refer to the present as a ‹postoptical› age in which program code—which can also be described as «postoptical unconscious,» according to Walter Benjamin—becomes «law». I developed the term «postoptical» while dealing with the concept of the «ctrl_space» exhibition that took place in 2000/01 at the Center for Art and Media in Karlsruhe. This exhibition, which was dedicated solely to the Bentham *panoptic-visual* paradigm, outlined the problematic (and here, polemically formulated) theory that surveillance today only takes place if a camera is present—which, considering the various forms of ‹dataveillance› practiced today, is an outdated definition. The term *postoptical*, on the other hand, describes all digital datastreams and (programmed) communication structures and architectures that can be monitored just as easily but which consist of only a small portion of visual information.[55]

In his «Short History of Photography,» **Walter Benjamin** defines the «optical unconscious» as an unconscious visual dimension of the material world that is normally filtered out from people's social consciousness, thus remaining invisible, but which can be made visible using mechanical recording techniques (such as photography and film: slow motion, zoom): «It is a different nature that speaks to the camera than the nature that speaks to the eye; different, above all, in that in place of a room consciously perceived by humans, a subconsciously perceived room appears. Even if photographers can justify their work by capturing others in action, no matter how common that action is, they still cannot know their subjects' behavior at the exact moment of capture. Photography and its aids (slow motion, zoom) reveals this behavior. It allows one to discover his optical unconscious, just as psychoanalysis allows one to discover his instinctive subconscious.»[56]

With Benjamin's definition of the optical unconscious, one might today refer to the existence of a ‹postoptical unconscious,› usually hidden by a graphical interface in computers, which must be made visible using suitable equipment. This ‹postoptical unconscious› could be considered in terms of program code that surfaces/interfaces are based on and which, with its coded performativity, algorithmic genotext and deep structure, generates the surfaces/interfaces that are visible to us, while the code itself remains invisible to the human eye.

/

Focus on an invisible performativity 15/110

Many artistic and Net activist projects that have dealt with the politics of electronic data space (such as the Internet) since the late 1990s aim specifically at code and seek to remove the *transparency* of these technical structures. Artists and Net activists have drawn attention to the existence of the hotly contested data sphere on the Internet («**Toywar**»

Software,» in Broeckmann/Jaschko (2001), op. cit., pp. 47–49, here p. 47. 55 — See also Timothy Druckrey, «Secreted Agents, Security Leaks, Immune Systems, Spore Wars ...,» in Ursula Frohne/Thomas Y. Levin/Peter Weibel (eds.), *Ctrl_Space. Rhetorics of Surveillance from Betham to Big Brother*, ZKM Karlsruhe, Cambridge, MA, 2002, pp. 150–157. 56 — Walter Benjamin, «Kleine Geschichte der Photographie,» in idem., *Das Kunstwerk im Zeitalter seiner technischen Reproduzierbarkeit*, Frankfurt/Main, 1977, pp. 45–63, here p. 50 (English as «Short History of Photography,» trans. Phil Patton, in *Artforum* 15, 6, February 1977, pp. 46–51).

platform), built private ECHELON systems («**Makrolab**» by Projekt **Atol/Marko Peljhan**), developed tools to blur one's own traces on the Internet («**Tracenoizer**» by **LAN**), and thematicized the increasing restriction of public space through the privatization of telecommunications infrastructure («**Minds of Concern: Breaking News**»[58] by **Knowbotic Research**).[59] While the everyday understanding of ‹transparency› is usually clearness and controllability through visibility, it means exactly the opposite in IT, namely that something can be seen through, can be invisible, and that information is hidden. If a system (for example, a surface or graphical user interface) is ‹transparent,› it is neither recognizable nor perceptible to the user. Although *information hiding* is often useful in terms of reducing complexity, it can also lend the user a false sense of security, as it suggests a direct view of something through its invisibility, a transparency disturbed by nothing, which one would be absurd to believe: «Far from being a transparent window into the data inside a computer, the interface brings with it strong messages of its own.»[60] In order to make these *messages* visible, one has to direct one's attention to the «transparent window.» Just as transparent glass-fronted buildings can be transformed into milky, semi-transparent surfaces in order to become visible,[61] postoptical IT structures must also be removed of their *transparentness.* In communications networks, similarly, the structures of economic, political, social power distribution must be made opaque and thus visible. Ultimately, it is a question of returning the computer science-based definition of transparency (that is, the transparency of the interface, *information hiding*) to its original meaning—clearness and controllability through visibility.[62]

/

19./111 **Codeworks: «M @ z k ! n 3 n . k u n z t . m2cht . fr3!»**

Works in the area of software art, therefore, focus on the code itself, even if this is not always explicitly revealed or emphasized. Software art draws attention to the aesthetic and political subtexts of ostensibly neutral technical command sequences. That which is surely the «most radical understanding of computer code as artistic material»[63] can be seen in the so-called «Codeworks»[64] and their artistic (literary) examination of program code. Codeworks use formal ASCII instruction code and its aesthetics without referring back to the surfaces and multimedia graphical user interfaces it creates. Works by **Jodi**, **Netochka Nezvanova**, and **mez**[65] introduced in this context bring to mind the existence of a «postoptical unconscious» that is usually hidden by the graphical interface.

For some time, in addition to hypertext works and software that allows real-time manipulation of video, the Australian Net artist mez[66] (Mary-Anne Breeze) and the anonymous Net identity Netochka Nezvanova (also known under the pseudonyms nn, antiorp and

57 — One must also qualify this by saying that Benjamin's ‹optical unconscious› describes phenomena below the level of human perception that must be suppressed in order to reduce complexity. Today's ‹postoptical subconscious,› however, refers to program codes that are deliberately hidden, whether to reduce complexity or in order to establish closure and privatization. 58 — Part of the «**Open_Source_Art_Hack**» exhibition, The New Museum, New York, May 3-June 30, 2002. 59 — Cf. Inke Arns, «Netzkulturen im postoptischen Zeitalter,» in Sigrid Schade/Georg-Christoph Tholen (eds.), *SchnittStellen*, Basel, 2004; Inke Arns, «Art Will Be Code, Or It Will Not Be: Medien- und Netzkunst im postoptischen Zeitalter» (Media and Net art in the postoptical age), in Heinrich-Böll-Stiftung (ed.), *Save Privacy. Grenzverschiebungen im digitalen Zeitalter*, Berlin, 2002, pp. 62-66; Inke Arns, *Netzkulturen*, Hamburg, 2002. 60 — Lev Manovich, *The Language of New Media*,

Integer) have also been producing text works that they usually send to mailing lists such as **nettime, Spectre, Rhizome, 7-11** or **Syndicate** in the form of simple e-mails. Except for attachments and the increasing use of HTML texts, e-mail as a text medium allows the use of ASCII text only and is therefore (technologically) restricted. mez and antiorp, however, have both developed their own languages and styles of writing: mez calls her style «**M[ez]ang.elle**» while Netochka Nezvanova/Integer refers to it as «**Kroperom**» or «KROP3ROM|A9FF.» Both deal with the artistic appropriation of program code. Those not familiar with programming languages cannot recognize much more than illegible noise in this contemporary form of mail art, which gives the impression of a file that has been incorrectly and illegibly formatted or decoded by a software program. Those who are semi-literate in the domain of programming languages and source code, however, will soon realize that this is computer code and programming language that are being used and appropriated. The status of these languages, or parts of language, however, remains ambivalent: It oscillates in the perception of the recipient between assumed executability (functionality) and nonexecutability (dysfunctionality) of the code; in short, between significant information and asignificant noise. Depending on the context, useless character strings suddenly become interpretable and executable commands, or vice versa—performative programming code becomes redundant data.

//

mez 15/112

mez' self-created artificial language «**M[ez]ang.elle**» is «modeled on computer languages ... but without being written in strict command syntax.»[67] It contains a mixture of ASCII art and pseudo-program code. «Like the portmanteau words of Lewis Carroll and James Joyce,» writes Florian Cramer, «the words of mezangelle interweave in double and multiple ways. The square brackets originate from programming language and are borrowed from common notation of Boolean algebra in that they reference several characters simultaneously, thus describing polysemy.»[68] mez lets individual words physically become crossover points of different meanings—here, we are dealing with material ambiguity or polysemy implemented into linear text or, to echo Lacan, with the realized «vertical» of a point,[69] that is the simultaneous presence of different potentialities within the same word: «mez introduces the hypertext principle of multiplicity into the word itself. Rather than produce alternative trajectories through the text on the hypertext principle of ‹choice,› here they co-exist within the same textual space.»[70] mez' texts enter into an endless shifting of meaning that generally cannot be specifically defined. This polysemy is, as noted by Florian Cramer, also a polysemy of the genders, as is found in many of

Cambridge, MA, 2001, p. 65. **61** — This surface can be used for the projection of images and can be seen, for example, on the façade of the former **VEAG** headquarters (now Vattenfall) in Chausseestraße in Berlin. **62** — Cf. Arns (2004), op. cit. **63** — Florian Cramer, «Exe.cut[up]able statements: Das Drängen des Codes an die Nutzeroberflächen,» in Schöpf/Stocker (2003), op. cit., pp. 104-109, here p. 104. **64** — See Alan Sondheim, «**Codework,**» in *American Book Review*, vol. 22, 6 (September/October 2001). **65** — See Florian Cramer for more examples, «**nettime unstable digest.**». **66** — Other pseudonyms include: data[h!]bleeder, ms post modemism, mezflesque.exe, ova.kill, net.w][ho][urker, and Purrsonal Areah Netwurker. **67** — Florian Cramer, «sub merge {my $enses. ASCII Art, Rekursion, Lyrik in Programmiersprachen,» in *Text & Kritik*, special issue dealing with Digital Literature, H. L. Arnold/R. Simanowski (eds.), no. 152 (October 2001). **68 - 70** →

mez' texts: «‹fe[male]tus› can be simultaneously read as ‹fetus,› ‹female,› and ‹male.› Other words take on the syntax of file names and directory trees as well as the quoting conventions of e-mail and chats.»[71]

//

19./113 *Netochka Nezvanova*

«**M@zk!n3n.kunzt.m2cht.fr3!**», taken out of **Netochka Nezvanova** a.k.a. Integer's signature, stands for «Maschinenkunst macht frei» (machine art brings freedom). Integer became well known in 1998 for bombarding mailing lists with e-mails that, at first glance, appeared to contain only illegible noise, that is, she deliberately entered a form of noise into human (tele)communication. On second glance, however, it can be seen that the e-mail contains a mixture of human and machine language. Integer calls his language «**Kroperom.**» It is distinctive in that the phonetic system of the Latin alphabet is replaced by the 256 characters of the American Code for Information Interchange (ASCII), the lingua franca of computer culture. For example, in the Kroperom word «m9nd,» the phonetic value «ine» is replaced by «nine.» This language makes use of more than just phonetic substitution, however: In «m@zk!n3n kunzt,» the ‹@› replaces the ‹a,› the ‹zk› replaces the ‹sch› sound, the exclamation mark replaces the ‹i› and the «3› the letter ‹e.› Characters are also replaced according to both visual similarities (‹!› for ‹I›) and visual and phonetic analogies (‹3› or three for ‹e›). The human language—in this case, a mixture of German and English—is interspersed and infiltrated with characters and computer code metaphors. In addition, the Kroperom text receives an emphatic quality through its huge use of exclamation marks (which stems simply from the frequent occurrence of the letter ‹I› in the German language) and transforms the executable computer commands into oppressive, sometimes amusing, human commands: «Do this! Do that!» The reader has to make use of various strategies in order to decipher these from the script consisting of letters of the alphabet, numbers and ASCII characters. This impedes and destabilizes the reading process and triggers different associations. On this point, Josephine Barry writes: «The act of reading becomes pointedly self-reflexive and, in terms of chaos theory, nonlinear experience with each word representing a junction of multiple systems.»[72] The question of whether the Kroperom text, which is very similar to an executable program code, can be compiled at another location in the computer and become machine-readable, capable to run and thus executable, remains unanswered.

//

19./114 *Performativity and the totality of genotext*

Whether or not **Jodi**'s «**walkmonster_start ()**» e-mail is executable code is also questionable. It is perhaps more the knowledge of potential executability and performativity of code that plays a role here, and not so much the current technical execution. **Geoff Cox, Alex McLean,** and **Adrian Ward,** however, argue that «the aesthetic value of

← 68 — Ibid. 69 — See Jacques Lacan, «Das Drängen des Buchstabens im Unbewussten oder die Vernunft seit Freud,» in idem, *Schriften II*, Olten, 1975, pp. 17–55, here p. 28. 70 — McKenzie Wark, «Codework,» in *American Book Review*, vol. 22, 6 (Sept./Oct. 2001), here p. 5. 71 — Cramer (2001), op. cit. 72 — Josephine Berry, *The Thematics of Site Specific Art on the Net*, PhD diss., University of Manchester, 2001.

code lies in its execution, not simply in its written form.»[73] While this statement must be accepted for «**insert_coin**» and «**walser.php**,» as their controversy (and perhaps even their poetry) lies in their technical execution, this definition must be relativized in terms of the structure of «Codeworks.» The poetry of «Codeworks» lies not only in its textual form, but rather in the knowledge that it has the *potential* to be executed. This leads us to the question of whether formal program code can have an audience outside the machine that it addresses. Can formal code be performative without the machine that implements and executes it? I agree with Florian Cramer, who contests that «machine language [is] only machine readable»: «It is important to keep in mind that computer code, and computer programs, are not machine creations and machines talking to themselves, but written by humans.»[74] It is trivial to observe that man-made computer code can also be read by other humans or translated back into human language. People were able to go through the entire battle scenario of «walkmonster_start ()» as soon as they received the e-mail, without compiling it beforehand. The generative aspect of «Codeworks» should therefore be emphasized (and the definition of the generative broadened), as code is not only executable in technical environments, but in a wider sense it can also become productive in the reader.

In these projects, the human language is infiltrated with mechanical control codes and algorithms—similar to the heretical technique of speaking in tongues or the Surrealist «écriture automatique» (automatic writing), both techniques that seek to deactivate consciousness (putting one into a trance or state of sleep) in order to give voice to the divine or the unconscious. In contrast to the Surrealist theory that freeing the unconscious leads to social revolution, the creation of a half human, half mechanical, hybrid language would appear partly fervent and partly compulsive. If not evidence of a seizure of power, the convulsive appearance of the «postoptical unconscious» is at least one more sign that this is not about speaking, but that we are being ‹spoken,› as per Lacanian theory.[75]

Favoring program code over surfaces/interfaces, genotext over phenotext, and poiesis over aisthesis leads to a liberating effect in the ASCII works and Codeworks by **mez**, Jodi and **Netochka Nezvanova** insofar as the focus on «postoptical unconscious» allows for the removal of deception; it removes the delusion, or rather allows one to take leave of the belief, for example, that even today, surveillance can only take place when a camera is present. Codeworks pull our attention towards the increasing codedness and programmedness of our media environment. These works use the poor person's medium, text, which also appears performative or executable in the context of the command line. By working specifically with this ambivalence of simplicity and totality of execution, they warn of the potential totalitarian dimension of algorithmic genotext.

/

Translation by Michael Robinson

73 — Cox/McLean/Ward (2000), op. cit. 74 — Florian Cramer, «**Digital Code and Literary Text**,» *P0esIs*-Symposium, Berlin, Sept. 27, 2001, pp. 4f. 75 — Cf. Lacan (1975), op. cit.

MAPPING UND TEXT/ MAPPING AND TEXT//

20/
21/

Mapping und Text → Editorial

/

Rudolf Frieling

/

Die Karte hat von Anfang an ein Territorium vermessen und beschriftet, um es in Besitz zu nehmen, es zu okkupieren und zu kolonisieren. Historisch gesehen, war die Karte nicht allein ein Instrument der Erkenntnis, sondern vornehmlich Instrument des Wettbewerbs um ökonomische Vorteile und Macht. Diese Geschichte des Vermessens der Welt geht einher mit der Erfindung und Erprobung immer besserer Navigationsinstrumente und Zeitmesser. Die eigene Position im Verhältnis zum durchmessenen Raum zu bestimmen, war von fundamentalem Interesse. Die symbolischen und religiös determinierten Darstellungen räumlicher Zusammenhänge wurden entsprechend abgelöst von einer analogen und indexikalischen Verweisstruktur zwischen dem geografischen Raum und der kartografischen Repräsentation, die sich nautischen wie optischen Instrumenten verdankte. Der Kartograf wiederum operierte mit diesen Instrumenten wie in einem panoptischen Dorf, ungeachtet der Tatsache, dass er selbst immer schon Teil des durchmessenen Raums war, den er scheinbar von außerhalb zu kartografieren vorgab. Die Karte ist dabei nicht nur die Repräsentation eines abstrakten Raums gewesen, sondern immer auch schon Repräsentation von Wegen und Routen, das heißt von einer menschlichen Praxis im Raum. 20./000

Genau an diesem diskursiven Aspekt (abgeleitet von lateinisch ›durchlaufen‹[1]) setzt ein spezifisch künstlerischer Umgang mit der Karte an. Dieser Blick auf das Kartografieren entwirft eine ›andere‹ Sicht auf die Karte und letztendlich auf die Unmöglichkeit der Erstellung einer Karte der Welt. Damit verbunden zeigt sich zugleich eine besondere Faszination für die enzyklopädischen und universalistischen oder ganzheitlichen Ansätze, wie sie auch in der Vision einer datenbasierten Erfassung der Welt verkörpert sind. Der Internetboom der 1990er Jahre und die wachsende Erkenntnis, in einer vernetzten Gesellschaft zu leben, haben Künstler, Wissenschaftler und Programmierer zu einer neuen Topografie der Informationsgesellschaft angeregt. Ganze Mailinglisten und spezialisierte Websites widmen sich diesem Phänomen, wie im »**Atlas of Cybergeography**« übersichtlich zu erforschen ist. Der entsprechende Text von Martin Dodge, »**Einblicke in das Innere der Wolke: Verschiedene Formen des Internetmapping**«, fragt nach den unterschiedlichen Funktionen und Interessen, die in diese Kartografien eingebettet sind, und verweist zugleich im Titel seines Beitrags auf den Zustand dieses Terrains als eine Art von Wolke. Doch wie kann ein Kartograf das »Innere einer Wolke« vermessen? Und welche Konstruktion von Raum vollzieht sich kognitiv in den Vorstellungen der Kartografen? Dodge verdeutlicht hier anhand einer Fülle von Karten des Internets, wie diese jeweils einem bestimmten Kalkül entsprungen sind.

1 — Dies betont auch Gregor Stemmrich in seinem Beitrag »›Medien Kunst Netz‹ – ein Paradigma medialer Vermittlung von Medienkunst« für die vorliegende Printpublikation.

Darüber hinaus beziehen sich die hier versammelten Autoren auch auf die Fülle von Internetprojekten, die sich mit den technologischen Bedingungen von Browsern, proprietärer, kommerzieller Software und traditionellen Arten von Repräsentation befassen, um dazu technische oder künstlerische Alternativen und kritische Reflexionen zu entwerfen.

Als Einführung in die unterschiedlichen Zusammenhänge und Perspektiven dient daher CD-21 der Essay »**Das Archiv, die Medien, die Karte und der Text**« von Rudolf Frieling, dessen Argumentation einen Bogen von der Erweiterung und zunehmenden Auflösung fest gefügter Wissenssysteme bis zu den Datenbanken des 20. Jahrhunderts schlägt, die heute das enzyklopädische Motiv auf eine neu konfigurierte, dynamische und vernetzte Plattform stellen. Der Begriff des ›Mappings‹ bezieht sich dabei nicht allein auf die neuen, elektronischen Territorien, die sich permanent wandeln und daher mit neuen, zeitbasierten Methoden der Datenerhebung und innovativen Formen der Bildgebung eine räumliche Ahnung dieses Feldes vermitteln wollen.

Aber ist die Metapher des Raums, durch den der Kartograf navigiert, überhaupt zutreffend? Die philosophisch orientierte Einführung von Christine Buci-Glucksmann folgt in ihrem Essay »**Vom kartografischen Blick zum Virtuellen**« assoziativ genau diesen Gedankengängen: »Denn die Karte als Artefakt ist mit Deleuze ein ›Plateau‹ mit mehreren Schichten und Zugängen, die eine neue Form des Sehens skizzieren - nämlich die einer Projektion der Unendlichkeit in der Aufsicht - und neue Arten von Abstraktion, von Abstrahierungen als Diagramme.« Demgegenüber insistiert Wolfgang Ernst in »**Jenseits des Archivs: Bit-Mapping**« auf der mathematischen und topologischen Perspektive, nach der das digitale Mapping gerade das Feld der räumlichen Metaphern hinter sich lässt: »Aus medienarchäologischer Sicht geht es im Cyber›space‹ nicht um Bilder, Töne oder Texte, sondern um Bits.«

Ein besonderes Interesse gilt auch den Kartografien visueller oder audiovisueller Dokumente: Ein technischer, innovativer Ansatz der Suche nach Bildern mit Bildern wird von Stéphane Marchand-Maillet, »**Bilder-Suche oder Führer durch die Datenbank?**«, vorgestellt, während Graham Harwood in »**(9)Nine**« das kollektive Mapping einer Community in einem Projekt realisiert hat, in dem es besonders um die soziale Interaktion im Umgang mit neuen Tools für die Formulierungen und Formen einer eigenen Identität geht. Die künstlerische Haltung zum Thema des Kartografierens von Texträumen wie von sozialen Beziehungen verkörpern auch die Netzkunstprojekte von **Daniela Alina Plewe** und **Ismael Celis**, die bereits im Kontext des Moduls »Medienkunst im Überblick« veröffentlicht wurden und die erste Phase der Formulierung des Konzepts für diesen Schwerpunkt auf vielfältige Weise angeregt haben.

Ob historisch, philosophisch oder künstlerisch fokussiert, in allen Fällen zieht sich die Frage nach den (prekären) Beziehungen zwischen Bildern / Tönen einerseits und

Texten / Sprache andererseits als roter Faden durch den Themenschwerpunkt »Mapping und Text«. Die Verbindung mit ›Text‹ im Titel verweist darüber hinaus auf das wichtige Moment, dass die Theorie und das Material zu den Beziehungen zwischen den Medien und den Künsten im selben Kontext vermittelt werden müssen.
In welchen Medien die Künstler der Moderne auch immer arbeiteten, sie operierten mit radikalen Konzepten von Alterität und Differenz, die heute in den elektronischen Medien ihre zeitgemäße Form gefunden haben. Das Interesse an Datenbanken, Suchmaschinen, Datenvisualisierungen und Kartografien ist ein Indiz für die künstlerische Recherche im scheinbar uferlosen Feld der Wissensproduktion. **Walter Benjamin** (»Das Passagen-Werk«) wie auch **Aby Warburg** (»**Mnemosyne-Atlas**«) haben in der ersten Hälfte des 20. Jahrhunderts Modelle entwickelt, wie in einem überlieferten Terrain textlich und bildlich Kontingenzen und Konstellationen einen anderen Zugang zur Vermittlung von Wissen und Erkenntnis ermöglichen können.
Die Produktion von Dokumenten, Artefakten, Texten und Bildern überstieg schon damals das Fassungsvermögen eines Individuums. Heute ist die dynamische und virtuelle Konfiguration des Archivs ein Reflex auf die Datenmenge ebenso wie auch eine Produktionsbedingung dieser Daten. Das Archiv stellt sich in dieser Perspektive nicht nur als ein passiver Speicher dar, sondern als ein aktiver Generator. So gesehen, sind ›Daten‹, seien sie nun Texte oder Bilder, weniger das ›Gegebene‹, wie die Etymologie nahe legt, sondern eher das ›Gemachte‹, ›Produzierte‹ - sie sind ›Fakten‹. Diesen Produktionsbedingungen auf die Spur zu kommen, historisch, philosophisch, diskursiv oder algorithmisch, ist ein Interessensschwerpunkt in diesem thematischen Feld.
Das kuratorische Konzept ist wesentlich durch eine Reihe von Vorträgen präzisiert worden, die im Rahmen der Konferenz »**Media Art Net Lectures: Mapping**« am ZKM Karlsruhe am 23./24.01.2004 gehalten wurden.[2] Ich danke allen Vortragenden, und auch wenn nicht jeder Beitrag in die endgültige Auswahl der hier versammelten Texte Eingang finden konnte, haben doch Anne Nigten, Steve Dietz, Warren Sack und Brett Stalbaum wichtige Hinweise und Anregungen für meine Einführung geliefert.[3] Insofern **Warren Sack** für den Schwerpunkt «**Public Sphere_s**« mit »**Agonistics – a language game**« ein neues Onlineprojekt entwickelt hat, das sich mit zentralen Fragestellungen des Mapping-Themas spezifisch auseinandersetzt, hat diese Zusammenarbeit auch fruchtbare Querverlinkungen generiert. Die Fragestellungen diesen Kontextes sind bei weitem zu umfangreich, als dass sie hier vor allem auch in seinen wissenschaftlichen Implikationen und Anwendungen umfassend dargestellt werden können.[4]
Eine letzte Anmerkung mag dazu als Ausblick auf zukünftige Forschung dienen: Während wir in vielen klassischen und historischen Fällen immer wieder Bilder in Texte überführen, nicht zuletzt durch unsere medien- oder kunsthistorischen Diskurse, ist es

2 — Auszüge aus ausgewählten Videodokumentationen der Vorträge sind den audiovisuellen Materialien der jeweiligen Texte beigefügt. Für die Dokumentationen in voller Länge als Videostream siehe **netzspannung.org**.
3 — Mein besonderer Dank gilt Peter Weibel, Vorstand des ZKM, für seine Unterstützung und Co-Finanzierung des Symposions.
4 — Die interessanten Forschungen etwa von **Gerhard Dirmoser** zur diagrammatischen Darstellung der Geschichte der Ars Electronica anhand der Kataloge und publizierten Informationen (September 2004) sind ein weiteres Beispiel für die gleichzeitig sich manifestierenden Interessen am Thema Mapping.

heute die große Aufgabe der bildgebenden Verfahren, Daten und theoretische Modelle in Bilder zu überführen und damit begreifbar zu machen. Die Relationen zwischen den Daten und Bildern, zwischen Werk und Analyse, zwischen Geografie und Karte stehen im Zentrum der Auseinandersetzung in diesem thematischen Feld.

Mapping and Text → Editorial

/

Rudolf Frieling

/

From the outset, maps have surveyed and inscribed territories in order to take possession of them, to occupy and colonize them. So historically speaking a map was not just a cognitive instrument but primarily an instrument in the competition for economic advantage and power. This world survey narrative goes hand in hand with the invention and testing of better navigation instruments and timepieces. It was essential to establish an individual position in relation to traversed space. So the notion of symbolic, religiously determined representation of spatial connections was accordingly detached from an analog and indexical structure that cross-referenced geographical space with cartographic representations gained from nautical and optical instruments. Cartographers in turn worked with these instruments as if in a panoptic village, regardless of the fact that they had always been part of the traversed space they were ostensibly mapping from the outside. Here the map did not just represent abstract space, but also paths and routes, in other words, human practice in space. 20/100

Precisely this discursive aspect (derived from Latin *discursus*, «a running about»[1]) forms the starting point for a specifically artistic treatment of maps. This view of mapping creates a ‹different› view of maps and ultimately of the impossibility of mapping the world. Linked with this is a particular fascination with encyclopedic and universal or holistic approaches, as embodied in the vision of a database record of the world. The 1990s Internet boom and our growing awareness of living in a networked society have stimulated research from media artists as well as scientists and programmers to develop a new topography of the information society. There are mailing lists and Web sites dedicated to this phenomenon; the **«Atlas of Cybergeography»** provides a clear basis for exploring them. The corresponding text by Martin Dodge, **«Seeing inside the Cloud: Some Ways to Map the Internet,»** investigates the various functions and interests embedded in these new cartographies. Its title also refers to the condition of this terrain as a kind of cloud. But how can a cartographer survey the «inside of a cloud»? And what spatial construction is occurring cognitively in the cartographer's imagination? Dodge uses a large number of maps of the Internet to show how these are also based on a certain calculating quality.

In addition to this, the authors brought together here refer to the wealth of Internet projects addressing the conditions of browsers, proprietary commercial software and traditional representation methods in order to be able to devise technical or artistic alternatives and critical reflections. Hence Rudolf Frieling's essay **«The Archive, the Media, the Map and the Text»** serves as an introduction to the various connections and perspectives

1 — Gregor Stemmrich also stresses this in his contribution **«Media Art Net—A Paradigm for Media Art Mediation»** to this book.

associated with these issues. Its arguments extend from the expansion and increasing dissolution of fixed knowledge systems, then on into the twentieth century with its databases that placed the encyclopedic motif on a newly configured, dynamic and networked platform. At the same time, the term ‹mapping› does not only relate to the new electronic territories that are in a state of permanent change and thus intend to convey a spatial sense of this field using new, time-based data-gathering methods and innovative imaging forms.

But is the metaphor of space with cartographers navigating through it at all appropriate? Christine Buci-Glucksmann's philosophically oriented introduction in her essay **«From the Cartographic View to the Virtual»** associatively follows precisely these trains of thought: «For, with Deleuze, the map as an artifact is a ‹plateau› with various layers and access points sketching a new form of seeing—and that is a projection of infinity in top view—and new kinds of abstraction, of abstractions as diagrams.» In contrast with this, in **«Beyond the Archive: Bit Mapping»**, Wolfgang Ernst insists on a mathematical and topological perspective, presenting digital mapping precisely as a field that goes beyond all spatial metaphors. «From the point of view of media archaeology, cyber‹space› is not about images, sounds or texts, but about bits.»

Particular interest is also taken in new ways of mapping visual or audiovisual documents: a technical innovative approach to searching for images with images is presented by Stéphane Marchand-Maillet in **«Image Search or Collection Guiding»**, while Graham Harwood, in **«(9) Nine»**, has produced a collective map of a community in a project that was particularly concerned with the social interaction involved in handling new tools for the formulations and forms of a personal identity. The Net art projects by **Daniela Alina Plewe** and **Ismael Celis** also embody the artistic approach to the theme of mapping text spaces as well as social relationships. These have already been published in the context of the «Survey of Media Art,» and were influential in the first phase of formulating the concept for this thematic focus.

Whether their focus is historical, philosophical or artistic, in every case questions concerning the (precarious) relationship between images/sounds on the one hand and texts/language on the other are a thread running through this topic. The link with «text» in the title further refers to the important factor that theory and material related to the relationships between media and the arts have to be conveyed in the same context.

Whatever media modern artists were working in, they were operating with radical concepts of alterity and difference that have now found their contemporary form in the electronic media. Interest in databases, search engines, data visualization and cartography is a sign of artistic research in the apparently boundless field of knowledge production. **Walter Benjamin** («Das Passagen-Werk»)[2] and **Aby Warburg** (**«Mnemosyne Atlas»**) developed models in the first half of the twentieth century showing how contingencies

2 — Recently published in English as *The Arcades Project*, trans. Howard Eiland / Kevin McLaughlin, Cambridge, MA / London, 1999.

and constellations can provide a different kind of access to conveying knowledge and insight textually and pictorially on a traditional terrain. Producing documents, artifacts, texts and images was well beyond the capacity of any individual even then. Today the dynamic and virtual configuration of archives reflects the quantity of data and also one of the production conditions for these data. In this perspective the archive does not just represent a passive store, but an active generator. Seen in this way, the ‹data›, whether they are texts or images, are not just what is ‹given›, as etymology suggests, but something that is made, produced—they are ‹facts.› Tracking down these production conditions historically, philosophically, discursively or algorithmically serves as a guiding thread through this thematic focus.

The curatorial concept was considerably redefined by a series of lectures during a conference held at the ZKM Karlsruhe on January 23—24, 2004 under the title «**Media Art Net Lectures: Mapping.**»[3] I am grateful to all the speakers even though not every contribution could be selected for inclusion in the texts collected here. But Anne Nigten, Steve Dietz, Warren Sack and Brett Stalbaum provided important references and ideas for my introduction.[4] **Warren Sack** has developed a new online project, «**agonistics—a language game,**» related to the topical field of «**Public Sphere_s**» but also addressing central questions relating to mapping, and so this cooperation has also generated fertile cross-links.

The subject is far too extensive to be presented here in terms of its academic implications and applications in particular.[5] One remark may indicate the prospects for future research: in many classical and historical cases we repeatedly transfer images into texts, not least through our media or art-historical discourses, but the major role of our imaging processes today is to transfer data and theoretical models into images, thus making them comprehensible. The relations between data and images, between work and analysis, between geography and map, are central to the examination of this thematic field.

/

Translation by Michael Robinson

3 — Sections of the video documentation have been added to the audiovisual material accompanying the texts. For a full length video stream of all lectures see **netzspannung.org**. 4 — I would also like to thank Peter Weibel, Chairman of ZKM, for his continued support and for providing funding for the symposium. 5 — Interesting research has been carried out by **Gerhard Dirmoser**, for example; his diagrammatic representations of the hisory of Ars Electronica using the catalogue and published information (September 2004) are a further example of interests in the mapping theme manifesting themselves at the same time.

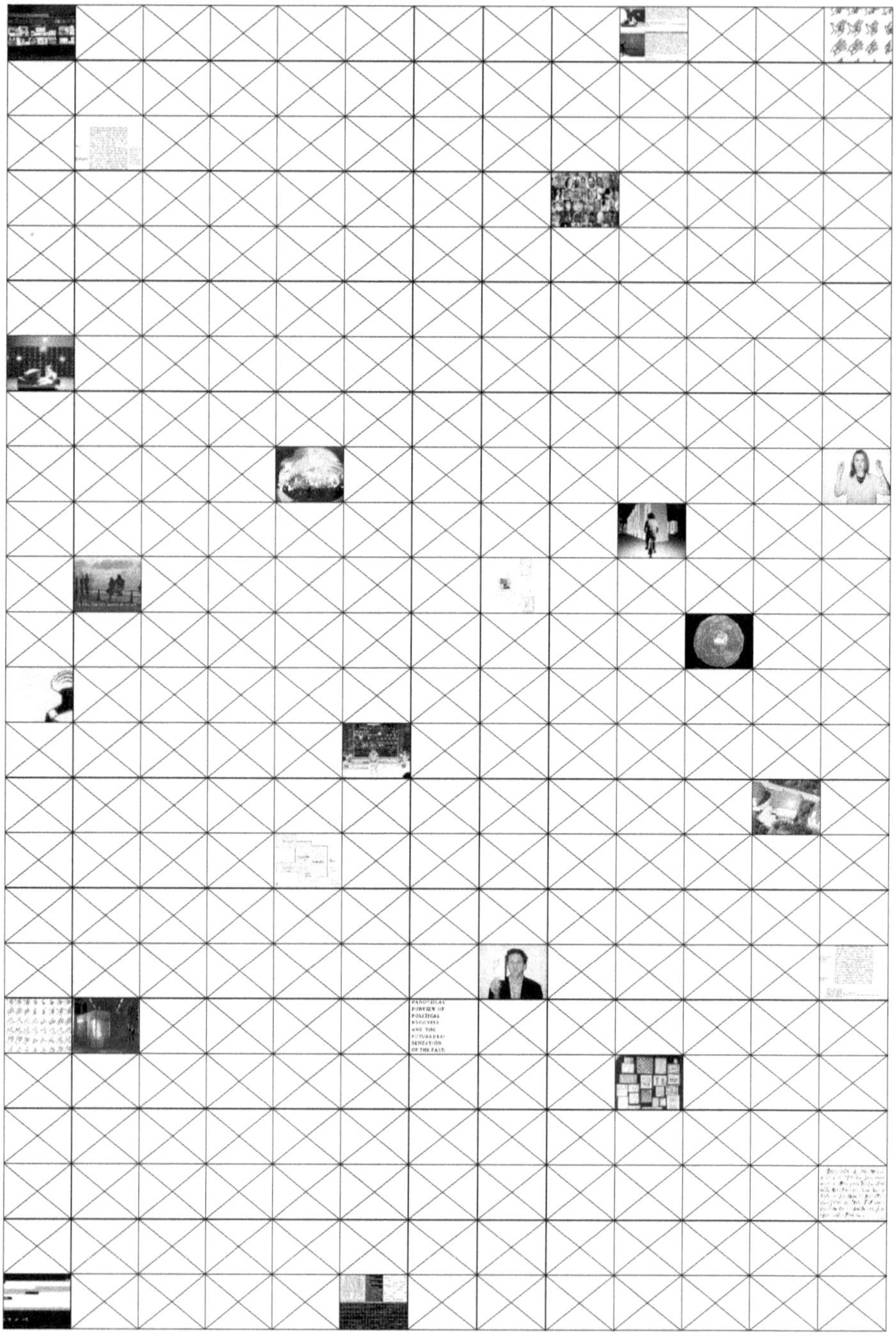

21/000-015
21/100-115

Das Archiv, die Medien, die Karte und der Text

/

Rudolf Frieling

/

»Als echte Alternative zum albertinischen Modell des zur Welt geöffneten Fensters erzeugt die Karte ein deskriptives visuelles Dispositiv und konstruiert einen offenen Raum mit mehreren Eingängen, ein ›Plateau‹, auf dem der Blick nomadisch wird.«

Christine Buci-Glucksmann[1]

/

/

Das Archiv und die Verfügbarkeit des Wissens 21./000

Die Etymologie täuscht in diesem Fall: Daten sind nie ›gegeben‹, denn sie werden produziert und manipuliert. Das Archiv sieht sich heute, genau wie die Technologien, mit denen es operiert, mit Prozessen der Fiktionalisierung[2] wie der Flüchtigkeit konfrontiert. Es steht vor strukturellen Problemen, die jedes universalistische Konzept unterlaufen. Daten wie Medien sterben jährlich, monatlich, täglich, so dass sich bereits eine lange Geschichte der **»Dead Media«** aufzeichnen lässt.[3] Die viel zitierte Flüchtigkeit der elektronischen Medien ist zum einen technisch basiert, da der Innovationsdruck keine Kriterien wie Langlebigkeit zulässt, zum andern aber auch in der Struktur des Archivs selbst angelegt, sobald es eine kritische Schwelle des Umfangs überschreitet. Der Verlust von Daten ist ein immer schon inhärenter Prozess des Archivs. Die Erfahrung im Umgang mit Archiven und Datenbanken zeigt, dass jedes System immer mit den Leerstellen und Brüchen in der Praxis kollidiert. Auch Archivare, diese Garanten einer verlässlichen Dokumentenverwaltung, verstricken sich in den Fallen des Speicherns, Sortierens, Ablegens und Nicht-Wiederfindens. Die elektronischen Medien versprechen jedoch ein Potential an Verfügbarkeit, das schon am Anfang der wissenschaftlichen Imagination eine wesentliche Rolle spielte, wie **Vannevar Bushs** wegweisender Essay **»As We May Think«** zeigt.[4] Umfassendes Wissen auf Abruf verbindet sich hier endgültig mit der Vision einer Maschine, ohne jedoch die Geschichte der Wissensproduktion mit all ihren sozialen und historischen Bedingungen zu reflektieren.[5]

/ /

Wissen konfigurieren 21./001

Dieser Wunsch, alles Wissenswerte (oder gleich überhaupt ›alles‹) auf Abruf zur Verfügung zu haben, wird jedoch nicht erst seit Erfindung des Internets geträumt und auf

1 — Christine Buci-Glucksmann, **»Vom kartographischen Blick zum Virtuellen«**, Text für die »Media Art Net Lectures: Mapping«, ZKM Karlsruhe, 23./24.01. 2004. 2 — Vgl. die archivarischen Projekte der Atlas Group von **Walid Ra'ad**, siehe dazu u. a. die Kataloge *Documenta11_Plattform5: Ausstellung*, Ostfildern 2002, S. 180–183. 3 — Bruce Sterlings Sammlung obsoleter Formate. 4 — Vannevar Bush, **»As We May Think«**, *The Atlantic Monthly*, Juli 1945, S. 101–108. 5 — Ein späterer visionärer Entwurf: 1989 imaginierte Roy Ascott in einem Artikel für *Kunstforum International* über das, was er das »Gesamtdatenwerk« nannte: »Whereas Wagner's *Gesamtkunstwerk* was performed in an opera house, however, the site of the *Gesamtdatenwerk* must be the planet as a whole, its data space, its electronic noosphere.« Wieder abgedruckt in: Roy Ascott, *Telematic Embrace. Visionary Theories of Art, Technology, and Consciousness*, Berkeley/ Los Angeles 2003, S. 226.

spezielle Weise realisiert, sondern wurzelt schon in der aufklärerischen Motivation der Enzyklopädisten, findet seine Fortsetzung in den Prozessen der Historisierung des Wissens und verbindet sich im 19. Jahrhundert mit der Auflösung des Buches als dem bevorzugten Speicherort der Wissensproduktion: »Die allmähliche Ablösung der fest gefügten, am Buch orientierten Gedächtnisorte durch Zettelkästen ist verbunden mit jenem Prozess, der als Historisierung des Wissens verhandelt wird. Die Referenzsysteme des Wissens, die Ordnungen des Wissens selbst werden als historische Größen begriffen, die Vorläufigkeit und permanente Revision alles Wissens postuliert.«[6] Wissen wird mobil, erweiterbar, re-kombinierbar. Der Zettelkasten als Medium ist ein Schritt zum rechnergestützten Wissen und hat literarisch am eindrücklichsten im Fragment gebliebenen Hauptwerk **Walter Benjamins**, dem »Passagen-Werk«, seinen wissenstheoretischen Niederschlag gefunden. Schon für Benjamins Werk bot sich die Gliederung nach Themen und Schlagworten, sortiert allein durch das Alphabet als einziger ›Ausweg‹ aus der hoffnungslosen Fülle des Materials, das in keine lineare und kohärente literarische oder theoretische Erzählung mehr gezwungen werden konnte und sollte.[7] Der Zettelkasten entsprach dieser Theorie und Ästhetik des Fragments und unterlief zugleich schon das, was Michel Foucault später als die allseits wirkende Disziplinierung des Wissens identifizierte. Doch die Modulierbarkeit und Rekombinierbarkeit des Zettelkastens bietet noch kein pragmatisches Modell der Verknüpfung von Wissen jenseits der Begriffe. Schon Benjamin wusste, dass dem Wissen unter neuzeitlichen Bedingungen begrifflich und mit Taxinomien allein nicht beizukommen war, sondern dass ein Verständnis gesellschaftlicher Prozesse und des Warencharakters der Erscheinungen auch von der Deutung von Bildern, ähnlich der Traumanalyse Freuds, ausgehen muss. Seine Konzeption, darin der Aby Warburgs verwandt, beruhte fundamental auf einem Begriff der visuellen Konstellation - und bildet damit bis heute eine Brücke zu den medialen Künsten.[8]

Benjamins Fokus lag auf den Experimenten der Avantgarde in Russland und nicht auf anderen zeitgenössischen Künstlern wie **James Joyce** mit seinem sprachlichen wie formalen universalistischen Text »Ulysses« oder den von Dada und Surrealismus beeinflussten Filmemachern mit ihrer assoziativen Montage von bewegtem Bild. Peter Greenaway verdeutlicht in der Synopsis zu seinem Film »**The Falls**« (1980) das Interesse an anderen Ordnungen, wenn er schreibt: »Selection by alphabet is random enough, for what other system could put Heaven, Hell, Hitler, Houdini and Hampstead in one category?« Eine sprachliche Ordnung trifft hier auf eine filmische Narration.

In welchen Medien die Künstler der Moderne auch immer arbeiteten, sie operierten mit radikalen Konzepten von Alterität und Differenz, die heute in den elektronischen Medien ihre zeitgemäße Form gefunden haben. Es geht also auch im Folgenden um die Frage, wie sich diese Erfahrungen der Moderne und dann Postmoderne in die

6 — Helmut Zedelmaier, »Buch, Exzerpte, Zettelschrank, Zettelkasten«, in: Hedwig Pompe/Leander Scholz (Hg.), *Archivprozesse. Die Kommunikation der Aufbewahrung*, Köln 2002, S. 38–53, hier S. 49. 7 — Auch wenn man die literarischen Arbeiten »Ulysses« (1922) und »**Finnegans Wake**« (1939) von James Joyce genau als solche noch ein letztes Mal gelingenden Versuche sehen kann. Molly Bloom, die Protagonistin des Schlusskapitels im »Ulysses«, kann man in unserem Kontext als prototypische frühe Userin sehen, die von ihrem Home-Terminal aus (als zuhause bleibende Penelope) Informationen über die Außenwelt prozessiert, strukturiert und interpretiert.

Geschichte der Archive und enzyklopädischen Konzepte im 20. Jahrhundert eingeschrieben haben.

//

Bedingungen des Wissens 21./002

»Die technische Struktur der archivierenden Archivs bestimmt auch die Struktur des archivierbaren Inhalts schon in seiner Entstehung und in seiner Beziehung zur Zukunft.«[9] Die technische Struktur bezieht sich dabei sowohl auf das eigentliche Erfassungssystem wie auch auf die Entscheidungen der ›árchontes‹, also der Torwächter. Es bleibt - mit **Vilém Flusser** und **Marshall McLuhan** - die Frage, ob das isolierende, in Typisierung und Standardisierung denkende Archiv nicht inzwischen längst durch eine ›körnige‹ elektro-magnetische Kultur abgelöst wurde, die sich dieser Zurichtung in diskrete Elemente entzieht?[10]

Künstlerische Strategien, die Definitionsmacht des Archivs offen zu legen, setzen hier an. So reagiert **Antoni Muntadas** in seinem kollaborativen Netzprojekt **»The File Room«** (1994) auf den Zusammenhang von Ausschluss und (kunst)politischer Zensur, indem er Fälle von Zensur weltweit per Internet zusammenträgt und dort allen als Aktensammlung zur Verfügung stellt. Was in einem partikularen Feld hier entsteht, ist ein Gegenarchiv zur postulierten offiziellen Geschichtsschreibung.

Die »Ordnung der Dinge« (Foucault) als kategoriales und indexikalisches Problem kann aus künstlerischer Sicht nur noch in seiner unendlichen Serialität von Ziffern als Konzeptarbeit (wie etwa bei On Kawara) oder als alternativer Entwurf der Reihung marginaler, unscheinbarer Dinge und Ereignisse zitiert werden. **Peter Piller** sammelt Zeitungsfotos und ordnet diese zu Serien wie »Auto berühren«, »Daumen hoch« oder anderen überraschenden Motiven der Bildgeschichte, deren Bezug zu einer Zeitungsnotiz, einem Bericht über einen realen Vorgang oder realen Ort jedoch verloren gegangen ist. Die Schwierigkeiten oder gar die Unmöglichkeit einer begrifflichen Annäherung an die Wirklichkeit wiederum in verschiedenen Medien herauszuarbeiten, wie wir sie in der zeitgenössischen künstlerischen Produktion mehr und mehr verkörpert sehen, ist dennoch ein Indiz für die ungebrochene Relevanz der kategorialen Topologie des Archivs, sei es in der Kunstsammlung, der Datenbank oder dem Katalog. Ein Beispiel zum Topos des Index liefert **Douglas Blau** mit **»Index aus ›The Naturalist Gathers‹«** (1992-1997).[11] Diese Textarbeit, entstanden mit Verweis auf seine Fotoinstallation, die an **Aby Warburgs** Prinzipien des Bildatlasses (**»Mnemosyne-Atlas«**) anknüpft, präsentiert einen komplexen wissenschaftlichen Index zu einem nicht-existierenden Sammlungskatalog, der aber aus dem Index als Permutation entstehen könnte, ähnlich dem **»Poem-Schema«** von **Dan Graham** (1966). Damit wird eine doppelte Strategie erkennbar: Zum einen ›lesen‹ wir einen Text nicht nur durch seinen Haupttext, sondern noch mehr durch seine Ränder

Joyce benutzte im übrigen ebenso intensiv Notizen und Zitate auf Zetteln wie Walter Benjamin. 8 — Vgl., wie Michel Foucault die Idiosynkrasie jeglicher Taxinomie unter Verweis auf Jorge Luis Borges aufgriff in: *Les mots et les choses*, 1966 (dt. *Die Ordnung der Dinge*, Frankfurt/Main 1971, S. 17). 9 — Vgl. bei Jacques Derrida, *Mal d'archive*, Paris 1995 (dt. *Dem Archiv verschrieben. Eine Freudsche Impression*, Berlin 1997, S. 35). 10 — Vgl. Vilém Flusser, *Die Schrift. Hat Schreiben Zukunft?*, Göttingen 1987, S. 46ff. wie auch Hartmut Winkler, *Docuverse*, München 1997, S. 243.

und spezifische Textur wie den Anmerkungsapparat, die Bildauswahl, die Zitate und Verweise, das Impressum, den Einband beziehungsweise Kontext bei einem Essay et cetera. Wissenschaftliche Texte präsentieren sehr bewusst diesen Apparat aus Subtext und Kontext. Das zweite Motiv ist darüber hinaus Indiz dafür, dass der Index nun, von seiner Referenzialität gelöst, zum Haupttext geworden ist.

Die Künstler ›befreien‹ die Bilder (Piller) wie die Worte (Blau) von ihrer Indexikalität des Verweises auf eine ursprüngliche Ordnung, um sie so neu zu ordnen und einer neuen Lesart zu öffnen.[12] Das Generative der Textapparate und die Logik der Bibliothek (als Speicher aller Verweisstrukturen) machen das Archiv zum Produzenten und zu einem Archiv potentieller Texte. Der Text und das Bild werden nicht mehr nur im Archiv abgelegt als ›Akte‹, sondern sie werden selber auch zum ›Akteur‹. Die Rede vom *Wissensspeicher* ist irreführend, wenn es sich vielmehr um einen *Wissensgenerator* handelt.

/ /

21./003 *Distribution von Wissen*

Schon die russischen Konstruktivisten erkannten das Potenzial neuer Distributionswege der Information bis hin zur Neukonzeption eines Buches als Bilderspeicher: »The traditional book was torn into separate pages, enlarged a hundred-fold, coloured for greater intensity, and brought into the street as a poster. [...] If today a number of posters were to be reproduced in the size of a manageable book, then arranged according to theme and bound, the result would be the most original book. The cinema and the illustrated weekly magazine have triumphed. We rejoice at the new media which technology has placed at our disposal.«[13] Dem russischen Konstruktivismus lag die Dynamisierung der Distributionsprozesse ebenso am Herzen wie dem amerikanischen Kapitalismus, mit dem Unterschied, wie **El Lissitzky** notiert, dass dieser die Poster spezifisch für den flüchtigen Blick des automobilen Betrachters in die Öffentlichkeit brachte. Während mit Borges die Welt noch ein Buch beziehungsweise eine Bibliothek war, ist sie nun ein Bilderspeicher, der mobil wird.

Da die Bilder zu zirkulieren begannen, mussten sie aber auch wieder ›eingefangen‹ werden. 40 Jahre später imaginiert **Nam June Paik** ein »Center for Experimental Arts«, in dem er auch ein Videoarchiv vorsah, und **Stan VanDerBeek** sein »**MovieDrome**« als den Ort einer universell verfügbaren Bildergalerie.[14] Im Anschluss an **Vannevar Bush** und sekundiert von **Marshall McLuhan** hilft das Expanded Cinema der 1960er Jahre, die Welt als einen ungeheuren audiovisuellen Speicher zu sehen, den man heute tatsächlich als gigantisches Servernetz realisiert hat, das man mit Hilfe von Suchmaschinen durchforsten kann, sei es in künstlerischer oder in kommerzieller Hinsicht (siehe die Microsoft-Firma Corbis, die die weltweiten Rechte an den 16 Millionen Fotos der Sammlung von Otto L. Bettmann hält).[15] Die Suchmaschinen wiederum operieren mit gigantischen Speicherkapazitäten und den Parametern intelligenter Datenbankstrukturen. Die

11 — Siehe Ingrid Schaffner/Matthias Winzen (Hg.), *Deep Storage. Arsenale der Erinnerung*, München / New York 1997, S. 72f. und S. 166f. 12 — Weitere Arbeiten zum Index: Art & Language, »Index 01« (1972) oder die von gruppo A12 kollektiv erstellte Datenbank »**parole**«. 13 — El Lissitzky, »Our book«, Gutenberg Jahrbuch, 1926 / 1927, zit. in: *Transform the world! Poetry must be made by all!*, Moderna Museet (Hg.), Stockholm 1969. 14 — Stan VanDerBeek, »**Culture Intercom, A Proposal and Manifesto**«, *Film Culture* 40, 1966, S. 15–18, abgedruckt in:

Datenbank als kulturelle Form des 21. Jahrhunderts, so **Lev Manovich**[16], beschäftigt heute immer mehr Techniker, Archivare, aber auch Künstler.

/

Datenbank als kulturelle Form 21/004

Zwei künstlerische Datenbankprojekte sollen als Einstieg in diesen Abschnitt zitiert werden. Die interaktive Arbeit »**Things Spoken**« (1999) von **Agnes Hegedüs** fordert die Nutzer auf, in einer Datenbank persönlicher Memorabilia zu forschen und Objekte zu aktivieren. Dabei können zwei Erzählungen abgerufen werden: die Erzählung der Künstlerin zu jedem Objekt und die einer zweiten Person, nahe stehende Freunde oder Familienmitglieder, die ihre Sicht der Dinge, ihre Interpretation eines solchen Objekts in Bezug auf den Besitzer, die Besitzerin erzählen. Damit sind zwei kategoriale Ebenen etabliert: die formale Verschlagwortung als ein Prozess oft absurder Meta-Information und die erzählerische Kontextualisierung aus immer schon zwei verschiedenen Perspektiven. In einer Fortentwicklung dieser Arbeit als partizipative Installation konnten Besucher im Museum ein persönliches Objekt ihrer Wahl scannen lassen und dazu eine Geschichte erzählen, die aufgezeichnet und gespeichert wurde. Auf das wachsende Archiv der Objekte und ihrer ›oral history‹ konnte man gleichzeitig vor Ort auf einem Computer zugreifen. Aus dieser Datensammlung entstand so mit der Zeit eine Struktur von Relationen zwischen Dingen und Erzählungen, fragmentarisch, anekdotisch, dennoch aussagekräftig, jedoch ohne Kohärenz in Bezug auf die Figur des Sammlers.

Eine verwandte CD-ROM hat **Eric Lanz** mit »**Manuskript**« bereits 1994 realisiert. Während Hegedüs den Bedeutungshorizont eines Objekts beleuchtet, interessiert sich Lanz für die ›Sprache der Dinge‹. Durch die multimediale Umsetzung von Videomaterial in den visuellen Text einer Bildtafel gelingt es ihm, eine exemplarische visuelle Geschichte des konkreten Gebrauchs von Handwerkzeug zu demonstrieren. Als künstlerisches Projekt kommt es dabei ohne Verweisstruktur und Datenbank und ohne erklärenden begleitenden Text aus. Die Objekte werden weder identifiziert noch in den Kontext eingebettet, aus dem sie stammen. Während der berühmte Vorläufer enzyklopädischer Bildatlanten, der »Orbis Pictus« von Comenius, sich auf die erklärende Verbindung von Bild, Handlungsbeschreibung und alphabetischer Ordnung stützte, setzt »Manuskript« eine Art von visueller Topologie der Werkzeuge multimedial um. In der oft überraschenden Differenz zwischen äußerem Erscheinen und tatsächlichem Gebrauch liegt der auch poetische Reiz dieser Lektüre. Aufgrund der Verschaltung von Text und animierter Dinglichkeit erzielt Lanz eine Anschaulichkeit, die ein noch so reich bebilderter Lexikoneintrag nicht hätte erzielen können. So führt »Manuskript« vor, dass über die ikonografische Kunstgeschichte hinaus die topologische Konstitution einer objektiven Universalgeschichte des bewegten Bildes nicht nur zu denken, sondern auch exemplarisch umzusetzen ist.

Gregory Battcock, *The New American Cinema. A Critical Anthology*, New York 1967, S. 173–179. **15** — Vgl. Ernst Schmiederer, »Alle Macht geht vom Bild aus«, in: Ars Electronica 98, *Information.Macht.Krieg*, Wien / New York 1998, S. 230–239. Einziger Konkurrent ist Getty Images mit ca. 30 Millionen Bildern. **16** — Lev Manovich, *The Language of New Media*, Cambridge, MA, 2001, S. 218; vgl. insbes. Kap. 5, »The Forms«, zuvor bereits 1998 im Internet veröffentlicht als »Database as a Symbolic Form«. Vgl. auch die Sammlung von **Manovich-Texten**.

/ /

21./005 *Universale Bildspeicher*

Die quantitative Beschränkung auf eine kleine, endliche Menge von ›Dingen im Gebrauch‹ könnte nun jenseits der begrenzten Ressourcen eines Künstlers in eine ebenso universale Dimension erweitert werden. Das Institut für wissenschaftlichen Film (IWF) in Göttingen hatte ab 1952 bereits tatsächlich das Projekt einer »Encyclopedia Cinematographica« als umfassende filmische Dokumentation von Bewegungsabläufen angefangen: »Eine Matrix sollte die Bewegungsformen aller Gattungen erfassen und diese exemplarisch als Bewegungspräparate von circa zwei Minuten Länge darstellen.«[17] Die Hybris eines solchen Unterfangens wird in dem Moment erkennbar, wo die beteiligten Forscher von ihren »Kinematogrammen« als »Präparate« sprechen. Der Gründer des Projekts, Gotthard Wolf, dachte tatsächlich auch an Hunderttausende von solchen »Präparaten«, um damit universal Bewegungen klassifizieren zu können.[18]

Das Projekt einer Datenbank visueller Lexeme musste zwangsläufig an diesem enzyklopädischen Anspruch quantitativ scheitern. Doch auch schon vom Ansatz her ist eine lexikalische Isolation von Bewegungsabläufen zur Erforschung der kontextuellen Konstitution von ›Verhalten‹ und Wirklichkeit ungeeignet. So wie die Grammatik keine Aussagen über Sprache im Gebrauch und kontextuelle Semantik zulässt, können »Kinematogramme« auch nicht den Bereich einer beschränkten visuellen Syntax überschreiten. Dennoch ist die Vision faszinierend, an einem Lexikon zu arbeiten, das zeitbasierte Dokumente umfasst und möglicherweise auch dynamisch konfiguriert wäre.

Die Datenbank ist nach **Lev Manovich** die kulturelle Form des 21. Jahrhunderts. Die Datenbank liefert dabei keine präfigurierten Ordnungen, sondern Listen und Präferenzen der Anordnung, was nach Manovich einem zentralen Paradigmenwechsel gleich kommt. Während in der traditionellen Theorie die syntagmatische Ebene eine explizite Narration präsentiert und die paragdimatische Ebene von Wahlmöglichkeiten (an narrativen Formen) nur implizit vorhanden war, so dreht sich das Verhältnis im Computerzeitalter um: die Optionen sind explizit, die daraus resultierenden Narrationen aber nur noch implizit vorhanden.[19] Manovich führt eine ganze Reihe von Kunstwerken zur Stützung seiner These ins Feld, von **Dziga Vertov** zu Peter Greenaway – siehe auch Manovichs zufallsgeneriertes Datenbank-Kino, »**Soft Cinema**« (2002). Ein Blick auf den heimischen Rechner genügt aber auch schon, um die These bestätigt zu finden. Der Rechner bildet die Bibliothek als ein Tool unter anderen auf dem Bildschirm (der ›Arbeitsplatte‹) ab. Auf jedem Heimrechner sind ›Libraries‹ und ›Bildarchive‹ vorinstalliert, denn die Nutzer produzieren inzwischen massenhaft auch Bilddateien. Die Einübung in die Arbeit mit dem Computer beginnt nicht bei der Erstellung von Dateien, sondern beim Erlernen der Möglichkeiten von Verweisstrukturen und Ablagesystemen innerhalb der Universalmaschine Computer.

17 — Christoph Keller, »Archives As Objects As Monuments«, in: Wolfgang Ernst / Stefan Heidenreich / Ute Holl (Hg.), *Suchbilder. Visuelle Kultur zwischen Algorithmen und Archiven*, Berlin 2003, S. 46–51, hier S. 49. Eadweard Muybridge und **Etienne Jules Marey** waren die ersten, die Bewegungsabläufe analysierten, um das ›Unsichtbare‹ zu sehen. 18 — Wolfgang Wickler in »Research Film« 1964, zit. nach Christoph Keller in: Ernst/Heidenreich/Holl (2003), S. 50. 19 — Manovich (2001), S. 231. 20 — Siehe hierzu auch die textbasierten

Wird die Datenbank für eine größere Öffentlichkeit zugänglich gemacht (als Intranet oder im Internet), können die multimedialen Objekte auf eine vielfältige Praxis der Einordnung, Bewertung und Intervention stoßen. Die Vernetzung als dynamische Produktionsstruktur bietet dadurch eine Potenzierung von Sinn – womit selbstverständlich die Kehrseite mitgedacht ist, dass der Sinn auch wieder in ›über- oder unterkomplexen‹ Unsinn umschlagen kann (vgl. das Spektrum an Textpermutationen in der Netzarbeit »**General Arts**« von **Daniela Alina Plewe**, 2003).[20]

/ /

Ära des Bildertauschs 21./005

Das mediale Archiv (und nicht nur die Datenbank) ist das ›Backbone‹ der globalisierten Kultur und konkreter Ausdruck der Tatsache, dass die Menschen in der bereits zitierten »Ära des Bildertausches« (Gene Youngblood) leben. Der »iconic turn«, wie ihn William J. Mitchell und Gottfried Boehm[21] Mitte der 1990er Jahren diagnostiziert haben, ist im Boom der neuen Medien, der Ominpräsenz der technischen Bilder in den Naturwissenschaften, aber auch in dem expandierenden Gebrauch von digitalen Kameras, Webcams, MMS und anderen Bildgeneratoren offensichtlich und füllt so die immer weiter wachsenden Speicher der Rechner. Der physische Akt des Speicherns ist so einfach und schnell durch einen Klick erledigt, dass die inhaltlichen Entscheidungen archivarischer oder kuratorischer Art aufgeschoben werden, zumindest solange, bis die Festplatte voll ist oder uns mit einem kompletten Crash des Problems entledigt. Und doch wüsste jeder Nutzer gerne, wofür er die Daten aufbewahrt. Eine der Antworten könnte sein: um sie wieder loszuschicken in die endlose Zirkulation der Zeichen im Netz. Die Bilder bekommen einen Tauschwert, nicht nur einen Gebrauchswert.

Wenn mehr Bandbreite und größere Speicher die Datenmenge erhöhen, wird das Maschine-zu-Maschine-Processing notwendig, um filtern und sortieren zu können. Das führt zu einer exponentiell steigenden Kurve der Informationsmenge, die nur mit ›intelligenten‹ Tools zu bewältigen ist.[22] Mehr und mehr haben sich im Laufe der 1990er Jahre die potenten Suchmaschinen (von Lycos bis Google) als die eigentlichen ›Strategen‹ des New-Media-Booms erwiesen. Sie ermöglichen eine Navigation im immensen Datenraum, die in dieser Form noch nie da gewesen ist. Wenn wir die Antennen der Künstler zu schätzen gelernt haben, dann deshalb, weil sie diese Entwicklung oft früher als andere erkennen und schon bevor diese eigentlich in ihrer ganzen Tragweite erkennbar wird, mit eigenen Gegen-Strategien beantworten – siehe **Cornelia Sollfranks** »**Net Art Generator**« (1999) oder **Christophe Brunos** »**non-weddings**« (2002).

Können Algorithmen aber eine komplexe semantische Indizierung der Daten leisten oder sinnvolle Indizes zu Bildern erstellen? Gibt es die Aussicht auf einen automatischen Archivar oder muss der automatisch indizierte und verschlagwortete Datensatz noch vom Auge des Experten kontrolliert werden? Zu dieser Problematik forscht unter

Arbeiten des brasilianischen Künstlers **Arthur Matuck**. 21 — William J. Mitchell, *Picture Theory: Essays on Verbal and Visual Representation*, Cambridg, MA, 1995; Gottfried Boehm verschiedene Veröffentlichungen, zuletzt »Zwischen Auge und Hand«, in: Bettina Heintz / Jörg Huber (Hg.), *Mit dem Auge denken. Strategien der Sichtbarmachung in wissenschaftlichen und virtuellen Welten* (Edition Voldemeer Zürich), Wien/New York 2001, S. 43–54.
22 — Vgl. auch die künstlerischen Recycling-Arbeiten von **Blank & Jeron** und **Mark Napier**.

anderem der Genfer Computerwissenschaftler **Stéphane Marchand-Maillet**. Der Verdacht drängt sich auf, dass nur die Bilder technisch beschrieben werden können, die zuvor mit den nötigen technischen Parametern produziert wurden – eine Folge der »Illusion einer universalen (weil technizierten) Lesbarkeit der Bilder«[23]? Mit all diesen Fragen im Hintergrund rückt also das Phänomen der Navigation und des Kartografierens (des ›Mappings‹) des virtuellen Raums, aber auch des Bildes wie des Textes in den Mittelpunkt.

/

21./007 **Mapping von Text und Bild**

Edward R. Tufte hat in seinen Publikationen seit 1983 die Summe der Erfahrungen als Grafikdesigner in der Erstellung von Visualisierungen und Karten formuliert. Dabei konfrontiert er das modernistische Dogma des »less is more« (Mies van der Rohe / Roberto Venturi) mit dem Dogma der Datenvisualisierung »less is a bore« (weniger ist langweilig): »Well-designed small multiples are inevitably comparative; deftly multivariate; shrunken high-density graphics based on a large data-matrix drawn almost entirely with data-ink; efficient in interpretation; often narrative in content; showing shifts in the relationship between variables as the index variable changes (thereby revealing interaction or multiplicative effects).«[24] In welcher Form die Karte aber nicht nur vom Design, also von der künstlerischen Gestaltung, sondern auch vom Nutzer und vom Gebrauch dynamischer Darstellungsoptionen abhängt, können gerade künstlerisch / wissenschaftliche Anwendungen besonders verdeutlichen. Die Möglichkeiten nicht nur der maschinell-algorithmischen Generierung von Karten, sondern auch ihre Repräsentation in elektronischer Form unterstützen die nur temporäre Stabilität der Karte, die sich damit als ein flüchtiger Punkt in der Zeit manifestiert.

Mapping, der Prozess des Erstellens einer Karte beziehungsweise der Überlagerung von zwei verschiedenen Flächen, und Navigation, die Erkundung eines Raums (die Wegstrecke), sind zwei komplementäre Weisen der »Kunst des Handelns« (Michel de Certeau). Die Liste von Kunstwerken, die sich mit dem Thema Karte befassen, um Ereignisse und Handlungen aufzuspüren und sie topografisch zu verorten, haben eine »Strategie befreiter Kartografie« formuliert[25], ohne dass ein spezifischer Blick auf den Zusammenhang zur Digitalisierung und elektronischen Vernetzung hergestellt wurde. Dies ist umso erstaunlicher, als die Skalierung, also die Veränderlichkeit des Maßstabes, in direkter Analogie zur Zoomfunktion optischer Techniken zu sehen ist, die heute, wenn noch nicht digital produziert, so doch immer schon digital und telematisch übermittelt und gesendet werden. Diese Zusammenhänge sollen in Bezug auf die Praxis der künstlerisch-algorithmischen Kartografierung von Texten und Bildern im Folgenden im Kontext dargestellt werden.

/ /

23 — Gabriele Werner, »Das technische Bild«, in: Heintz / Huber (2001), S. 367–382, hier S. 378. 24 — Edward R. Tufte, *The Visual Display of Quantative Information*, Cheshire 1983 (Neuauflage 1995), S. 191. Ein im europäischen Kontext zentraler Vorläufer war **Otto Neurath**, siehe Frank Hartmann / Erwin K. Bauer, *Bildersprache. Otto Neurath Visualisierungen*, Wien 2002; vgl. auch Rudolf Arnheim, *Visual Thinking*, University of California Press 1969, Neuauflage 1995. Für die Kartografen wiederum ist maßgeblich: Jacques Bertin, *Graphische Semiologie, Diagramme, Netze, Karten*, Berlin 1983. 25 — Vgl. Michael Glasmeier, »Die Teppiche des Johannes Vermeer

Ein klassisches literarisches Drama von Shakespeare wird zwar unterschiedlich interpretiert, aber immer nur textlich linear dargestellt. Eine Analyse des Stücks findet nur auf der Metaebene der Interpretation statt. Was wäre nun, wenn der Text sich in einer anderen Form manifestieren würde? Ein erstes Beispiel befasst sich daher mit den verschiedenen Aggregatzuständen, die ein Text annehmen kann. **Benjamin Fry** hat mit der Software »**Valence**« ein eben solches Programm realisiert, das Algorithmus und Narration in einen frappierenden, neuen Zusammenhang bringt. Die Interaktion zwischen Elementen ist die entscheidende konzeptuelle Differenz. Ein rekursiver Prozess entsteht: Bild wird Text (Code) und Text wird Bild. Der Effekt ist die visuelle Lesbarkeit eines linearen Textes in räumlicher Form. Eine Art von Softwareskulptur aus Text entsteht und kann mit anderen grafischen 3D-Formen ›auf einen Blick‹ verglichen werden. Man könnte dieses dynamische Objekt aber auch als eine besondere Form der Kartografierung eines Textes beschreiben (siehe auch »TextArc« von Bradford Paley oder **David Links** »**Poetry Machine 1.0**«).

Was »Valence« Wort für Wort darstellt, wird in dem wohl meist zitierten Mapping-Projekt im Netzkunstbereich, »**WebStalker**« des Künstlerkollektivs **I/O/D** (1997), als grafische 2D-Struktur visualisiert. Die statische Linkstruktur einer beliebigen Website kann mit diesem alternativen Browser auf eine abstrakte Weise so dargestellt werden, dass ein Bild entsteht, das wiederum mit anderen Gebilden vergleichbar wird. Korrelationen werden auf einen Blick erkennbar und eine visuelle Komparatistik erscheint am Horizont. Was für den linearen Text die allgemeingültige Konvention der Zeilenstruktur ist, bedeutet für den Datenraum eine ungleich schwerer zu standardisierende Form. Die wahrnehmbare, lesbare Verteilung von Information in Raum und Zeit ist Voraussetzung für die Balance zwischen Nicht-Information und Zuviel-Information.[26] Fry zerstört die Linearität des Textes, um eine andere Textform zu konstruieren, die nichts mit früheren literarischen Techniken wie etwa dem Cut-up (siehe **William Burroughs**), zu tun hat, sondern mit der quantitativen Analyse des Textes. Als Tool der Komparatistik könnte »Valence« zu einer visuellen ›Signatur‹ eines Textes herangezogen werden und zum Prozess der Verdichtung von Information beitragen.

Der Cursor, dessen Blinken zur Texteingabe auffordert, gehört zu den Elementen des elektronischen Schreibprozesses, die Appellcharakter haben. Als Trennstrich verkörpert er den Ort zwischen Zeichen und Leere, in einem Interface aber auch den Ort des Anfangs: Hier ist eine Eingabe möglich - denn dies ist nicht selbstverständlich. Eine leere Seite kann auf viele Weisen gefüllt werden. Dass der Schreibprozess aber an der Konstruktion einer Wohnung teilhat, ist neu: Jeder getippte Satz wird in der Softwarkunst von **Marek Walczak** und **Martin Wattenberg** zu einem Generator eines »**Apartments**« (2001), so der Titel der Arbeit. Der Satz »Sex and the City«, um eine amerikanische TV-

in: Stephan Berg/Martin Engler (Hg.), *Die Sehnsucht des Kartographen*, Hannover 2003, bes. S. 140f.; vgl. auch Robert Storr (Hg.), *Mapping*, Museum of Modern Art, New York 1994 sowie Paolo Bianchi/Sabine Folie (Hg.), *Atlasmapping. Künstler als Kartographen. Kartographie als Kultur*, Wien 1997 und Horst Bredekamp/Birgit Schneider/Gabriele Werner (Hg.), *Bildwelten des Wissens. Kunsthistorisches Jahrbuch für Bildkritik*, Bd. 1.1, Berlin 2003.

26 — Vgl. dazu die Kinoserie (1978) von **Hiroshi Sugimoto**.

Serie zu zitieren, wird in semantische Einheiten übersetzt, die wiederum einem Grundriss einer Wohnung zugeordnet werden: ›Sex‹ zu ›bedroom‹, ›City‹ aber - und das ist schon eine interpretierende Semantik - zu ›Window‹. Dieses Projekt repräsentiert eine einfache, sofort nachvollziehbare und ›lesbare‹ Lösung für folgende Probleme im Umgang mit Textvisualisierung: Wie ›interpretiert‹ die Maschine den Text? Das ist hier offensichtlich schnell erlernbar, indem der Nutzer mit der Dauer der Eingabe-Relationen immer deutlicher erkennt. Die repräsentierten Wörter können außerdem animierte Schlaufen bilden und bestimmen aufgrund ihrer Häufigkeit auch die Größe und Positionierung des Zimmers - die Wohnung wird so in ständiger Bewegung gehalten. Ein anderer Aspekt des Interfaces aber wird deutlich, wenn man die abgespeicherten Wohnungen aufruft und etwa ›Themen-Apartments‹ (wie ›murder and crime‹) oder ›Konzept-Apartements‹ entschlüsselt (eine Wohnung besteht nur aus der Wiederholung des Wortes ›now‹, das entsprechend auch nur ein einziges Zimmer ergibt.[27] Während **»Legible City«** (1988) von **Jeffrey Shaw** die Verbindung zu einer ars memoriae durch die Verräumlichung von Schrift inszeniert, handelt es sich hier um einen generativen Produktionsprozess.[28] Walczak und Wattenberg haben bereits eine ganze Reihe von innovativen Applikationen programmiert, die jeweils unterschiedlich die Aufgabe lösen, aktuelle Daten in ein dynamisch generiertes Interface zu integrieren, um so zu einer Darstellung der Echtzeit selber zu kommen.[29] Insofern verdeutlichen die bisher vorgestellten Netzprojekte einen Aspekt, der das Denken von Alternativen als einen visuellen Prozess verkörpert. Die Kartografierung eines offenen Feldes ist in der Geschichte der Entdeckungen und der Geografie die Löschung von ›Leerstellen‹ gewesen. Künstler und Wissenschaftler dagegen nutzen den Begriff der Karte und des Mappings heute, um im Lichte neuer Daten auch zu neuen Darstellungen von geografischen, sozialen, politischen, künstlerischen Feldern zu kommen.

//

21./009 *Kartografierung von Bildern*

Im Fall der Visualisierung eines Textes sind die Daten bereits gegeben und eindeutig identifizierbar (meist auf der Basis eines Wortes). Was aber ist zu tun, wenn man diese Daten im Fall von Bildern erst noch generieren muss? Wie kann man Bilder formal wie deskriptiv erfassen, wenn es bis heute keine entwickelten deskriptiven Systeme für Bilder gibt (trotz Kunstgeschichte)? Wie können bewegte Bilder indiziert werden? In Bezug auf die Analyse von Bildern als Datenpakete bringt unsere textbasierte Erfassung uns so weit, wie Google es demonstriert: die Suche nach Bildern durch das Erfassen der mit den Bildern verknüpften Texten. Man muss nicht generell die Grundsatzfrage stellen, warum überhaupt noch das »strukturalistisch-linguistische Paradigma« (vgl. Wolfgang Ernst, **»Jenseits des Archivs: Bit Mapping«**) mit der Unterordnung des Bildes unter das Wort fortgeschrieben wird, um die simple Frage zu stellen: Was ist, wenn dem Bild,

27 — Die Referenzen der Künstler beziehen sich sowohl auf visuelle und generative Poesie (Apollinaire, Oulipo) als auch auf die ars memoriae (Francis Yates). 28 — Siehe zu diesem Komplex den Schwerpunkt **»Generative Tools«**. 29 — Siehe auch die kommerziell erfolgreiche Arbeit **»Map of the Market«** mit der Darstellung von börsennotierten Aktien in Relation zum aktuellen Handelswert. 30 — Siehe dazu ausführlich Stéphane Marchand-Maillet, **»Bilder-Suche oder Führung durch die Datenbank?«** und die Beiträge

dem Datenpaket oder dem Video kein Text beigeordnet ist? Mit diesen Fragen sieht sich jede Medienarchäologie konfrontiert, die nicht schon deduktiv weiß, was sie sucht, sondern durch induktive Cluster-Analyse und iterative Prozesse Klassifizierungen und Relationen konstruiert.

In den Fernseharchiven arbeiten die Redakteure bereits mit ersten Formen automatischer Sequenzierung von Videobeiträgen. Diese Softwarelösungen ermöglichen durch die algorithmische Erstellung eines Storyboards von Szenenwechseln und erlauben den Redakteuren so, nach einfach wieder verwertbarem Material zu recherchieren. Diese Bildanalysen sind nicht nur auf einen narrativen Kontext anzuwenden, sondern analysieren eine beliebige Menge an visuellen Daten in Bezug auf Strukturen, Texturen, Farbwerte und andere Parameter.[30] Dahinter steckt nicht nur die Vision, sondern schon die konkrete Praxis, Bilder nicht textbasiert, sondern mit visuellen Referenzen zu suchen. Bilder suchen andere Bilder, Bilder erkennen Texte, insbesondere Handschriften, Videos werden in Bildindizes aufgelöst. In all diesen Fällen dienen immer Muster und Strukturen zu einer vergleichenden Analyse.

Mit diesen Bildsuchmaschinen vollzieht sich ein Wechsel von einfachen Metadaten hin zu komplexen Annotationen und zur Semantik des Bildes. In Analogie zur Volltextsuche könnte man hier von einem Versuch der Vollbildsuche sprechen.[31] Was Wolfgang Ernst und Harun Farocki aber in Anlehnung an das Projekt der »Encyclopedia Cinematographica« nun das »visuelle Archiv kinematografischer Topoi«[32] nennen, meint eben nicht mehr die kunsthistorische und semantische Analyse von Bildern, sondern die überraschende, unvorhergesehene algorithmische Analyse der Bilder. Die Bilder als Daten zu verstehen, die vom Rechner ›gelesen‹ werden können, bedeutet im Endeffekt auch, nicht mehr nur Bilder rechnerisch zu adressieren, sondern einzelne Bildelemente, die ›Pixel‹ genannten ›picture elements‹. Die Analyse verwirft die Semantik zugunsten einer Medienarchäologie beziehungsweise einer »techno-image archaeology« (Wolfgang Ernst), die sich mathematischer, intelligenter, maschinischer Agenten zur Analyse und Kartografierung von Bildern bedient, um zu einer visuellen Grammatik zu gelangen. Die Bilder werden, so oder so, erfasst und identifiziert, um nicht zu sagen, ›erkennungsdienstlich‹ behandelt. Das Mapping eines solchen Prozess steht daher im Zusammenhang mit dem im wörtlichen Sinn archäologischen Begriff des ›Datamining‹ und der Visualisierung von Daten.

//

Kartografierung als Visualisierung von Daten 21/010

Bevor wir uns mit der heutigen Praxis von Datenvisualisierung und -mapping befassen, lohnt es sich, drei historische Referenzen in Erinnerung zu rufen, die das Paradigma der Karte als Referenz zur Geografie betreffen. Eward R. Tufte zitiert das Beispiel des Kopierens von Karten: »A 1622 map depicting California as an island was reproduced in

zum Kongress »Suchbilder« im Februar 2001 in den Kunst-Werken, Berlin, publiziert in: Ernst/Heidenreich/Holl (2003). 31 — Es versteht sich von selbst, dass ein solches Konzept auch auf die Suche nach Tondokumenten anzuwenden ist, etwa: Welcher aktuelle Elektroniksampler klingt wie Stockhausen? 32 — Vgl. Wolfgang Ernst/Harun Farocki, »A Visual Archive of Cinematographical Topoi«, in: *nettime*, 19.12.2000.

182 variants, as the distinctive mistake traces out a disturbingly long history of rampant plagiary. The last copyist published in 1745, after which California carthographically rejoined the mainland.«[33] Die Praxis des Kopierens ist in diesem Fall die medienhistorische Bedingung, einschließlich der Varianten und eben Fehler. Die Karte ist also immer nur ein annäherndes Modell. Wenn Texte andere Texte generieren, gilt dies in gleichem Maß für Karten und Bilder.

Die beiden folgenden Beispiele haben das Verständnis der Karte als geografischer Referenz ebenfalls entscheidend verändert: zum einen **Charles Joseph Minards** Karte der Truppenbewegung über die gesamte Zeit des Napoleonfeldzugs, das heißt die Übertragung von zeitlichen Daten auf räumliche Parameter; zum andern die Karte eines Londoner Viertels, die **John Snow** 1855 von dortigen Cholerafällen anlegte, um durch die Verteilung im Raum auf die lokale Ursache einer Pumpe in einer Straße zu schließen, obwohl die damalige Ansicht vorherrschte, dass die Epidemie auf dem Luftweg übertragen wurde. Mit der Stilllegung des Brunnens und der folgenden Eindämmung der Epidemie war jedoch der gegenteilige Beweis erbracht. Diese medizinische Karte entsprach also weniger der Geografie eines Ortes als vielmehr der von Ereignispunkten. Seit 150 Jahren ist die Karte also ein Tool zur Lokalisierung und Visualisierung von Beziehungen und Hypothesen und nicht nur allein zur räumlichen Topografie. In Verbindung mit der wachsenden Bedeutung von Datenbanken ist die Karte also eine Strategie, nicht ein feststehendes Format, um Daten zu verstehen.[34]

In dem »konzeptuellen und programmierten Blick des Virtuellen« (siehe **Christine Buci-Glucksmann**) finden wir also nicht nur im mobilen Blick des Ikarus' eine Befreiung des Kartografen (mit aller Problematik, die der mythologische Bezug konnotiert)[35], sondern auch des Kartenlesers, nicht nur der künstlerischen Formen, sondern auch der Topologie. Die Karte öffnet sich so zu vielfältigen Visualisierungen und Erzählungen ebenso wie zu Störungen und Abweichungen. Wenn man sie nun begrifflich mit der ›Konstellation‹ verknüpft, dann wird der prozessuale Aspekt des Zusammenhangs von Bild und Text plastischer. Zugleich schärft aber auch **Vilém Flussers** melancholische Erzählung über das Ende der Atlanten den Blick für die Verluste, die sich mit der verlorenen »Atlantennaivität« verbinden: »Die Absicht war, die Geschichte auf der Geographie zu entwerfen. Das Resultat war das Gegenteil der Absicht. Wer den Code solcher Karten entzifferte, stand nicht mehr innerhalb der Geschichte, sondern ihr gegenüber. Er konnte in der Geschichte blättern und sie als Code erkennen. Die Nachgeschichte hatte begonnen.«[36]

Auf diese Weise entstanden historische und enzyklopädische Atlanten, die für Flusser schließlich zum »Tod des Humanismus« beitrugen, aber zugleich auch eine »neue Einbildungskraft« produzierten. Diese Einbildungskraft sah er in der Codifizierung von Menschen zu Inhalten von Atlanten am Werk. Sie findet ihren Niederschlag auch

33 — Edward R. Tufte, *Visual Explanations. Images and Quantities, Evidence and Narrative*, Cheshire, Conn., 1997, S. 71. 34 — Diese Interpretation übernehme ich aus dem Vortrag von Steve Dietz während der Konferenz »Media Art Net Lectures: Mapping«, ZKM Karlsruhe, 24.01.2004. Vgl. auch Chaomei Chen, *Mapping Scientific Frontiers. The Quest for Knowledge Visualization*, London u. a. 2003, S. 16f. 35 — Siehe dazu **Pieter Bruegels**

in den Tools der geopolitischen Strategen mit ihrem machtpolitischen Drang, den Zugang zu elektronischen Kartografierungen zu kontrollieren. Nur wer sich in Echtzeit eine möglichst exakte Verortung von Menschen und Dingen auf den Bildschirm holen kann, ist heute in der Lage, Kriege zu gewinnen. Diese Sicht der Dinge ist in der Folge von **Paul Virilio** seit dem Golfkrieg in vielen Foren und Publikationen dargelegt worden. So richtig diese Analysen auch sein mögen, an dieser Stelle interessiert aber das Potential der ›neuen‹ Imagination, jenseits des Militärischen auch andere Karten für einen demokratischeren und partizipativen Gebrauch zu entwerfen.

//

Alternative Visualisierungen

Die Idee zu einem alternativen Modus der Wahrnehmung von Bildern ist nicht neu (siehe die **»Galeriebilder«** von **David Teniers D.J.** um 1651). Die Reihung von Bildern im Raum ist natürlich in unendlich vielen Ausstellungen, Privaträumen oder auch Wunderkammern durchdekliniert worden. Der entscheidende mediale Bruch ereignet sich aber erst im 20. Jahrhundert mit der massenhaften Verbreitung von Kunst- und anderen Katalogen und Bildatlanten. Die Basis dafür ist die massenmediale fotografische Reproduktion, wie es Walter Benjamin in seinen Untersuchungen herausgearbeitet hat. Das Kunstwerk in seiner technischen Reproduzierbarkeit ist neben dem Film eben auch die Katalogreproduktion, die ein wesentliches Medium einer neuen Bild- und Kunstgeschichte wird, deren Ort nun nicht mehr der Kunstraum, sondern der Vorlesungssaal oder das private Studio und Zuhause ist. Unter diesen medialen Voraussetzungen entstanden die berühmten Bildkonstellationen **Aby Warburgs** in seinem **»Mnemosyne-Atlas«**, seinem ›Atlas der Erinnerung‹, der den fotografischen Katalog ebenso nutzt wie später André Malraux für sein »musée imaginaire«, an dem er seit 1935 forschte und das er 1947 als Buch mit Schwarzweißabbildungen publizierte, oder auch **Marcel Duchamp** für seine »Boite-en-valise« (1942). Wenn zuvor die Konstruktion von Bedeutung in alternativen Visualisierungen und algorithmischen Transformationen von Bild in Text und vice versa untersucht worden ist, so wurde bei Warburg der Akzent auf die kontextuelle Konstellation von Geschichte als ein visueller Prozess plastisch vor Augen geführt. Warburg versuchte damit, »die systematische Ordnungsfunktion einer Typologie, die historische Ordnungsfunktion einer Typengeschichte und die geographische Ordnungsfunktion eines ›Mittelmeerbeckens-Vorgangs‹ in *einem* Tableau zu verschmelzen«[37].

Damit war er mit Problemen des Sortierens, Anordnens und Visualisierens von Relationen befasst, die uns heute in der Konzipierung einer multimedialen Nutzeroberfläche vertraut sind. Das Ziel war, mit spezifischen und komplexen Konstellationen von fotografischen Reproduktionen jeweils unterschiedliche Relationen visuell so zu konfigurieren, dass die untergründigen Strukturen und Verbindungen ohne Texterläuterung in ihrer

»Landschaft mit Ikarussturz« (1555). 36 — Vilém Flusser, »Mein Atlas«, in: ders., *Dinge und Undinge*, München 1993 S. 113-117, hier S. 114ff. 37 — Vgl. dazu ausführlicher Claus Pias, »Ordnen, was nicht zu sehen ist«, in: Ernst/Heidenreich/Holl (2003), S. 99-108, hier S. 104.

visuellen Evidenz hervortreten. Die Bildatlanten Warburgs können so auch als Daten und Relationen gelesen werden, die jenseits einer visuellen oder historisch-textlichen Evidenz ganz neue Strukturierungen nahe legen, die etwa die medienhistorischen Voraussetzungen von Bildern verdeutlichen.[38]

Die Schwierigkeiten Warburgs, unterschiedliche Relationen vermittels grafischer Mittel in einer Ordnung und auf einem Tableau als »widerspruchslose Evidenz« darzustellen, hat Claus Pias hervorgehoben.[39] Jenseits dieser immanenten Darstellungsprobleme bleibt aber auch aus heutiger Sicht noch das grundsätzliche Problem, dass sich Relationen, Wertigkeiten und Interpretationen für jeden Betrachter oder Nutzer immer anders darstellen. Da für jeden Nutzer unterschiedliche Interessen im Vordergrund stehen, lohnt es sich zu untersuchen, inwieweit das auch zu einer individualisierten Darstellungsoption führen kann. Ein frühes Beispiel für eine differenziertere Option ist **»Archive Mapper«** (1996) von **John Simon Jr.**, der eine gegebene Menge von Websites als separate Größe darstellt und die grafische Darstellung von den Entscheidungen des Nutzers abhängig macht, der (in der horizontalen Achse) zwischen Variablen zu Dateigröße und Datum wählen oder subjektive Variablen eingeben kann (in der vertikalen Achse). Danach stellt der »Archive Mapper« ein Streu-Cluster farbiger Piktogramme als nicht-hierarchisierte Informationsmenge dar. Dies ist ein sehr früher Versuch gewesen, zu individualisierten Darstellungsformen von Zusammenhängen zu kommen, die aber bereits das Filterproblem visualisiert: Wie können User redundante Information ausfiltern, so dass die (subjektiv) relevanten Daten im Vordergrund stehen?

Christine Buci-Glucksmann untersucht seit Jahren das Verhältnis der Karte zum Virtuellen und zum Blick des Kartenlesers und verknüpft sie mit dem Begriff des Plateaus.[40] Das Plateau (mit Bezug auf Deleuze/Guattaris »Mille Plateaux«) ist ein Handlungsfeld mit multiplen Zugängen. Wir können ergänzen, es ist auch ein Handlungsfeld für sozial vernetzte Akteure/Agenten. Diese sozialen Strukturen bleiben aber in der Regel unsichtbar. Nun ist ein zentrales Kriterium für das Mapping im digitalen Raum die Visualisierung von unsichtbaren Relationen in Bezug auf Statistiken, subjektive Wahrnehmungen, Diskurse oder soziale Netzwerke, die im Folgenden exemplarisch anhand von Künstlerprojekten dargestellt werden.

//

21./012 *Mappingstrategien*

Vier Strategien des Mappings[41] sind zunächst zu unterscheiden:

→ *Transformation von Objekten durch Daten*: **John Klima** bietet mit **»EARTH«** eine beeindruckende Zoomfunktion für die Geografie der USA in 3D dar, ohne aber mehr als eine aufwändige Designinnovation für die Navigation in der geografischen Karte zu sein, die zudem noch den problematischen Aspekt des Datamining als Überwachungsfunktion in seiner vernetzten Variante unreflektiert aufnimmt. Demgegenüber nimmt **Ingo**

38 — Bei Warburg waren dies zwei kommerzielle Bildbände und Warenkataloge, vgl. ebd., S. 106. 39 — Ebd., S. 104. 40 — Vgl. Christine Buci-Glucksmann, **»Vom kartographischern Blick zum Virtuellen«** und vgl. auch dies., *Der kartographische Blick der Kunst*, Berlin 1996, bes. Kap. 6, »Der ephemere Blick«. 41 — Den Hinweis auf einige die Projekte von Klima, Pinsky und Paterson, Zurkow, Bleecker verdanke ich Anne Nigten

Günthers Serie von Globen die Form des Globus auf, um gerade eine Fülle von interpretativen Karten der Welt in einer Kritik der vorherrschenden Optik der politischen Weltkarte zu generieren, indem globale Daten - oft militärischen Ursprungs - grafisch einfach visualisiert neue Konstellationen und Repräsentation von ›Welt‹ ergeben.[42]

→ *Transformation von realem Raum in einer Karte*: **Michael Pinskys** Projekt **»In Transit«** (2001) zur Relativität von Entfernungen in einer Metropole basiert auf Daten von Transportzeiten von A nach B, so dass die Geografie einer Stadt (hier London) sich zu unterschiedlichen Zeiten variabel darstellt - die Stadt quasi als Funktion erlebter Zeit.

→ *Mapping von Daten auf den realen Raum - augmented reality*: Das Erfassen von persönlichen Wahrnehmungen kann hier eine reale Karte entstehen lassen, und zwar im Sinne einer aus der Praxis der Situationisten, die 1975 einen **»Guide psychogéographique de Paris«** zum Thema »Discours sur les passions de l'amour« herausgaben, stammenden Psychogeografie der Stadt und ihrer mentalen Räume, wie es in jüngerer Zeit das Projekt **»PDPal«** (2002) von **Scott Paterson, Marina Zurkow, Julian Bleecker** vorgeführt hat.

→ *Mapping von Daten im Datenraum*: Neben der Kartografierung des realen Raums bezieht sich der Begriff ›Mapping‹ aber auch auf die Verteilung von Daten in einem gegebenen Koordinatensysteme, das nicht unbedingt eine räumliche physische Entsprechung haben muss. Das Projekt **»InterMaps«** (2003) von **Ismael Celis** kartografiert die Kommunikation in einem sozialen Beziehungsgeflecht von Freunden oder Kollegen dynamisch und in der Zeit als Multi-User-Map. Die Perspektive, die jeder Teilnehmer dieses Netzwerkes hat, ist aber individualisiert und auf die eigene IP-Adresse hin zentriert. Damit bewegen sich alle zwar im gleichen Datenraum, sehen die Beziehungsdarstellungen auf dem eigenen Bildschirm aber immer jeweils unterschiedlich.

/ /

Mapping als kollektiver Prozess 21/013

Die banale Tatsache, dass wir auch eine Unterhaltung jeweils ganz anders wahrnehmen können, je nachdem, ob wir im Zentrum des Gesprächs stehen oder nur zuhören, führt zu linguistischen Analysen, die sich von der grafischen Darstellung neue Erkenntnisse versprechen. In einigen Projekten werden zum Beispiel elektronische Diskursräume visualisiert, siehe **Warren Sacks »Conversation Map«** (2003), das mehr an Inhalten und Semantik interessiert ist und die Diskussion innerhalb einer Usenet-Newsgroup während des amerikanischen Wahlkampfes zwischen George Bush und Al Gore auf komplexe Weise abbildet und damit zu einem Tool der Selbstreflexion werden kann: »Technologisches Design wie in der ›Conversation Map‹ sehe ich als *Technologien des Selbst* (vgl. Foucault): ein Mittel, mit dem eine Gruppe ihre eigene Diskussion, lexikalische Wiederholungen (das heißt, was Deleuze unter Hinweis auf Foucaults Terminologie ›Statements‹ nannte) und mögliche Differenzen reflektieren kann, umso zu einem Bild der ›öffentlichen Meinung‹ der Gruppe zu kommen«.[43]

bzw. Steve Dietz und deren Vorträgen im Rahmen von »Media Art Net Lectures: Mapping«, 24.01.2004, ZKM Karlsruhe. 42 — Vgl. Ingo Günther, *Republik.com*, Ostfildern 1998. Günther hat auch eine imaginäre Topografie entworfen unter Einschluss einer **»Refugee Republic«**. 43 — Warren Sack, Vortrag auf der Konferenz »Media Art Net Lectures: Mapping«, ZKM Karlsruhe, 24.01.2004.

In all diesen Fällen treffen wir zunächst einmal keine Aussage über die tatsächliche Effizienz einer solchen Kartografierung. Aber jede Karte besitzt den großen Vorteil, sowohl lesbar als auch sichtbar zu sein. Damit sind schon zwei Zugangsmodalitäten gegeben. Dennoch kann die Karte ein Zuwenig oder ein Zuviel an Information vereinen. Die Relation zwischen diesen beiden Polen ist nicht nur vom Design abhängig (Edward Tufte), sondern auch vom Nutzer. Damit sind wir wieder bei der Frage angekommen, wie sehr der Nutzer auf die Erstellung der Inhalte wie der Darstellungsformen Einfluss nehmen kann. Künstlerische Projekte, wie die Arbeiten von **Knowbotic Research**, peziell die Serie »**IO_dencies**« (1997), oder didaktisch-explorative Vermittlungsprojekte wie »**DataCloud 2.0**« (1999-2002) vom Rotterdamer **V2_Lab** legen großen Wert auf den kollektiven und diskursiven Prozess des Generierens und Darstellens von Daten. In diesem Sinn ist ein Projekt wie »DataCloud« nicht nur ein Tool zur dynamischen Repräsentation von Beziehungen, sondern auch zur Stärkung der Bindungen innerhalb einer Gruppe oder Community.

Die Frage stellt sich also, inwieweit die Visualisierung und Interfacegestaltung neue semantische Horizonte eröffnet oder einfach ein neues Designtool bleibt. Mit diesem Problem des Mappings hat sich auch **Graham Harwood** befasst, der als Mitglied der Künstlergruppe **Mongrel** an einem Projekt der Darstellung der Bijlmer-Community gearbeitet hat: »**9 (Nine)**«, organisiert von der Waag Society in Amsterdam, wobei die Software für Workshops und die Arbeit mit Gruppen entwickelt wurden, das heißt aus einer bestimmten sozialen Praxis. Die diesbezüglichen Schlagworte im Kontext der Medien sind meist ›open access‹, ›open source‹ und ›demokratische Partizipation‹. Mongrel stellte sich aber der Erfahrung, dass ein vollkommen offenes System niemanden interessiert. Aus diesem Grund haben sie Begrenzungen eingeführt, die das offene Redaktionssystem für die Nutzer mit einer klaren Handlungsanweisung verknüpft war: »Wähle 9 Bilder / Töne / Videos aus und gib diesen dann 9 Texte«. Angesichts der Wahrscheinlichkeit des Wucherns eines offenen Archivs findet »(9) Nine« eine überzeugende Lösung, um Kohärenz und Selbstbestimmung durch die Karte zu garantieren. Diese funktioniert dabei ohne kategoriale Klassifizierungen, da dies der Selbst-Darstellung der Community offensichtlich nicht angemessen war, wie aus den Kommentaren im Produktionsprozess zu erfahren war. Graham Harwood betont daher, wie sehr das Muster des Mappings in diesem Fall von der Interaktion mit den einzelnen ›Kartografen‹ mitbestimmt worden ist.

Das Mongrel-Projekt ist ein Beitrag für das Kartografieren von Beziehungen und die Subjektivität von visuellen Clustern. Es bleibt offen, welche Geschichte eigentlich jeweils mit neun Bildern, Texten, Videos erzählt wird. Generell gilt aber für die Netzproduzenten, dass sie sich einer offenen anti-hierarchischen Prozessualität verpflichtet fühlen, die sich um so etwas ›Konservatives‹ wie Archivierung nicht schert. Alle Produktion verpflichtet sich auf eine Steigerung der Intensität des Augenblicks, nicht aber auf eine Relativität, die aus der Kenntnis der Vergangenheit rühren würde (auch wenn das nicht prinzipiell ausgeschlossen ist). Insofern ist das Community-Mapping zuallererst ein ›Community-Building‹.

/ /

Das Ganze im Blick 21./014

Ein wichtiger Einwand relativiert den Gegensatz von Prozessualität und Archivierung. Das Datamining, also das Verfolgen und Speichern der Spuren eines Nutzers im Netz, kann ebenso wenig ›Werkcharakter‹ beanspruchen und ist dennoch von höchstem Interesse - politisch, wie am Beispiel von **RSG**'s **»Carnivore«** ausgeführt, und kommerziell vor allem für Anbieter von Webseiten. In dieser Hinsicht ist es nicht nur von konzeptuellem Interesse, wenn ein Tool zur Verfügung stehen würde, womit das permanent expandierende und sich verändernde Netz selbst erfasst und abgebildet werden könnte. Computerspezialisten in Kalifornien arbeiten an der Speicherung von jeder existierenden Website mit einem Screenshot.[44] Dies ist ein Weg, das Netz abzubilden, allerdings bleibt die Frage, was damit gewonnen ist, wenn ich - um eine nahe liegende Analogie zu ziehen - die Titelbilder aller existierenden Bücher sammeln würde, allerdings keine Inhaltsverzeichnisse hätte.

Demgegenüber bezieht sich **Lisa Jevbratts** Projekt **»1:1«** (seit 1999) nicht von ungefähr auf Lewis Carroll (und indirekt natürlich auch auf Jorge Luis Borges)[45], indem es den Anspruch verfolgt, durch ein hoch auflösendes Bild das ›ganze‹ Internet abbilden zu können. Jeder Farbstrich in diesem abstrakten computergenerierten Bild entspricht einer IP-Adresse. »1:1« stellt damit nicht den ikonografischen Aspekt von Screenshots in den Vordergrund, sondern die strukturelle Analyse. Die Dynamik des Netzes wird als ›Schnappschuss‹ eines bestimmten Momentes erfasst, indem der gleiche Vorgang zwei Jahre später noch einmal wiederholt wird. Der Paradigmenwechsel ist bemerkenswert, wenn der Nutzer sich nicht mehr im ›Straßennetz‹ der Datenautobahn befindet, das vor allem über die Suchmaschinen immer nur zu bekannten Adressen führt, sondern von einem externen Standpunkt aus das Netz als Ganzes betrachtet und die Erfahrung machen muss, dass dies weniger eine Karte zur besseren Navigation ist, als vielmehr eine Liste von Adressen mit Leerstellen, Sackgassen und Zugangsbeschränkungen. Auch wenn real die ›Softbots‹ des Webcrawlers für »1:1« nur circa 2% der Gesamtmenge von IP-Adressen zu dem gegebenen Zeitpunkt erfasst haben, so war dies eine zufallsgesteuerte und nicht-lineare Abtastung, die dadurch ein authentisches Bild des Netzes vermittelt. Das Netz ist, mit anderen Worten, ein ›Deep Web‹ und nur in einem Ausschnitt für die Öffentlichkeit zugänglich.

Die Performanz der ›Softbots‹, bei »1:1« ebenso wie bei Google, spiegelt eine Gegenwärtigkeit vor, die dennoch eine Einbahnstraße ist. Das System scannt das Vorhandene

44 — Brewster Kahle, **»The Internet Archive«**. 45 — Lewis Carroll, *Sylvie and Bruno Concluded*, London 1893 (s. Kap. 11, »The Man in the Moon«) und Jorge Luis Borges, »Von der Strenge der Wissenschaft«, in ders., *Borges und ich*, Gesammelte Werke Bd. VI, München 1982. Vgl. dazu Umberto Eco, »Die Karte des Reiches im Maßstab 1:1«, in: Bianchi/Folie (1997), S. 228-231.

und visualisiert es je unterschiedlich, auch abhängig vom Interface. Damit fördern diese Programme unser Verständnis des Internets, sie lösen aber sein Versprechen einer kommunikativen Gegenwärtigkeit nicht ein. Zu Beginn der künstlerischen Auseinandersetzung mit den Speicher- und Sendemedien in den 1950er und 1960er Jahren waren es **John Cage** und **Nam June Paik**, die partizipatorische Konzepte von Zwei-Weg-Kommunikation, Unbestimmtheit und den Zufall ›Random Access‹ in die Kunst einführten. An der Übertragung und Umsetzung dieser Konzepte arbeiten heute nicht nur Künstler, sondern auch Wissenschaftler, um auf dem Weg einer ›verteilten Autorschaft‹ zu neuen Antworten zu kommen. Von der statischen *Konstellation*, wie sie **Aby Warburg** in seinem **»Mnemosyne-Atlas«** nicht überwinden konnte, führt der Weg zur dynamischen, offenen, aber auch kontrollierten *Konfiguration* des Wissens, in vielen Fällen mit Anleihen an eine ›fuzzy logic‹.[46] Performativität und Datamining sind Schlüsselbegriffe für den Ausblick auf das dynamische, vernetzte Archiv.

/

21/015 **Datamining und das dynamische Archiv**

Die Implikationen des Profilings sollen hier nicht erörtert werden. Interessant ist an diesem Fall für den hier untersuchten Kontext allerdings, dass ein Mapping-System nur solange als erkennungsdienstliche Maßnahme funktioniert, als es ›heimlich‹ operiert (und damit im Zusammenhang mit dem ›Unheimlichen‹ steht, wie **Warren Sack** bemerkt). Auch Claus Pias äußert den Verdacht, dass jedes Bildsuchprojekt bewusst oder unbewusst Teil der erkennungsdienstlichen Forschungsarbeit ist und insofern einen höchst problematischen Aspekt hat.

Der von Pattie Maes am MIT Media Lab entwickelte »Firefly-Agent«[47] generiert aufgrund von einfachen Bewertungen Muster, die wiederum dem Nutzer zu einer zweiten Bewertung präsentiert werden, eventuell noch zu einer dritten und so weiter. Neben den subjektiven Entscheidungen werden aber auch Daten anderer Personen einbezogen, die ähnliche Schnittmengen als positiv ausgewählt haben. So baut sich durch die offene und aktive Partizipation der Nutzer ein algorithmisches Wissen über inter-subjektive Vorlieben auf (hier in Bezug auf Musikgeschmack), das im Prinzip genauso funktioniert, wie die Bewertungen von Bildresultaten im **Viper**-Projekt (siehe den Text **»Bilder-Suche oder Führer durch die Datenbank?«** von Stéphane Marchand-Maillet). Dahinter steht die Vision eines semantischen Netzes von Referenzen, das nicht durch archivarische, kuratorische oder andere institutionelle (auch polizeidienstliche) Kriterien entwickelt wurde, sondern durch die Speicherung und den Abgleich der Daten der Nutzer. Dabei geht es jenseits des populistischen Ratings auch um das Erforschen sinnvoller Kontingenzen durch ein statistisches Korrelierungsprogramm in einer Datenbank: »Die Maschine weiß also nicht, dass James Taylor in die Ecke ›Softrock‹ gehört, sondern nur, dass auch

46 — Zwei Beispiele dafür wären »DissemiNET« von Beth Stryker und Sawad Brooks oder »The Unreliable Archivist« von Janet Cohen, Keith Frank und Jon Ippolito, vgl. Steve Dietz, **»Memory_Archive_Database v 3.0«**. 47 — Die ursprüngliche Website des Projekts ist im Februar 2004 nicht mehr online. 48 — Jon Ippolito, »http://www« in: Schaffner/Winzen (1997), S. 157-164, hier S. 162; vgl. auch zu Ratingprozessen Ken Goldberg u. a.: **»The On-line Joke Recommender«**. 49 — Vgl. Hartmut Winkler, »Das Modell. Diskurse, Aufschreib-

andere Benutzer, die Tracy Chapman mochten, etwas für James Taylor übrig hatten.«[48] Dies lässt sich auch für neuronale Netze behaupten: Sie ›kennen‹ nicht die Semantik der Erinnerungsspur, aber sie machen einen Abgleich mit den bisherigen Mustern und stellen so Kohärenz und kulturelle Kontinuität her.[49] Eine Praxis schreibt sich in ein Archivierungsprogramm ein, wird also dadurch Monument oder Dokument, beides Begriffe, die kulturelle Kontinuität herstellen, zugleich verändert dieser Akt wiederum die Praxis und den sozialen Prozess. Wir befinden uns in einem kybernetischen System von Kreisläufen und rekursiven Prozessen, ganz ähnlich den selbstorganisierenden Abbildungen von Communities, wie es die Projekte von **Celis** oder **Mongrel** darstellen.
Aber die Untersuchung der Sprache zeigt auch, wie Alterität und Kopräsenz immer schon einen Möglichkeitsraum in der Literatur oder auch in den psychischen Prozessen der Verdrängung und Aktualisierung von verdrängten Inhalten schaffen, der mit Konnotationen und Ersetzungen operiert. Damit werden die paradigmatischen Bedeutungsachsen betont. So hat jedes Wort ein Bedeutungsvolumen, das immer nur fragmentarisch und different realisiert wird, was für den Begriff eines dynamischen Archivs wichtig ist.[50]
Derrida geht noch einen Schritt weiter, wenn er in Frage stellt, »dass der Widerspruch zwischen dem Gedächtnis- oder Archivierungsakt auf der einen und der Verdrängung auf der anderen Seite irreduzibel bleibt. Als ob man nicht eben genau das, was man verdrängt, erinnern und archivieren könne, es archivieren könne, indem man es verdrängt (denn die Verdrängung ist eine Archivierung)«[51]. Damit ist das Archiv kein ›Gegebenes‹ mehr, sondern ein Prozess der Aktualisierung, Interpretation und Re-Impression, wie Derrida es nennt. Der Prozess des Sammelns von Daten vollzieht sich also auch jenseits bewusster Ordnungen. Dies in seiner medialen Performanz zu zeigen, ist einer der wesentlichen Aspekte aller künstlerischen Arbeit mit Datenbanken, Archiven und Visualisierungen.
Das Archiv als ein offenes, dynamisches System zu denken, heißt auch, den intransitiven Begriff durch das transitive und prozessuale ›Archivieren‹ und den ›Speicher‹ durch den ›Generator‹ zu ersetzen, und damit »[...] (s)einer prinzipiell offenen, supplementierbaren Inventar- respektive Katalogstruktur zu folgen - einer Karteiform, die in der Informatik längst als *hypercard* wieder entdeckt worden ist«[52]. Bis zur vernetzten Karte von transmedialen Archivierungsprozessen ist es aber noch ein weiter Weg, der immer wieder auf das Beharrungsvermögen der Menschen und der Sprache trifft, das uns gerade durch seine Widerständigkeit daran erinnert, nicht der Hybris des Alles-mit-Allem-Verknüpfens zu folgen.

systeme, Technik, Monument - Entwurf für eine Theorie kultureller Kontinuierung«, in: Pompe/Scholz (2002), S. 297-315. 50 — Vgl. Winkler (1997), S. 36f. 51 — Derrida (1997), S. 116. 52 — Wolfgang Ernst, »ROM 1881: Die Medialität des Vatikanischen Geheimarchivs als Gesetz der Historie«, in: Pompe/Scholz (2002), S. 54-83, hier S. 54f.

The Archive, the Media, the Map and the Text

/

Rudolf Frieling

/

/

/

/

/

/

/

/

«The map is a veritable alternative to the Albertian model of the window opened onto the world, and it gives rise to a descriptive and constructed visual arrangement, a space that is open to multiple entrances, a ‹plateau› where the gaze becomes nomadic.»
Christine Buci-Glucksmann[1]

/

21./100 **The archive and the availability of knowledge**

Etymology is deceptive in this case: data are never ‹given›: they are produced and manipulated. Archiving, like the technologies it operates with, is now confronted with processes of fictionalization[2] and transience. It faces structural problems that undermine any overall concept and erode it from the inside. Data, like media, are dying by the year, by the month, by the day; we can already trace a long history of «**Dead Media**.»[3] On the one hand, the much mentioned transience of electronic media is technically based, as the pressure to innovate does not admit criteria like longevity, but transience is also built into the archive's own structure as soon as it exceeds a critical volume threshold. Data loss has always been a process inherent in the archive. Experience of handling archives and databases shows that any system comes up against the gaps and breaks imposed by practice. Even archivists, those guarantors of reliable document administration, can get tangled up in the snares of storing, sorting, discarding and not finding again. But the electronic media promise an availability potential that played a crucial part even in the early days of scientific imagination, as shown in **Vannevar Bush**'s groundbreaking essay «**As We May Think**.»[4] Here comprehensive knowledge on call is finally combined with the vision of a machine, but without reflecting the history of knowledge production, with all its social and historical conditions.[5]

1 — Christine Buci-Glucksmann, «**From the Carthographic View to the Virtual**,» text for «Media Art Net Lectures: Mapping,» ZKM Karlsruhe, Jan. 23/24, 2004. 2 — Cf. the archival projects of the «Atlas Group» by **Walid Ra'ad**: see the catalogue *Documenta11_Plattform5: Ausstellung*, Ostfildern, 2002, pp. 180–183. 3 — Bruce Sterling's collection of obsolete formats. 4 — Vannevar Bush, «**As We May Think**,» *The Atlantic Monthly*, July 1945, pp.101–108. 5 — Another vision now on universal access: in 1989, in a text for the German magazine *Kunstforum International*, Roy Ascott imagined what he called «Gesamtdatenwerk» or «synthesis of data»: «Whereas Wagner's *Gesamtkunstwerk* was performed in an opera house, however, the site of the *Gesamtdatenwerk* must be the planet as a whole, its data space, its electronic noosphere.» Roy Ascott, *Telematic Embrace. Visionary Theories of Art, Technology, and Consciousness*, Berkeley/Los Angeles, 2003, p. 226. 6 — Helmut Zedelmaier, «Buch, Exzerpte,

//

Configuring knowledge

But this desire to have everything that is worth knowing (or just ‹everything›) on call is not something that was dreamed up with the Internet and then realized in a special way. It is rooted in the enlightenment-driven motivation of the Encyclopedists, continues in the processes of historicizing knowledge, and combines in the nineteenth century with the end of the book's role as the preferred place for storing produced knowledge: «The gradual substitution of card indexes for fixed book-oriented memory locations is linked with the process known as the historicization of knowledge. The reference systems of knowledge, the ordering systems of knowledge itself, are seen as historical entities, and the temporary nature and permanent revision of all knowledge is postulated.»[6] Knowledge becomes mobile, extensible, recombinable.

The card index as a medium is a step towards computer-supported knowledge. It made its most impressive literary impact on the theory of knowledge in **Walter Benjamin**'s major work, which remained a fragment, the «Passagen-Werk,» (published in 1999 as «The Arcades Project»[7]) essentially intended as a reading of the nineteenth century. Benjamin's work was already able to take advantage of structuring by themes and headings, sorted through the alphabet alone, as the only ‹way out› of the hopeless abundance of material that no longer could and should be forced into any linear and coherent literary or theoretical narrative.[8] The card index fitted in with this theory and aesthetics of the fragment, at the same time also undermining what Michel Foucault later identified as the disciplining of knowledge, effective in every respect.

But the card index's ability to be modulated and recombined still does not offer a pragmatic model for linking knowledge beyond individual concepts. Benjamin was already aware that under modern conditions knowledge could not be managed conceptually and with taxonomies alone. To understand social processes, and the character of phenomena as commodities, it was also necessary to work on the basis of interpreting images using an approach similar to Freud's dream analysis. His concept, related to Aby Warburg in this respect, was fundamentally rooted in a concept of visual constellation—and thus still provides a bridge to the media arts today.[9]

Benjamin focused on avant-garde experiments in Russia, not on other contemporary artists like **James Joyce** with his linguistically and formally universalist text «Ulysses» or the filmmakers influenced by Dada and Surrealism, with their associative montage of moving images. Peter Greenaway reveals an interest in other systems when he writes in his synopsis of his film «**The Falls**» (1980): «Selection by alphabet is random enough, for

Zettelschrank, Zettelkasten,» in Hedwig Pompe/Leander Scholz (eds.), *Archivprozesse. Die Kommunikation der Aufbewahrung*, Cologne, 2002, pp. 38–53, here p. 49. 7 — Walter Benjamin, *The Arcades Project*, trans. Howard Eiland/Kevin McLaughlin, Cambridge, MA/London, 1999. 8 — Although one might interpret the literary works «Ulysses» (1922) and «**Finnegans Wake**» (1939) by James Joyce as one of the last successful attempts. Molly Bloom, protagonist of the final chapter of «Ulysses,» can be seen as the prototype of an early ‹user› at her home terminal processing information from the outside world, structuring and interpreting the material. Joyce, by the way, used notes and quotes on scraps of paper extensively, like Walter Benjamin. 9 — The idiosyncratic aspect of all taxonomies was a topic Michel Foucault addressed referring to Jorge Luis Borges in his book *Les mots et les choses: une archéologie des sciences humaines*, 1966 (English as *The Order of Things*, London, 1970).

what other system could put Heaven, Hell, Hitler, Houdini and Hampstead in one category?» Here a linguistic system meets cinematic narrative.

Whatever medium modernist artists used, they were operating with radical concepts of alterity and difference that in keeping with our electronic age have now found a form in the electronic media. So this essay will also address the question of how these modern and then postmodern experiences inscribed themselves on the history of archives and encyclopedic concepts in the twentieth century.

/ /

21./002 *Conditions of knowledge*

«The technical structure of the archiving archive also determines the structure of the archivable content in the very way it is created and in its relation to the future.»[10] Here the technical structure relates both to the actual recording system and to decisions made by the «árchontes,» i.e., the gatekeepers. We must still ask in the case of **Vilém Flusser** and **Marshall McLuhan** whether the isolating archive, thinking in terms of typifying and standardizing, has not now long since been replaced by a «grainy» electromagnetic culture that withdraws from this arrangement into discrete elements.[11]

Artistic strategies for revealing the archive's powers of definition start here. For example, **Antoni Muntadas**, in his collaborative Internet project **«The File Room»** (1994), responds to the connection between exclusion and (art-)political censorship by collecting cases of censorship from all over the world via the Internet and making them available to anyone as a collection of documents there. What emerges here, in a particular field, is a counter-archive to postulated official writing of history.

The «Order of Things» (Michel Foucault) as a categorical and indexical problem, with its infinite seriality of digits, can be cited only as concept work (as in On Kawara's work for Documenta XI, for example), or as an alternative to accumulating marginal, unassuming things and events. **Peter Piller** collects newspaper photographs and arranges them in series like «Car touching,» «Thumbs up» or other surprising motifs from pictorial history, but they have lost their link with a newspaper item, a report about a real event or a real place. It is difficult, or even impossible, to devise a conceptual approach to reality in different media, something we increasingly see attempted in contemporary artistic production. But this is evidence that the archive's categorical topography continues to be relevant, whether in an art collection, a database, or a catalogue.

Douglas Blau provides an example relating to the topos of the index with his **«Index from ‹The Naturalist Gathers›»** (1992–1997).[12] This text was created with reference to his photo installation referring to **Aby Warburg**'s pictorial atlas principles, which he developed with the **«Mnemosyne Atlas»** (1924–1929). It presents a complex academic index for a collection catalogue that does not exist, but could emerge as a permutation of the index, similar to **Dan Graham**'s **«Poem Scheme»** (1966). This reveals a dual

10 — Jacques Derrida, *Mal d'archive*, 1995, (English as *Archive Fever: A Freudian Impression*, trans. Eric Prenowitz, Chicago, 1996). 11 — Cf. Vilém Flusser, *Die Schrift. Hat Schreiben Zukunft?*, Göttingen 1987, pp. 46ff., and also Hartmut Winkler, *Docuverse*, Munich, 1997, p. 243. 12 — See Ingrid Schaffner / Matthias Winzen (eds.), *Deep Storage. Arsenals of Memory*, Munich / New York, 1997, pp. 72f. and 166f. 13 — Further works on indexing were e.g. Art & Language, «Index 01» (1972) or the database by gruppo A12, «parole.» 14 — El Lissitzky, «Our book,» Gutenberg Jahrbuch, 1926/27, quoted in *Transform the world! Poetry must be made by all!*, Moderna Museet (ed.),

strategy: firstly, we are not ‹reading› a text through its main text only, but more through its periphery and specific textures like the notes apparatus, the selection of pictures, the quotations and references, the colophon, the binding or context for an essay, etc. Academic texts present this subtext and context apparatus very consciously. The second part of the strategy is that the index, relieved of its referential quality, has now become the main text.

These artists ‹liberate› images (Piller) and words (Blau) from their original indexicality of reference to an original system, so that they can be reordered and opened up to a new way of reading.[13] The generative quality of the text apparatuses and the logic of the library (as a store for all reference structures) make the archive into a producer and into an archive of potential texts. Text and image are not just placed in the archive as an ‹Akte› (document) but become ‹Akteure› (actors) in their own right. It is misleading to talk about a *knowledge store* when in fact we are dealing with a *knowledge generator.*

/ /

Distributing knowledge 21/103

The Russian Constructivists were quick to realize the potential of new distribution paths for information, right down to the new concept of a book as an image store: «The traditional book was torn into separate pages, enlarged a hundred-fold, colored for greater intensity, and brought into the street as a poster. … If today a number of posters were to be reproduced in the size of a manageable book, then arranged according to theme and bound, the result would be the most original book. The cinema and the illustrated weekly magazine have triumphed. We rejoice at the new media which technology has placed at our disposal.»[14] Russian Constructivism was just as concerned with dynamizing the distribution process as was American capitalism, with the difference, as **El Lissitzky** notes, that the Americans brought posters into the public sphere specifically for the passing motorist's fleeting glance. For Borges the world was still a book or a library, now it is an image store that is starting to get mobile.

Once images began to circulate, they had to be ‹captured› again. Forty years later, **Nam June Paik** imagined a «Center for Experimental Arts» that he thought would also house a video archive, and **Stan VanDerBeek** came up with his **«Movie-Drome»** (1963) as a place with a universally available picture gallery.[15] Following on from **Vannevar Bush** and seconded by **Marshall McLuhan**, the Expanded Cinema of the 1960s helped us to see the world as a gigantic audiovisual warehouse. This has indeed been realized today as a gigantic server network that can be sifted through by search engines, for artistic or commercial purposes (see the Microsoft company Corbis, which holds the global rights to Otto L. Bettmann's collection of 16 million photographs).[16] The search engines in turn work with gigantic storage capacities and within the parameters of intelligent database structures. **Lev Manovich**[17] asserts that databases, as the twenty-first century

Stockholm, 1969. 15 — Stan VanDerBeek, **«Culture Intercom, A Proposal and Manifesto,»** *Film Culture 40*, 1966, pp. 15–18, reprinted in Gregory Battcock, *The New American Cinema. A Critical Anthology*, New York, 1967, pp. 173–179. 16 — Cf. Ernst Schmiederer, «Alle Macht geht vom Bild aus,» in Ars Electronica 98, *Information. Macht. Krieg*, Vienna / New York, 1998, pp. 230–239. The only competitor is Getty Images with around 30 million images. 17 — Lev Manovich, *The Language of New Media*, Cambridge, MA, 2001, p. 218; cf. especially chapter 5: «The Forms,» previously published in 1998 online as «Database as a Symbolic Form.» Cf. the list of **Manovich's texts.**

cultural form, employ more and more technicians and archivists today, but they interest artists as well.

/

21/104 The database as a cultural form

Two artistic database projects introduce this section. **Agnes Hegedüs**' interactive work «**Things Spoken**» (1999) challenges users to research a personal memorabilia database and activate objects. Then two narratives can be called up: the artist's narrative about each object and one by another person, close friend or family member who give their view of things, their interpretation of a particular object in relation to its owner. This establishes two category planes: formal headwording as a process of often absurd metainformation and narrative contextualization from two different perspectives. In an extension of this concept, visitors could develop this work as a participative installation by having a personal object of their choice scanned and telling a story about it, which was recorded and saved. It was possible to access the growing archive of objects and their oral history at the same time, on the spot and via a computer. So in time this collection of data created links between things and narratives, fragmentary, anecdotal and yet expressive, but with no coherent take on the figure of the collector.

Eric Lanz, in his 1994 «**Manuskript**», had already realized a related CD-ROM. Hegedüs' work illuminates an object's horizon of meaning; Lanz is interested in the ‹language of things.› Multimedia transposition of video material into a visual text on a pictorial panel enables him to present an exemplary visual history of the concrete use of hand tools. It functions as an artistic project without any reference structure or database and without any accompanying explanatory text. The objects are neither identified nor embedded in the context they come from. Comenius' «Orbis Pictus,» the famous predecessor of encyclopedic picture atlases, relied on explanatory links between image, plot description and alphabetical order, while «Manuskript» transposes a kind of visual topology of tools in a multimedia way. The charm of this reading matter, which is also poetic, lies in the often surprising difference between outward appearance and actual use. By connecting text and animated reality, Lanz achieves a vividness that an encyclopedia entry, however lavishly illustrated, could never match. So «Manuskript» demonstrates that it is possible to go beyond iconographic art history and not just conceive the topological constitution of an objective universal history, but also implement it exemplarily.

//

21/105 *Universal image store*

Quantitative restriction to a small, finite number of ‹things in use› could now be expanded beyond an artist's limited resources into a dimension that was just as universal. The *Institut für wissenschaftlichen Film* (Institute of Academic Film; IWF) in Göttingen had made a start on an «Encyclopedia Cinematographica» project as a comprehensive cinematic documentation of movement sequences from 1952 onwards: «A matrix is intended to record all movement forms of all genres and present these exemplarily as movement specimens lasting for about two minutes.»[18] The hubris of an enterprise of this kind can be seen immediately, as the researchers involved call their «cinematograms» «specimens.» The project initiator, Gotthard Wolf, actually thought he would prepare hundreds of thousands of such «specimens» in order to be able to classify movements universally.[19] A project for a database of visual lexemes was bound to founder given encyclopedic ambitions on this scale. But isolating movement sequences lexically to research the contextual constitution of «behavior» and reality is unsuitable from the outset. Grammar does not admit statements about use and contextual semantics, and «cinematograms» cannot go beyond the realms of a limited visual syntax. And yet it is a fascinating vision: working on an encyclopedia including time-based documents, possibly also configured dynamically.

According to **Lev Manovich**, the database is the cultural form of the twenty-first century. But here the database does not provide prefigured systems, but lists and arrangement preferences, which Manovich sees as equaling a central paradigm shift. In traditional theory, the syntagmatic plane presents an explicit narration; the paradigmatic plane of choice possibilities (for narrative forms) was present only implicitly. The relationship is turned around in the computer age: the options are explicit, but the resulting narrations are only implicitly present.[20] Manovich introduces a whole series of artworks to support his theory, from **Dziga Vertov** to Peter Greenaway—see also Manovich's randomly generated database cinema, «**Soft Cinema**» (2002). But a glance at home computers is enough to confirm the theory. Computers illustrate the library as one tool among others on the screen (the «desktop»). «Libraries» and «image archives» are preinstalled on every home computer, as users now consume and produce masses of image files as well. Practicing working on a computer does not start with creating files, but by learning what possibilities are offered by the reference structures and storage systems within the computer as a universal machine.

If a database is accessible to a wider public (as an intranet or on the Internet), multimedia objects are confronted with a diverse range of ordering, rating and intervention practices. Thus networking, as a dynamic production structure, offers an exponentiation of meaning—though of course the converse is also implied: meaning, or sense, can also change into overhcomplex or subcomplex nonsense (cf. the range of textual permutations in **Daniel Alina Plewe**'s Internet work «**General Arts**,» 2003).[21]

//

Era of image exchange 21/105

The media archive (and not just the database) is the ‹backbone› of globalized culture and a concrete expression of the fact that people are living in the above-mentioned «era of

18 — Christoph Keller, «Archives As Objects As Monuments,» in Wolfgang Ernst/Stefan Heidenreich/Ute Holl (eds.), *Suchbilder. Visuelle Kultur zwischen Algorithmen und Archiven*, Berlin, 2003, pp. 46–51, here p. 49. Eadweard Muybridge and **Etienne Jules Marey** were the first to analyze a movement in motion in order to see the invisible. **19** — Wolfgang Wickler in «Research Film» 1964, quoted in ibid., p. 50. **20** — Manovich (2001), op. cit., p. 231. **21** — See also the text-based work by the Brazilian artist **Arthur Matuck**.

image exchange.» The «iconic turn,» as diagnosed by William J. Mitchell and Gottfried Boehm[22] in the mid-1990s, is obvious from the new media view, from the omnipresence of technical images in the natural sciences, but also in the expanding use of digital cameras, webcams, MMS and other picture generators, thus filling the computers' ever-growing memories. The physical act of storage is accomplished so quickly and simply by a click that content-related decisions of an archival or curatorial nature are postponed, at least until the hard disk is full or relieves us of the problem by crashing completely. And yet every user would love to know what he is storing the data for. One of the answers could be: so that they can be sent off again into the infinite circulation of signs on the Internet. The images acquire exchange value, and not just utility value.

When greater bandwidth and larger memories increase the quantity of data, machine-to-machine processing becomes necessary if we are to filter and sort. This leads to an exponentially climbing curve in terms of information quantities, which can be handled only with ‹intelligent› tools.[23] Throughout the 1990s, powerful search engines (from Lycos to Google) increasingly revealed themselves as the actual ‹strategists› of the new media boom. They make it possible to navigate within an immense expanse of data that has never existed before in this form. If we have learned to appreciate artists' antennas it is because they often recognize this development sooner than others, and respond to it with their own counterstrategies even before the whole impact of the development can be recognized—see **Cornelia Sollfrank**'s **«Net Art Generator»** (1999) or **Christophe Bruno**'s **«non-weddings»** (2002).

But can algorithms achieve complex semantic data indexing, or create meaningful indices for images? Is an automatic archivist in prospect, or does the automatically indexed data-set with headwords still have to be checked by an expert eye? The Geneva computer scientist **Stéphane Marchand-Maillet** is researching these problems. It is difficult not to suspect that it is only possible to describe images technically if they were produced within the necessary technical parameters—a consequence of the «illusion of a universal (because technicized) intelligibility of images»?[24] So with these questions in the background, the phenomenon of navigation and mapping cyberspace, but also images and text, moves center stage.

/

21/107 **Mapping text and image**

In his publications since 1983, Edward R. Tufte has summed up his experiences as a graphic designer making visual presentations and maps. Here he confronts the modernist dogma of «less is more» (Mies van der Rohe, Robert Venturi) with the data display dogma «less is a bore»: «Well-designed small multiples are inevitably comparative; deftly multivariate; shrunken high-density graphics based on a large data-matrix drawn almost

22 — William J. Mitchell, *Picture Theory: Essays on Verbal and Visual Representation*, Cambridge, MA, 1995; cf. Gottfried Boehm in various publications, most recently «Zwischen Auge und Hand,» in Bettina Heintz / Jörg Huber (eds.), *Mit dem Auge denken. Strategien der Sichtbarmachung in wissenschaftlichen und virtuellen Welten*, Edition Voldemeer Zürich, Vienna/New York, 2001, pp. 43–54. 23 — Cf. the artistic work using recycling by **Blank & Jeron** and **Mark Napier**. 24 — Gabriele Werner, «Das technische Bild,» in Heintz/Huber (2001), op.cit., p. 378. 25 — Edward R. Tufte, *The Visual Display of Quantative Information*, Cheshire, CN, 1983 (reprint 1995), p. 191. A seminal precursor in the European context was **Otto Neurath**, see Frank Hartmann / Erwin K. Bauer, *Bilder-*

entirely with data-ink; efficient in interpretation; often narrative in content; showing shifts in the relationship between variables as the index variable changes (thereby revealing interaction or multiplicative effects).»[25] But artistic/scientific applications in particular can make it especially clear how much the map depends not just on design, inother words on creative artistic input, but also on users and the deployment of dynamic presentation options. Being able to generate maps mechanically and algorithmically and also present them in electronic form underlines the fact that the map is just temporary, thus manifesting itself as a fleeting point in time.

Mapping, the process of making a map or superimposing two different areas, and navigation, exploring a space (a stretch of road), are two complementary «art of action» modes (Michel de Certeau). A number of artworks have addressed the theme of maps in order to track down events and actions and locate themselves topographically. They have formulated a «liberated cartography strategy»[26] without creating a specific view of the link between digitalization and electronic networking. This is all the more astonishing as scaling, the fact that the scale can be changed, is directly analogous with the zoom function used in optical techniques, so it is definitely always conveyed and broadcast digitally and telematically. These connections will be presented in relation to the practice of mapping text and images in context, artistically and algorithmically.

//

Mapping text 21/108

A classical literary text by Shakespeare is interpreted in different ways, but always present textually in linear mode. Textual analysis takes place only on the metaplane of interpretation. So what would happen if the text were to manifest itself in a different form? The first example looks at the various states in which a text can exist. **Benjamin Fry**'s **«Valence»** software in fact creates a program that brings algorithm and narration into a strikingly new relationship. The crucial conceptual difference lies in interaction between elements. A recursive process starts up: image becomes text (code) and text becomes image. A kind of textual software sculpture is produced, and can be compared with other graphic three-dimensional forms ‹at a glance.› But this dynamic object could also be described as a special form of textual mapping (see also Bradford Paley, **«TextArc,»** and **David Link**, **«Poetry Machine 1.0.»** 2001–2002)

Something that «Valence» demonstrates word for word is presented visually in what is probably the most frequently cited mapping project in Internet art, **«WebStalker»** (1997) by the **I/O/D** artists' collective. This alternative browser can present the static link structure of any Web site abstractly in order to create an image that can in turn be compared with other structures. Correlations can be recognized at a glance, and visual comparatistics appear on the horizon.

sprache. Otto Neurath Visualisierungen, Vienna, 2002; cf. also Rudolf Arnheim, *Visual Thinking*, Berkley, 1969, reprint 1995. An important reference for cartographers is Jacques Bertin, *Graphische Semiologie, Diagramme, Netze, Karten*, Berlin, 1983. **26** — Cf. Michael Glasmeier, «Die Teppiche des Johannes Vermeer» in Stephan Berg/Martin Engler (eds.), *Die Sehnsucht des Kartographen*, Kunstverein Hannover, Hannover, 2003, p. 140f.; see also Robert Storr (ed.), *Mapping*, Museum of Modern Art, New York, 1994, and Paolo Bianchi/Sabine Folie (eds.), *Atlasmapping. Künstler als Kartographen. Kartographie als Kultur*, Vienna, 1997, as well as Horst Bredekamp/Birgit Schneider/Gabriele Werner (eds.), *Bildwelten des Wissens. Kunsthistorisches Jahrbuch für Bildkritik*, vol. 1.1, Berlin, 2003.

Linear text uses the universally applicable convention of line structure, but for data space this is a form that is much more difficult to standardize. Perceptible, intelligible division of information into space and time is a prerequisite for the balance between noninformation and too much information.[27] Fry destroys the linearity of the text to construct a different textual form that has nothing to do with earlier literary techniques like cut-up (see **William Burroughs**), for example, but with quantitative textual analysis. As a comparatistics tool, «Valence» could be cited as a visual ‹signature› for a text, and contribute to the information condensation process.

The cursor, blinking to invite us to type text, is one of the appealing elements of the electronic writing process. As a dividing line, it embodies the place between sign and emptiness, but in an interface the place where we begin as well: it is possible to type here—this cannot be taken for granted. An empty page can be filled in a number of ways. But it is new for the writing process to be involved in constructing a home: each typed sentence helps to generate an «**Apartment**» (2001)—that is the title of the work—in **Marek Walczak** and **Martin Wattenberg**'s software art. The phrase «Sex and the City,» to quote a popular American TV series, is translated into semantic units that are then arranged to form the ground plan of an apartment: ‹sex› goes to the «bedroom,» but ‹city›—and this is already interpretative semantics—becomes «window.» This project represents a simple, immediately comprehensible and ‹intelligible› solution to subsequent text display handling problems: how does the machine ‹interpret› the text? This can obviously be quickly learned here, in that the user recognizes relations more clearly as more material is typed in. The words presented can also form animated loops, and their frequency also determines the size and position of the room—so the apartment is in a constant state of flux. But another aspect of the interface appears when the ‹apartments› that have been saved are called up: ‹theme apartments› (like murder and crime) or ‹concept apartments› are decoded (one apartment consists only of the repeated word ‹now›, which appropriately produces only a single room).[28] While **Jeffrey Shaw**'s «**Legible City**» (1988) stages linking up with an ars memoriae by imbuing type with a spatial quality, «Apartment» is a generative production process.[29]

Marek Walczak and Martin Wattenberg have already programmed a whole series of innovative applications. Each of them offers a different solution to the problem of integrating current data into a dynamically generated interface and thus achieving a representation of real time itself.[30] In this respect the Internet projects that have been described so far illustrate an aspect that embodies thinking out alternatives as a visual process. In the history of exploration and geography, mapping an open field has meant deleting ‹spaces.› But artists and scientists now use the concept of maps and mapping to arrive at new ways of presenting geographical, social, political and artistic fields in the light of new data.

27 — Cf. the series on movie theaters by **Hiroshi Sugimoto**. 28 — The references given by the artists include visual and generative poetry (Apollinaire, Oulipo) as well as the *ars memoriae* (Francis Yates). 29 — See further text in the thematic focus on «**Generative Tools.**» 30 — See also the commercially successful online work «**Map of the Market**» which represents stock titles in relation to the current market value.

//

Mapping images

When it comes to displaying a text, the data are already given and unambiguously identifiable (usually on the basis of a word). But what is to be done if these data still have to be generated when dealing with images? How can images be recorded formally and descriptively when so far no descriptive systems for electronic images have been developed (despite art history)? How can moving images be indexed? If images are analyzed as data packages, our text-based approach takes us as far as Google shows us we can go: searching for images by examining the text associated with them. The fundamental question is: why is it still at all necessary to continue with the «structuralistic-linguistic paradigm» (cf. Wolfgang Ernst, «**Beyond the Archive: Bit Mapping**») of subordinating the image to the word? We do not have to address this generally in order to ask the simple question of what happens if the image, the data package or the video has no text attached to it? Any media archaeology that does not already know what it is looking for deductively but constructs classifications and relations through inductive cluster analysis and iterative processes has to face these questions.

In television archives, editors are already working with the first forms of automatic video item sequencing. These software solutions work with algorithmically manufactured storyboards of scene changes, so it is simple for the editors to search for material that can be used again. This pictorial analysis is not applicable only to narrative, but makes it possible to analyze any amount of visual data in relation to structures, textures, color values and other parameters.[31] Behind this already lies the concrete practice, not just the vision, of searching for images with visual references, not on the basis of text. Images look for other images; images recognize text, especially handwriting; videos are broken down into visual indexes. In all these cases, patterns and structures help comparative analysis. These image search engines carry out a change from simple metadata to complex annotations and to the semantics of the image. By analogy with full text searches, this could be called a full image search.[32]

But what Wolfgang Ernst and **Harun Farocki** now call the «Visual Archive of Cinematic Topoi,»[33] following the «Encyclopedia Cinematographica» project, no longer means analyzing images in terms of art history and semantics, but a surprising, unexpected algorithmic image analysis. Understanding images as data that can be ‹read› by the computer ultimately also means not just addressing images through a computer, but the individual «image elements» known as «pixels.» This analysis rejects semantics in favor of a media archaeology or a «techno-image archaeology» (Wolfgang Ernst) that uses mathematical, intelligent machine-related agents to analyze and map images and thus create a visual grammar. One way or another, the images are registered and identified, or one might almost say handled as if by an intelligence service. Thus mapping a

31 — For more detail cf. Stéphane Marchand-Maillet, «**Image-Search or Collection Guiding?**» and the contributions to the congress held in February 2001, at Kunst-Werke, Berlin, published in Ernst/Heidenreich/Holl (2003), op. cit. 32 — It goes without saying that such a concept must also be linked to audio documents in order to find answers to questions like: Which current sampler of electronic music sounds like Stockhausen? 33 — Cf. Wolfgang Ernst/Harun Farocki, «A Visual Archive of Cinematographical Topoi,» in *nettime mailing-list*, Dec. 19, 2000.

process of this kind is linked with the literally archaeological concept of data mining or displaying data.

//

21./110 *Mapping as data display*

Before we move on to the current practice of data display and mapping, it is worth recalling three historical references to the paradigm of the map as a reference to geography. Tufte cites copying maps as an example: «A 1622 map depicting California as an island was reproduced in 182 variants, as the distinctive mistake traces out a disturbingly long history of rampant plagiary. The last copyist published in 1745, after which California cartographically rejoined the mainland.»[34] In this case the practice of copying is the media-historical condition, including variants, and thus mistakes as well. So a map is never more than an approximate model. If texts generate other texts, this applies equally to maps and images.

The next two examples also crucially changed our understanding of maps as geographical references: first, **Charles Joseph Minard**'s 1813 map of troop movements throughout the Napoleonic campaign, which translated time data into spatial parameters; the second is the map of a London district made by **John Snow** in 1855 to record the incidence of cholera there. This made it possible to use the spatial distribution to conclude that the local cause was one pump in one street, even though the predominant view at the time was that the epidemic was transmitted by air. Closing the well down contained the epidemic, thus proving the opposite. So these maps were not so much about the geography of a place, but about events in time. For 150 years, maps have been tools for localizing and displaying links and hypotheses, and not only those relating to spatial topography. So in terms of the growing importance of databases, maps are a strategy, not a fixed format for understanding data.[35]

In the «conceptual and programmatic view of the virtual» (see the text by **Christine Buci-Glucksmann**) we find not just the cartographer liberated by Icarus' mobile view (with all the problems the mythological link suggests),[36] but the map reader as well, not just in terms of artistic forms, but also of topology. In this way, maps open themselves up to a wide range of display modes and narratives, and also to disturbances and deviations. If these are then linked with the term ‹constellation,› then the processual aspect of the link between image and text becomes more three-dimensional. But at the same time **Vilém Flusser**'s melancholy tale about the end of atlases sharpens our view of the losses linked with lost «atlas naïveté»: «The aim was to design history on the back of geography. The result was the opposite of what was intended. Anyone who cracked the code of these maps was not inside history any more, but outside it. He could flick through the pages of history and recognize them as a code. Posthistory had begun.»[37]

This led to historical and encyclopedic atlases that Flusser felt contributed to the «death

34 — Edward R. Tufte, *Visual Explanations. Images and Quantities, Evidence and Narrative*, Cheshire, CN, 1997, p. 71.

35 — I follow ideas developed in Steve Dietz' lecture at the conference «Media Art Net Lectures: Mapping,» ZKM Karlsruhe, January 24, 2004. See also Chaomei Chen, *Mapping Scientific Frontiers. The Quest for Knowledge*

of humanism,» but at the same time produced a «new imagination.» He saw this imagination at work in the codification of human beings to make them the content of atlases. It also affects the tools used by geopolitical strategists with their power-political urge to control access to electronic mapping. Only someone who can locate people and things as precisely as possible on a monitor is in a position to win wars today. Following **Paul Virilio**, this view of things has been explored in many forums and publications since the Gulf War. However correct these analyses might be, what is interesting here is the potential the ‹new› imagination has for designing other maps for more democratic and participatory use beyond the military sphere.

/ /

Alternative displays 21./111

The idea of a new way of perceiving images is not new (see the «**Gallery Pictures**» by **David Teniers the Younger**, 1651). The serial accumulation of pictures in a space had of course been run through a whole range of variations in endless exhibitions, private rooms or even chambers of curiosities. But the crucial media break comes in the twentieth century with the mass spread of catalogues of art and other things, and of picture atlases. The basis for this is mass media photographic reproduction, as analyzed by **Walter Benjamin** in his investigations. The work of art in its mechanical reproducibility takes the form, alongside film, of catalogue production, which becomes a key medium in a new history of pictures and art, located now not in spaces devoted to art, but in lecture halls or private studios and homes.

These media conditions led to **Aby Warburg**'s famous images constellations in his «**Mnemosyne Atlas**» (1924–1929), an ‹Atlas of Memory›, which uses the photographic catalogue in the same way André Malraux was to do later for his «musée imaginaire,» which he researched from 1935 and published in 1947 as a book with black-and-white illustrations, and **Marcel Duchamp** for his «Boîte-en-valise» (1942). Before this, constructing meaning in alternative displays and algorithmic transformations of image into text and vice versa had been examined, but Warburg stresses the contextual constellation of history as a visual process presented in three dimensions. Here Warburg was trying «to fuse the systemic ordering function of a typology, the historical ordering function of a type history and the geographical ordering function of a ‹Mediterranean basin event› in a *single* tableau.»[38]

Warburg was concerned with problems of sorting, arranging and displaying relations that we are familiar with today in the concept of a multimedia user interface. The aim was to use specific and complex constellations of photographic reproductions to display relations that were different in each case in such a way that the hidden structures and connections were visually identifiable without textual explanation. So Warburg's picture atlases can also be read as data and relations revealing quite new structures beyond

Visualization, London, 2003, p. 16f. 36 — See **Pieter Brueghel's «Fall of Icarus»** (1555). 37 — Vilém Flusser, «Mein Atlas,» in idem., *Dinge und Undinge*, Munich, 1993, pp. 113–117, here pp. 114ff. 38 — For more detail cf. Claus Pias, «Ordnen, was nicht zu sehen ist,» in Ernst / Heidenreich / Holl (2003), op. cit., p. 104.

visual or historical-textual evidence, clarifying the media-historical prerequisites of images, for example.[39]

Claus Pias highlighted Warburg's difficulties with representing different relations graphically within an order and on a tableau as «non-contradictory evidence.»[40] But beyond these immanent representation problems, from today's point of view the fundamental problem still remains that relations, priorities and interpretations always present themselves differently for each viewer or user. As each user has different hierarchies of interest, it is worth investigating the extent to which this can also lead to individualized presentation options.

An early example of a differentiated option is **John Simon, Jr.**'s **«Archive Mapper»** (1996), which presents a given number of Web sites as a separate quantity and makes the graphic presentation dependent on the users' decisions. They can submit variables on file size and date (on the horizontal axis) or subjective variables (on the vertical axis). After that, the «Archive Mapper» presents a scatter cluster of colored pictograms as a non-hierarchical information set. This was a very early attempt to arrive at individualized presentations forms for connections, but already identifying the filtering problem visually: how can users filter out redundant information so that the (subjectively) relevant data are in the foreground?

Christine Buci-Glucksmann has been examining the map's relationship with the virtual and with the map-reader's view for years, and links it with the concept of the plateau.[41] The plateau (a reference to Deleuze/Guattari's «Mille Plateaux») is a multiple-access action field. We can say more: it is also an action field for socially linked protagonists/agents. But as a rule these social structures remain invisible. Now a central criterion for mapping in digital space is to display invisible relations in relation to statistics, subjective perceptions, discourses or social networks, which will be discussed below using artists' projects as examples.

//

21./112 *Mapping strategies*

First of all, four mapping strategies[42] have to be distinguished:

→ *Using data to transform objects*: **John Klima**'s **«EARTH»** (2002) offers an impressive three-dimensional zoom function for the geography of the USA, but without ever being more than an elaborate design innovation for navigation on a geographical map, which also unquestioningly accepts the problematical aspect of data mining in its networked variant as a surveillance function. In contrast with this, **Ingo Günther**'s series of globes pick up the globe shape in order to generate an abundance of interpretative maps of the world, in a critique of the predominant view taken by the political world map, in that global data—often military in origin—displayed in a graphically simple way, produce new constellations and representations of ‹world.›[43]

39 — Warburg used two commercial picture volumes and warehouse catalogues. Ibid., p. 106. 40 — Ibid., p. 104. 41 — Christine Buci-Glucksmann, **«From the Cartographic View to the Virtual.»** Also see her book *Der kartographische Blick der Kunst*, Berlin, 1996, in particular chapter 6 «Der ephemere Blick.» 42 — I am grateful to Anne Nigten and Steve Dietz who referred to the projects by Klima, Pinsky and Paterson, Zurkow,

→ *Transformation of real space on a map*: **Michael Pinsky**'s «**In Transit**» (2001) project on the relativity of distances in a big city is based on travel times from A to B, so that the geography of a city (London in this case) seems variable at different times—the city as a function of experienced time, as it were.
→ *Mapping data onto real space—augmented reality*: recording real perceptions can create a real map here in the form of a psychogeography of the city and its mental spaces. This was based on the Situationists' practice, who in 1975 published a «**Guide psychologique de Paris**» on the subject of «discours sur les passions de l'amour.» This was demonstrated more recently by the «**PDPal**» (2002) project by **Scott Paterson**, **Marina Zurkow** and **Julian Bleecker**.
→ *Mapping date in data space*: as well as mapping real space, the concept of ‹mapping› also applies to distributing data within a given system of coordinates that does not necessarily have to have a spatial, physical counterpart. **Ismael Celis**' «**InterMaps**» (2003) project maps communication within a social network of relationships between friends or colleagues, dynamically and in real time, as a multi-user map. But each participant's view of this network is individualized, and centered on their own IP address. Thus they are all moving in the same data space, but always see the relationships as presented on their screen differently.
//
Mapping as a collective process 21/113
The banal fact that we may well see a conversation quite differently according to whether we are deeply involved in it or just listening leads to linguistic analyses that have high hopes of new insight from graphic presentation. For example, some projects display spaces for electronic discourse. One of these is **Warren Sack**'s «**Conversation Map**» (2003), which is more interested in content and semantics. It is a complex illustration of a Usenet newsgroup discussion during the American George Bush/Al Gore presidential campaign, and can thus become a self-reflection tool: «I propose the design of technologies like the ‹Conversation Map› as *technologies of the self* (cf. Foucault): a means for a group to reflect on its discussions, lexical repetitions (i.e. what Deleuze explaining Foucault's methodology has called ‹statements‹) and possible (dis)agreements: i.e. as pictures of the group's ‹public opinion.›» 44
In all these cases we do not at first establish whether mapping of this kind is effective or not. But every map has the great advantage of being legible as well as visible. Thus two access modalities are available. Even so, the map can contain too much or too little information. The relation between these two poles is dependent on the design (E.Tufte) and on the user. This brings us back to the question of how much the user can influence creating both content and presentation forms. Artistic projects such as the work of **Knowbotic Research**, especially the «**IO_dencies**» series (1997), or didactic and exploratory

Bleecker in their lectures at the conference «Media Art Net Lectures: Mapping,» on January 24, 2004, at the ZKM Karlsruhe. 43 — See Ingo Günther, ***Republik.com***, Ostfildern, 1998. Günther developed an imaginary topography as a «**Refugee Republic**.» 44 — Warren Sack, lecture at the conference «Media Art Net Lectures: Mapping,» ZKM Karlsruhe, January 24, 2004.

mediation projects like «**DataCloud 2.0**» (1999–2002) by the Rotterdam **V2_Lab**, attach great value to the collective and discursive process of generating and presenting data. In this respect a project like «DataCloud» is not just a tool for representing relationships dynamically, but also for strengthening links within a group or community.

So the question arises of the extent to which display and interface design opens up new semantic horizons or simply remains a new design tool. **Graham Harwood** has also addressed this mapping problem. He is a member of the Mongrel group of artists working on a project presenting the Bijlmeer Community: «**(9) Nine**» (2003), organized by the Waag Society in Amsterdam. The software for workshops and working in groups was developed here, i.e. it arose from specific social practice. The relevant headwords in the media context here are usually «open access,» «open source» and «democratic participation.» But Mongrel was faced with the experience that no one is interested in a completely open system. For this reason they introduced limitations linking the open editing system for users with clear instructions on how to proceed: ‹Choose 9 images/sounds/videos and add 9 texts to them›. Given that an open archive will probably run wild, «(9) Nine» offers a convincing solution guaranteeing coherence and self-determination for the map, which functions with categorical classifications, as this was obviously not appropriate for the community's ideas on self-presentation, as revealed by comments during the production process. Graham Harwood therefore emphasizes how much the mapping pattern has been codetermined in this case by interaction with the individual ‹cartographers.›

The Mongrel project contributes to mapping relations and the subjectivity of visual clusters. The story that will be told by nine images, texts or videos remains open in each case. But generally Net producers feel committed to open, anti-hierarchical processuality that is not remotely interested in anything as ‹conservative› as archiving. All production is committed to increasing the intensity of the moment, but not to the kind of relativity that would stem from knowledge of the past (even though that is not excluded in principle). In that respect, community mapping is ‹community building› in the first place.

//

21/114 *The big picture*

One important objection relativizes the contrast between processuality and archiving. Data mining, in other words pursuing and saving a Net user's tracks, is just as little entitled to claim to be a ‹work› and yet is still extremely interesting—politically, as demonstrated by the example of **RSG**'s «**Carnivore**» (since 2001) and commercially above all for Web site providers. In this respect it would not be merely conceptually interesting if there were a tool available that could capture and illustrate the permanently expanding and changing Internet itself. Computer specialists in California are working on archiving a screenshot of every Web site in existence.[45] This is one way of showing the Internet, but the question remains of what has been gained if I—to draw an obvious analogy—were to

45 — Brewster Kahle: «**The Internet Archive.**» 46 — Lewis Carroll, *Sylvie and Bruno Concluded*, London, 1893 (chapter XI «The Man in the Moon») and Jorge Luis Borges, «Von der Strenge der Wissenschaft,» in idem., *Borges und ich*, Gesammelte Werke, vol. VI, Munich, 1982. Cf. on this topic Umberto Eco, «Die Karte des Reiches

collect the title pages of all the books in existence, but did not have any content lists.
In contrast with this, it is no coincidence that **Lisa Jevbratt's «1:1»** (from 1999) project relates to Lewis Carroll (and indirectly of course to Jorge Luis Borges as well)[46] by pursuing the aim of being able to illustrate the ‹entire› Internet in a high-resolution image. Each line of color in this abstract computer-generated image represents an IP address. Thus «1:1» concentrates on structural analysis rather than on the iconographic aspect of screenshots. The dynamic of the Internet is captured as a ‹snapshot› of a particular moment, in that the whole process is repeated two years later. The change of paradigm is remarkable: now users are not in the data highway's ‹road network,› which always leads to familiar addresses, above all via search engines. They are looking at the Internet as a whole, and have to realize that it is not so much a map for better navigation but a list of addresses with gaps, dead ends and access constraints. Though in reality the Web crawler's «softbots» captured only about two percent of the overall number of IP addresses for «1:1» at the given time, this was random-driven, nonlinear sampling, and thus conveys an authentic image of the Internet. In other words, the Internet was also coined «Deep Web,» accessible to the public only as an excerpt.
The «softbots'» performance, as is also the case with Google, reflects a presence, but it is a one-way street. Jevbratt's system scans what is available and displays it in different ways in each case, depending on the interface as well. Thus these programs promote our understanding of the Internet but do not redeem its promise of communicative presence.
It was **John Cage** and **Nam June Paik** who introduced the participatory concepts of two-way communication, uncertainty and **«Random Access»** (1963) into art when art was starting to address recording and broadcasting media in the 1950s and 60s. Academics as well as artists are working on applying and implementing these concepts today, trying to find new answers through ‹shared authorship.› The path leads from the static *constellation*, which **Aby Warburg** failed to conquer in his **«Mnemosyne-Atlas,»** to a dynamic, open but also controlled *configuration* of knowledge, relying in many cases on «fuzzy logic.»[47]
Performativity and data mining are key concepts for looking out over the dynamic, networked archive.

/

Data mining and the dynamic archive 21/115

The implications of profiling will not be discussed here, though the interesting feature of this for our present context is that a mapping system functions as a recording device only when it operates ‹secretly› (*heimlich*), and is thus linked with the ‹uncanny› (*unheimlich*), as **Warren Sack** points out. Claus Pias also expresses a suspicion that any image search project is consciously or unconsciously part of research conducted by intelligence services or the police, and thus has some highly problematical aspects.
The «Firefly Agent,»[48] developed by Pattie Maes at the MIT Media Lab, generates

im Maßstab 1:1,» in Paolo Bianchi/Sabine Folie (eds.), *Atlasmapping—Künstler als Kartographen*, Vienna, 1997, pp. 228-231. 47 — Two examples: «DissemiNET» by Beth Stryker and Sawad Brooks or «The Unreliable Archivist» by Janet Cohen, Keith Frank and Jon Ippolito, cf. Steve Dietz, «**Memory_Archive_Database v 3.0.**»
48 — The project's original Web site was no longer online when accessed in Feb. 2004.

patterns on the basis of simple ratings that are then presented to the user for a second rating, and possibly for a third, etc. But the subjective decisions are accompanied by data from other people who have selected similar intersections as positive. In this way, the users' open and active participation builds up algorithmic knowledge about intersubjective preferences (here with reference to taste in music). In principle this works in precisely the same way as image results ratings in the **Viper** project (see the text «**Image Search or Collection Guiding?**» by Stéphane Marchand-Maillet). Behind this is the vision of a semantic network of references that was not developed according to archival, curatorial or other institutional (including police) criteria, but by the users' saving and adjustment of the data. Here, over and above the populist rating, the aim is also to explore meaningful contingencies via a statistical database correlation program: «In other words the machine does not know that James Taylor belongs in the «Soft Rock» corner, but only that other users who like Tracy Chapman had time for James Taylor.»[49]

This can also be applied to neuronal nets: they do not ‹know› the semantics of the memory path, but they adjust to previous patterns, creating coherence and cultural continuity.[50] A practice is inscribed in an archiving program and so becomes a monument or document, both concepts that produce cultural continuity, but at the same time this act changes the practice and the social process. We are in a cybernetic system of cycles and recursive processes, similar to the self-organizing community illustrations demonstrated by the **Celis** or **Mongrel** projects.

But examining language also shows how alterity and copresence create a possibility space in literature or also within the psychological processes of suppression and actualization of suppressed content, a space that operates with connotations and replacements. This emphasizes the paradigmatic axes of meaning. Thus every word has a meaning volume that—and this is important for our concept of a dynamic archive—is always realized fragmentarily and differently.[51]

Jacques Derrida goes a step further by questioning «whether contradiction between the act of memory or archiving on the one hand and suppression on the other remains irreducible. As though one could not remember and archive precisely what one is suppressing, archive it by suppressing it (as suppression is archiving).»[52] Thus the archive is no longer a ‹given›, but a process of actualization, interpretation and reimpression, as Derrida calls it. So the data collection process takes place beyond conscious ordering. Showing this in its media performance is one of the key aspects of all artistic work with databases, archives and displays.

Thinking of the archive as an open, dynamic system also means replacing the intransitive term with the transitive, and processual ‹archiving› and the ‹store› with the ‹generator›, means «... following a (one's) inventory or catalogue structure, which is open in prin-

49 — Ion Ippolito, «http://www» in: Ingrid Schaffner/Matthias Winzen (eds.), *Deep Storage. Arsenals of Memory*, Munich/New York, 1997, pp. 157–164, here p. 162; on the topic of rating see also Ken Goldberg et al.: «**The Online Joke Recommender.**» 50 — Cf. Hartmut Winkler, «Das Modell. Diskurse, Aufschreibsysteme, Technik, Monument—Entwurf für eine Theorie kultureller Kontinuierung,» in Hedwig Pompe/Leander Scholz, pp. 297–315. 51 — Cf. Winkler (1997), op. cit., pp. 36f. 52 — Derrida (1996), op. cit., p. 116. 53 — Wolfgang Ernst, «ROM 1881: Die Medialität des Vatikanischen Geheimarchivs als Gesetz der Historie,» in Pompe/Scholz (2002), op.cit., pp. 54f.

ciple—an index form that IT has long since rediscovered as a *HyperCard.*»[53] But there is still a long way to go to an interlinked map of transmedial archiving processes, and it is a way that will always come up against the inertia of people and language. This resistance reminds us not to pursue the hubris of linking everything with everything else.

/

Translation by Michael Robinson

PUBLIC-SPHERE_S//

▦ STEVE DIETZ □-22 EDITORIAL PUBLIC SPHERE_S ▦ JOSEPHINE BOSMA □-23 DIE KONSTRUKTION VON MEDIENRÄUMEN – ZUGANG UND ENGAGEMENT: DAS EIGENTLICH NEUE AN DER NETZ[WERK]KUNST/ CONSTRUCTING MEDIA SPACES – THE NOVELTY OF NET[WORKED] ART WAS AND IS ALL ABOUT ACCESS AND ENGAGEMENT ▦ STEVE DIETZ NEUE ÖFFENTLICHE RÄUME: KUNST, NETZWERKE UND DAS ERWEITERTE FELD DER DISKURSE/ NEW PUBLIC SPHERE_S: ART, NETWORKS AND EXPANDED FIELDS OF DISCOURSE

....
....
....
....
....
....
....
....
....
....
....
....
....
....
....
....
....
....
....
....
....
....
....
....
22/ ....
23/ ....
....
....
....
.... ▦

Public Sphere_s → Editorial

/

Steve Dietz

/

In der zeitgenössischen Kultur überschneiden sich mehrere Aktivitätssphären: Sprache, 22/000
Kunst, Identität, Kommunikationssysteme, ökonomische und rechtliche Systeme. In der so genannten Public Domain geraten diese Aktivitäten immer stärker miteinander in Konflikt. Diese Entwicklung ist nicht unbedingt neu, doch mit der wachsenden Mediatisierung und hybriden Virtualisierung all dieser Sphären verschwimmen zunehmend die Grenzen zwischen Öffentlichem, Privatem, Kommerz und Regierung. Die Tatsache, dass Rechtssysteme und Marketingimperative sich an die neuen virtuellen Realitäten anpassen, indem sie sie inkorporieren, geht offenbar mit einer Manipulation der Grenzen einher. Nichtsdestotrotz stellt das Digitale historische Annahmen über knappe Ressourcen auf den Prüfstand, und Netzwerke können auch in einem asymmetrischen Verhältnis zu einer zentralisierten Autorität stehen. Viele Künstler benutzen diese Instrumente, um damit, **Kryzsztof Wodiczko** zufolge, der hier die Sozialphilosophin Chantal Mouffe paraphrasiert, »ein neues agonistisches Konzept des öffentlichen Raums« in Frage zu stellen, »das sowohl Leidenschaft als auch gegensätzliche Positionen zulässt und fördert. Für sie ist Demokratie keine Lösung, sondern ein Prozess eines andauernden engagierten Diskurses in Form eines ›Agon‹, d. h. eines Wettkampfs, in den mehr Akteure (und ich hoffe auch Künstler) eingebunden werden«[1]. Das Modul »Public Sphere_s« handelt von diesen Wettkämpfen, in denen Künstler uns dazu ermutigen, unsere Kenntnisse und Praktiken der verschiedenen öffentlichen Sphären zu erweitern.

Spätestens seit der griechischen Antike wurden verschiedene Vorstellungen der ›Öffentlichkeit‹ theoretisch erörtert, sei es Sokrates, der in Platons »Gorgias« mit Kallikles über die Herrschaft des Pöbels[2] diskutiert, oder Jürgen Habermas' »Sphäre der Öffentlichkeit«[3], Walter Lippmanns »umfassendes Bild«[4] oder Mouffes Agonistik: Diese Öffentlichkeit war parallel immer unmittelbar mit einem Begriff des öffentlichen Raums verknüpft. Von der Agora zur Piazza zur öffentlichen Gemeinschaft zum Park - in einem gewissen Sinne kann ein stabiler öffentlicher Diskurs nur im öffentlichen Raum stattfinden. Das ist zum Teil eine Frage des Publikums. Ein Diskurs wird dadurch öffentlich, dass man ein Publikum hat. Mit dem Aufstieg von Presse, Radio, Fernsehen und jetzt auch der Internetkommunikation erweitert sich die potentielle Öffentlichkeit über den physischen Raum in die virtuellen Räume der Kommunikationssysteme hinein. Wichtiger noch als die Reichweite und die damit einhergehende Idee des Konsens ist jedoch die Debatte. Um nochmals auf Wodiczkos Bemerkung über Mouffe zurückzukommen: »Ihre Anerkennung der Antagonismen und der Notwendigkeit des Agonismus in einem demokratischen Prozess stellt die populäre legalistische und rationalistische

1 — Patricia C. Phillips, »Creating democracy: a dialogue with Kryzsztof Wodiczko« in: *Art Journal*, Winter 2003. 2 — Was die Furcht vor der Herrschaft des ›Pöbels‹ betrifft, siehe vor allem Bruno Latour, *Pandora's Hope: Essays on the Reality of Science Studies*, Cambridge, MA, 1999, besonders S. 10-12. 3 — Vgl. »**Habermas' Public Sphere**«. 4 — Warren Sack, unveröffentlichtes Transkript von »Algorithms and Interfaces for the Presentation of Public Opinion« in »Media Art Net Lectures: Mapping«, ZKM Karlsruhe, 24.01.2004.

Position des prominenten liberalen Philosophen Jürgen Habermas zur Demokratie, die Meinungsverschiedenheiten in einem blinden Drang nach Konsens aufzulösen versucht, radikal in Frage.«[5] Was sind die neuen Instrumente und Methodologien, die solche Debatten möglich machen und aufzeichnen?

Parallel zu den Debatten über die Öffentlichkeit haben Künstler auch konsensbetonte Vorstellungen von Kunst in Frage gestellt. **Allan Kaprow** formulierte dies folgendermaßen: »Die japanische Gruppe Gutai, Environments, Happenings, Nouveau Realisme, Fluxus, Events, Noise Music, Zufallslyrik, Life-Theater, gefundene Aktionen, Bodyworks, Earthworks, Concept Art, Information Art - die Liste ließe sich fortsetzen - haben die Öffentlichkeiten und Kunstprofis mit merkwürdigen Vorkommnissen konfrontiert, die sehr wenig Ähnlichkeit mit den bekannten Künsten aufwiesen.«[6] Von **Umberto Ecos** Theorien über das »offene Kunstwerk«[7] bis zu **Joseph Beuys**' einflussreicher Formulierung von der sozialen Plastik als »einer Kunst, die Energie in den Leuten freisetzt und sie zu einer allgemeinen Diskussion tatsächlicher Probleme veranlasst, und einer Kunst, die die Kultivierung der Beziehungen zwischen Menschen, ja fast einen Akt des Lebens, bedeuten würde«[8], dehnt sich die Kunst seit über einem halben Jahrhundert in praktischer und theoretischer Hinsicht auf den Alltag des öffentlichen Lebens aus.

Wie Dieter Daniels schreibt, war dies teilweise ein Versuch der Künstler, ihre Öffentlichkeit auszuweiten: »An die Verwendung neuer Techniken wie Film und Funk, die potentiell Massenmedien sind, knüpft sich die Hoffnung, die Avantgarde aus ihrer selbst verursachten Isolation zu führen, um ›die Kunst und das Volk wieder miteinander zu versöhnen‹, wie Guillaume Apollinaire 1912 am Schluss seines Buches über den Kubismus schreibt.«[9] Zum Teil handelt es sich jedoch auch um die Anerkennung der Notwendigkeit, dass über einen öffentlichen Diskurs überhaupt erst eine Öffentlichkeit und damit eine öffentliche Sphäre entstehen. Patricia Phillips schrieb hierzu: »Eine wachsende Zahl von Künstlern und Instanzen glaubt, dass die Verantwortung öffentlicher Künstler und Instanzen nicht darin besteht, dauerhafte Objekte zum Zwecke der Präsentation in traditionell akzeptierten öffentlichen Plätzen zu schaffen, sondern darin, sich am Aufbau einer Öffentlichkeit zu beteiligen: durch Aktionen, Ideen und Interventionen ein partizipatorisches Publikum zu ermutigen, wo es vorher keines zu geben schien.«[10]

Phillips vertritt die Auffassung, dass ein Publikum gerade dadurch geschaffen wird, indem man es involviert. Häufig bedeutete dies »Community Art«, etwa bei den von **Judy Baca** unter Mithilfe der Öffentlichkeit geschaffenen Wandgemälden oder den Projekten von Tim Rollins und K.O.S.[11] Zunehmend schaffen Künstler wie die Kollektive Superflex[12] und **PDPal** Plattformen (Webcasting und Mapping), die das jeweilige lokale Publikum benutzen kann, ohne in stärkerem Maße an der Bereitstellung des tatsächlichen Inhalts beteiligt zu sein. Wichtiger aber ist, dass Projekte wie »PDPal« das »Bild der Stadt«[13], das die Menschen haben, dazu benutzen, eben diese Stadt selbst zu

5 — Phillips (2003). 6 — Allan Kaprow, »Success and Failure When Art Changes«, in: Suzanne Lacy (Hg.), *Mapping the Terrain: New Genre Public Art*, Seattle 1994. 7 — Umberto Eco, *Opera Aperta*, 1962 (dt.: *Das offene Kunstwerk*, Frankfurt/Main 1973). 8 — Eric Michaud, »The Ends of Art According to Beuys«, in *October*, Sommer 1988, S. 41, wiederabgedruckt in Eleanor Heartney, *Critical Condition: American Culture at the Crossroads*, Cambridge/New York 1997 (Übers. N.S.). 9 — Dieter Daniels, **»Medien → Kunst / Kunst → Medien«**

repräsentieren. Gemeinsam schaffen diese Bild-Karten eine ›Communicity‹, einen neuen öffentlichen Raum, der auf den Gebräuchen und dem Wissen ›vor Ort‹ basiert, statt eines formal gegliederten Parks oder einer Plaza.
Während einige Künstler und Künstlergruppen Instrumente und Plattformen schaffen, mit denen sich die Teilnehmer selbst darstellen können, verlocken andere die Öffentlichkeit dazu, sich im öffentlichen Raum zu beteiligen, wie **Valie Exports** Klassiker **»Tapp- und Tastkino«** oder Keith Obadike, der seine schwarze Hautfarbe bei eBay virtuell zu Markte trägt.[14] Andere Künstler treten nicht persönlich in Erscheinung, sondern greifen gewissermaßen in das räumliche Gefüge der Stadt ein, von **Nicolas Schöffers** **»Tour Spatiodynamique Cybernétique de Liège«** (1961) über **Peter Cook und Colin Fourniers** Kunsthaus Graz (2003) bis hin zu Diller + Scofidios **»Facsimile«** (2004). Im Fall beider öffentlicher Performances und öffentlichen Architekturinterventionen ist die zeitgenössische Situation hybrid; sie ist sowohl physisch als auch virtuell, genau so wie der Bereich der neuen öffentlichen Sphäre.
Am klarsten und entschiedensten haben Künstler den Begriff der öffentlichen Sphäre vielleicht im Hinblick auf Kommunikationssysteme erweitert. Inke Arns meint hierzu: »Seit den 1970er Jahren thematisieren bildende KünstlerInnen in ihren Arbeiten den sich zunehmend durch den Einfluss von (Massen-)Medien und privatwirtschaftlichen Interessen wandelnden öffentlichen Raum.«[15] Von der Mail-Art-Korrespondenz Ray Johnsons bis zu den Werbetafeln und Beschilderungen Les Levines und Jenny Holzers über die Medienwände **Dara Birnbaums**, **Kit Galloway** und **Sherrie Rabinowitz'** **»Electronic Café«**, **Guillermo Gómez-Peñas** Vereinnahmung des Kabelfernsehen, **»World in 24 Hours«** von **Robert Adrian X** bis zu den Streaming-Medien und Low-Power-FM-Radioübertragungen von **Radioqualia** trugen Künstler wesentlich zu der Einsicht bei, dass die Möglichkeiten dieser Infrastruktur sich nicht auf die eines Marketingkanals beschränkten, sondern dass sie als ein Kommunikationssystem fungieren kann, mit dem sich eine kritische, partizipatorische Öffentlichkeit schaffen lässt.
In ihrem Essay **»Die Konstruktion von Medienräumen«** vertritt Josephine Bosma die Auffassung, dass vor allem Formen von Netzkunst das hervorbringen, was Medientheoretiker als ›Public Domain 2.0‹ bezeichnen. Sie meint, dass die Werke der in ihrem Text »beschriebenen Künstler die Menschen der Technologie auf vielen unterschiedlichen Ebenen näher bringen. Einige wecken lediglich die Neugier und versetzen in Erstaunen (die erste Stufe der Vertrautheit), andere zielen deutlich darauf ab, das Publikum einzubinden oder sogar zu bilden. Alle diese Werke behandeln die Public Domain als einen virtuellen, vermittelten Raum, der sowohl aus materiellen als auch aus immateriellen Bestandteilen besteht.«[16]
In »Public Interest« vertritt Mark Lewis die These, dass es, ungeachtet der Rhetorik der Zensur, »heute im Westen nichts gibt, das man nicht sagen kann, das heißt nichts, das,

im Modul »Medienkunst im Überblick«. 10 — Patricia C. Phillips, »Public Constructions«, in: Lacy (1994).
11 — Etwa Tim Rollins and K.O.S. **»Prometheus Bound«**. 12 — Siehe Superflex, **»Superchannel.org«**.
13 — Kevin Lynch, *The Image of the City*, Cambridge, MA, 1960. 14 — Siehe **»Keith Obadike's Blackness«**.
15 — Vgl. Inke Arns, **»Soziale Technologien«** im Modul »Medienkunst im Überblick«. 16 — Siehe den Text in der vorliegenden Publikation.

wenn es freigegeben wurde (was letztlich mit allem geschieht), auf irgendeine Weise die Annahme der Befreiung, Revolution oder des Sieges abschwächen kann«[17]. Doch zunehmend unterwandern private Vertragsabsprachen die Public Domain des freien Ausdrucks. Die Künstlergruppe **Knowbotic Research**, deren »**IO_dencies**« (1997) eines der frühesten und bedeutendsten Projekte war, das die tatsächlichen Auswirkungen virtueller Ströme auf die urbane öffentliche Sphäre untersuchte, bezieht sich auf den Begriff der ›legalen Wanze‹, um dieses Phänomen der Privatisierung von Rechten zu beschreiben. In ihrem Falle wurden sie daran gehindert, ein Projekt zum Rechtssystem, »**Minds of Concern: Breaking News**« (2002), zu präsentieren, weil der Internetprovider des ausstellenden Museums jene spezifische Verwendung des Internets, um die es Knowbotic Research ging, in seinem Dienstleistungsvertrag nicht zuließ. Dies ist ein spezifisches Beispiel für das, was, Lawrence Lessig zufolge, eine zunehmende Vereinnahmung repräsentativer Gesetzgebung durch den Kodex und das mit ihm einhergehende Geflecht von Vertragsbeziehungen ist. Der Kodex ist das Gesetz.[18]

In Anbetracht der Privatisierung der öffentlichen Sphäre und, häufig aus Sicherheitsgründen erfolgenden, Einschränkungen seitens der Regierung nutzt eine Reihe von Künstlern das Netz, um die Überwacher zu überwachen. Ryan McKinleys »Government Information Awareness«[19] etwa war eine distribuierte Plattform, die verschiedene öffentlich zugängliche Datenbanken und essentielle Informationen miteinander verband, um Kenntnisse über Mitarbeiter der U.S.-Regierung zu sammeln, die zumindest in metaphorischer Hinsicht ein Spiegelbild der umbenannten Versionen des Total-Information-Awareness-Programms der Regierung darstellen. Zu den Performances von **Swipe** (Beatriz da Costa, Jamie Schulte, Brooke Singer) zählt auch das Datenschürfen (Datamining), mittels dessen Usern allein durch die Lektüre der Magnetstreifen auf ihren Führerscheinen ein detaillierter Datenprofiler präsentiert wird. **Heath Bunting** und Kayle Brandons »**The Status Project**« untersucht, wie sich Menschen einer Datenbank mit Do-It-Yourself-Strategien bedienen können, um den bürokratischen Anforderungen für den Besitz einer offiziellen Identifikation, von Geburtsurkunden bis zu Pässen, gerecht zu werden. Eine Ausstellung wie »Kingdom of Piracy« fungiert als »offener Arbeitsplatz, um die, häufig als Raub verurteilte, freie Nutzung digitaler Inhalte als ultimative Kunstform zu erkunden«[20].

1997 identifizierte Eleanor Heartney einen »dritten Weg« öffentlicher Kunst, der sich von den prototypischen Beispielen **Richard Serras** und Scott Burtons unterscheidet: »Obwohl sie sich an entgegengesetzten Enden des Spektrums öffentlicher Kunst befinden, verbindet diese Beispiele die Tatsache, dass es ihnen nicht gelingt, mit der wirklichen Komplexität des öffentlichen Kontexts zurande zu kommen; Serra nicht, weil er den alten Stillstand zwischen Avantgardekünstler und spießbürgerlicher Öffentlichkeit erneut in Szene setzt, und Burton, weil er die Öffentlichkeit als eine Art einförmige Masse

17 — Mark Lewis, »Public Interest: Thoughts on Public Art«, in: *Art and Design*, Academy Editions, London, Winter 1996. 18 — Lawrence Lessig, »**Code and Other Laws of Cyberspace**«. 19 — Ryan McKinley, »Government Information Awareness« stand unter http://opengov.media.mit.edu/ zur Verfügung, wird aber nicht mehr betrieben. 20 — Siehe das »**Curatorial Concept**« der Ausstellung.

auffasst, die problemlos durch gemeinsame Interessen miteinander verbunden ist [...]. In jüngerer Zeit ist aber in den Werken von Künstlern wie Dennis Adams, Alfredo Jaar, **Kryzsztof Wodiczko** und **Jenny Holzer** ein dritter Ansatz in Erscheinung getreten, der die Stadt als Ort konkurrierender Interessen, Ideologien und Sprachen begreift und existierende Foren und Formen infiltriert, um dem modernen Leben innewohnende Konflikte zu dramatisieren statt sie aufzulösen.«[21]
Heartneys Formulierung, die in konzeptueller Hinsicht Mouffes umstrittener, agonistischer Demokratie ähnelt, zitiert die Stadt als *die* öffentliche Sphäre, doch man kann die ›cybride‹ Umgebung nicht ignorieren: Der öffentliche Raum ist beides, physisch *und* virtuell. Noch wichtiger aber ist die Frage, wie wir diesen Wettkampf interpretieren. Wie, wenn nicht durch Konsens, sollen wir den ›Willen des Volkes‹ messen? Bruno Latour schreibt über die 2005 im ZKM stattfindende Ausstellung »Dingpolitik: Making Things Public«: »Eine der neuen Errungenschaften der so genannten Wissenschaftsstudien ist die Tatsache, dass Forscher die grundlegende Bedeutung kleiner Praktiken, wissenschaftlicher Instrumente und verschiedener Vorrichtungen in prosaischen, alltäglichen Aktivitäten von Laboren für die Produktion naturwissenschaftlichen Wissens unabhängig von den theoretischen Aspekten der Naturwissenschaft begriffen haben. Jetzt scheint sich dieser Erfolg bis auf das Leitmotiv dieser Ausstellung zu erstrecken, das heißt keine großen Theorien, sondern Dinge, Instrumente und Apparate in verschiedenen Bereichen der Gesellschaft, mittels deren sich Hinweise erhalten lassen, die bei der Lösung des im Allgemeinen als *Krise der Repräsentation* bezeichneten Problems helfen können.«[22]
Was sind die »Dinge, Instrumente und Apparate« wie etwa Christian Nolds **»Community Edit«**, die eine öffentliche Kunst für die öffentliche Sphäre schaffen? Es bleibt schließlich auch die Frage, wie diese Kunst zu einem öffentlichen Wissen führt und wie dieses Wissen zu definieren wäre.
/
Übersetzung: Nikolaus G. Schneider

21 — Eleanor Heartney, *Critical Condition: American Culture at the Crossroads*, Cambridge, MA/New York 1997.
22 — Bruno Latour, Entwurf der Einleitung für »Dingpolitik: Making Things Public«, kuratiert von Bruno Latour und Peter Weibel, ZKM, März 2005.

Public Sphere_s → Editorial

/

Steve Dietz

/

22./100 In contemporary culture, a number of spheres of activity intersect: speech, art, identity, communications systems, economic and legal regimes. In the so-called public domain, these activities increasingly conflict. This is not necessarily a new development, but with the increasing mediatization and hybrid virtualization of each of these spheres, the boundaries between public, private, commercial and government are in flux. As legal regimes and marketing imperatives adjust to incorporate the new virtual realities, it appears as if these boundaries are being gerrymandered. Nevertheless, digitalness challenges historic assumptions about scarcity and networks can have an asymmetrical relationship to centralized authority. Many artists are using these «tools» to contest, as **Kryzsztof Wodiczko** paraphrases social philosopher Chantal Mouffe, «a new, agonistic concept of public space, which ... invites and accommodates passion as well as adversarial positions. For her, democracy is not a solution but a process of engaging more actors (and I hope artists as well) in an ongoing energetic discourse in the form of an ‹agon,› that is, a contest.»[1] «Public Sphere_s»is about these contests, which artists continue to foment to enlarge our understanding and practice of multiple public spheres.

Various ideas of ‹the public› have been theorized at least since the Greeks, but whether it is Socrates confronting Callicles about mob rule in Plato's «Gorgias»[2] or Jürgen Habermas' «public sphere,»[3] Walter Lippmann's «big picture»[4] or Mouffe's agonistics, this public has almost always been intimately connected with a parallel notion of public space. From the agora to the piazza to the commons to the park, in some sense robust public discourse can only flourish in public space. In part this is an issue of audience. What makes discourse public is having an audience. With the rise of the printed press, radio, television, and now Internet-enabled communications, the potential public expands beyond physical space into the virtual spaces of communications systems. More important than reach and some concomitant notion of agreement, however, is debate. To return to Wodiczko on Mouffe: «Her recognition of antagonisms and the need for agonism in a democratic process radically questions the prominent liberal philosopher Jurgen Habermas for his popular legalistic and rationalistic position on democracy which seeks to resolve disagreements in a blind drive for consensus.»[5] What are the new tools and methodologies for both enabling and mapping such debates?

Parallel to debates about the public, artists have been challenging consensual notions about art as well. As **Allan Kaprow** put it: «The Japanese Gutai, Environments, Happenings, Noveau Realisme, Fluxus, events, noise music, chance poetry, life theater, found

1 — Patricia C. Phillips, «Creating democracy: a dialogue with Krzysztof Wodiczko,» *Art Journal*, Winter 2003. 2 — Regarding the fear of mob rule, see in particular Bruno Latour, *Pandora's Hope: Essays on the Reality of Science Studies*, Cambridge, MA, 1999, pp. 10–12 and throughout. 3 — Cf. «**Habermas' Public Sphere.**» 4 — Warren Sack, unpublished transcript of «Algorithms and Interfaces for the Presentation of Public Opinion» at «Media Art Net Lectures: Mapping,» ZKM Karlsruhe, January 24, 2004. 5 — Phillips (2003), *op cit.* 6 — Allan Kaprow, «Success and Failure When Art Changes,» in Suzanne Lacy (ed.), *Mapping the Terrain: New Genre Public Art*, Seattle, 1994) 7 — Umberto Eco, *Opera Aperta* (1962), (English as *The Open Work*,

actions, bodyworks, earthworks, concept art, information art—the list could go on—confronted publics and arts professionals with strange occurrences bearing little resemblance to the known arts.»[6] From **Umberto Eco**'s theories of the open work[7] to **Joseph Beuys**' influential formulation of social sculpture as «an art that releases energy in people, leading them to a general discussion of actual problems» and which «would mean the cultivation of relations between men, almost an act of life,»[8] there has been over half a century of practice and theory expanding art into the everyday realms of public life.

In part this has been an attempt by artists to expand their public, as Dieter Daniels writes: «The use of new technologies like film and radio, which are potential mass media, is associated with the hope that the avant-garde can be released from its self-imposed isolation so that ‹art and the people can be reconciled with each other,› as Guillaume Apollinaire put it in 1912.»[9] In part, however, it is recognition of the need for public discourse to create a public at all—and hence a public sphere. As Patricia Phillips writes: «A growing number of artists and agencies believe that the responsibility of public artists and agencies is not to create permanent objects for presentation in traditionally accepted public places but, instead, to assist in the construction of a public—to encourage through actions, ideas, and interventions, a participatory audience where none seemed to exist.»[10]

As Phillips states, part of the creation of an audience is through the participation of the audience. This has often meant «community art» such as the murals created by **Judy Baca** with community participation or projects by Tim Rollins and K.O.S.[11] Increasingly, artists such as the collectives Superflex[12] and PDPal are creating platforms (Webcasting and mapping) for local audiences to utilize without getting very involved in the actual creation of content. More importantly, projects such as «**PDPal**» use people's «image of the city»[13] to self-represent ‹their› city. Aggregated together, these image maps create a «communicity,» that is an emergent public space based on use and knowledge ‹on the ground,› rather than a formally articulated park or plaza.

While some artists and artist groups create tools and platforms for a participating public to self-represent, others entice the public into participating in public spaces, such as **Valie Export**'s classic «**Tap and Touch Cinema**» or Keith Obadike's selling his blackness in the virtual public marketplace of eBay.[14] Other artists, rather than personally performing, intervene in the spatial fabric of the city, so to speak, from **Nicolas Schöffer**'s «**Tour Spatiodynamique Cybernétique de Liège**» (1961) to **Peter Cook** and **Colin Fournier**'s Kunsthaus Graz (2003) to Diller + Scofidio's «**Facsimile**» (2004) . In the case of both public performances and public architectural interventions, the contemporary situation is hybrid—it is both physical and virtual, as is the realm of the new public sphere.

It is in regard to communications systems that artists have perhaps most clearly and decisively expanded notions of the public sphere. As Inke Arns notes, «Since the 1970s,

Cambridge, MA, 1989). 8 — Eric Michaud, «The Ends of Art According to Beuys,» in *October*, Summer 1988, p. 41, reprinted in Eleanor Heartney, *Critical Condition: American Culture at the Crossroads*, Cambridge/New York, 1997. 9 — Dieter Daniels, «**Media → Art/Art → Media**» in «Survey of Media Art.» 10 — Patricia C. Phillips, «Public Constructions» in Suzanne Lacy (ed.), *Mapping the Terrain: New Genre Public Art*, Seattle, 1994. 11 — For example, Tim Rollins and K.O.S. «**Prometheus Bound.**» 12 — See «**Superchannel.org,**» by Superflex. 13 — Kevin Lynch, *The Image of the City*, Cambridge, MA, 1960. 14 — See «Keith **Obadike's Blackness.**»

artists have used their work to address the way public space is increasingly being transformed by the influence of (mass) media and private commercial interests.»[15] From the mail art correspondence of Ray Johnson to the billboards and signage of Les Levine and **Jenny Holzer** to the media walls of **Dara Birnbaum** to **Kit Galloway** and **Sherrie Rabinowitz**'s «**Electronic Café**» to **Guillermo Gómez-Peña**'s hijacking of cable television to «**World in 24 Hours**» by **Robert Adrian X** to the streaming media and low power fm radio transmissions of radioqualia, artists have been instrumental in understanding the possibilities of this infrastructure as more than a marketing channel but as a system of communication to engender a questioning, participatory public.

In her essay, «**Constructing Media Spaces,**» Josephine Bosma argues that forms of networked art, in particular, are progenitors of what media theorist calls «public domain 2.0,» and that the works of the artists described in her text «bring people closer to technology on many different levels. Some only create curiosity and wonder (the first level of familiarity); others clearly aim at audience participation or even education. All of these works deal with the public domain as a virtual, mediated space consisting of both material and immaterial matter.»[16]

Mark Lewis argues in «Public Interest» that in any of these public systems, despite the rhetoric of censorship, «today in the west there is nothing that cannot be said, nothing, that is, that when released (as everything eventually is) can in any way mitigate an assumption of liberation, revolution or victory.»[17] Increasingly, however, private contractual agreements are subverting the public domain of expression. The artist group **Knowbotic Research**, whose «**I0_dencies**» (1997) was one of the earliest and most significant projects exploring the real effects of virtual flows on the urban public sphere, refers to the concept of the «legal bug» to describe this phenomenon of the privatization of rights. In their case, they were prevented from presenting a legal project, «**Minds of Concern: Breaking News,**» (2002) because the Internet service provider for the exhibiting museum did not allow in its terms of service contract the particular use of the Internet that Knowbotic was exploiting. This is a specific example of what Lawrence Lessig has argued more generally is the increasing usurpation of representative law making through code and its attendant web of contractual relations. Code is law.[18]

In the face of both the privatization of the public sphere and government curtailment, often on security grounds, a number of artists are leveraging the network to monitor the monitors. Ryan McKinley's «Government Information Awareness,»[19] for instance, was a distributed platform linking various publicly available databases and constituent input to create a knowledge base about U.S. government officials that mirrors, at least metaphorically, the government's renamed versions of its Total Information Awareness program. **Swipe** (Beatriz da Costa, Jamie Schulte, Brooke Singer) also perform datamining to present detailed data profiler to users based simply on reading the magnetic

15 — Cf. Inke Arns, «**Social Technologies**» in «Survey of Media Art.» 16 — See p. 291 in the present volume. 17 — Mark Lewis, «Public Interest: Thoughts on Public Art,» in *Art and Design*, Academy Editions, London, Winter 1996. 18 — Lawrence Lessig, «**Code and Other Laws of Cyberspace.**» 19 — Ryan McKinley, «Government Information Awareness» was available at http://opengov.media.mit.edu/ but is no longer maintained.

stripes on their drivers' licenses. **Heath Bunting** and Kayle Brandon's «**The Status Project**» looks at how people can utilize a database of Do-It-Yourself strategies to meet the bureaucratic requirements for the possession of official identification—from birth certificates to passports. An exhibition such as «Kingdom of Piracy» is an «open work space to explore the free sharing of digital content—often condemned as piracy—as the net's ultimate art form.»[20]

In 1997 Eleanor Heartney identified a «third way» of public art, different than the prototypical examples of **Richard Serra** and Scott Burton, writing: «Although they exist at opposite ends of the public art spectrum, these two examples are united by a failure to grapple with the real complexities of the public context—Serra by reenacting the old standoff between avant-garde artist and philistine public and, Burton by conceiving of the public as some kind of uniform mass unproblematically joined by common interests. . . . Recently, however, a third approach has begun to surface in the work of artists like Dennis Adams, Alfredo Jaar, Kryzsztof Wodiczko and Jenny Holzer that conceives of the city as a locus of competing interests, ideologies, and languages, and infiltrates pre-existing forums and forms in order to dramatize rather than resolve conflicts inherent in modern life.»[21]

Heartney's formulation, similar conceptually to Mouffe's contested, agonistic democracy, cites the city as the public sphere, but the cybrid environment cannot be ignored—public space is both physical and virtual. Even more importantly, how do we interpret this contest? If not consensus, how do we measure the «will of the people? »As Bruno Latour writes about the exhibition «Dingpolitik: Making Things Public» at the ZKM in 2005: «One of the recent fruits of the so-called science studies is the fact that researchers have realized the fundamental importance of small practices, scientific tools and various gadgets in mundane, everyday activities of laboratories for the production of scientific knowledge aside from the theoretical aspects of science. Now this *success* seems to be extended to the very leitmotif of this exhibition, i.e. not grand theories, but things, tools and apparatuses in different domains of society, for discovering any clues for solving the problem of what is generally called the *crisis of representation*.»[22]

What are the «things, tools, and apparatuses,» such as Christian Nold's «**Community Edit**» that create a public art for the public sphere? The question finally remains how that also leads to public knowledge and how this knowledge could be defined?

20 — See the exhibition's «**Curatorial Concept**.» 21 — Eleanor Heartney, *Critical Condition: American Culture at the Crossroads*, Cambridge/ New York, 1997. 22 — Bruno Latour, draft introduction for «Dingpolitik: Making Things Public,» curated by Bruno Latour and Peter Weibel, ZKM, March 2005.

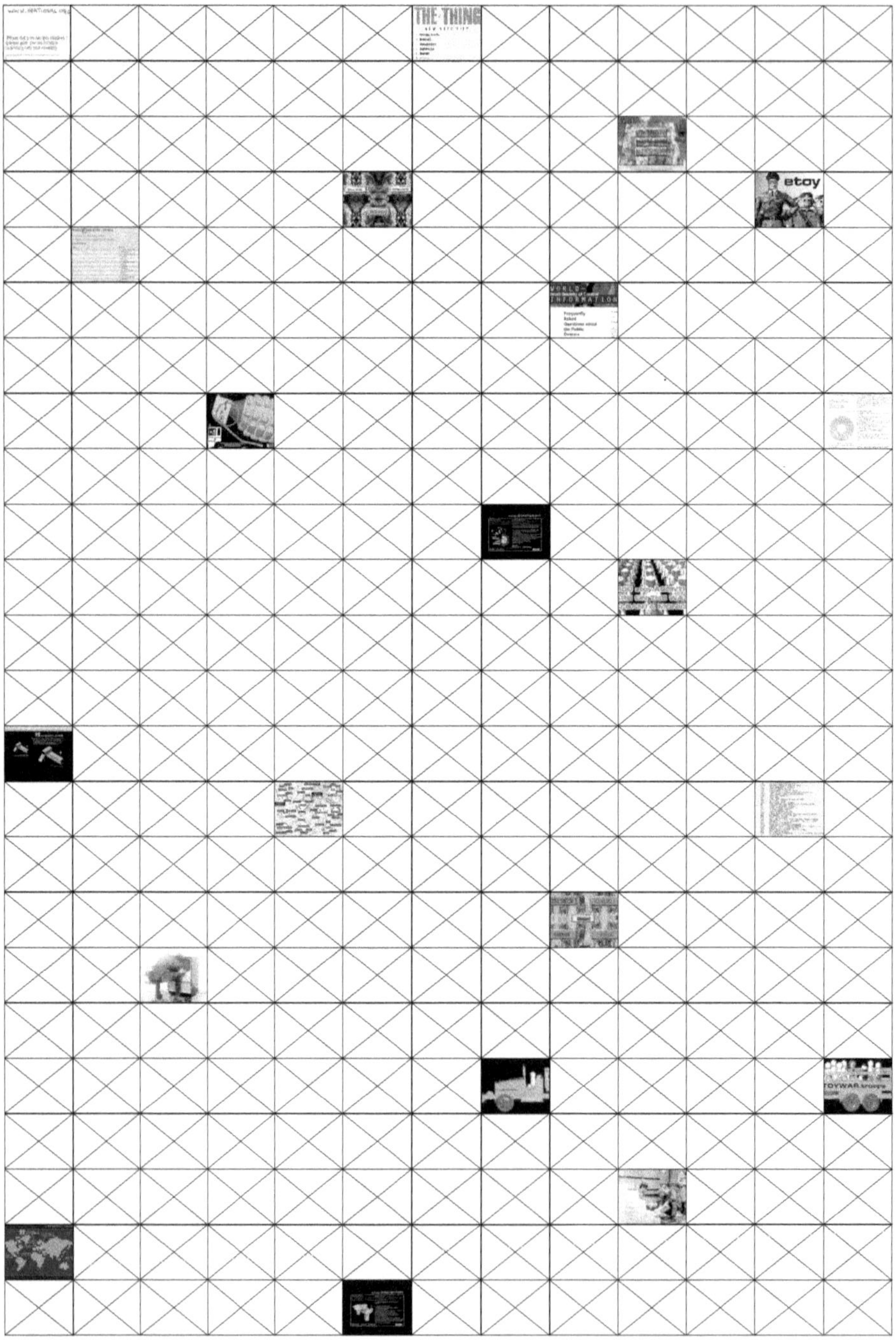

23/000-019
23/100-119

Die Konstruktion von Medienräumen
Zugang und Engagement: das eigentlich Neue an der Netz(werk)kunst

/

Josephine Bosma

/

Einige Gedanken über Kunst

Irgendwie gerät man stets in dasselbe Dilemma, wenn man aus kunsthistorischer Sicht 23/000
über die neuen Medien schreiben will. Soll man dem üblichen Ansatz folgen, bei dem technische Neuerungen des visuellen Bildes im Vordergrund stehen, oder soll man diese Kunst als Komplex kultureller Ausdrucksformen ›betrachten‹, die unterschiedliche Gestalt annehmen können? Dieses Dilemma scheint mit der Definition von Kunst und dem kulturellen (und politischen) Kontext zusammenzuhängen, der mit jeder Definition von Kunst einhergeht. Doch es gibt einige Strategien, um diesem Dilemma zu entkommen. Eine der beliebtesten ist die, bestimmte künstlerische Werke und Projekte gar nicht erst als Kunst zu bezeichnen. Doch dadurch entsteht eine große Lücke in der Kritik, und viele künstlerische Praktiken werden von vorneherein ausgegrenzt. Meine Lieblingsstrategie ist die entgegengesetzte: Wenn man sich einer Sache nicht sicher ist, sollte man sie als Kunst bezeichnen und alle weiteren Probleme der Bedeutungszuschreibung Kritikern und Theoretikern überlassen. Ob etwas Kunst ist oder nicht, war lange Zeit keine vorrangige Frage; die eigentliche Herausforderung ist vielmehr, wie man künstlerische Praktiken und Produkte einordnen und bewerten soll. Aber es gab noch eine dritte beliebte Strategie. Die Unbestimmbarkeit und Instabilität der Kunst in den elektronischen Medien und ihrem Umfeld haben zu einer Unklarheit geführt, angesichts derer die sicherste, leichteste und eindeutig populärste Option darin bestand - und wahrscheinlich auch auf Jahre darin bestehen wird -, Kunst aus der vormodernen Perspektive des handwerklichen Könnens zu betrachten, häufig verbunden mit einem Hinweis auf das schöpferische Genie des Autors. Dies wiederum geht mit der schlichten Annahme einher, der künstlerische Fortschritt sei in die technische Innovation des visuellen Medienbildes eingebettet. Problematisch an dieser Strategie ist jedoch, dass sie Jahrzehnte interdisziplinärer Kunstpraktiken vernachlässigt, die für die Entwicklung der neuen Praktiken, mit denen wir es heute zu tun haben, sehr wichtig waren, Praktiken, die zu vielgestaltig sind, als dass sie sich einfach in ein oder zwei Kategorien der Felder Design oder bildende Kunst sowie die mit ihnen verbundenen Diskurse einfügen lassen. Dieser Essay versucht, Kunst, die im Internet und seinem Umfeld geschaffen wird, aus einem relativ neuen Blickwinkel zu analysieren, nämlich dem der Kunst in der Public Domain, dem frei zugänglichen Bereich der Öffentlichkeit. Diese Perspektive ist deshalb nur relativ neu, weil die Public Domain in der Internetkunst und ihrem Crossover zum

Medienaktivismus schon seit langem ein Thema beziehungsweise Schwerpunkt gewesen ist. Die Definition der Public Domain hat sich durch die Verwendung elektronischer Medienräume, beginnend mit Radio und Fernsehen, aber vor allem infolge der Ausbreitung des Internets und seiner relativ leichten Benutzbarkeit durch die Öffentlichkeit signifikant erweitert. Die Betonung der Kommunikation und der Ausdrucksfreiheit innerhalb der elektronischen Medien hat zu mindestens drei sehr spezifischen neuen Kunstpraktiken geführt. Diese basieren auf der Zusammenarbeit, dem Zugang zu Medien sowie einer überall verfügbaren, einfachen Technologie oder sind sogar von diesen abhängig. Kurzum, alle drei beruhen auf Konnektivität, das heißt auf dem Sachverhalt, dass man mit jemandem oder etwas verbunden ist: mit Menschen, mit Medienkanälen, mit Werkzeugen und/oder Wissen. Die drei Praktiken, auf die ich mich hier beziehe, sind Environments und Performances mit irgendeiner Form von Internetzugang, von Künstlern initiierte Repräsentationsplattformen oder Treffpunkte im Internet sowie nicht zuletzt Softwarekunst.

/

23/001 Eine (Neu-)Definition der Public Domain

Eine (Neu-)Definition der Public Domain ist ein nie endendes Unterfangen oder, wie Erik Kluitenberg, der Verfasser von »FAQ about the Public Domain« in einer E-Mail schreibt: Dieser Text beruht auf Recherchen in »Listen, privater E-Mail und anderen öffentlichen Diskussionen«. Er fährt fort: »Die Public Domain ist etwas, das sich ständig verändert, das nie feststeht und daher immer wieder neu erfunden werden muss. Wirklich öffentliche Räume entstehen meist einfach so und werden nicht bewusst entworfen.«[1] Man kann sich sogar fragen, ob es (derzeit) so etwas wie eine Public Domain überhaupt gibt. In seinem Text »Designing the Digital Commons« schreibt der Medientheoretiker **Geert Lovink**: »[...] vielleicht stellen wir ja fest, dass die digitale ›Gemeinschaft‹ eine negative Utopie ist. Als Ereignis oder Erfahrung und weniger als fest stehender Ort existierte die digitale Gemeinschaft in der Zukunft (oder ist gerade dabei, sich in der Vergangenheit ereignet zu haben).«[2] Auf Nachfrage erklärt Lovink diese negative Utopie folgendermaßen: »Man könnte sie auch als temporäre autonome Zone bezeichnen, die nur als solche erkannt werden kann, wenn die Zone als real existierende Utopie bereits verschwunden ist.«

Nichtsdestotrotz lassen sich die Hauptmerkmale der neuen Public Domain, der Public Domain 2.0, wie sie Kluitenberg beschrieben hat, voneinander unterscheiden. Die wichtigsten scheinen der Zugang zu den und die Kenntnis der (sozialen und technischen) Medientechnologien zu sein, die beide von zentraler Bedeutung für spontane Aktivitäten in einem medialen Umfeld sind. In ihrem Buch »Netzkulturen« schreibt die Kuratorin und Kritikerin **Inke Arns**: »In einer zunehmend vernetzten Welt ist die Vermittlung einer ›kritischen Medienkompetenz‹ unabdingbar. Nur mit ihr können Menschen das

1 — Diese Definition sollte sowohl physische als auch virtuelle öffentliche Räume umfassen. Ein sehr guter Versuch, diese neue Public Domain zu defininieren, ist der von Eric Kluitenberg verfasste Artikel **»Frequently Asked Questions about the Public Domain«**. 2 — Online als **»Designing the Digital Commons«**.

Netz und die neuen Kommunikationstechnologien [...] für ihre eigenen Ziele einsetzen.«[3] Öffentliche Räume in elektronischen Medien können nicht »spontan entstehen«, wenn spezifische Technologien unzugänglich und/oder unvertraut sind. Die Werke der in diesem Text beschriebenen Künstler bringen den Menschen die Technologie auf vielen unterschiedlichen Ebenen näher. Einige wecken lediglich die Neugier und versetzen in Erstaunen (die erste Stufe der Vertrautheit), andere zielen deutlich darauf ab, das Publikum einzubinden oder sogar zu bilden. Alle diese Werke behandeln die Public Domain als einen virtuellen, vermittelten Raum, der sowohl aus materiellen als auch aus immateriellen Bestandteilen besteht.

/

Einsatz physischer Schnittstellen: Von Angesicht zu Angesicht mit der Technologie 23/002

Medienkunstperformances, leicht zugängliche Medienkunstinstallationen und Medienkunstworkshops mit oder ohne Echtzeit-Netzverbindungen sind das fehlende Bindeglied zwischen Kunstwerken in der alten und der neuen Public Domain. Während Onlineplattformen (wie sie später in diesem Text beschrieben werden) einander in puncto Form und Anmutung immer noch relativ ähnlich sind, was vermutlich daran liegt, dass sie auf der Zusammenarbeit von Gruppen beruhen, weisen diese physischen Schnittstellen (ebenso wie die Kunstsoftware) eine spezifische individuelle oder (Klein-)Gruppenästhetik auf, so dass sie für die meisten zeitgenössischen Kunstrezipienten relativ leicht als Kunstprojekte zu erkennen sind.

Schon immer sind in der Geschichte der elektronischen Medien komplexe Medienkunstperformances und -installationen entstanden.[4] Doch nicht alle haben das Kunstwerk für die Passanten auf der Straße geöffnet oder sich überhaupt ernsthaft auf das Publikum eingelassen. Die physische Gegenwart und ›Ansprechbarkeit‹ des Künstlers innerhalb einer Kunstperformance, eines Kunstevents oder eines Happenings (um einen alten Begriff wieder aufzugreifen) sind vermutlich am besten geeignet, um mit dem Publikum Kontakt aufzunehmen. Doch wie das »**Project-X**« von **Heath Bunting** zeigt, kann man die Präsenz des Künstlers auch auf andere Weise ›spüren‹.

Den Betrachter einbeziehende physische Schnittstellen eignen sich am besten, um ein möglichst großes Publikum zu erreichen. Sie verbinden den Raum der Medien mit den Räumen jener Welt, die wir im Allgemeinen als die physische bezeichnen. Auch Medienräume sind physische Räume, doch wir tendieren dazu, sie nicht als solche zu erleben. Sie gelten als flüchtig oder immateriell und basieren teils auf der Manipulation natürlicher Phänomene durch die Verwendung verschiedener maschineller Schnittstellen teils auf kultureller oder psychologischer Erfahrung. Um sich ihrer und der durch sie gegebenen Interaktions- oder anderer Einsatzmöglichkeiten bewusst zu werden, muss man sie sichtbar, fassbar oder ›erfahrbar‹ machen. Maschinen- oder Desktopschnittstellen erledigen dies für die individuelle One-on-One-Interaktion, doch für einen Medienraum, der

3 — Inke Arns, *Netzkulturen*, Hamburg 2002, S. 47. 4 — Vgl. den Text über »**Real/Medial**« zu Performance und Medien von Rudolf Frieling in: »Medienkunst im Überblick«. CD-04

konzeptuell oder auf andere Weise als ganzer zugänglich ist, sind verschiedene Lösungen möglich, um die Illusion einer Schnittstelle zu einem ›immateriellen‹ Raum zu erzeugen. Um die Public Domain 2.0 zu öffnen und die Öffentlichkeit an dieser Erfahrung teilhaben zu lassen, hat beispielsweise **Station Rose** das Clubformat VJ und DJ zur Schaffung temporärer immersiver Environments genutzt. Von den verschiedenen Projekten, die Heath Bunting gemacht hat, habe ich ein weniger bekanntes gewählt, bei dem er mittels einer Kreidebotschaft auf der Straße die Neugierde der Öffentlichkeit weckte und zugleich seine eigene befriedigte. **Etoy** arbeitet in einem Projekt mit Kindern zusammen und bringt ihnen die Grundlagen der Medieninteraktion bei. Ähnlich verhält es sich bei **Mongrel**, ein Projekt, auf das sich die Menschen ebenfalls in Workshops und sogar im privaten Austausch direkt einlassen müssen.

//

23/003 *Station Rose*

Station Rose besteht aus Elisa Rose und Gary Danner. Seit sie Ende der 1980er Jahre in Wien eine Art Galerie gründeten, sind beide als Organisatoren und Performer im Bereich neue Medienkunst aktiv. Rose kreiert live Bildwerke, Danner hingegen macht Musik. Mit den Bausteinen Ton und Bild entwickeln sie etwas, was sie selbst gerne als »virtuellen Raum« bezeichnen. 1988 begann Station Rose mit Performances mittels vernetzter Computer, doch erst 1991, als sie sich dem kalifornischen Netzwerk **The Well**[5] anschloss, wurde sie Teil der Internetcommunity. Man kann die Performancewerke von Station Rose nicht losgelöst von Roses und Danners Erfahrung als Netzwerker betrachten. In einem Interview sagt Danner: »Ich versuche, soviel wie möglich im Netz zu machen. - Ich möchte nicht in die Lage geraten, dass ich mir in einigen Jahren sagen muss, wir hätten '99 etwas machen können, damit das Netz kein reines Einkaufszentrum wird. [...] Ich empfinde da eine gewisse Verantwortung. Die ersten ›Onliners‹ von The Well haben mich darauf vorbereitet. Sie haben ein starkes Gemeinschaftsgefühl. Dieses Gefühl haben sie mir ebenfalls beigebracht.«[6]

Station Rose wollen ihr Publikum an ihrer Erfahrung des Cyberspace teilhaben lassen, indem sie ein temporäres immersives Environment schaffen. In einem Interview äußert sich Rose: »Wichtig ist der Aspekt der Performance innerhalb der Medienkunst. Diese Echtzeit-Momente sind zwischen Materiellem (und) Immateriellem angesiedelt.«[7] Performance und andere physische Ereignisse in Echtzeit scheinen die beste Gelegenheit zu bieten, die doppelte Erfahrung des Cyberspace, die physisch und zugleich nicht-physisch ist, zu ermöglichen und das Publikum einzuladen, an dieser Erfahrung online teilzuhaben. Performance in der neuen Medienkunst kann genau dies leisten und damit über den One-on-One-Kontakt mit dem Computer hinausgehen. So verband Station Rose bei ihren Performances in den frühen 1990er Jahren ihre Computer mit dem Internet und forderte ihr Publikum auf, sich an der Performance zu beteiligen und Mails an die

5 — Mehr zu The Well findet sich in **Wired**. 6 — **Interview** online, ursprünglich veröffentlicht in *Rhizome*.
7 — **Interview mit Station Rose**, *laudanum* Website, 2004

Gruppe zu schicken. Auf diese Weise wurde der Performanceraum (häufig handelte es sich um den Kontext einer Party) ausgedehnt beziehungsweise erweitert. Auch wenn sich diese Erweiterung in technologischer Hinsicht dem direkten Zugriff des Publikums entzog, wurde es jedoch in sozialer, kultureller oder psychologischer Hinsicht ausdrücklich einbezogen. »Über Telnet und diesen ›u-Befehl‹ konnte sich jeder einloggen und etwas senden, wenn er/sie wusste, dass wir in Frankfurt beim Gunafa Clubbing waren.« Rose fährt fort: »Das (deutsche) E-Mail-Programm Magicall, das wir damals verwendeten, lief auf Amiga, das ich benutzte, um live mit vier Projektionsleinwänden zu arbeiten [...] Ich ließ [...] das E-Mail- und das Animationsprogramm gleichzeitig live laufen. Wenn ich eine neue Nachricht erhielt, blitzte der Bildschirm auf. Dadurch entstand im Club ein besonderer Lichteffekt, ein digitaler Strobe-Effekt, weil wir so viele Nachrichten erhielten.«[8] All dies geschah zu einer Zeit, in der das Internet nicht nur beim breiten Publikum, sondern sogar auf Seiten vieler Medienkunstfestivals noch weitgehend unbekannt war. »Soweit ich mich erinnere«, erklärt Danner, »hatte die **Ars Electronica** 1994 noch keine E-Mail-Adresse«.[9] Noch 1998 war es nichts Ungewöhnliches, dass Medienkunstfestivals E-Mails einfach deshalb nicht beantworteten, weil sie nicht wussten, wie man eine Mailbox benutzt. Man kann nur versuchen, sich vorzustellen, welche Reaktionen Performances wie die oben beschriebenen beim Publikum ausgelöst haben. Sie dürften mysteriös gewirkt, Neugierde geweckt, doch in jedem Fall eine Menge Gesprächsstoff geboten haben. Wenn die Show vorüber war, hatte man vermutlich den Eindruck, etwas ganz Besonderes erlebt zu haben. »Es dauert stundenlang, virtuelle Räume zu errichten, sie zum Leben zu erwecken«, sagt Rose, »und sobald die (analogen) Lichter angeknipst werden, sind diese Räume weg und werden nie wieder auf dieselbe Weise zurückkehren. [...] Im Cyberspace in Echtzeit zu komponieren, ist eine extreme Erfahrung«.[10] Offenbar waren die Gunafa Clubbing Events temporäre autonome Zonen: einige der instabilen Bits der Public Domain 2.0.

//

Heath Bunting: Project-X 23/004

Auch schlichte Projekte können schön sein. »**Project-X**«, eine Straßenarbeit von **Heath Bunting** aus dem Jahr 1996, war von solch schlichter Schönheit. Mit Kreide schrieb Bunting eine Internetadresse auf einen Gehweg, an eine Wand oder auf einen anderen Gegenstand im öffentlichen Raum. Die Adresse lautete **http://www.irational.org/x** und ist nach wie vor in Betrieb. Die Idee war herauszufinden, was die Leute tun würden: etwa wirklich nach Hause oder in ihr Büro gehen und die Adresse in einen Webbrowser eingeben? Und wenn sie es taten, welche Erwartungen verbanden sie dann damit? Auf der Website finden sich ein einfacher Fragebogen und die Antworten derjenigen, die sich die Mühe machten, ihn auszufüllen (wenn sie ihn denn selbst ausfüllten).

In Buntings Werk geht es vor allem darum, das Publikum durch kleine Eingriffe zu

8 — Station Rose, *private://public, conversations in cyberspace*, Wien 2002, S. 138. 9 — Ebd., S. 144. 10 — **Interview mit Station Rose**, *laudanum* Website, 2004.

überraschen, die nicht automatisch als Kunst zu erkennen sind. »Es macht mir großen Spaß, mit meinen Freunden über Kunst und dergleichen zu sprechen, aber ich würde nicht unbedingt sagen, dass ich ein Künstler in einem bestimmten öffentlichen Kontext bin«, erklärt Bunting in einem Interview, »das weckt dann eine ganze Reihe von Assoziationen, die sich letztlich kontraproduktiv auf das eigene Werk auswirken«.[11] Über seine Arbeit auf der Straße sagte Bunting 1997, als er als einer der ersten Netzkünstler zur Documenta eingeladen wurde: »Gerade indem man auf die Straße geht und Sachen in der Öffentlichkeit macht, erobert man Privaträume zurück.«[12]

»Project X« war aber offenbar auch Ausdruck des Widerstands gegen die wachsende Popularität der Netzkunst, ja den Hype, den sie 1996 auslöste. »[Project X] erfüllte den Zweck, das Interesse der Öffentlichkeit am Internet auszuloten und so das Interesse der Betrachter zu reflektieren«, schreibt Bunting in einer Ausgabe des Onlinemagazins Switch.[13] »Project X« kombiniert Graffiti und das Internet auf äußerst unpopuläre Weise. Die Kreidekritzeleien wirkten überhaupt nicht eindrucksvoll und waren beiläufig ausgeführt. Doch zu einer Zeit, in der das World Wide Web noch in den Kinderschuhen steckte, war schon die Präsenz einer URL auf einem Gehweg merkwürdig genug. Der Kontrast zwischen der Kreide auf der Straße und der technoiden Glätte des Web verlieh »Project X« einen interessanten Touch. Allein der Gedanke, dass jemand gerade an derselben Wand oder Straße vorübergegangen war wie man selbst und dort eine Nachricht hinterlassen hatte, gab dem Projekt eine eigentümliche Intimität, eine Intimität, die man vielleicht auch von graffitibemalten Wänden oder Straßenmöbeln kennt. Jemand hat seine Markierung hinterlassen, aber warum und für wen? Welche Kultur und welche Art Leute repräsentieren diese Zeichen?

Bei diesem Projekt nahm Bunting einen poetischen Eingriff vor, der auf mehreren Ebenen gleichzeitig funktioniert. Die Absurdität des so genannten frei zugänglichen öffentlichen Raums wurde dadurch entlarvt, dass eine URL an einer Stelle hinterlassen wurde, an der die Passanten eine Anstrengung unternehmen mussten, um sich daran sie zu erinnern oder sie zu benutzen - wenn sie denn überhaupt Zugang zum Internet hatten. Wem es gelang, sie auszuprobieren, sah sich mit einem ungelösten Geheimnis konfrontiert, das einfach ein Scherz sein konnte oder irgendeine merkwürdige, misslungene Werbekampagne oder gar ein Kunstprojekt. Aber wie auch immer sie diese Botschaft interpretierten, sie wurden Teil eines Kunstprojekts, das sich von den nach wie vor relativ offenen Straßen der realen Welt in den potentiell frei zugänglichen Bereich des World Wide Web erstreckte.

//

23/005 *Mongrel*

Mongrel ist ein Künstlerkollektiv, das aus Matsuko Yokokoji, Mervin Jarman, Richard Pierre Davis und Graham Harwood besteht. Es macht Installationen, produziert Software,

11 — Heath Bunting, »**Maze of Mirrors. Selected topics for Heath Bunting**«, in *Switch*, 01.02.2002. 12 — Siehe **Interview mit Josephine Bosma**, veröffentlicht in *Telepolis*, am 17.08.1997. 13 — Bunting (2002).

Texte und CD-ROMs und veranstaltet Workshops. In einem Interview erklärt Graham Harwood: »Mongrel ist ein bunter Haufen von Leuten, denen es darum geht, die Methoden der Londoner Straßenkultur zu feiern. Gegründet wurde Mongrel von denjenigen, die an ›**Rehearsal of Memory**‹ beteiligt waren, einer CD-ROM, die zusammen mit den Patienten/Gefangenen von Ashworth, einer geschlossenen psychiatrischen Anstalt, produziert wurde.«[14] Auf ihre **Website** sagt Mongrel über sich selbst und die Teilnehmer ihrer Workshops: »Es ist unser Job, in den Workshops Motivation freizusetzen: unsere eigene, damit wir den Workshop machen wollen, und die der anderen, damit sie daran teilnehmen möchten.«

Alle Aktivitäten von Mongrel drehen sich letztlich um die Beteiligung des Publikums. In diesem Essay würde ihre Arbeit sowohl in die Kategorie physisches Interface als auch in die Kategorie Software passen, aber die Hingabe, mit der die Gruppe durch körperliche Begegnungen und Bildungsangebote den Kontakt zu Menschen herzustellen versucht, hat mich immer am meisten fasziniert. Die Art und Weise, wie sich Mongrel sozialen, kulturellen und politischen Systemen oder Strukturen nähert, ist dekonstruktiv und experimentell. Um nochmals Harwood zu zitieren: »Wir widmen uns der Aufgabe, jenes Selbstbild der Gesellschaft zu bekämpfen, demzufolge diejenigen, die ›intellektuellen Beschäftigungen‹ nachgehen, und diejenigen, die ›kulturell angesehene Events‹ besuchen, den Niederungen des politischen Konflikts enthoben sind.«[15]

Offenbar sucht Mongrel nach neuen Möglichkeiten der Weltbetrachtung sowie nach neuen Sprachen, um diese Welt zu beschreiben. Mongrels radikale Haltung kommt in selbst entworfenen Werkzeugen zum Ausdruck, so dass ihre Workshops sich zwangsläufig radikal von gewöhnlichen kommerziellen Software-Workshops unterscheiden. So ging es etwa bei »**(9) Nine**«, einer Softwarearbeit, die Graham Harwood während seiner Zeit als Artist in Residence bei De Waag, Amsterdam, entwickelte, darum, Menschen, die sehr wenig über Computer und das Internet wissen, in die Lage zu versetzen, ihre eigenen Geschichten in diesen Medien und mit deren Hilfe zu erzählen. In Workshops mit Nachbarn, Frauen, jungen Mädchen, aber auch älteren Menschen im Amsterdamer Schwarzenviertel De Bijlmer wurden die ersten Benutzer dieser Software in die Welt der Hyperlinks und Uploads eingeführt.

Doch nicht nur die Software wird mit großer Sorgfalt entworfen; Mongrel wendet sich auch ganz bewusst an ein spezifisches Publikum, nämlich die Öffentlichkeit im demokratischsten Sinne dieses Begriffs. Dies impliziert eine gewisse Offenheit, Großzügigkeit und ein politisches Bewusstsein seitens der Künstler. In Harwoods E-Mail heißt es: »[Mit der] sozialen Software ist es schwierig: alle diese komplizierten und heiklen sozialen Verhältnisse, Armut, schlechte Bildung - die Frustrationen und Erwartungen der Leute. [...] Alle Workshops sind unterschiedlich, ob es darum geht, einen Tag lang in Südafrika oder im australischen Hinterland oder daheim in die Schuhe der Nachbarn zu schlüpfen,

14 — Graham Harwood, »**Race, Hypocrisy and Dullness**«, Interview von Maharg Dla'nor Doowrah, 06.08.1998. 15 — Ebd.

oder einfach nur darum, mit meiner Mutter zu arbeiten. Die Intelligenz der Leute kommt auf verschiedene Weise zum Ausdruck, je nachdem, mit wem sie zusammen sind (mit Mongrel) und in welchem Kontext sie arbeiten.« Diese Workshops sind für jede Person oder Personengruppe maßgeschneidert. Um nochmals aus Harwoods E-Mail zu zitieren: »Mit anderen Leuten zusammenarbeiten, das ist das, was wir alle tun, ganz unabhängig davon, in welcher Subkategorie der Medienkunst wir tätig sind. Es ist einfach nur ein Teil der Technologie und Netzwerke. Die Frage ist, mit wem man zusammenarbeitet und warum.«

/ /

23./006 *Etoy: »Etoy.Daycare«*

Die internationale Gruppe **Etoy** hat innerhalb und außerhalb des Internets verschiedene Performances gemacht. Fragt man ihre Mitglieder, woher sie kommen, antworten sie: aus dem Netz. Ihre Haupttaktik besteht darin, sich korporatistischer Strategien zu bedienen, um daraus, mit ihren Worten, »kulturellen Profit« zu schlagen. Es geht ihnen darum, die Sphäre der Kultur zu erweitern, aber nicht durch finanzielle Unterstützung, sondern durch die Bereitstellung kultureller Produkte. Entscheidend ist letztlich, dass die Etoy-Shareholder keinen finanziellen Gewinn machen; die Gegenleistung für ihr Engagement besteht darin, dass Etoy mehr Kunst machen kann oder dass mehr Kunst produziert wird. Etoy hatte schon immer ein eher schroffes Image; das mag am konsequenten Einsatz eines korporatistischen Brandings liegen, welches bei allen Aktivitäten der Gruppe im Vordergrund steht (leuchtend orange Overalls, große Etoy-Logos überall, das Zurücktreten der einzelnen Etoy-Mitglieder hinter dem Etoy-Image-Panzer; außerdem ist Etoy online eine der wenigen Kunstsites, die eine Dot-com-Domäne benutzen). Doch da Etoy seine Aufmerksamkeit inzwischen einer neuen Generation zuwendet, beginnt ihr Image, sich etwas aufzuhellen. Etoy hat ein Projekt namens »**Etoy.Daycare**« in Angriff genommen, bei dem »neue Etoy-Akteure ausgebildet« werden. Es wurde in Turin (Italien) und unlängst in Amsterdam (Niederlande) realisiert. Auf der »Etoy-Daycare«-Website heißt es: »[...] wir konfrontieren Kinder mit einer ersten Dosis experimentellen Lebensstils und versuchen, in ihnen ein nachhaltiges Interesse für die Kunst zu wecken«. In Amsterdam gelang es Etoy, nicht weniger als 130 junge Etoy-Akteure im Alter von 6 bis 11 Jahren auszubilden; im Prinzip heißt das, dass 130 Kinder an Workshops beteiligt waren, in denen sie sich mit körperlichen und technischen Spielen befassten, von der Benutzung eines Notausgangs (einer aufblasbaren Rutsche) bis hin zur Gestaltung des Inneren eines Etoy-Containers am Computer. Anschließend nehmen die Kids ihren eigenen Pass, einige Etoy-Anteile und Informationen, mit denen sie ihre eigene Etoy-Webseite besuchen können, mit nach Hause.

Man sollte sich nicht davon täuschen lassen, dass die Dokumentation des Projekts in einem aufgeblasenen korporatistischen Tonfall gehalten ist, denn durch seine Installation im öffentlichen Raum der Stadt und den kostenlosen Zugang zum Workshop erreicht dieses Projekt ein sehr breites Publikum. »Etoy.Daycare« ist eines der ganz wenigen neuen Medienprojekte, das Kinder wirklich erfolgreich einbezieht und inspiriert. Während des Workshops in Amsterdam hielten sich Kids aus der Gegend in der Nähe des Containers auf, in dem das Projekt untergebracht war, spielten dort mit Luftkissenpolstern und versuchten, von den zuständigen Etoy-Mitarbeitern diesen oder jenen Werbeartikel zu erhalten (Aufkleber, Plaketten, Etoy-Anteile in Form kleiner Stahlmurmeln). Etoy gelingt es, Kindern eine Ahnung von Kunst, von Technologie und von einer ›sanften‹ Form von Subversion zu vermitteln. Die Kids lernen sogar einen geheimen Händedruck, an dem sie weltweit andere Etoy-Akteure erkennen können. Dieses Projekt ist alles zugleich: Installation, Workshop und ein Zugangstor zur Medienkultur.

Wie die Kunst in der alten Public Domain (Public Domain 1.0) scheint die Kunst der neuen Public Domain, die vermittelte, virtuelle Räume einbezieht, nach wie vor eine Art Ortsverbundenheit zu kennen. Doch diese Ortsverbundenheit äußert sich vor allem in einer gewissen Intimität, einer Intimität persönlicher oder kultureller Art, die nicht zwangsläufig mit einem bestimmten physischen Ort, sondern eher mit einem Treffpunkt zusammenhängt. Die Kunstwerke für diese neue Public Domain spiegeln Wandelbarkeit und Instabilität wider, auch wenn dies manchmal unfreiwillig geschieht, weil sie veralten oder infolge technischer Veränderungen von der Bildfläche verschwinden.

/

Zusammenarbeit und gemeinsame Urheberschaft: Kunsträume online 23/007

Seit der Frühzeit des Internets und sogar schon seiner Vorläufer scheinen sich Onlinekunstpraktiken auf Kommunikation konzentriert zu haben. Dies veranschaulichen jene Projekte, die sich im Rückblick als die einflussreichsten erwiesen haben. Mailinglisten, schwarze Bretter, kooperative Websites und Kunstserver bildeten und bilden den Kern der Netzkunstcommunities.[16] Einige von ihnen waren für die Entwicklung und Akzeptanz von Kunst im Netz ausgesprochen wichtig, doch man kann darüber streiten, ob diese Projekte selbst wirklich Kunstprojekte sind. Besonders verwirrend ist ihre Rolle als Plattform für die Entwicklung neuer Diskurse und Repräsentationen, da Kunstprojekte allgemein als das Eigentum ihrer Urheber angesehen werden und Kunstwerke, die noch in der Entwicklungsphase stecken, in gesellschaftlicher, politischer und anderer Hinsicht nur einen geringen oder gar keinen Einfluss ausüben. Onlinekunsträume definieren den Kontext von Kunstprojekten und die Herangehensweise an sie unmittelbar und bieten zugleich den Kontext und Inhalte für Diskurse über Medientheorie, Medienaktivismus und Technologie.

Alle hier besprochenen Projekte haben die Entwicklung der Diskurse nachhaltig geprägt, nicht nur im Umfeld der Netzkunst, sondern auch in puncto Medienaktivismus und Medientheorie. Sie alle wurden von Künstlern initiiert, auch wenn die Künstler es

16 — Unter Netzkunst verstehe ich Kunst in Mediennetzen und deren Umfeld, also on- und offline. Ich verwende den Begriff Netzkunst sehr zurückhaltend, da er sich in der jüngeren Vergangenheit als ziemlich verwirrend erwiesen hat. Der Begriff wird häufig im Zusammenhang mit Kunst verwendet, die sich nur im Internet abspielt oder sogar nur im World Wide Web. Das ist meines Erachtens falsch.

irgendwann vorziehen, sich selbst nicht mehr als Künstler und ihre Werke nicht mehr als Kunst zu bezeichnen. Ein konkreter Ausgangspunkt lässt sich nur um den Preis möglicher Ungenauigkeit benennen. Projekte wie »**Artex**« von **Robert Adrian X**, das als früher Doppelgänger eines schwarzen Bretts mit Hilfe eines Vorläufers des Internets geschaffen wurde, und sogar **Rena Tangens** und **Padeluuns** »**Bionic**« **Bulletin Board** oder das in Kalifornien beheimatete, aber internationale **The Well** stellen ein Bündel von Foren dar, die zwar nicht von Künstlern ins Leben gerufen wurden, aber sehr einflussreich waren und als Inspirationsquellen oder frühe Labore der Netzkultur von historischer Bedeutung sind. Doch die einflussreichsten Projekte in der Kategorie künstlerische Treffpunkte und -plattformen entstanden zu Beginn und in der Mitte der 1990er Jahre.
//

23./008 *The Thing*

Das erste bedeutendere Projekt war **The Thing**, das der Künstler **Wolfgang Staehle** aus der Taufe hob. The Thing war ursprünglich ein Bulletin Board System, eine Art schwarzes Brett, doch kamen später Erweiterungen hinzu, etwa regionale Filialen in verschiedenen europäischen Städten, die ein Netzwerk von The-Thing-Knotenpunkten bildeten. Die sichtbarste Veränderung aber erfuhr The Thing, als anlässlich seiner Präsentation in der Ars-Electronica-Ausgabe von 1994 eine Webschnittstelle eingerichtet wurde.

In den 1980er Jahren arbeitete Staehle als Videokünstler. Etwa drei Jahre nach der Gründung von The Thing sagt er in einem Interview mit Dike Blair: »Ich habe es ursprünglich als Kunstprojekt konzipiert; aber durch die Hinzufügung der anderen Knotenpunkte änderte sich natürlich alles.«[17] Einige Jahre später erklärt er: »Für mich ist es egal [ob The Thing Kunst ist, J.B.]; das müssen die Historiker entscheiden.«[18] The Thing war demnach als Kunstprojekt konzipiert worden, doch der Künstler hatte das Gefühl, dass sich mit der Veränderung und Ausweitung der Funktionen des Projekts auch seine Definition veränderte. In einer E-Mail jüngeren Datums formuliert es Staehle folgendermaßen: »Anfangs begriff ich The Thing als eine Art konzeptuelles Kunstprojekt, als etwas, das nach dem Motto ›Kunst von allen, Kunst für alle‹ funktionierte.« Er glaubte, das Ganze würde höchstens etwa einen Monat dauern. In der Zwischenzeit hatte The Thing jedoch zahlreiche Veränderungen durchlaufen und war eine vielschichtige Plattform geworden, die zum Beispiel aus Mailinglisten, Webseiten mit Künstlerpräsentationen, einem Abschnitt mit Rezensionen sowie einem kommerziellen Unternehmen bestand, durch das dies alles aufrechterhalten wurde.

Obwohl The Thing im Gegensatz zu vergleichbaren Projekten Mühe hat, finanzielle Unterstützung zu erhalten,[19] war es in den letzten Jahren eine Zufluchtsstätte für einige ebenso umstrittene wie einflussreiche Kunstprojekte. Die Kunstaktivitäten von **Ricardo Dominguez** und **RTMArk** bereiteten The Thing beträchtliche Schwierigkeiten und führten sogar dazu, dass die Polizei den Server schloss. Es ist unwahrscheinlich,

17 — »**HIS THINGNESS**«, Interview mit Wolfgang Staehle von Dike Blair (ohne Datum), in The Thing.

18 — Tilman Baumgärtel, *[net.art]*, Nürnberg 1999, S. 63. 19 — Siehe: Josephine Bosma, »**One of The Oldest Art Servers On The Edge of Survival**«, in: *Telepolis*, 19.04.2001.

dass derartige Projekte auf anderen lokalen US-Plattformen möglich gewesen wären. The Thing ist nicht nur ein auf Zusammenarbeit basierendes konzeptuelles Kunstprojekt, sondern stellt auch die Mittel - vom Diskurs und der Theorie bis zur Technologie und dem Zugang - bereit, damit sich andere Projekte entwickeln können. Es ist eine der Spinnen im Web. Wolfgang Staehle schreibt hierzu in einer E-Mail: »Ich begreife es gerne als Labor, in dem Menschen ihren Neigungen und Interessen in einem kooperativen Umfeld nachgehen können. Online und offline.«

Dies bringt mich auf einen anderen Aspekt von Künstlerplattformen im Netz. Staehles Erwähnung des Offlineteils von The Thing, ein Büro und Treffpunkt in New York, erinnert uns an etwas, das im Zusammenhang mit der Herangehensweise aller Kunst im digitalen Bereich leicht unterschätzt wird, nämlich ihre Verwurzelung in einer tatsächlichen physischen Welt der Technologie und Offlinekulturen. Onlinenetzwerke sind automatisch mit Offlinenetzwerken verbunden, auch wenn sie weit über diese hinausreichen. Viele Onlinekunstplattformen sind auch mit physischen Treffpunkten verknüpft, und es ist von der jeweiligen Situation abhängig, welcher von beiden wichtiger ist, der Online- oder der Offlineraum. Offensichtlich waren auch die stärksten Onlinekunst-Environments von den physischen, sozialen Netzen abhängig, aus denen sie hervorgegangen sind. Reine Onlineräume profitieren indirekt ebenfalls von diesen Netzwerken, indem einflussreiche Diskurse und Kulturen, die auf physischen Netzwerken basierten, in ihnen propagiert werden.

//

Public Netbase und andere frühe europäische Medienlabore und Onlineplattformen 23/009

Es dauerte einige Jahre, bis sich ab 1994 die große Welle bedeutender künstlerischer Plattformen herausbildete. Wie Konrad Becker, ein Künstler und Initiator von **Public Netbase** und **worldinformation.org** in einem Interview sagte: »Man sollte Internetjahre wie Hundejahre mit sieben multiplizieren.«[20] Folgt man diesem Rat, erscheinen die zwei oder drei Jahre Unterschied zwischen der Entwicklung von The Thing und anderen Projekten als große Kluft. In dieser Zeit bauten die international tätigen Medienkünstler und -theoretiker ein effektives physisches Netzwerk auf, das die Grundlage für viele zukünftige Onlineprojekte bilden sollte. Doch da die technologische Infrastruktur teuer und schwer zugänglich war, dauerte es eine ganze Weile, bis die großen, vom Internet geweckten Hoffnungen sich realisieren ließen. Die Entwicklung von Medienlaboren und digitalen Städten half dabei, diese Schwierigkeiten zu überwinden. Künstler waren bei der Errichtung verschiedener Medienlabore und Kunstserver beteiligt, von denen viele anfangs als Kunstprojekte konzipiert wurden.

1994 trug der holländische Künstler **Walter van der Cruijsen** dazu bei, in Amsterdam **De Digitale Stad** (DDS; die Digitale Stadt) ins Leben zu rufen. Allerdings wurde DDS nicht als Kunstprojekt konzipiert.[21] DDS schaffte es, dass Menschen aus den gesamten

20 — **»Der Sklavenmarkt wird in die eigene Wohnung getragen«**, Interview mit Konrad Becker von Klaus Ambichl und Manuela Kaltenreiner, o. D. 21 — Baumgärtel, (1999), S. 64.

Niederlanden zum ersten Mal online gingen, was dazu führte, dass das Projekt in den alten Medien ausführlich besprochen wurde. International war DDS Gegenstand zahlreicher Untersuchungen und scheint zur Gründung anderer Initiativen und Onlinecommunities beigetragen zu haben. Es könnte aber auch sein, dass die Einrichtung von Onlinetreffpunkten damals einfach ›in der Luft‹ lag. Doch unabhängig davon, wen was letztlich inspirierte, wurden später im selben Jahr einige andere Initiativen ins Leben gerufen, die für die Entwicklung der Netzkunst sehr einflussreich sein sollten: Public Netbase in Wien, **Internationale Stadt** in Berlin und **cybercafe.org**, **irational.org** in London.[22] Letzteres war ausschließlich ein Onlineprojekt, wie dies auch DDS primär gewesen war, während es bei den anderen auch physische Treffpunkte gab. Und mit Ausnahme von DDS wurden alle diese Projekte von Künstlern als Kunstprojekte konzipiert. In einem E-Mail-Interview schreibt Becker: »Tatsächlich habe ich dies als eine Fortsetzung meiner künstlerischen Arbeit empfunden [...] ja sogar als die Logik einer neuen künstlerischen Praxis in einer Informationsnetzwerkgesellschaft, weg von Artefakten und dem einzigartigen künstlerischen Gestus [...] Da ich bereits während meiner Prä-Internet-Inkarnationen als elektronischer Musiker, Performer und Künstler kleine, temporäre Plattformen machte und Events konzipierte, ergaben sich daraus ganz natürlich Projekte wie [Public] Netbase und WIO [world-information.org].« Die Internationale Stadt wurde unter anderem von den Künstlern **Karlheinz Jeron** und **Joachim Blank** kreiert. Per E-Mail teilt mir Jeron mit, dass auch dieses Projekt anfangs als Kunst aufgefasst wurde: »Ganz am Anfang von IS (1994) betrachteten es zumindest die meisten von uns als Kunstwerk. Nach einer Weile erwies es sich dann als etwas, das ich als soziokulturelles Projekt mit einem kommerziell orientierten Teil bezeichnen würde.« irational.org ging dagegen vor allem auf die Initiative des Künstlers und Aktivisten **Heath Bunting** zurück. Auf die Frage, ob er irational.org jemals als Kunstprojekt angesehen habe, schreibt er: »Ja, die Form und der Prozess des Projekts waren genauso wichtig wie seine Funktion.« Es mag unwichtig erscheinen, ob die Initiatoren dieser Projekte ihre Werke anfangs für Kunst hielten oder nicht. Doch die Tatsache, dass sie es taten, zeigt, dass die Grenzen eines Kunstwerks nicht einfach nur verschwimmen, sondern dass sich dieser spezifische Typus von Kunstwerk im Verlauf seiner Entwicklung fast vollständig auflöst. In den Worten von Heath Bunting: »Ich war schon immer der Meinung, dass ein gutes Kunstwerk eigentlich unsichtbar [...], sofort inkorporiert und schnell als etwas Gegebenes betrachtet werden sollte. Also nicht als etwas Selbstverständliches, sondern als etwas in Folge ständiger Benutzung Demokratisches.«[23]

Tatsächlich wurden diese Projekte fast schlagartig inkorporiert, und ihre Funktion übertraf schon rasch diejenige jedes anderen Kunstwerks. Sie boten nicht nur Zugang zu

22 — »Cybercafe« war der Vorläufer von irational.org und (E-Mail:) »Cyberspace bbs bestand aus einer lockeren, von Heath Bunting, Marc Garret und Rachel Baker gebildeten Leitungscrew, die technisch gelegentlich von Ivan Pope unterstützt wurde.« »Der erste wichtige Aktivposten, in dessen Besitz Cybercafe gelangte, war ein gebrauchtes BBS-System, das von Ivan Pope gestiftet wurde und formal der Einrichtung des Art Net BBS diente. Der zweite maßgebliche Aktivposten war der Domainname cybercafe.org, der wiederum auf Ivan Pope zurückging und später, als er als Adressverzeichnis von Netnamen diente, für 1000,- GBP an ihn zurückverkauft wurde. Mit diesem Geld wurde die Produktion weiterer Projekte wie eine Graffiti-Straßen-Internet-Schnittstelle finanziert.« Hinsichtlich weiterer Informationen zum Zustand von irational.org siehe: **http://www.irational.org.**

Internet und Webspace, sondern überdies Bildungsangebote und eine aktive Einstellung gegenüber der Entwicklung von Netzkulturen.

//

nettime

Einer derjenigen, die das Diskussionsforum von The Thing in den frühen 1990er Jahren frequentierten, war **Pit Schultz**, ein Künstler aus Berlin, der sich mit Medienkunst und Medienaktivismus befasste. Derzeit ist er Teil von **bootlab** in Berlin und außerdem an dem über Antenne ausgestrahlten und online verfügbaren Radioprojekt **Reboot.FM** beteiligt. Gemeinsam mit dem Medientheoretiker **Geert Lovink** gründete er 1995 bei einem Treffen von Künstlern, Theoretikern und Medienaktivisten auf der Biennale von Venedig die Mailingliste **nettime**.[24] Sie lässt sich insofern in mancher Hinsicht mit The Well vergleichen, als dessen digitale Gemeinschaft ebenfalls sehr stark auf einem physischen Netzwerk beruhte. An die Stelle der Live-nettime-Meetings, denen in den ersten Jahren großes Gewicht beigemessen wurde, sind heute neue Initiativen (Festivals, Konferenzen) von altgedienten und neuen nettime-Mitgliedern getreten. Diese Community verbindet ein gemeinsames Interesse an Medienaktivismus und Informationspolitik. Eine solche Gemeinschaft mag vielleicht nicht gerade als das wahrscheinlichste ›natürliche Umfeld‹ für Künstler erscheinen, doch Zugang zu und Entwicklung von physischen, das heißt, technischen Bestandteile der Medien sowie der Zugriff auf diese sind natürlich auch für Medienkünstler von zentraler Bedeutung, unabhängig davon, ob sie sozial oder politisch engagiert sind oder nicht.

Man kann nettime auch als das theoretische Rückgrat der Medienlabore aus der Mitte der 1990er Jahre bezeichnen. Eine Weile war es die Plattform, auf der Menschen, die lokal an ähnlichen Projekten arbeiteten, verschiedene Themen auf internationaler Ebene diskutieren konnten (dies ist nach wie vor der Fall, doch heute steht gegenüber der Kunst der Aktivismus wesentlich stärker im Vordergrund als in den ersten Jahren). Onlinedialoge konnten den Radius der Offlinetreffen oder -projekte deutlich erweitern. nettime bot großartige Repräsentationsmöglichkeiten und viele mittlerweile sehr bekannte Künstler veröffentlichten oder präsentierten ihr Werk hier, wo es zum ersten Mal seine Wirkung entfaltete. Die bekanntesten nettime-Künstler sind diejenigen, die man gemeinhin mit Netzkunst in Verbindung bringt, aber auch Künstler wie **Jordan Crandall**, **Cornelia Solfrank**, **Ricardo Dominguez**, **Paul Garrin** oder **Margarete Jahrmann** nahmen daran teil und setzten nettime auf unterschiedliche Weise ein. Crandall etwa veröffentlichte dort schöne, poetische Texte.[25] Im Rahmen ihres »**SuperFem**«-Projekts postete Jahrmann männliche Versionen der damals populären ASCII-Pornobilder.[26] Garrin, der Initiator des »**Namespace**«-Projekts, hatte sich auf die Fahnen geschrieben, das

23 — Bunting (2002). 24 — Siehe das erste **nettime meeting** sowie einen der ersten *nettime*-Texte (von **Nils Roeller**), der sich interessanterweise mit Kunst und Technologie auseinandersetzt. 1995 sollte Ljudmila, Ljubljana Digital Media Lab in Slowenien zu dieser Gruppe einflussreicher Künstlerinitiativen hinzukommen. Allerdings war Ljudmila nicht als Kunstprojekt konzipiert. Ein wichtiger Grund hierfür war, dass es für Kunstprojekte keine finanzielle Unterstützung gab, oder vielmehr die Tatsache, dass die finanziellen Mittel von George Soros, dem Sugardaddy vieler Medienlabs in Osteuropa, zwar vorhanden waren, er sie aber nur für kommunale Medienprojekte zur Verfügung stellte. 25 — Jordan Crandall, »**fucking screens**«, *nettime* 25.02.1996. 26 — Margarete Jahrmann schreibt über die Funktion von *nettime*: »Dieser *nettime*-Server, der sich als eine →

Monopol auf die Vergabe von Domainnnamen für das Internet zu brechen. Er entführte die komplette nettime-Mailingliste, nachdem dort eine Moderation installiert worden war, und nannte seine Version der Liste »nettime-free«, was einige Mitglieder in Rage versetzte, da sie dies als eine Verletzung ihrer Privatsphäre empfanden.

Man könnte sagen, dass nettime nicht nur der Veröffentlichung von Ankündigungen oder Aufrufen zur Zusammenarbeit für Kunstprojekte diente, sondern dass viele Künstler die Liste als einen Ort benutzten, an dem ein Teil ihres Werks Gestalt annehmen konnte. Die ihr zugrunde liegende Gemeinschaft und ihre Erwartungen waren das Ziel und/oder das Publikum von Verschiedenem, von fiktiven Kongressankündigungen über Erklärungen bis hin zu Interventionen. Das Projekt nettime verwandelte sich in einen öffentlichen ›im Werden begriffenen‹ Raum für Werke, die in der Public Domain 2.0 Kunst ›sein würden‹. Dies führte zu einem heftigen Streit zwischen akademischen Theoretikern (und anderen), die lediglich mit der Netzkritik zusammenhängende Themen diskutieren wollten, und den experimentellen Künstlern. Die Installation des Moderatorenteams sowie Beschwerden über angebliche Streiche und andere ›merkwürdige‹ E-Mails von Künstlern führten dazu, dass nach dem ersten nettime-Treffen 1997 in Ljubljana nahezu alle Netzkünstler nettime gleichzeitig verließen, um ihre eigene Liste zu gründen **[7-11]**.

Der Kunst- oder Nicht-Kunst-Status von nettime ist nach wie vor umstritten. Auch wenn nettime auf einem Kunstfestival begann und viele Gründungsmitglieder der Gruppe einschließlich eines der Initiatoren Künstler waren, dürfte Kunst so ziemlich die letzte Kategorie sein, mit der die Community derzeit in Verbindung gebracht werden will. Dennoch wurde nettime unlängst eingeladen, in der New Yorker Eyebeam Gallery auszustellen, und nur kurze Zeit später von der Ars Electronica aufgefordert, an einem Wettbewerb um ihren neuen Preis für digitale Gemeinschaften teilzunehmen. Beide Einladungen führten in der Liste zu amüsanten Reaktionen auf die falschen Vorstellungen, die Außenseiter offenbar häufig von den Mailinglist-Gemeinschaften haben.

Doch welchen Status nettime auch immer hat, klar ist, dass die meisten Teilnehmer dem Kunstkontext äußerst skeptisch gegenüberstehen, wenn sie ihm nicht sogar völlig aus dem Wege gehen, wie aus einer Antwort Beckers auf eine meiner E-Mail-Anfragen zwischen den Zeilen deutlich wird: »Ich bin jetzt in einer Stimmung, ich der ich kein Problem mehr damit habe, mich wieder zu meiner Kunstidentität zu bekennen [...] (Tatsächlich hatte ich es häufig als ein ziemlich nutzloses Attribut aufgefasst, das kompromittiert war und von allen ernsthaften Absichten ablenkte...) Doch mit dem zunehmend feindseligen Klima gegenüber der Kunstpraxis (und dem offenbar erbärmlichen Image, das sie in Listen wie nettime hat), bin ich durchaus bereits, mir diesen Schuh wieder anzuziehen. Jedenfalls ist es besser, als ein kreativer Industriearbeiter zu sein ;-) Und wenn wir die Straßen und das Netz zurückfordern, dann können wir ebenso gut die Kunst zurückfordern!«

→ temporäre soziale Gruppe oder Gemeinschaft versteht, fungiert generell als Bewertungs- und Standardisierungsinstanz für die so genannte Netzkunst und wird folglich auch von institutionellen Kunstservern wie dem Whitney Museum, der Dia Art Foundation oder dem Thundergulch und dem Walker Art Center genutzt.«

Vgl. den Abschnitt zu »Community Gate« auf der Website »**STARGATE TO NETCULTURE**«. Siehe auch

Nichtsdestotrotz bleibt nettime ein Bollwerk der Netzkritik, eine sehr interessante Mailingliste und eine ergiebige Informationsquelle. Die Stärke von nettime besteht vor allem in seinem soliden *physischen* Netzwerk und den regelmäßigen Treffen von Kritikern, Theoretikern und Aktivisten; dies wurde von seinen Initiatoren auch schon häufig betont und macht es zu einer wertvollen Basis für andere Projekte.[27] Mit den Jahren haben sich Mailinglisten, vor allem solche mit Onlinearchiven und Mitgliedern, die sich regelmäßig treffen, als die konsequentesten Träger der Medienkulturen und Wissensquellen erwiesen, nicht nur wegen ihrer Onlinearchive, sondern auch wegen ihrer langjährigen Mitarbeiter. Gleichwohl kam auch nettime nicht umhin, sich zunehmend in Richtung eines Magazins oder einer Verlagsgruppe zu entwickeln, statt weiterhin ein Kooperationsprojekt aller seiner Mitglieder zu sein.

//

Rhizome 23./011

Möglicherweise wurde **Rhizome** ein wenig von nettime inspiriert. Sein Initiator Mark Tribe begann das Projekt 1996, als er noch in Berlin lebte, wo er wahrscheinlich **Pit Schulz** und vielleicht sogar **Geert Lovink** traf. In jenen Tagen, als Rhizome sich noch stärker an der Kunst orientierte, galt es sogar als Konkurrent von nettime. Die meisten Netzaktivitäten, die ich in diesem Abschnitt beschreibe, stehen nicht im Ruf, Kunstprojekte zu sein, und wurden auch nicht als solche initiiert. Rhizome hingegen schon. Tribe hat Rhizome häufig als Kunstprojekt präsentiert, auch wenn er sich selbst nicht als Urheber von Rhizome bezeichnet. »Ich begreife Rhizome als soziale Plastik. Insofern könnte man es als Kunstwerk betrachten«, schreibt Mark Tribe in einer E-Mail. »Das heißt aber nicht, dass ich es als eines meiner Kunstprojekte empfinde. Ganz im Gegenteil verstehe ich es als Kooperationsprojekt, an dem im Lauf der Jahre viele Tausende Teilnehmer beteiligt waren [...] Ich habe eine führende Rolle bei der Entwicklung von Rhizome gespielt, und ich spreche über Rhizome, wenn ich mein Werk präsentiere, aber ich stehe nicht in einem Besitz- oder Eigentumsverhältnis dazu.«

Der Begriff »soziale Plastik« geht auf **Joseph Beuys** zurück und scheint für Onlineunternehmungen durchaus angemessen, doch zugleich ist er ein wenig problematisch, wenn er auf große Projekte angewendet wird, die zahlreiche Ableger produzieren. »Den Künstlern fehlten Foren für die Präsentation und kritischen Auseinandersetzung mit ihrem Werk, die Kritiker hatten keinen Publikationsort für ihre Texte, und den Kuratoren ermangelte ein Platz, um Künstler zu entdecken, die in diesem neuen Medium arbeiteten«, sagt Tribe in einem Interview mit Randy Adams von TrAce. »Ich empfinde es nach wie vor sehr stark als eine Grassroots-Community mit einer nicht-hierarchischen Struktur. Bis zu einem gewissen Grad haben wir uns institutionalisiert, doch unsere Hauptprinzipien sind nach wie vor eine möglichst viele Teilnehmer umfassende Kommunikation sowie Inklusivität.«[28]

ART_SERVER: STARGATE TO NETCULTURE, Margarete Jahrmann / O.K Centrum für Gegenwartskunst (Hg.), Wien 2000. 27 — Siehe etwa den Text **»The Importance of Meetspace«** von Geert Lovink, Januar 2000.
28 — Interview von Randy Adams mit Mark Tribe in: *Rhizome*, o. J.

Rhizome ist definitiv die erfolgreichste Kunstplattform, die es im Internet je gab. Sie wird jeden Monat millionenfach kontaktiert und hat Tausende von Mitgliedern. Allerdings kann man sich fragen, ob man noch von einer Gemeinschaft und Zusammenarbeit sprechen kann, wenn »auf jeden Teilnehmer etwa 100 Lurker, also passive Konsumenten, kommen«[29]. Trotz des Versuchs, demokratische Auswahlprozesse zu finden (etwa durch die Einrichtung von Super-Usern, die beim Redigieren oder Zusammentragen von Informationen helfen), verwandelten allein die Zahl der Mitglieder und die Hierarchien, die sich in einer solchen Organisation nolens volens entwickeln, Rhizome in eine Art Kunstinstitution, mit all den positiven und negativen Folgen, die so etwas mit sich bringt. Allein die Auswahl der Kunstwerke für die Rhizome-Datenbank war eine Weile Gegenstand heftiger Auseinandersetzungen.
Für viele seiner Mitglieder hat sich Rhizome als äußerst leistungsfähiges Modell in puncto Repräsentation und Selbstpropagierung erwiesen, doch von einem endgültigen Urteil über seine Struktur und Vorzüge sind wir noch weit entfernt. Ich frage mich manchmal, ob wir je einige der den sozialen und ökonomischen Prozessen innewohnenden Fehler vermeiden können, die durch die Instabilität und die unvermeidlichen Managementstrukturen innerhalb kooperativer Kunstprojekte verursacht werden. Hinsichtlich einer konstruktiven Kritik derselben stehen wir noch am Anfang, doch Projekte mit dem Umfang von Rhizome und nettime dürften diesen Prozess sicherlich beschleunigen.
//

23/012 *Neue Vielfalt: Sarai, Furtherfield, Netartreview, Empyre*

Die bisher in diesem Abschnitt beschriebenen Listen und Plattformen wurden alle vor 1997 initiiert. Seither haben es die meisten Verteiler und anderen Onlinerepräsentations- oder Onlinediskussionsplattformen vermieden, sich selbst als »soziale Plastik« oder andere interdisziplinäre Kunstformen zu beschreiben. Die ständig wachsende Anzahl von Menschen, die online gehen, im Verbund mit einer zunehmenden Zahl von Plattformen, Websites und Verteilern hat auch zu einer Diffusion der Diskurse und einer Auffächerung der Szenen neuer Medienkunst geführt. Es wird immer schwerer, Repräsentationen und maßgebliche Debatten zu erzeugen; dies geht soweit, dass sich Online- und Offlinetaktiken nur noch geringfügig voneinander unterscheiden. Dies hat zu einer steigenden Physikalität der Onlinepraktiken geführt: Das Ausmaß, in dem sie mit physischen Netzen und Institutionen verbunden sind, ist so groß, dass Onlinekulturen dazu neigen, von Offlinepraktiken, -netzwerken oder -strukturen überholt zu werden.
Ein offensichtliches Beispiel hierfür ist die Institutionalisierung des gesamten Feldes der neuen Medienkunst, einschließlich dessen, was einst als Netzkunst galt, ein Gebiet, das sich angeblich außerhalb des Einzugsbereichs jeglicher Kunstwelt befand. Die weiter oben beschriebene Institutionalisierung der Onlineplattformen ist dabei ein völlig anderes Thema, auch wenn es ebenfalls mit einer Institutionalisierung der sie unterstützenden

29 — Ebd.

Offlineinitiativen zusammenhängt. Am deutlichsten tritt dies im Gefühl der Ausgegrenztheit seitens früherer Zielgruppenmitglieder zutage oder in dem Wunsch, den Zugang zu einem eigenen, abgegrenzten Raum zu vereinfachen, in dem eine intimere und konzentrierte Atmosphäre für Debatten und Forschungsvorhaben herrscht. In den letzten Jahren haben Initiativen wie das On- und Offlinemedienlabor Sarai, die Websites und Mailings von Furtherfield, Netartreview und der Verteiler Empyre die Entwicklung der Onlinekulturen bereichert. Es bleibt abzuwarten, welchen Einfluss sie langfristig ausüben werden, doch was ihr eigenes Publikum und ihre Netzwerke betrifft, gehören sie bereits zu den wichtigen Akteuren (auch wenn sich natürlich einige von ihnen mit anderen, älteren Onlineinitiativen überschneiden). Obwohl nur Furtherfield sich selbst ebenfalls als eine Art »soziale Plastik« oder Kunstwerk begreift, kann man sich fragen, ob nicht auch Empyre und Netartreview dem Status von Kunstprojekten sehr nahe kommen. Furtherfield und Netartreview wurden beide als eine Art Alternative zu Rhizome entwickelt. Empyre war ursprünglich sogar Teil eines Kunstprojekts von **Melinda Rackham** mit dem Titel »**Empyrean**«, hat sich dann aber offenbar in eine andere Richtung bewegt. **Sarai New Media Initiative** orientiert sich stark an europäischen Medienlaboren wie desk.nl und Public Netbase.[30] Da es sich vor allem mit Kritik und politischen Auseinandersetzungen befasst, scheint es eher ein Gemeinschaftsprojekt mit den Schwerpunkten Netzzugang und Wissensverteilung zu sein als ein Kunstprojekt, doch es hat auch eine künstlerische Seite, und einige seiner Initiatoren sind Künstler. Das **Raqs Media Collective**, Teilnehmer der Documenta 11, war einer der Mitbegründer von Sarai, und zusammen mit ihnen hat Sarai ein Open-Source-Softwareprojekt namens **OPUS** entwickelt. Sarai gibt es sowohl on- als auch offline, und seine materielle Basis befindet sich in Dehli, Indien. Es befasst sich mit wesentlich mehr verschiedenen Kommunikations-, Forschungs- und Entwicklungsebenen als die anderen in diesem Abschnitt präsentierten Beispiele. Aufgrund seiner ehrgeizigen und inspirierenden Konzentration auf die Medienkritik und schöpferische öffentliche Gruppen in Asien ist Sarai im Kunstkontext besonders interessant.

Die **Netartreview** (NAR) wurde von Eduardo Navas initiiert, der ebenfalls Künstler ist. In einer E-Mail schreibt er: »NAR bietet jedem die Gelegenheit, sich kritisch zu äußern oder etwas über Kunst zu erfahren. [...] Unser Format erlaubt eine große Toleranzbreite; doch während jeder Mitarbeiter in dem von ihm bevorzugten Stil schreiben kann, haben wir hinsichtlich der behandelten Themen sehr genaue Vorstellungen. [...] Der Fokus der Netartreview verlangt, dass die Autoren ihre Beiträge wesentlich ernster nehmen, als sie einfach nur an eine Liste zu posten.«

Der Schriftsteller Marc Garret ist einer der beiden Initiatoren von **Furtherfield**, war aber auch an cybercafe.org und irational.org beteiligt. Über Furtherfield als Alternative zu Rhizome schreibt er in einer E-Mail: »Ich würde gerne darauf hinweisen, dass das

30 — Nach einer Art feindlichen kommerziellen Übernahme veränderte sich desk.nl auf drastische Weise und seine Initiatoren Walter van der Cruijsen und Reinout Heeck setzten nur einen Teil seiner Arbeit online unter **http://www.desk.org** fort.

Internet ohne Rhizome ärmer wäre, und ich hoffe, dass diejenigen, die Rhizome betreiben, dasselbe gegenüber uns empfinden. Bringen Sie die anderen Soft Groups dazu, ihre eigenen Alternativen anzubieten – es gibt nicht nur einen oder zwei Wege; wir haben unseren gefunden und verändern uns entsprechend.« Auf die Frage, was das Spezifische am Angebot Furtherfields sei, antwortet er: »Flexibilität, Achtung und ein Schritt hinaus über die voreingenommene Gestaltung der Geschichte durch die Institutionen.« Sowohl Furtherfield als auch Netartreview bieten teilweise jene Kunstkritik, an der es in den Onlinediskursen zuvor so mangelte. Sie stellen nicht nur Alternativen zu Rhizome dar, sondern auch eine wichtige Ergänzung. Netartreview bietet viele kurze Schnellrezensionen, während Furtherfield etwas langsamer ist und den Dingen stärker auf den Grund zu gehen scheint. Beide offerieren das, was auch Rhizome und andere Onlinepublikationsplattformen im Angebot haben, das heißt, sie bieten der Öffentlichkeit die Chance, ihre eigenen Ansichten zu präsentieren und in verschiedene Kunstdiskurse einzutreten oder diese zu verändern.

Empyre ist eine sehr aktive und interessante Mailingliste für eine Vielzahl von Kunstschaffenden. Mit geladenen Gästen wird darin an bestimmten Themen gearbeitet, und die Dialoge in der Liste sind in der Regel von hoher Qualität. Wie **Melinda Rackham** in einer E-Mail erläutert, begann »›Empyre‹ als die textuelle Seite des Multi-User-3D-Environments ›Empyrean‹. Es sollte eine intime Liste sein, eine Möglichkeit, Aspekte der Online-Kultur, 3D-Kultur, Medienkunstkultur mit geladenen Gästen zu diskutieren, die Texte geschrieben, vor allem Onlinekunstprojekte gemacht oder Ausstellungen kuratiert hatten, die nicht unbedingt mainstream oder besonders publicityträchtig, aber wichtig waren«. Dank der Vielfalt der Themen und der hervorragenden Gastautoren ist Empyre die interessanteste Liste, (zumindest) um einen Eindruck vom derzeitigen Stand der Dinge in der neuen Medienkunst in allen ihren Spielarten zu gewinnen.

/

23/013 **Software: Mediale Schichtungen, tragbare Medienräume und Medien als Metapher**

Man kann die These vertreten, der elektronische Medienraum transzendiere seine rein technischen Strukturen durch den Einfluss, den er auf (nicht-technologische) Kulturen ausübt. Software ist ein Code, der eine Maschine dazu veranlassen kann, etwas zu tun, aber im Wesentlichen ist sie eine Sprache mit einer Bedeutung, die einflussreicher ist als die Sprache, derer wir uns bedienen, um miteinander zu kommunizieren. Es handelt sich um ein Kommunikationsmittel, das etwas bewirken kann, allerdings nur während des Zeitraums, in dem es real zum Einsatz kommt. Dies bedeutet jedoch nicht, dass diese Sprache tot ist, wenn man sie nicht benutzt, sondern nur, dass sie in diesem Zeitraum ruht. Augenscheinlich ist diese Sprache auch nicht von einem bestimmten Umfeld wie etwa einem bestimmten Computertyp oder Betriebssystem abhängig. Software kann nahezu unabhängig von der Hardware sein, auf der sie eingesetzt wird, und auch die

Kulturen, aus denen sie hervorgeht, scheint sie kraft ihrer immateriellen Natur zu transzendieren. Kurzum Software scheint irgendwie ein unabhängiger Raum zu sein. Eine andere Dimension, wenn man so will.

Durch die Entwicklung von Künstlersoftware[31] wurde der öffentlich zugängliche Bereich mit einer Künstlerpraxis geschmückt, die nur teilweise sichtbar und materiell ist, aber über die Fähigkeit verfügt, etwas auszuführen, zu agieren und uns agieren zu lassen. In theoretischer Hinsicht ist die Künstlersoftware ein äußerst aufregendes Gebiet, da es solch eine große Bandbreite an möglichen Handlungen und Absichten umfasst, dass es große kreative Herausforderungen bereitstellt, die sowohl in der modernen als auch in der vormodernen Tradition zu Hause sind. Diese Software lässt uns an dem modernen, kreativen Genie des Künstlers oder der Künstler teilhaben, wobei wir zugleich in ihre Werkstatt kommen. Mittels der Künstlersoftware treten wir fast buchstäblich in die künstlerische Praxis ein, doch zugleich ist diese Software Teil unserer Intim-, unserer Privatsphäre und eines größeren technokulturellen Kontextes. Diese Merkmale sind eine Gemeinsamkeit aller Software, doch Künstlersoftware führt uns in den ungewöhnlichen, den experimentellen und den relativ offenen Raum der Kunst.

Der Grund, warum ich Softwarekunst als die dritte spezifische Kunstpraxis der Public Domain 2.0 einstufe, ist die freie Zugänglichkeit und häufig sogar die Veröffentlichung als Open Source eines Großteils dieser Software. Außerdem explodierte die Entwicklung der Softwarekunst (und anderer experimenteller Software) aufgrund der im Internet vorliegenden Beispiele, Anschluss-, Wissens- und Austauschmöglichkeiten regelrecht. Auf einem Symposium zum Thema Open Source im V2 in Rotterdam erklärte Rashib Aijer Gosh: »Die Softwareentwicklung ist ein sozialer Prozess, der auf Spaß, Stolz und einem Sinn für Gemeinschaft basiert.«[32] Ohne das Internet wäre diese Art von Kunst völlig marginal, und daher lässt sich die These vertreten, dass ein Großteil der Softwarekunst Teil der Public Domain 2.0 ist, *selbst wenn man sie auf einer allein stehenden Maschine benutzt.*

/

Softwarekunstkontext

23/014

Der Bereich des Digitalen hatte schon in den 1960er und 1970er Jahren die Fantasie der Künstler beflügelt, vor allem auf dem Gebiet der Concept Art. Im Kunstkontext wurden einige interaktive Werke auf Computern erstmals 1970 in der Ausstellung **»Software«** präsentiert, die von **Jack Burnham** kuratiert wurde und unter anderem Werke von **Les Levine, Hans Haacke** und **Joseph Kosuth** zeigte. Burnham erläuterte »Software« als »den Versuch, ästhetische Gefühle ohne dazwischen tretenden ›Gegenstand‹ zu erzeugen«[33]. Doch um zu verstehen, was Softwarekunst heute bedeutet, werden wir uns zwei spezifische Projekte ansehen, nämlich »WebStalker« und »RunMe.org«.

/ /

31 — Siehe auch den Text **»Read_me, run_me, execute_me«** von Inke Arns im Modul »Generative Tools«. CD-19

32 — In einem Vortrag für »Freestyle — FLOSS In Design. A seminar on Free, Libre and Open Source Software in Design«, V2, Rotterdam, 2004.

33 — Jack Burnham zit. in: Edward A. Shanken, **»Art in the Information Age: Technology and Conceptual Art«**, Duke University, 2001.

23/015 *WebStalker*

1997 entwarf die britische Gruppe **I/O/D** (Matthew Fuller, Simon Pope, Colin Green) einen sehr ungewöhnlichen Webbrowser: »**WebStalker**« ist ein alternativer Webbrowser, der Webseiten anders darstellt, als man es normalerweise erwartet. Er visualisiert den zugrundeliegenden HTML-Code auf höchst ästhetische Weise mittels dünner Linien, die auf einer Karten von zentralen Punkten ausgehen und Sterne oder miteinander verbundene Knotenpunkte in einem Netz bilden. Im Vergleich zu kommerziellen Browsern wie Netscape und Explorer haben sie ein nahezu traumartiges Erscheinungsbild. »WebStalker« macht deutlich, wie ein Browser funktioniert statt tatsächlich so zu funktionieren, wie man es von einem Browser erwartet (das heißt, Bilder und Texte auf der Grundlage eines Codes zu visualisieren). »Bei der Gestaltung kam es darauf an, dass er habgierig ist und Langeweile nicht toleriert«, erklärt Matthew Fuller in einem Interview mit Geert Lovink. »Gleichzeitig hoffen wir, dass er die Leute als spekulatives Softwarewerk dazu ermutigt, das Netz als einen Ort zu behandeln, in dem man Dinge neu erfinden kann [...] Der ›WebStalker‹ macht deutlich, dass es noch andere potentielle Kulturen gibt, die für das Web von Nutzen sein können.«[34]

Es gibt andere nützliche Kulturen jenseits der industriell gestalteten: Kulturen, die uns die Möglichkeit geben, mit der Maschine, mit anderen Menschen und mit anderen Kulturen online etwas zu kreieren, uns auszutauschen und frei miteinander zu interagieren. Mit anderen Worten, Kulturen, die es begrüßen würden, wenn der öffentliche Charakter des Internets noch stärker zutage träte. Fuller hat seine Experimente mit Softwarekulturen in anderen Kooperationen fortgesetzt. Er hat unter anderem als Autor und Theoretiker für **Mongrel** gearbeitet, und sein Werk war sehr wichtig für die Entwicklung und Anerkennung von Softwarekunst. Außerdem ist er als Kritiker und Juror in »ReadMe« und »RunMe« tätig.

//

23/016 *RunMe.org*

Während I/O/D mit ihrer Praxis experimenteller Software 1997 relativ alleine dastanden, lässt sich dies heute nicht mehr sagen. Das »**ReadMe**«-Software-Kunstfestival und seine Onlinedatenbank mit herunterladbarer RunMe-Software (2002 initiiert) sind Initiativen der Künstlers **Alexei Shulgin** und der Forscherin/Autorin **Olga Goriunova**, die die Softwarekunst auf eine neue Stufe gehoben haben. Die »**RunMe**«-Website erklärt, warum Softwarekunst als Kunst in der Public Domain aufgefasst werden kann: »Einerseits bringt Softwarekunst Softwarekultur in den Kunstbereich, doch andererseits weitet sie die Kunst über die Institutionen hinaus aus.« Außerdem fungieren die Projekte »ReadMe« und »RunMe« auch als Vermittler zwischen den Feldern der Kunst- und der Open-Source-Softwareproduktion. In der Einleitung des »ReadMe«-Readers schreiben Shulgin und Goriunova: »Kunstfestivals [...] werden häufig durch mangelnde Transparenz

34 — »**I/O/D. Interview mit den Produzenten des ›WebStalker‹-Browser, Simon Pope, Colin Green und Matthew Fuller**«, von Geert Lovink, *nettime*, 24.04.1998. Zu spekulativer Software siehe Matthew Fuller: »Spekulative Software ist gewissermaßen Software, die Kunstmethodologien wie Reflexivität benutzt, die aber nicht zwangsläufig für Kunstsysteme spezifisch sind.« Matthew Fuller auf seiner **Homepage**, 2004. 35 — Olga Goriunova/Alexei Shulgin, »ReadMe reader, **introduction**«. 36 — Man denke etwa an sein Projekt

bei den Einreichungs- und Bewertungsprozessen kompromittiert. [...] Open-Source-Gemeinschaften sind wesentlich demokratischer, haben aber ebenfalls Nachteile: Sie richten ihr Hauptaugenmerk auf Funktionalität und pragmatische Erwägungen und übergehen daher manchmal interessante Projekte, weil sie sie in diesem Kontext für überflüssig halten.«[35] Ein weiterer amüsanter Aspekt dieses Projekts besteht darin, dass die Organisatoren und die Jury (ganz in der Tradition des Frühwerks von Alexei Shulgin als Netzkünstler[36]) offenbar nicht umhinkonnten, Softwarekunst als klar definierte Disziplin zu unterwandern. Indem sie die Möglichkeit einer nahezu endlosen Anzahl von Softwarekategorien installierten, aus denen die Anwender auswählen oder denen sie etwas hinzufügen können, und indem sie den Leuten Gelegenheit gaben, der Datenbank ›gefundene‹ Softwarewerke hinzuzufügen, wird die Definition von Softwarekunst derart überstrapaziert, dass »RunMe« selbst als Kunstprojekt erscheint. Shulgin und Goriunova erklären dies folgendermaßen: »Kunst widersetzt sich naturgemäß der Klassifikation, wird aber nichtsdestoweniger klassifiziert und mit einem Etikett versehen, sobald sie zum Beispiel auf Ausstellungen und Festivals präsentiert wird. Indem es sich der vertrauten Schnittstelle einer Online-Software-Datenbank bedient, konnte RunMe.org mit der Idee des Speicherns, Klassifizierens, Etikettierens, Sammelns spielen und sich zugleich die demokratischen Möglichkeiten offener Datenbanken zunutze machen.«[37] Augenscheinlich sind mit »RunMe« nahezu alle Praktiken der Kunstinstitutionen - ob Auswählen, Kritisieren oder Archivieren von Werken - der Öffentlichkeit zugänglich gemacht worden. »ReadMe« und »RunMe« enthüllen und offerieren Softwarekunst nicht nur als eine neue Kunstform in der Public Domain, sondern sie verändern auch den Kunstkontext, so dass er der Natur dieser Werke entspricht. In einem gewissen Sinne haben sich diese beiden Projekte selbst in Institutionen der flexibelsten Art für die Public Domain 2.0. verwandelt. //

Der Virus als Intervention: Forkbomb 23/017

Der italienische ›Rastacoder‹, Programmierer und Künstler **Jaromil** begann 2002 mit spezifischen Kunstprojekten. Davor hatte er sich vor allem als Programmierer und Kurator einen Namen gemacht. So fungierte er etwa 2002 als Mitkurator der Computerviren-Ausstellung **»I Love You«** in Frankfurt und deckte als Autor fast das gesamte Spektrum an Textgattungen vom Roman bis zum Softwarebuch ab. Der am einfachsten anmutende Code, den er je schrieb, war ein Computervirus für das UNIX-System, ein so genannter Forkbomb-Code, der sich solange reproduziert, bis er überlastet ist und die Maschine, auf der er sich befindet, zum Absturz bringt. **Florian Cramer**, Softwarekunstkritiker und Jurymitglied der **transmediale** in Berlin und der »ReadMe«-Softwarekunstinitiative, bezeichnete diesen Code als »den elegantesten Forkbomb, der je geschrieben wurde«[38]. Das besonders Interessante an diesem Werk ist meines Erachtens nicht, dass es einen Computer zum Absturz bringen kann oder dass sein Erscheinungsbild (es aussieht, als

»**WWW Art Medal**«, das er zusammen mit der Künstlerin Rachel Baker schuf und das sich bereits existierender privater Websites bedient und sie zu Kunstwerken erklärt. 37 — Goriunova/Shulgin, »ReadMe reader, **introduction**«. 38 — Florian Cramer über **forkbomb** für die Ausstellung »poesIs. Digitale Poesie«, 13.02.-04.04.2004, Kunstbibliothek Kulturforum, Berlin 2004. Vgl. zum selben Thema auch Matthias Weiß, »**Was ist Computerkunst?**« im Modul »Generative Tools«.

habe man einige ASCII-Smilies ineinanderkrachen lassen :(){:|:& };:) von derart eleganter Schlichtheit ist, sondern sein Kontext und die Absichten seines Autors. Jaromil selbst schreibt: »Ich stelle Viren als poésie maudit, als giambi dar und wende mich damit gegen diejenigen, die das Netz als sicheres Terrain für eine bürgerliche Gesellschaft verkaufen. [...] Die digitale Domäne produziert eine Form von Chaos, die manchmal unangenehm, weil ungewöhnlich, dabei jedoch auch fruchtbar ist und in der man herumsurfen kann: In diesem Chaos sind Viren spontane Kompositionen, die deshalb poetisch sind, weil sie in Maschinen, die zum Dienen gemacht sind, Unvollkommenheiten produzieren und so den Aufstand unserer digitalen Sklaven darstellen.«[39]

Jaromils »Forkbomb« ist eine Form öffentlicher Rebellion (er macht kein Geheimnis aus seiner Identität oder seinen Absichten), die an einen freien Raum in den digitalen Medien erinnert, der für das allgemeine Publikum fast unsichtbar geworden ist. In diesem Sinne ist es wie viele andere Projekte, vor allem einige neue Medienperformances, auch eine Einladung, die Sache selbst ein wenig spielerisch anzugehen.[40]

//

23/018 *Konzeptuelle Software: ».walk«*

Man stelle sich vor, man läuft durch eine Stadt, um auf diese Weise einen Code in die Wirklichkeit umzusetzen. Das Projekt **».walk«** von **Wilfried Houjebek** verwandelt Menschen in Softwarerealisatoren aus Fleisch und Blut. Im Fall von ».walk« schreibt ein Computercode die Bewegungen der Teilnehmer in einer Stadt vor; die Komplexität dieser Bewegungen hängt sowohl vom Grundcode ab als auch davon, ob die Teilnehmer auf ihrem Weg anderen Teilnehmern begegnen oder nicht. Da der Code nicht für einen spezifischen physischen Raum verfasst wurde, kann es sein, dass er unterwegs geändert werden muss, damit sich die Teilnehmer weiterbewegen können (etwa wenn sie in eine Sackgasse geraten). Alle Bewegungen werden vom Künstler zentral als Ergebnis eines spezifischen Durchlaufs von ».walk« gesammelt.

».walk« basiert auf einer situationistischen Kunstpraxis aus den 1950er Jahren, die als **Psychogeografie** bezeichnet wurde. Houjebek, seit langem ein Vertreter der Open Source und des Anti-Copyright in den Künsten und anderswo, nimmt sein Bemühen, Codes offen zu legen, sehr ernst. Indem er Menschen durch eine Stadt laufen lässt und sich dabei des Computercodes als Orientierungsgröße bedient, benutzt der Künstler den Körper als Mittel, um eine Software ›zum Laufen‹ zu bringen. In seiner **Rezension** von ».walk« auf der »RunMe«-Site bezeichnet Florian Cramer diese Software als »walkware«. Und tatsächlich gewann ».walk« im Softwarekunstwettbewerb der transmediale einen Preis. In der E-Mail, in der die Nominierung von ».walk« bekannt gegeben wurde, hieß es: »›walk‹ von socialfiction.org ist ein futuristisches Projekt für öffentliche Räume, das Alltägliches mit Außergewöhnlichem verbindet.« Houjebek selbst sagt in einer E-Mail: »Ich betrachte es als einen Do-It-Yourself-Urbanismus; ein Projekt wie ›.walk‹ soll den

39 — Jaromil, **forkbomb Website**. 40 — Siehe den Text von Jaromil »:(){:|:& };:« hinsichtlich der Digitalcraft-Website. Eine grundlegende Analyse dieses Werks liefert der Text **»Was ist Computerkunst?«** von Matthias Weiß in »Generative Tools« (der auch weitere Verweise zu ».walk« enthält).

Städten eine neue Funktionalitätsebene hinzufügen. Deswegen handelt es sich hier um Architektur und zugleich um Technik.« Man könnte meinen, dieses Projekt gehöre eigentlich in den Abschnitt über Performance, doch tatsächlich geht es bei ».walk« ausschließlich um die Notation, um eine zutiefst konzeptuelle Reaktion auf die Kunst. Dieses Werk scheint eine Brücke zwischen dem Ansatz früher konzeptueller Kunstausstellungen mit Titeln wie »**Information**« (1970) oder »**Software**« (1970) und dem Werk heutiger Künstler-Programmierer zu schlagen.[41] Neben seinen Bemühungen, auf der Grundlage eines Computercodes bestimmte Wegstrecken zu konstruieren, »einen Fußgängercomputer zu programmieren«, entwickelt Houjebek auch Code, eine Beschreibungssprache, der die Erfahrungen eines Fußgängers zugrunde liegen. Dieser Code wird **PML: Pedestrian Markup Language** genannt. Außerdem entwickelt Houjebek auch etwas namens OOP, Object Oriented Psychogeography, das er als »Software für Landschaften« bezeichnet, die »dich aus den Latschen kippen lässt«.
».walk« ist eine Form von künstlerischer Software, bei der es sich in doppelter Hinsicht um Kunst in der Public Domain handelt: Erstens als Notation, als Code, den man auf einem Computer laufen lassen kann und der auf dieser Ebene ein Aktivitätsraum und eine Interaktion ist, und zweitens als die physische Interpretation eines Informationsraums. Ich würde sogar sagen, es ist ein Programmierkurs für digitale Analphabeten (und das Folgende ist keinesfalls negativ gemeint), da die spielerische Herangehensweise an den Code ein wenig an das Einüben des Alphabets in der Sesamstraße erinnert. Außerdem gibt es, wie bei einem Großteil der neuen Medienkunst, keine Möglichkeit, das Projekt allein von außen zu beurteilen, wie dies ein traditionelles Publikum tun würde. »Es gibt kein Publikum im herkömmlichen Sinne, entweder man ist ein Teilnehmer, oder man ist es nicht«, schreibt Wilfried Houjebek. »Zuzusehen, wie andere Leute ›.laufen‹ (›.walk‹), dürfte genauso spannend sein, wie eine schlafende Ameise zu beobachten.«
Softwarekunst ist das semiklaustrophobische technische Äquivalent der Intimität neuer Medienkulturen. Es handelt sich teils um neue Medienkulturen, teils um individuelle Kunstpraxis und teils um Anwenderinteraktion oder -ausführung. Es ist eine teils öffentliche und teils private Kunsterfahrung. Der Softwarekunstraum lässt die User oder das Publikum über die gängigen Schnittstellen oder Verfahren hinausschauen und mag die Benutzer sogar veranlassen, sich selbst an einem Code zu versuchen. Softwarekunst, sowohl als Ganzes wie als individuelles Werk, bietet neue Perspektiven auf die Kunst in der Public Domain. Kunst in der Public Domain 2.0 kann wie die Public Domain selbst fassbar und unfassbar sein, tragbar im physischen und im metaphorischen Sinne des Worts. Sie verfügt nicht zwangsläufig über einen realen festen Platz oder eine bestimmte Form und – das ist das Entscheidende – sie reicht bis nach Hause oder in die Privatsphäre.
/

41 — Vgl. Tilman Baumgärtel, »**Experimentelle Software II**«, über Software von Künstlern und frühe Konzeptkunst in: *Telepolis*, 17.11.2001.

23/019

Public Domain 2.0 Redux

Ob beabsichtigt oder nicht ist Kunst in Informationsnetzen nahezu zwangsläufig Teil der Public Domain 2.0 (solange der Zugang zu ihr nicht irgendwie versperrt ist und man das Werk durch einen einfachen Mausklick oder das Verfolgen eines Links erreichen kann). Gleichwohl hat es den Anschein, als habe die Public Domain 2.0 zu einigen spezifischen Kunstpraktiken geführt. Die erste, die sich wirklich daraus entwickelt hat, war die konnektive Performance. Performance und sonstige physische Interaktionen mit einem Publikum führen zu größtenteils temporären Erweiterungen von Medienräumen, die unterschiedliche, häufig von den Absichten des Künstlers abhängige Formen der Beteiligung ermöglichen (das Ent- oder Verhüllen technologischer Systeme, die Einladung an das Publikum, sich zu beteiligen oder einfach nur ›einzutauchen‹). Eine weitere ist die Künstlerplattform, ein Raum sozialer Onlineinteraktion, der Repräsentation und den Austausch von Ideen und Werken bietet, aber auch die Entwicklung einflussreicher Medienkunstdiskurse ermöglicht. Die dritte, Softwarekunst, sollte sich etwas langsamer entwickeln, wahrscheinlich weil es länger dauerte, die technischen und kulturellen Fertigkeiten zu meistern, die mit der Herstellung von Software verbunden sind, als sich auf das Publikum und Gleichgesinnte innerhalb und außerhalb des Netzwerks einzulassen.

Doch auch die Rollen des Kritikers und des Kurators haben sich wesentlich verändert, auch wenn dies innerhalb der institutionellen Praxis nur langsam akzeptiert wird. Kritiker und Kuratoren wurden wieder Teil des Publikums und umgekehrt. Die Kunstkontexte und das Publikum sind auf lokale, ja sogar persönliche Ebenen der Beteiligung implodiert. Das bedeutet, wir müssen nach neuen, professionellen Beziehungen zur Kunst suchen. Ich hoffe, mit diesem Text zumindest teilweise eine theoretische Basis für den Umgang mit Kunst in den neuen Medien und der Public Domain 2.0 geliefert zu haben. Mir scheint, dass wir vor allem eine praktische Handhabung der Kunstkritik benötigen, um zeitgenössische Kunstpraktiken entsprechend einstufen und beurteilen zu können. Nach der Akzeptanz der Abstraktion, der Reproduktion und des rein Konzeptuellen in den Künsten ist es an der Zeit, erneut eine neue Ästhetik zu akzeptieren: diejenige, die Beziehungen und Dialoge zwischen Kunst und Publikum in der profunden und doch distanzierten Intimität des technologischen Umfelds repräsentiert. Aufgrund des industriellen Beigeschmacks des Wortes ›Interaktion‹, das in diesem Umfeld am häufigsten benutzt wird, sollte man vielleicht einen Begriff verwenden, der stärker an persönliche oder soziale Hingabe gemahnt. In den neuen Künsten geht es um *Engagement*. Dieses Engagement verlangt eine bewusstere Herangehensweise an das mediale Umfeld, in dem die Künstler, das Publikum, aber auch die Kritiker und Kunstinstitutionen heute arbeiten. Da sich die neue Public Domain nicht nur auf das Zuhause erstreckt, sondern auch auf die Kunstinstitutionen (mittels ihrer Medien oder Netzwerk-Präsenz wie Websites, Onlineforen, E-Mail-Services innerhalb einer umfangreicheren Palette von Mediennetzen), sind Kunstinstitutionen und Kritiker Teil der intimeren und offeneren, öffentlich zugänglichen Diskurse geworden, die häufig von Künstlern geprägt und gestützt werden. Kunst in der Public Domain 2.0 ist daher in allererster Linie einen Raum der Medienbewusstheit und der Machtkämpfe.[42]

/

Übersetzung: Nikolaus G. Schneider

42 — Die gesamte in diesem Text zitierte E-Mail-Korrespondenz mit der Autorin fand zwischen April und Juli 2004 statt.

Constructing Media Spaces

The novelty of net(worked) art was and is all about access and engagement

/

Josephine Bosma

/

23/100 **Some thoughts on art**

When writing new media art histories one somehow always seems to get stuck in the same dilemma. Should one follow the common approach, in which technical innovations of the visual image are the dominant factor, or does one ‹look at› this art as a complex of cultural expressions that can take on various shapes? This dilemma seems to hinge on the definition of art and the cultural (and political) context, which accompanies every definition of art. There are a few strategies to avoid this dilemma. A popular one is to avoid calling some of the work and projects of artists ‹art› altogether. This creates a big void in criticism and leaves a lot of practices unrecognized. My favorite strategy opposes this: when in doubt, call it art and leave any further problems of signification to critics and theorists. Whether something is art or not has not been the most important issue for a long time: how to place and value art practices and products. Yet there has been a third popular strategy. The elusiveness and instability of art in and around electronic media have created an obscurity in which the safest, easiest and definitely most popular option has been (and probably will be for years to come) a return to looking at art from the pre-modern perspective of craftsmanship (often mixed with a hint of creative genius of an author). This in turn gets entangled with the simple assumption of artistic progress being embedded within the technical innovation of the visual media image. The problem with this strategy is that it neglects decades of interdisciplinary art practices that have been most important to the development of the new art practices we are dealing with today; art practices that are too diverse to fit into one or two categories of design and visual art and their accompanying discourses.

This essay attempts to look at art created on and around the Internet from a relatively new perspective—that of art in the public domain. It is only relatively new because the public domain has been a theme or focus within Internet art and its crossover into media activism for a long time now. The definition of the public domain has been expanded through the use of electronic media spaces, starting with radio and television, but most significantly with the rise of the Internet and its relatively easy access for the public. The emphasis on communication and freedom of expression within electronic media has created at least three rather specific new art practices. They are based or even dependent on collaboration, media access and hands on technology. In short, all three evolve around connectedness, around being connected: connected to people, to media channels, to tools and/or knowledge. The three practices I am referring to here are environments and performances involving some form of Internet access, artist initiated representation platforms or meeting places on the Internet, and last but not least software art.

/

(Re)defining the public domain 23./101

(Re)defining the public domain is a never-ending enterprise, or, in the words of Erik Kluitenberg, author of the «FAQs about the Public Domain»:[1] «The public domain is something that is in constant transformation, never fixed, and as a result needs to be reinvented continuously. Truly public spaces, more often than not, just simply emerge spontaneously, and are not consciously designed.» One can even wonder whether there is anything we can call the public domain at all (at present). In his text «Designing the Digital Commons» media theorist **Geert Lovink** writes: «… we may find out that the digital commons is a negative utopia. As an event or experience rather than a fixed space, the digital common existed in the future (or is about to happen in the past).»[2] When asked to explain this negative utopia, Lovink writes: «One could also call it a temporary autonomous zone that can only be recognized as such when the zone, as a real existing utopia, already has vanished.»

Nevertheless we can distinguish the main issues of the new public domain, the Public Domain 2.0 as described by Kluitenberg. The most important ones seem to be media access and knowledge of media technologies (social and technical), both of which are of vital importance for spontaneous activities in a mediated environment. In her book «Netzkulturen,»[3] the curator and critic **Inke Arns** writes: «In an expanding networked world the stimulation of a critical media competence is unavoidable. Only through this can people use the Net and new communication technologies for their own interests and goals.» Public spaces in electronic media cannot «emerge spontaneously» when the specific technologies are inaccessible and /or unfamiliar. The works of the artists described in this text bring people closer to technology on many different levels. Some only create curiosity and wonder (the first level of familiarity); others clearly aim at audience participation or even education. All of these works deal with the public domain as a virtual, mediated space consisting of both material and immaterial matter.

/

Performing physical interfaces: Face-to-face with technology 23./102

Media art performances, easily accessible media art installations, and media art workshops with or without real time network connections are the missing link between art works in the old and the new public domain. Whereas online platforms (as described later on in this text) still have a certain kind of similarity of form and feel, which is probably due to their basis in group collaboration, these physical interfaces (and also artist software) have

1 — This definition should include both physical and virtual public spaces. Cf. Eric Kluitenberg's **«Frequently Asked Questions about the Public Domain.»** 2 — Published online: **«Designing the Digital Commons.»**
3 — Inke Arns, *Netzkulturen*, Hamburg, 2002, p. 47.

specific individual or (small) group aesthetics that make them more recognizable as art projects for most contemporary art audiences.

Complex media art performances and installations have been created throughout the history of electronic media.[4] Not all of these have opened the artwork to the streets or engaged with the audience in a profound way. The element of physical presence and ‹availability› of the artist inside an art performance, event, or happening (to reuse an old term again) is probably the strongest possible way to engage an audience. But the presence of the artist can also be ‹sensed› in another way, as is the case with «**Project-X**» by **Heath Bunting**.

Engaging physical interfaces is the most direct way to reach large audiences. They connect the space of media with the spaces of the world we generally call the physical world. Media spaces are also physical, but we tend to not experience them as such. They are said to be ephemeral or immaterial. They consist partly of a manipulation of natural phenomena through the use of various machine interfaces and partly of a cultural or psychological experience. To become aware of them and the possibilities they offer for interaction or other usage they have to be made visible, tangible or ‹experienceable.› Machine or desktop interfaces do this for the individual one-on-one interaction, but for a media space that needs to be accessible as a whole, conceptually or otherwise, different solutions are possible that create an illusion of interface to an «immaterial» space. To open up the Public Domain 2.0 and make the public experience it, for example, **Station Rose** has used the club VJ and DJ format for creating temporary immersive environments. Heath Bunting has done various projects, and I have chosen one that is not well known in which he used chalk on the street to arouse curiosity in the public and to satisfy his own. **Etoy** has a project in which it works with children and teaches them some basics of media interaction, much in the same way **Mongrel** also prefers to engage with people face-to-face in workshops and even private exchanges.

/ /

23/103

Station Rose

Station Rose consists of Elisa Rose and Gary Danner. They have been active as organizers and performers in new media art since the end of the 1980s, when they started a sort of gallery in Vienna. Rose creates visuals live while Danner creates music. With sound and visuals as building blocks they develop what they like to call a «virtual space.» Station Rose started doing performances through networked computers in 1988, but did not get into an Internet community until 1991, when they connected to the Californian network **The Well.**[5] The performance work of Station Rose cannot be separated from Rose and Danner's experience as Net workers. Danner says in an interview: «I try to do as much as I can in the Net—I really do not want to deal with a situation like that in a few years: we could have done something in '99 not to make it a pure shopping mall.... I feel

4 — Cf. Rudolf Frieling's text «**Reality/Mediality**» on performance and media in Rudolf Frieling/Dieter Daniels (eds.), *Media Art Net 1: Survey of media art*, Vienna/New York, 2004. 5 — More about The Well in **Wired**.

a responsibility here. I was trained by the first ‹onliners› from The Well. They have a strong sense for community. They taught me to have that, too.»[6]

Station Rose wants to take their audience inside their experience of cyberspace, through constructing a temporary immersive environment. In an interview Rose says: «The aspect of performing inside media art is important. These real time moments are in between material (and) immaterial.»[7] Performance and other real time, physical events seem to be the ultimate opportunity to open up the double experience of cyberspace, an experience that is at once physical and nonphysical and to invite the audience to enter this experience. Performance in new media art can do just that, beyond the one-on-one contact with a computer. For their performances in the early 1990s, for instance, Station Rose would connect their computers to the Internet and ask people online to join in the performance by sending messages. This way the performance space (often a party setting) would be extended or expanded. On a technological level this expansion happens outside the direct reach of the audience, but on a social, cultural or psychological level the audience definitely becomes engaged. «Through Telnet and this ‹u command› anyone could log on and send something, when they knew we were doing Gunafa Clubbing in Frankfurt.» Rose continues, «The (German) e-mail program we used then, Magicall, ran on Amiga, which I used to perform live with 4 projector screens. ... I let ... the e-mail and the animation program run live at the same time. When I got a new message, there was a flash on the screen. That resulted in an extra light effect in the club, a digital strobe light effect, because we got so many messages».[8] All of this happened in a time when the Internet was largely unknown, not just to the general audience, but to many media art festivals as well.» In 1994 **Ars Electronica** still didn't have an e-mail address,» says Danner, «if my memory serves me well.»[9] Even in 1998 it was not uncommon for media art festivals not to reply to e-mails, simply because they could not handle their mailboxes. One can only try to imagine what performances as described above would do to the audience. They must have been mysterious, arousing curiosity, definitely creating a buzz. After the show was over it would probably feel like something special was lost. «It takes hours to build virtual rooms, to bring them to life,» says Rose, «and they are gone and will never come back the same way as soon as the (analogue) lights are switched on.... Composing in cyberspace in real-time is extreme.»[10] The Gunafa Clubbing events seem to have been temporary autonomous zones, some of the unstable bits of Public Domain 2.0.

//

Heath Bunting: Project-X 33/104

Simple projects can be beautiful. «**Project-X**,» a 1996 street work by **Heath Bunting**, was of such simple beauty. Bunting chalked an Internet address on a sidewalk, a wall, or another object in public space. The address was **http://www.irational.org/x** and it still works. The idea was to see what people would do: would they actually go home or to their

6 — **Interview** online, originally published at Rhizome. 7 — **Interview with Station Rose**, laudanum Web site, 2004. 8 — Station Rose, *private://public, conversations in cyberspace*, Vienna, 2000, p. 138. 9 — Ibid., p. 144. 10 — Interview with Station Rose, laudanum Web site, 2004.

office and type the address into a Web browser? If they did, what were their expectations? The Web site reveals a simple questionnaire and the answers of people who made the effort to fill it out. If you fill in the form yourself, that is.

Bunting's work is very much about surprising the audience by making subtle interventions that are often not immediately recognized as art. «I am quite happy to talk about art and things amongst my friends, but I wouldn't necessarily say that I am an artist in a certain public context,» says Bunting in an interview, «then you bring a whole group of associations that might actually work against your work.»[11] About his work on the street he says in an interview from 1997, when Bunting was one of the first Net artists to be invited to Documenta: «By going out on the street and doing things in public, private spaces will be reclaimed.»

«Project X» seems to also have been a resistance against the growing popularity, even hype, of Net art in 1996. [Project X] was designed to gauge the public's interest in the Internet and therefore would reflect the interest of the viewers,» writes Bunting in an issue of the online magazine *Switch*.[13] «Project X» combines graffiti and the Internet in a very unpopular way. The chalk scribbles did not look very impressive at all, and they were made in a casual manner. Yet in a time when the World Wide Web was in its early stages of development, the mere presence of a URL on a sidewalk was curious enough. The contrast between the chalk on the street and the techno slick of the Web gave the project an interesting edge. The very thought that someone might just have passed the same wall or street as you and left a message also gives the project a strange intimacy; an intimacy one may also know from finding painted graffiti on walls and street furniture. Someone left a mark, but why and for whom? What kind of culture and people do these signs represent? With this project Bunting made a poetic intervention that works on different levels at once. The absurdity of the so-called accessible public space of media was revealed by leaving a URL at a place where people would have to make an effort to remember or use it, if they had access to the Internet anywhere at all. Those who did manage to use it found themselves faced with an unsolved mystery, which could be nothing but a joke, or some weird failing advertisement campaign or even an art project. However they interpreted it, they did become engaged in an art project which extended from the still relatively open roads of the real world into the would-be public domain of the World Wide Web.

//

23/105 *Mongrel*

Mongrel is an artists' collective consisting of Matsuko Yokokoji, Mervin Jarman, Richard Pierre Davis and Graham Harwood. They make installations, produce software, texts and CD-ROMs, and give workshops. In an interview, Graham Harwood explains: «Mongrel is a mixed bunch of people working to celebrate the methods of London street culture. It was set up with the people who helped make «**Rehearsal of Memory**,» which is a

11 — Heath Bunting, «Maze of Mirrors. Selected topics for Heath Bunting,» in «**Switch**,» Feb. 1, 2002. 12 — See interview with Josephine Bosma in «**Telepolis**,» 17 Aug. 1997. 13 — Bunting (2002), op. cit.

CD-ROM made with patients/prisoners of Ashworth, a top Security Mental Hospital.»[14] On their **Web site** Mongrel say about themselves and their workshop participants: «It is our job in the workshop to unravel motivation: ours for wanting to do the workshop and theirs for wanting to participate.»

Everything Mongrel does evolves around audience participation on a deep level. Their work fits both in the category of physical interface and software in this context, but I always have found their dedication to establishing connections with people through physical meetings and education the most intriguing. The Mongrel approach to social, cultural and political systems or structures is deconstructive and experimental. Harwood again: «We are dedicated to defeating the self-image of societies in which it is usual to presume those involved in ‹intellectual pursuits› and those attending ‹culturally prestigious events› are far above the mundanity of political conflict.»[15]

Mongrel seem to be looking for new views of the world and new languages to describe them. Their radical attitude is present in the tools they design, and consequently their workshops cannot help but be radically different from the average commercial software workshop. For instance «**(9) Nine**,» a piece of software developed when Graham Harwood was artist in residence at De Waag, Amsterdam, was designed to enable people who know very little about computers and the Internet to tell their own stories in and through these media. In workshops with neighbors, women, young girls, but also older people in the black neighborhood De Bijlmer in Amsterdam, the very first users of this software were initiated to the world of hyperlinks and uploads.

Not just the software is designed with care; Mongrel also aims consciously at a specific type of audience, the public in the most democratic sense of the word. This implies a certain openness, generosity and political awareness on the part of the artists. In e-mail Harwood writes: «[With] social software it's hard all those tricky and sticky social relations, poverty, poor education—people's frustrations and expectations. … All the workshops are different—whether ‹swoping› shoes for a day in South Africa or in the outback of Australia or at home with the neighbors or just working with my mum. People's intelligence manifests differently depending on whom they are with (which mongrel) and in what context they are working.» The workshops are tailor fitted for each person or group of people. Harwood in e-mail again: «Working with people is what we all do in whatever subcategory of media art we work in. It's just part of the technology and networks. The question is who you work with and why.»

//

Etoy: «Etoy.Daycare» 23/106

The international group **Etoy** has done numerous performances inside and outside the Internet. When asked where they are from, they will reply they are from the Net. Their main tactic is to apply corporate strategies to gain what they call «cultural profit.»

14 — Graham Harwood, «**Race, Hypocrisy and Dullness**,» interview by Maharg Dla'nor Doowrah, Aug.6, 1998.
15 — Ibid.

The idea is to enhance the cultural sphere not by monetary funding, but by adding cultural products. It basically seems to boil down to Etoy shareholders not getting money revenues, but their reward is that Etoy can make more art or that more art is produced. Period.

Etoy has always had a rather harsh image, something that may have to do with their strict application of corporate branding, which is dominant in everything they do (bright orange overalls, big Etoy logos everywhere, disappearance of individual Etoy members behind the Etoy image shell, and online Etoy has one of the few art sites that uses a .com domain). By turning their attention to a new generation, Etoy is unexpectedly softening its image now. Etoy has started a project called «**Etoy.Daycare**,» in which Etoy «trains new Etoy agents.» The project has been performed in Turin, Italy and recently in Amsterdam, the Netherlands. On the «Etoy.Daycare» **Web site** it says «… we inject children with a first shot of experimental lifestyle and try to win them over for a sustainable friendship with art.» In Amsterdam, Etoy managed to train no less then 130 young Etoy agents, ages 6 to 11, which basically means that 130 children were involved in workshops in which they played physical and technical games, from using a fire escape (an inflatable slide) to designing the inside of an Etoy container on a computer. The kids go home with their own pass, some Etoy shares and information on how to visit their very own Etoy Web page.

The project documentation is full of pompous corporate language. Don't let this fool you. Through its installation in the public space of a city and the fact that access to a workshop is free of charge, this project reaches a very broad audience. «Etoy.Daycare» is one of the very few new media projects that actually successfully involves and inspires children. During the workshop in Amsterdam, local kids would hang around the container in which the project was housed, where they would play with the air cushions and try to obtain little bits and bobs (stickers, badges, Etoy shares in the form of little steel marbles) from the Etoy agents in charge. Etoy manages to let young children have a taste of art, of technology, and even of a mild form of subversion. The kids are taught a sort of secret handshake that allows them to recognize other young Etoy agents around the globe. This project is installation, workshop and media cultural access provider at the same time.

Like art in the old public domain (Public Domain 1.0), art of the new public domain, which includes mediated, virtual spaces, still seems to encompass a certain kind of locality. This locality, however, mostly translates into intimacy. It is intimacy of a personal or cultural kind, not necessarily connected to a fixed physical location but more to a meeting place. Artworks for the new public domain reflect its fluidity and instability, even if sometimes involuntarily by simply becoming obsolete or disappearing because of technical changes.

/

Collaboration and coauthorship: Art spaces online 23/107

Art practices online seem to have focused on communication, from the earliest days of the Internet and even its forerunners. This is reflected in the type of projects that, in hindsight, have been the most influential. Mailing lists, bulletin boards, collaborative Web sites and art servers were and still are the crux of Net art communities.[16] A few of those have been very important in the development and acceptance of art on the Net, but one can argue whether these projects are really art projects themselves. Their role as a platform for the development of new discourses and representation is especially confusing, since art projects are generally primarily perceived as the property of their authors, and secondly it is rare if not unprecedented for art projects to be influential socially, politically and culturally while they are still developing. Online art spaces define the context and approach to art projects in the most direct way, while at the same time providing context and content for discourses on media theory, media activism and technology.

The projects I discuss have all had major influence in the development of the discourses not just around Net art, but also around media activism and media theory. Artists initiated them all, even if the artists themselves, at some point in time, dislike or refrain from defining themselves as artists or their work as art. Choosing a specific point of departure risks a certain inaccuracy. Projects like **Robert Adrian X**'s «**Artex**,» an early bulletin board look-alike created on a forerunner of the Internet and even **Rena Tangens** and **Padeluun**'s «**Bionic**» **bulletin board** (in German only) or the California-based but international **The Well**, the cluster of forums that was not initiated by artists at all but which was still influential, are all of historical importance as sources of inspiration or early breeding places of Net culture. The most influential projects in the category of artist meeting places and platforms, however, were started in the early and mid-1990s.

/ /

The Thing 23/108

The first project of major importance to emerge was **The Thing**, initiated by the artist **Wolfgang Staehle**. The Thing was originally a bulletin board, but other sections were added, like regional branches of The Thing in several European cities creating a network of Thing nodes. But The Thing most visibly changed when a Web interface was created for its presentation at the 1994 Ars Electronica.

Staehle worked as a video artist in the 1980s. He says in an interview with Dike Blair about three years after founding The Thing: «I did originally conceive it as an art project; but, the addition of the other nodes certainly changed all that.»[17] Some years later he says: «To me it is irrelevant [whether The Thing is art, JB]; that is for the historians to decide.»[18] So The Thing was conceived as an art project, but the artist felt its definition

16 — By Net art I mean art in and around media networks, both online and offline. I use the term Net art only sparingly because it has proved to be very confusing in the recent past. The term is often used to indicate art only occurring on the Internet, or even only on the World Wide Web. This is wrong in my opinion. 17 — «**HIS THINGNESS**,» Interview with Wolfgang Staehle by Dike Blair (n.d.), in The Thing.

changed as its functions changed and expanded. In a recent e-mail Staehle puts it like this: «When I started The Thing I conceived of it as kind of a conceptual art project, sort of an ‹art by all, art for all› kind of thing.» He thought it would only last about a month. In the meantime, The Thing has gone through many transformations to become a multi-layered platform consisting of, for example, mailing lists, artist presentation Web pages, a review section, and a commercial company to sustain all of it.

Although The Thing has trouble finding funding,[19] unlike its peers that did receive funding, in the last few years it has offered sanctuary to a few controversial and also influential art projects. The art activism of **Ricardo Dominguez** and **RTMark** has brought The Thing considerable trouble, even to the point where the police shut down its server. It is unlikely that projects like these would have been possible on other local, US platforms. The Thing is not only a collaborative, conceptual art project; it also provides all the means, from discourse and theory to technology and access, for other projects to evolve. It is one of those spiders in the Web. Wolfgang Staehle in an e-mail: «I like to think of it as a laboratory in which people are able to follow their inclinations and interests in a collaborative setting. Online and offline....»

This brings me to another aspect of artist platforms on the Net. Staehle's mention of the offline part of The Thing, an office and meeting place in New York, reminds us of something that is easily underestimated in the approach of any art in the digital sphere: its roots in an actual physical world of technology and offline cultures. Online networks are intrinsically connected to offline networks, even if they also move beyond them. Many online art platforms also have physical meeting places attached to them, and it depends on the situation at hand which is more important—the online or the offline space. It seems that even the strongest online art environments could not have developed without the physical, social networks they sprouted from. Purely online spaces benefit from these same networks indirectly as the strong discourses and cultures developed from physical networks propagate through them.

//

23/109 *Public Netbase and other early European media labs and online platforms*

It took a few years before the big wave of important artist platforms would evolve beginning in 1994. As **Konrad Becker**, artist and initiator of **Public Netbase** and **worldinformation.org**, once said in an interview: «Internet years should, like dog years, be multiplied by seven,»[20] which makes the two or three years difference between the development of The Thing and other projects feel like a big gap. In this period a strong physical network was established by media artists and theorists who were active internationally, which was to be the basis for many online projects to come. It also took a while before the great expectations sparked by the Internet could be turned into something solid, because the technological infrastructure was expensive and difficult to access. The

18 — Tilman Baumgärtel, *[Net art]*, Nuremberg, 1999, p. 63. 19 — See Josephine Bosma, «**One of The Oldest Art Servers On The Edge of Survival,**» in *Telepolis*, Apr. 19, 2001. 20 — «**Der Sklavenmarkt wird in die eigene Wohnung getragen,**» Interview with Konrad Becker by Klaus Ambichl and Manuela Kaltenreiner, n.d. 21 — Tilman Baumgärtel, *[Net art]*, Nuremberg, 1999, p. 64. 22 — «Cybercafe» was the forerunner of irational.org, and (from e-mail:) «cybercafe bbs consisted of a loose administrative grouping of Heath Bunting,

development of media labs and digital cities helped overcome these difficulties. Artists were involved in the establishment of various media labs and art servers. Many of these were initially conceived as art projects.
In 1994 the Dutch artist **Walter van der Cruijsen** helped initiate **De Digitale Stad** (DDS; the Digital City) in Amsterdam. DDS was, however, not conceived as an art project.[21] DDS managed to get people from all over the Netherlands to go online for the first time, and it was reviewed in the old media extensively. Internationally DDS has been the focus of numerous studies and it seems to have inspired other initiatives and online communities to develop. Starting online meeting places could also have just been ‹in the air› at that time. Whatever exactly inspired whom, later on that same year a few other initiatives started that would be highly influential for the development of Net art: Public Netbase in Vienna, **Internationale Stadt** in Berlin and **cybercafe.org, irational.org** in London.[22] The latter was only an online project, as was DDS primarily, whereas the others had physical meeting places, too. And except for DDS, all these projects were conceived by artists as art projects.
In an e-mail interview Becker writes: «Indeed I saw this as a continuation of my art work … in fact even as the logic of a new artistic practice in an information network society, away from artifacts and singular artistic gesture. … Setting up small, temporary platforms and conceptualizing events already in my pre-Internet incarnations as electronic musician, performer and artist projects like [Public] Netbase and WIO [world-information.org] naturally grew out of it.» Internationale Stadt was initiated by, amongst others, the artists **Karlheinz Jeron** and **Joachim Blank**. Through e-mail Jeron tells me that this project was also initially perceived as art: «In the very first beginning of IS (1994) at least the majority of us looked at it as an Artwork. After a little while it turned to something I would call a social-cultural project with a business oriented part.» irational.org was most of all the initiative of the artist and activist Heath Bunting. When asked if he ever saw irational as an art project he writes: «Yes—its form and process were as important as its function.»
It may seem irrelevant whether the initiators of these projects thought their work was art initially or not. The fact that they did, however, shows that the boundaries of an artwork are not just blurred; in the course of its development this particular type of artwork dissolves almost completely. In the words of Heath Bunting: «I always thought that a good piece of art should in fact be invisible, ... immediately incorporated and quickly taken for granted. So not self-evident, but democratic by constant use.»[23]
These projects were definitely incorporated almost instantly, and their function quickly exceeded that of any other artwork. They not only offered Internet access and Web space, but also education and an active attitude towards the development of Net cultures.
//

Marc Garret and Rachel Baker with occasional technical support from Ivan Pope». «The first important asset to be obtained by cybercafe was a used bbs system donated by Ivan Pope formally used to host Art Net BBS. The second major asset obtained was the domain name cybercafe.org, again sourced through Ivan Pope and later sold back to him when he was a directory of netnames for 1000.00 GBP. This money funded the production of further projects such as graffiti street internet interface.» For further information on the state of irational.org see **http://www.irational.org.** 23 — Bunting (2002), op. cit.

One of the people who frequented The Thing discussion forum in the early 1990s was **Pit Schultz**. Schultz is an artist from Berlin who was involved in media art and media activism. He is currently part of **bootlab** in Berlin and is involved in the on-air and online radio project **Reboot.FM**. Together with media theorist **Geert Lovink** he founded the mailing list **nettime** in 1995 at a meeting of artists, theorists and media activists at the Venice Biennale.[24] nettime can in some ways be compared to The Well in that its digital community was also very much based on a physical network. There was a strong emphasis on live nettime meetings in its early years, which have now been replaced by new initiatives (festivals, conferences) of veteran and new nettime members. This community is connected through a common interest in media activism and information politics, which might not seem the most likely crowd for artists to dwell among, but the accessibility and development of physical i.e. technical components of media and media access are of course of the greatest importance to media artists as well, whether they are socially or politically engaged or not.

nettime can also be called the theoretical backbone of the media labs from the mid-1990s. For a while it was the platform on which people who worked on similar projects locally could discuss various issues internationally (it still is, but the focus today is much more on activism and much less on art than in the first few years). Online exchanges could extend and enhance offline meetings or projects. nettime offered great possibilities for representation and many now well-known artists published or presented their work there, where it had impact for the first time. The best known ‹nettime artists› are those commonly associated with ‹Net art,› but also artists like **Jordan Crandall**, **Cornelia Sollfrank**, **Ricardo Dominguez**, **Paul Garrin** or **Margarete Jahrmann** took part in it and used it in various ways. Crandall, for instance, published beautiful, lyrical texts.[25] Jahrmann would post male versions of the then popular ASCII porn images as part of her «**SuperFem**» project.[26] Garrin, initiator of the «**Namespace**» project which was supposed to break the monopoly on Internet domain name prefixes, ‹hijacked› the entire nettime mailing list population after moderation was installed, and called his version of the list nettime-free, enraging some people that felt their privacy had been violated.

One could say that nettime was not just a publishing space for announcements or calls for collaboration for art projects, but that a lot of artists used the list as a place to actually let part of their work take shape. The community behind the list and its expectations were the target and/or audience of anything from fake conference announcements to declarations to interventions. The project nettime turned into a public space ‹that was about to happen› for works ‹that were to be› art in the Public Domain 2.0. This ended in a clash between academic theorists (and others) who wished to simply discuss issues around Net criticism and the experimenting artists. The installation of the moderation team plus

24 — Call for first **nettime meeting** and one of the first nettime texts (by **Nils Roeller**), interestingly dealing with art and technology. In 1995 Ljudmila, Ljubljana Digital Media Lab in Slovenia would be added to this group of influential artist initiatives. Ljudmila was, however, not conceived as an art project. An important reason for this was the impossibility of receiving funding for art projects, or rather the availability of the funds from the patron of many former Eastern European media labs, George Soros. He would only donate money for community media projects. 25 — Jordan Crandall, «**fucking screens**», *nettime*, 25 Feb 1996. 26 — Jahrmann

the complaints about alleged pranks and other ‹strange› e-mails by artists made almost all Net artists leave nettime at the same time to form their own list **[7-11]**, after the first nettime meeting in Ljubljana in 1997.

The art or not art status of nettime is an ongoing source of confusion. Even if nettime began at an art festival and many of its initial members, including one of its initiators, were artists, art may be one of the last categories with which the present community wishes to be associated. Recently, however, nettime was asked to be exhibited at the Eyebeam Gallery in New York, and not much later nettime was invited by Ars Electronica to enter a competition for its new digital communities award. Both these invitations led to amusing reactions on the list about the misconceptions outsiders often seem to have about mailing list communities.

Whatever the status of nettime is, it is clear that most participants are suspicious of an art context, if they do not shun it outright, as is implicit in a response by Becker to one of my e-mail interviews: «I have arrived at a mood where I happily confess to my art identity again. ... (Indeed I found it at many times a mostly useless attribute, very compromised and misleading of any serious intentions.... But with such growing hostile climate against art practice (and the seemingly rotten image it has on lists like nettime...). I am quite ready to put on this hat again. Better than being a creative industry worker ;-) And while we reclaim the streets and the Net, we might as well reclaim the arts too!»

nettime nevertheless remains a fortress of Net criticism, and it remains a very interesting mailing list and a rich source of information. The power of nettime lies most of all in its very strong *physical* network and string of meetings of critics, theorists and activists, which has been emphasized by its initiators many times, but something which also made it a valuable basis for other projects.[27] Over the years mailing lists, especially those with online archives and members that meet regularly, turn out to be the most consistent carriers of media cultures and sources of knowledge —not just through their online archives but also through their veteran members. Even so, nettime has not escaped a certain development towards a magazine or a publishing group, rather than a collaborative project of all its members.

//

Rhizome 23/111

Rhizome is a project that was perhaps slightly inspired by nettime. Its initiator, Mark Tribe, started the project when he was still living in Berlin in 1996, and probably met **Pit Schultz** and maybe even **Geert Lovink** there. Rhizome was even seen as a competitor of nettime for a short while, when it was still in its early, more art-oriented days. Most of the projects that I describe in this section are not known for being art projects or for being initiated as art projects. Rhizome, however, is. Rhizome has often been presented as an art project by Tribe, even if he does not call himself the author of Rhizome. «I do think of

also writes in an undated text about the function of nettime: «This Nettime server, understood as a temporary social group or community, generally functions as a value determinator and instance of standardization for what is termed Net art and consequently selected by institutional art servers such as the Whitney Museum, the DIA art foundation or Thundergulch and Walker Art Center.» See the section on «Community Gate» on the Web site «**STARGATE TO NETCULTURE**.» Cf. also *ART_SERVER: STARGATE TO NETCULTURE*, Margarete Jahrmann/O.K Centrum für Gegenwartskunst (eds.), Vienna, 2000. 27 — See for instance the text →

Rhizome as social sculpture. As such, it could be seen as an art work,» is what Mark Tribe writes in an e-mail. «This does not mean that I see it as one of my art projects. On the contrary, I see it as a collaborative project that involved many thousands of participants over the years.... I did play a leading role in developing Rhizome, and I do talk about Rhizome when I present my work, but I don't have a possessive or proprietary relationship to it.»

The term «social sculpture» stems from **Joseph Beuys** and seems quite appropriate for online projects, yet it is also slightly problematic when used for big projects that create a lot of spin-offs. «Artists lacked forums for the exhibition and critical discussion of their work, critics lacked a venue for their writing, and curators lacked a place to discover artists who worked in this new medium,» says Tribe in an interview with Randy Adams of TrAce. «I still consider it very much of a grassroots community with a non-hierarchical structure. We have institutionalized to some extent, but we are still driven by core principles of many-to-many communication and inclusiveness.»[28]

Rhizome is definitely the most successful art platform on the Internet ever. It gets millions of hits a month and has thousands of members. One can wonder, however, whether one can still speak of a community and collaboration when «there are probably 100 lurkers for every participant.»[29] The number of members and the hierarchies which do develop unwittingly inside such an organization, despite attempts of democratizing selection processes (like creating super-users to help edit or gather information), made (as Tribe admits) Rhizome turn into something of an art institution, with all the positive and negative consequences that come with it. The selection of art works for the Rhizome database alone has been a topic of heated discussions for quite some time.

Rhizome has proven to be a very powerful model for the representation and self-promotion for many of its members, but we are far from a definite judgment on its structure and benefits. I sometimes wonder whether we can ever overcome some of the flaws inside the social and economic processes that are caused by the instability and the inevitable management structures within collaborative art projects. We are still at the beginning of forming a constructive criticism for them, something which projects the size of Rhizome and nettime certainly might help accelerate.

//

23/112 *New diversity: Sarai, Furtherfield, Netartreview, Empyre*

The lists and platforms described in this section so far were all initiated before 1997. Since then most mailing lists and other representation or discussion platforms online have shied away from defining themselves as social sculpture or other interdisciplinary art forms. The ever growing number of people online in combination with a growing number of platforms, Web sites and mailing lists has also scattered discourses and created a diffusion of new media art scenes. Representation and central debates are becoming

← «**The Importance of Meetspace**» by Geert Lovink, Jan. 2000. 28 — **Interview by Randy Adams with Mark Tribe** of Rhizome, n.d. 29 — Ibid.

increasingly difficult to create, to the degree that there is very little difference between online and offline tactics for both. This has resulted in an increasing physicality of online practices: they are so much more connected to physical networks and institutions that online cultures tend to be overtaken by offline practices, networks or structures.
An obvious example of this is the institutionalization of the entire new media art field, including what was once known as Net art, an area that was supposedly out of the reach of any art world. The institutionalization of online platforms as described above is another issue altogether, even if it is also connected to an institutionalization of its offline supporting initiatives. This shows itself most of all in feelings of exclusion in former target members or in the wish to simply have a space of one's own, with a more intimate and focused climate for debates and research. In recent years, initiatives such as the online and offline media lab Sarai, the Web sites and mailings of Furtherfield, Netartreview and the mailing list Empyre have added new riches to the development of online cultures. They have yet to prove their influence in the long run, but they are already major players with their own audiences and networks (even if there is, of course, some overlap with other, older initiatives online). Of all of these only Furtherfield sees itself as a kind of social sculpture or work of art as well, but one can ask oneself whether Empyre and Netartreview are not very close to being art projects too. Furtherfield and Netartreview were both developed as a kind of alternative to Rhizome. Empyre was originally even a part of an art project by **Melinda Rackham** called «**Empyrean**,» but seems to have developed away from that.
Sarai New Media Initiative in was very much modeled after European media labs such as desk.nl and Public Netbase.[30] Its emphasis on criticism and political discussion make it seem more of a community project for access and knowledge distribution than an art project, but it definitely also has a focus on art, and some of its initiators are artists. The **Raqs Media Collective**, which was invited to Documenta 11, co-founded Sarai, and together with them Sarai has developed an open source software project called «**OPUS**.» Sarai exists both online and offline and has its physical basis in Delhi, India. It focuses on many more different levels of communication, research and development than the other examples presented in this section. In the context of art in the Public Domain 2.0, Sarai is most interesting because of its ambitious and inspiring focus on media criticism and creative commons in Asia.
Netartreview (NAR) was initiated by **Eduardo Navas**, again an artist. He writes in e-mail: «NAR is a resource for anyone to express a critical voice and for others to learn about art. ... We have a format that is loose enough to let collaborators write in any given style, while being specific about the subjects that are covered. ...The focus of Net Art Review demands that the writers take their contributions much more seriously than posting to a list.»

30 — Desk.nl changed dramatically after a kind of hostile commercial takeover, and its initiators Walter van der Cruijsen and Reinout Heeck continued some of its work online only at **http://www.desk.org**.

Writer **Marc Garret** is one of two **Furtherfield** initiators. Garret was also involved in cybercafe.org and irational.org. About Furtherfield as an alternative to Rhizome he writes in e-mail: «One thing I would like to mention is that the Internet would be an emptier place without Rhizome, and I just hope that the people who run Rhizome feel the same way about us. Bring on the other soft groups to offer their own alternatives—there is more than just one or two ways, we have found ours, we mutate accordingly.» When asked what it is Furtherfield offers that is specific, he writes: «Flexibility, respect and a move beyond institutionally biased history making.» Both Furtherfield and Netartreview provide some of the art criticism that was so lacking in online discourses before. They are not just alternatives to Rhizome, but also very much an addition to it. Netartreview offers many fast, short reviews, whereas Furtherfield seems a little bit more slow and in-depth. Both offer what Rhizome and other online publication platforms also offer: a chance for the public to present its own views and enter or alter various art discourses.

Empyre is a very active and interesting mailing list for all kinds of art practitioners. It works along themes with invited guests, and the exchanges on the list are usually of high quality. «‹-empyre-› started as the textual aspect of a multi-user 3D environment ‹Empyrean›,» explains **Melinda Rackham** in an e-mail. «It was intended as an intimate list, as a way of discussing aspects of online culture, 3D culture, media arts culture, with invited guests who had written texts, done mostly online art projects or produced or curated shows which weren't necessarily mainstream, or high profile, but of importance.» The diversity of topics and the excellent choice of invited writers make Empyre the most interesting list for (at the very least) getting an impression of the state of things in new media art practices in all its varieties at the moment.

/

23/113 **Software: Layering media, portable media spaces and media as metaphor**

It can be argued that the electronic media space transcends its purely technical structures through its influence on (non-technological) cultures. Software is code that can make a machine do something, but in essence it is a language with meaning that is more influential than the language we use to communicate with each other. It is a language that can make something happen, but only during the time it is actually used. This does not mean that this language is dead when it is not in use; it is just dormant. It seems that this language is also not dependent on a particular environment, such as a specific type of computer or operating system. Software can be almost independent of the hardware it runs on, and it also seems to transcend the cultures it springs from through its immaterial nature. In short, software seems to be somewhat a space of its own. Another dimension, if you will.

Through the development of artist software[31] the new public domain has been adorned with an art practice that is only partly visible and physical, but which has the power to

CD-19 31 — See also the text «**Read_me, run_me, execute_me**» by Inke Arns in the present volume. 32 — In a lecture for «**Freestyle—FLOSS In Design. A seminar on Free, Libre and Open Source Software in Design,**»

execute, act and let us act. Artist software is a very exciting terrain theoretically, since it spans such a wide array of possible actions and purposes that it offers great creative challenges, which lie within modern and premodern traditions at the same time. It makes us experience the modern creative genius of the artist or artists while we have at the same time entered their workshops. Through artist software we enter the artist's practice almost literally, yet at the same time this software is part of our intimate, private sphere and a larger techno-cultural context. All software shares these traits, but artist software takes us into the unusual, the experimental, and the relatively open space of art.
The reason I categorize software art as the third specific art practice of the Public Domain 2.0 is that most of this software is available for free, and often it is even open source. In addition, the development of software art (and other experimental software) has exploded because of the availability of examples, patches, sources of knowledge and possibilities for exchange on the Internet. Rashib Aijer Gosh explained at a symposium on open source at V2 in Rotterdam: «Software development is a social process, based on fun, pride, and a community spirit.»[32] Without the Internet this type of art would have been extremely marginal, and hence I would argue that most software art is part of the Public Domain 2.0, *even if it is used on a stand alone machine.»*

/

Software art context 23/114

The digital realm had already triggered the imagination of artists in the 1960s and 1970s, especially in the realm of conceptual art. Some interactive works on computers were presented in an art context for the first time at the exhibition «**Software**» in 1970, curated by **Jack Burnham** and presenting works by, for instance, **Les Levine**, **Hans Haacke** and **Joseph Kosuth**. Burnham explained «Software» as «an attempt to produce aesthetic sensations without the intervening ‹object.›»[33] To understand what software art means today, however, we will look at two specific projects, «WebStalker» and «RunMe.org».

/ /

WebStalker 23/115

In 1997 the British group **I/O/D** (Matthew Fuller, Simon Pope, Colin Green) designed a very unusual Web browser called «**WebStalker.**» «WebStalker» is an alternative Web browser that does not display Web pages as commonly expected. It visualizes the underlying HTML code in a highly aesthetic manner, in which delicate lines erupt from central points on a map to form stars or connected nodes in a web. Its appearance is almost dreamlike compared to commercial browsers such as Netscape and Explorer. «WebStalker» reveals the way a browser works, rather than actually working as a browser is supposed to (that is, visualize images and text from code). «It's designed to be predatory and boredom-intolerant,» says Matthew Fuller in an interview with Geert Lovink. «At the same time though, we hope that as a piece of speculative software it just encourages

V2, Rotterdam, 2004. 33 — Jack Burnham cited in Edward A. Shanken, «**Art in the Information Age: Technology and Conceptual Art**,» Durham, 2001.

people to treat the Net as a space for re-invention.... The ‹WebStalker› establishes that there are other potential cultures of use for the Web.»[34]

Such as other cultures of use than those designed for us by industry, cultures that give us the opportunity to create, exchange and interact freely with the machine, with other people, and with other cultures online. In other words, cultures that would like to see the Internet be more of a public space. Fuller has continued his experiments with software cultures in other collaborations. He has, among other things, worked as a writer and theorist for **Mongrel**, and his work has been very influential in the development and recognition of software art. He is also involved as a critic and juror in «ReadMe» and «RunMe.»

//

23/115 *RunMe.org*

While I/O/D was relatively alone in its experimental software practice in 1997, one cannot say that anymore today. The **ReadMe** software art festival and its online database of downloadable software RunMe (initiated in 2002) are both initiatives of the artist **Alexei Shulgin** and researcher/writer **Olga Goriunova**, who have taken software art to a new level. The **RunMe** Web site states why software art can be seen as art in the public domain: «Software art on the one hand brings software culture into the art field, but on the other hand it extends art beyond institutions.» Moreover, the ReadMe and RunMe projects also function as intermediaries between the fields of art and open source software production. In the introduction to the ReadMe reader Shulgin and Goriunova write: «Art festivals ... are often compromised by a lack of transparency in submission and evaluation processes.... Open source communities are much more democratic, but have their own drawbacks: they focus on functionality and pragmatic usefulness, thus sometimes leaving out interesting projects seen as unnecessary in these contexts.»[35]

A funny extra to this project is that it seems as if the organizers and the jury (much in the tradition of the early work of Alexei Shulgin as a Net artist,[36]) could not help themselves from subverting software art as a clear-cut discipline. By installing the possibility of a sheer endless number of software art categories, which users can choose from or add to, and by giving people the opportunity to submit ‹found› pieces of software to the database, the definition of software art is stretched to the extreme, giving RunMe the feel of being an art project in itself. Shulgin and Goriunova explain it like this: «Art naturally resists classification, but is nevertheless always classified and labeled when presented at, for example, exhibitions and festivals. By using the familiar interface of an online software database, Runme.org could play with the idea of storing, classifying, labeling, collecting, while at the same time taking advantage of the democratic possibilities of open databases.»[37] It seems that with RunMe almost all the practices of art institutions have been made accessible to the public, be it the selecting, criticizing, or archiving of works.

34 — **«I/O/D. Interview with the makers of the ‹WebStalker› browser, Simon Pope, Colin Green and Matthew Fuller,»** by Geert Lovink, *nettime*, Apr. 24, 1998. On speculative software see Matthew Fuller: «In a sense, speculative software is software that uses art methodologies, such as reflexivity, but without necessarily being specific to art systems.» Matthew Fuller on his **Web site**, 2004. 35 — Olga Goriunova/Alexei Shulgin, «ReadMe reader, **introduction.**» 36 — Think of, for instance, his **WWWArt Medal** project, a project he created together with the artist Rachel Baker, which takes readymade personal Web sites and declares them to be artworks.

ReadMe and RunMe do not just reveal and offer software art as a new art form in the public domain; they also change the art context to fit with the nature of these works. In some ways these two projects have turned into institutions of sorts themselves, institutions of the most flexible kind for the Public Domain 2.0.

/ /

Virus as intervention: forkbomb 23./116

Italian ‹rastacoder,› programmer and artist **Jaromil** started doing specific art projects in 2002. Before that he was mainly known as a programmer and curator. He was, for instance, co-curator of the exhibition of computer viruses **‹I Love You›** in Frankfurt in 2002, and has covered almost the entire spectrum of writing, from novels to software. The most simple, looking text or piece of code he ever wrote was a computer virus for the UNIX system, a so-called forkbomb, which is a piece of code that keeps replicating itself until it overloads and crashes the machine it is running on. **Florian Cramer**, software art critic and part of the jury of **transmediale** in Berlin and the ReadMe software art initiative, called it «the most elegant forkbomb ever written.»[38] What I find most interesting about this work is not that it can crash a computer or that its appearance (which looks like some ASCII smilies crushed into each other :(){ :|:& };:) is of such elegant simplicity. This work is interesting because of its context and the intentions of its author. Jaromil himself writes: «I am depicting viruses as *poésie maudite, giambi* against those selling the Net as a safe area for a bourgeois society. ... The digital domain produces a form of chaos—sometimes uncomfortable because unusual, although fertile—to surf thru: in that chaos viruses are spontaneous compositions, lyrical in causing imperfections in machines made to serve and in representing the rebellion of our digital serfs».[39]
Jaromil's «forkbomb» is a form of public rebellion (he makes no secret of his identity or of his intentions), which serves as reminder of a free space in digital media that has become almost invisible to the general audience. It is in this sense also an invitation, like many other projects, especially some new media performances, to start fooling around oneself.[40]

/ /

Conceptual software: «.walk» 23./117

Imagine walking through a city as a means to run code. The project **«.walk»** by **Wilfried Houjebek** turns people into flesh-and-blood software executors. In «.walk» computer code prescribes the movements of participants through a city, and the complexity of the movements depends on both the basic code and whether or not participants meet other participants along the way. Since the code is not written for a specific physical space it may have to be altered along the way for the participants to be able to keep moving (when participants walk into a dead end street for instance). All movements are gathered centrally by the artist as the outcome of a specific run of «.walk.»

37 — Olga Goriunova/Alexei Shulgin, «ReadMe reader, **introduction.**» 38 — Florian Cramer on **«forkbomb»** for the exhibition «poesis. Digitale Poesie», Feb. 13–April 4, 2004, Kunstbibliothek Kulturforum, Berlin. Cf. on the same topic Matthias Weiß, **«What is Computer Art?»** in the module «Generative Tools.» 39 — Jaromil, **forkbomb Web site.** 40 — See the text by Jaromil, «:(){ :|:& };:» for the digitalcraft Web site. For an in-depth analysis of this work see the text **«What is Computer Art?»** by Matthias Weiß in the module «Generative Tools» (also for further references on «.walk»).

«.walk» is based on a Situationist art practice from the 1950s called **psychogeography**. Houjebek, a long-time advocate of open source and anti-copyright in the arts and beyond, takes his urge to open up code very seriously. By making people walk through a city by taking computer code as a guideline, the artist uses the body as a means to perform software. Florian Cramer calls it «walkware» in his **review** of «.walk» on the RunMe site. «.walk» actually won an award in the transmediale software art competition. The e-mail which announced its nomination said this: «‹.walk› by socialfiction.org is a futuristic project for public spaces, combining the mundane with the exceptional». Houjebek himself says in e-mail: «I regard it as Do-It-Yourself urbanism, a project like ‹.walk› is meant to add a new layer of functionality to cities. As such it is architecture and as such it is engineering». It might seem as if this project really belongs in this text's section on performance, but «.walk» is really all about notation, about a deeply conceptual take on art. This work seems to build a bridge between the approach to early conceptual art exhibitions with titles such as «**Information**» (1970) or «**Software**» (1970) and the work of artist programmers today.[41] Besides his efforts to construct walks from computer code, to «program a pedestrian computer,» Houjebek is also developing code, a mark up language, which takes the pedestrian's experiences as a basis. This code is called **PML: Pedestrian Markup Language**. He is also developing something called OOP, Object Oriented Psychogeography, which he calls «software for landscapes» that «will crash your sneakers.»

«.walk» is a form of artist software that is art in the public domain in two ways: firstly as a notation, a code which could be run on a computer and is a space of activity and interaction on that level; and secondly as a physical interpretation of an information space. I would even say it is a programming course for the digitally illiterate (and the following is not in any way meant negatively), as its playful approach of code reminds one slightly of a recitation of the alphabet in Sesame Street. There is, as with a lot of new media art, also no possibility to judge the project from the outside alone, like a traditional art audience would. «There is no audience in the common sense, either you are a participant or you are not,» writes Wilfried Houjebek. «Watching other people ‹.walk› must be as boring as watching a sleeping ant.»

Software art is the semiclaustrophobic technical equivalent of the intimacy of new media cultures. It is part new media cultures, part individual art practice, and part user interaction or execution. It renders a partly public and partly private art experience. The software art space makes users or audience look beyond standard interfaces or procedures and can also be inviting enough to get people to put their hands on some code themselves. Software art, both as a whole or as an individual piece, offers new perspectives on art in the public domain. Art in the Public Domain 2.0, like the public domain itself, can be tangible and intangible, portable in the physical and in the metaphorical sense of the

41 — Cf. Tilman Baumgärtel, «**Experimentelle Software II**», about software by artists and early conceptual art (German only) in *Telepolis*, 17 Nov. 2001.

word. It does not necessarily have a real fixed place or form, and most importantly it has extended into the home or private sphere.

/

Public Domain 2.0 Redux

Art in information networks is almost by default part of the Public Domain 2.0 (unless its accessibility is somehow obstructed and the work is no longer available through a simple mouse click or the following of a link), whether it is meant to be or not. It seems, however, that the Public Domain 2.0 has brought about a few specific art practices. The first one to really evolve was the connected performance. Performance and other physical interaction with audiences create mostly temporary extensions of media spaces that allow for all kinds of engagement, often depending on the intentions of the artist (revealing or cloaking technological systems, inviting an audience to engage or to be only ‹immersed›). Another is the artist platform, a space of social interaction online, that offers representation and exchanges of ideas and work, but which also allows for influential media art discourses to develop. The third, software art, was a bit slower to develop, probably because it took more time to master the technical and cultural skills involved with making software than it took to engage with audiences and peers in and outside the network.

Yet the roles of the critic and curator have also changed significantly, even if this is only slowly embraced in institutional practices. Critics and curators have become part of the audience again, and vice versa. The art contexts and the audience have imploded to local and even personal levels of engagement. This means we have to look for new professional relationships with the arts. With this text I hope to have given at least part of a theoretical basis for coming to terms with art in new media and the Public Domain 2.0. It seems to me that we need to have practical handles for art criticism most of all, to help place and judge contemporary art practices. After the acceptance of abstraction, reproduction and the purely conceptual in the arts it is time to accept a new aesthetics again: that which represents the relationships and exchanges between artist and audience in the profound and yet distant intimacy of the technological environments. Because of the slightly industrially tainted status of the word ‹interaction,› which is most commonly used in these environments, it might be good to use a word that reminds more of personal or social dedication. The new arts are about *engagement.* This engagement asks for a more conscious approach of the mediated environment artists, audience, but also critics and art institutions now work in. Since the new public domain extends itself not only into the home, but also into art institutions (through its media or network presence, such as Web sites, online forums, e-mail services, within the larger scope of media networks), art institutions and critics have become part of more intimate and more open, publicly accessible discourses which are often shaped and supported by artists. Art in the Public Domain 2.0 is therefore first and foremost a site of media awareness and power struggles.[42]

42 — All e-mail exchanges quoted from in this text occurred between April and July 2004.

Name → SEITE → PAGE

Biografien / Biographies

/

Inke Arns → http://www.v2.nl/~arns

Geb. 1968 in Duisdorf/Bonn; seit 1993 freie Kuratorin; 2004 Humboldt-Universität zu Berlin Dissertation zum Paradigmenwechsel in der Rezeption der historischen Avantgarde und des Utopie-Begriffs in (medien-)künstlerischen Projekten der 1980er und 1990er Jahre in Ex-Jugoslawien und Russland; seit Januar 2005 künstlerische Leiterin des hartware medien kunst vereins in Dortmund; Publikationen u. a.: *Netzkulturen* und *Neue Slowenische Kunst* (beide 2002); lebt in Berlin und Dortmund.

//

Born 1968 in Duisdorf, Bonn; since 1993 freelance curator; 2004 PhD at the Humboldt University, Berlin on the paradigmatic shift in the way artists reflect the historical avant-garde and the notion of utopia in visual and media art projects of the 1980s and 1990s in (ex-)Yugoslavia and Russia. since January 2005 artistic director of hartware media art association in Dortmund; recent publications: *Netzkulturen* and *Neue Slowenische Kunst* (both 2002); lives in Berlin and Dortmund.

/

Josephine Bosma → http://www.laudanum.net/bosma → http://cream.artcriticism.org

Geb. 1962 in Hengelo (NL); Kritikerin und Journalistin im Bereich Kunst und neuen Medien, Offline- und Onlinepublikationen, u. a. in: *nettime*, *Rhizome*, *Telepolis*, *Mute* (UK), *Metropolis M* (NL), *UHK* (NO), *Switch* (USA), *Ars Electronica '97* catalogue (A), Walker Art Center und *SFMoma online* (beide USA); Dozentin für Netzkunst, Netzradio und Klangkunst; 2001 Initiatorin des Newsletters für Netzkunst und Kritik Cream; lebt in Amsterdam (NL).

//

Born 1962 in Hengelo (NL); critic and journalist in the field of art and new media; publications of her work have been both offline and online in, amongst others: *nettime*, *Rhizome*, *Telepolis*, *Mute* (UK), *Metropolis M* (NL), *UHK* (NO), *Switch* (USA), *Ars Electronica '97* catalogue (A), Walker Art Center and *SFMoma online* (both USA); lecturer about aspects of net art, net.radio and sound art; in 2001 she initiated the newsletter for Net art criticism Cream; lives in Amsterdam.

/

Dieter Daniels → http://www.hgb-leipzig.de/daniels

Geb. 1957 in Bonn; 1984 Mitbegründer der Videonale Bonn; 1991–1993 Aufbau der Mediathek am ZKM Karlsruhe; seit 1993 Professor für Kunstgeschichte und Medientheorie an der Hochschule für Grafik und Buchkunst in Leipzig; zahlreiche Veröffentlichungen zur Kunst des 20. Jahrhunderts, Co-Herausgeber von *Medien Kunst Aktion* (1997), *Medien Kunst Interaktion* (2000), *Medien Kunst Netz* (2004) sowie Autor von *Kunst als Sendung* (2002) und *Vom Readymade zum Cyberspace* (2003); lebt in Leipzig.

//

Born 1957 in Bonn; 1984 co-founder of the Videonale Bonn; 1991–1993 head of the Mediatheque at the ZKM, Karlsruhe; since 1993 professor for Art History and Media Theory at the Academy of Visual Arts Leipzig; publications on art of the twentieth century; co-editor of *Media Art Action* (1997), *Media Art Interaction* (2000), *Media Art Net* (2004) and author of *Kunst als Sendung* (2002) and *Vom Readymade zum Cyberspace* (2003); lives in Leipzig.

/

Steve Dietz → http://www.yproductions.com

Geb. 1958 (USA); Kurator für Neue Medien und Direktor des ISEA 2006 Symposium ZeroOne San Jose International Festival of Art and Technology; 1996–2003 Walker Art Center in Minneapolis, Minnesota (USA), Gründung des New Media Initiatives Department, der Online Art Gallery 9 sowie der Digital Art Study Sammlung; lebt bei Minneapolis.

//

Born 1958 (USA); new media curator and director of ISEA 2006 Symposium ZeroOne San Jose International Festival of Art and Technology; 1996–2003 curator of new media at Walker Art Center in Minneapolis, Minnesota, USA, where he founded the New Media Initiatives Department, the online art Gallery 9, and the digital art study collection; lives near Minneapolis.

/

Rudolf Frieling → http://on1.zkm.de/zkm/personen/frieling

Geb. 1956 in Münster; Studium an der FU Berlin und Dissertation an der Universität Hildesheim; 1988–1994 Kurator beim VideoFest Berlin; seit 1994 wissenschaftlicher Mitarbeiter, ZKM Karlsruhe; seit 1998 Lehrtätigkeiten, u. a. Hochschule für Gestaltung und Kunst Zürich, Hochschule der Künste Berlin sowie Gastprofessur an der FH Mainz; Co-Herausgeber von *Medien Kunst Aktion* (1997) sowie *Medien Kunst Interaktion* (2000), *Medien Kunst Netz* (2004), *Bandbreite. Medien zwischen Kunst und Politik* (2004); lebt in Karlsruhe.

//

Born 1956 in Münster; studied at the Free University of Berlin; and dissertation at the University of Hildesheim; 1988–1994 curator of the VideoFest Berlin; since 1994 curator and researcher, Center for Art and Media (ZKM) in Karlsruhe; lecturer a. o. at the Hochschule für Gestaltung und Kunst Zürich, Hochschule der Künste Berlin, and Visiting Professor at the University of Applied Sciences, Mainz; co-editor of *Media Art Action* (1997), *Media Art Interaction* (2000), *Media Art Net* (2004) and *Bandbreite. Medien zwischen Kunst und Politik* (2004); lives in Karlsruhe.

/

Susanne Holschbach

Geb. 1963 in Herne; 1991–1995 wissenschaftliche Mitarbeiterin im Fachbereich Kunst und Design an der Universität GHS Essen, 1995–1997 an der Universität Mannheim und 1998–2003 an der Hochschule für Grafik und Buchkunst in Leipzig. Promotion mit einer Arbeit zu Theatralität und Weiblichkeit in der Fotografie des 19. Jahrhunderts; Veröffentlichungen zur Mediengeschichte der Fotografie, zu Fotografie im Kunstkontext der Gegenwart und zu Gender und Medien; lebt in Leipzig.

//

Born 1963 in Herne; scientific collaborations include 1991–1995 assistant at the University of Essen, 1995–1997 at the University of Mannheim, and 1998–2003 at the Academy of Visual Arts Leipzig; PhD on the topic of theatricality and females in nineteenth century photography; she has published on the media history of photography, on photography in the context of contemporary art, and on gender and media; lives in Leipzig.

/

Tjark Ihmels → http://www.img.fh-mainz.de

Geb. 1963 (ehem. DDR); 1982 Studium der Theologie, Karl-Marx-Universität Leipzig; 1987 Diplom; 1990 Studium der Malerei, HGB Leipzig; 1994 Diplom als Maler/Grafiker; seit 1994 freiberuflicher Medienkünstler; 2000 Professur für »Interaktive Medien« an der Fachhochschule Mainz; 2001 Leitung des Instituts für Mediengestaltung; lebt in Wiesbaden.

//

Born 1963 (former GDR); 1982 studies in theology, Karl-Marx-Universität Leipzig, graduating in 1987; 1990 studies in painting at the Academy of Visual Arts Leipzig, graduating in 1994; since 1994 work as an artist with media; since 2000 professor for «Interactive Media» at the University of Applied Sciences, Mainz and since 2001 head of the Institute for Media Design; lives in Wiesbaden.

/

Verena Kuni → http://www.kuni.org/v

Geb. 1966; wissenschaftliche Assistentin am Institut für Medienwissenschaften (ifm) der Universität Basel (CH); 1996–2004 wissenschaftliche Mitarbeiterin an den Universitäten Mainz, Trier, der Hochschule für Musik und Darstellende Kunst Frankfurt und an der Hochschule für Gestaltung Offenbach; 1995–1999 Kuratorin für das Kasseler Dokumentarfilm & Videofest; seit 1999 Leitung der *interfiction*-Tagung; Co-Herausgeberin von *netz.kunst* (1999), *urtux. Kunst als Utopie* (2002), *alo est vera. gender/medien/kunst* (2004); lebt in Frankfurt/Main und Basel.

//

Born 1966; assistant at the Institute for Media Sciences (ifm) at the University of Basel (CH); 1996–2004 teaching positions at the Universities of Mainz and Trier, the Academy of Music and Performing Arts, Frankfurt/Main and the Academy of Design Offenbach; 1995–1999 curator of the Dokumentarfilm & Videofest Kassel and since 1999 chair of the *interfiction* Conference; co-editor of *netz.kunst* (1999), *urtux. Kunst als Utopie* (2002), *alo est vera. gender/medien/kunst* (2004); lives in Frankfurt/Main and Basel.

/

Julia Riedel → **http://www.img.fh-mainz.de**

Geb. 1969 in Bielefeld; Studium der Kunstgeschichte, Hispanistik und Geschichte an der Johannes Gutenberg-Universität Mainz; 1996 Magister Artium; seit 1998 wissenschaftliche Mitarbeiterin am Institut für Mediengestaltung der Fachhochschule Mainz mit Schwerpunkten Forschungsmanagement, Öffentlichkeitsarbeit und Designaktivitäten des Landes Rheinland-Pfalz; lebt in Mainz.

//

Born 1969 in Bielefeld; studies in Art History, Hispanistic and History at the Johannes Gutenberg-Universität Mainz; 1996 M.A.; since 1998 scientific collaborator at the Institute for Media Design, University of Applied Sciences Mainz, focussing on research management, public relations and design projects of the Land Rheinland-Pfalz; lives in Mainz.

/

Gregor Stemmrich → **http://www.hfbk-dresden.de/profs/stemmrich.htm**

Geb. 1953; Studium der Kunst, Philosophie und Kunsterziehung an der Kunstakademie Düsseldorf und der Universität Bochum; 1987 Promotion in Kunstgeschichte an der Ruhr Universität Bochum; 1998 Habilitation an der Freien Universität Berlin; 1981–1986 wissenschaftlicher Mitarbeiter an der Ruhr Universität Bochum; 1990–1995 am Kunsthistorischen Institut der Freien Universität Berlin; 1998 Vertretungsprofessur an der Universität Frankfurt/Main; seit 1999 Professur an der Hochschule für Bildende Künste Dresden; jüngste Publikationen: *Kunst/Kino* (2001); *Lawrence Weiner* (2004); lebt in Berlin.

//

Born 1953; studies Art, Philosophy and Art education at the Kunstakademie Düsseldorf and the Ruhr University of Bochum; 1987 PhD in Art History at the Ruhr University of Bochum; 1998 Habilitation at the Free University of Berlin; 1981–1986 scientific collaborator at the Ruhr University of Bochum and 1990–1995 at the Free University of Berlin; 1998 Visiting Professor at the University Frankfurt/Main; since 1999 Professor at the Academy of Fine Arts Dresden; recent publications: *Kunst/Kino* (2001); *Lawrence Weiner* (2004); lives in Berlin.

/

Yvonne Volkart → **http://www.xcult.org/volkart**

Geb. 1963 in Zürich (CH); Studium der Germanistik, Psychologie und Kunstgeschichte in Zürich und Wien (A); freie Autorin und Kuratorin; Dozentin für Medien- und Kunsttheorie an der Hochschule für Gestaltung und Kunst Aarau und Zürich; verschiedene Lehraufträge, Publikationen und Vorträge zu den Themen Körper, neue Technologien und Medienkunst; 2004 Dissertation Universität Oldenburg; lebt in Zürich.

//

Born 1963 in Zurich (CH); studies of German Literature, Psychology and Art History in Zurich and Vienna (A); freelance writer and curator; lecturer on media and art theory at the Hochschule für Gestaltung und Kunst Aarau and Zurich; various teaching positions, publications and lectures on the topics of the body, new technologies and media art; 2004 PhD at the University of Oldenburg; lives in Zurich.

Auswahlbibliografie/Selected Bibliography

/

Eine Auswahl von Monografien und Anthologien zur Einführung in die jeweilige Thematik.
Eine umfassende Bibliografie ist online: **www.medienkunstnetz.de/biblio.**
A selection of monographies and anthologies that serve as introduction to the various topics.
A comprehensive bibliography can be found on-line: **www.mediaartnet.org/biblio.**

/

01-12./13 Bild und Ton / Sound and Image

Akademie der Künste (Hg./ed.), *Für Augen und Ohren. Von der Spieluhr zum akustischen Environment,* Ausstellungskatalog/exhib. cat., Berlin 1980.
Veruschka Bódy/Peter Weibel (Hg./eds.), *Clip, Klapp, Bumm: von der visuellen Musik zum Musikvideo,* Köln 1987.
Centre Pompidou (Hg./ed.), *Sons et Lumières. Une histoire du son dans l'art du XXe siècle,* Ausstellungskatalog/exhib. cat., Paris 2004.
Ulrike Groos/Markus Müller (Hg./eds.), *Make it Funky. Crossover zwischen Musik, Pop, Avantgarde und Kunst,* (Jahresring 45) Köln 1998.
Karin von Maur (Hg./ed.), *Vom Klang der Bilder. Die Musik in der Kunst des 20. Jahrhunderts* (1985), München 1994/1996 (engl.: *The Sound of Painting: Music in Modern Art,* Munich/London 1999).
Helga de la Motte-Haber, *Musik und bildende Kunst,* Laaber 1990.
Matt Woolman, *Seeing Sound. Vom Groove der Buchstaben und der Vision vom Klang,* Mainz 2000.

/

01-14./15 Cyborg Bodies

Marie-Luise Angerer/Kathrin Peters/Zoë Sofoulis (Hg./eds.), *future bodies,* Wien/New York 2002.
Barbara Becker/Irmela Schneider (Hg./eds.), *Was vom Körper übrig bleibt. Körperlichkeit – Identität – Medien,* Frankfurt/Main u. a. 2000.
Chris Hable Gray/Steven Mentor/Heidi J. Figueroa-Sarriera (Hg./eds.), *The Cyborg Handbook,* New York 1995.
Donna Haraway, *Simians, Cyborgs and Women: The Reinvention of Nature,* New York 1991 (dt.: *Die Neuerfindung der Natur. Primaten, Cyborgs und Frauen,* Carmen Hammer/Immanuel Stieß (Hg./eds.), Frankfurt/Main/New York 1995).
Gill Kirkup/Linda Janes/Kath Woodward/Fiona Hovenden (Hg./eds.), *The Gendered Cyborg. A Reader,* London/New York 2000.
Claudia Reiche/Andrea Sick (Hg./eds.), *Technics of Cyberfeminism. <mode=message>,* Bremen 2002.
Florian Rötzer (Hg./ed.), »Die Zukunft des Körpers I/II«, *Kunstforum International,* Vol. 132/133, Ruppichteroth 1995-1996.
Cornelia Sollfrank/Old Boys Network (Hg./eds.), *First Cyberfeminist International. A Reader,* Hamburg 1998.
Cornelia Sollfrank/Old Boys Network (Hg./eds.), *Next Cyberfeminist International,* Berlin 1999.
[beide Bücher vergriffen/both books out of print, download: www.obn.org]

/

CD-16/17 Generative Tools

Tilman Baumgärtel, »Experimentelle Software. Zu einigen neueren Computerprogrammen von Künstlern«, in: *Telepolis*, 28.10.2001, http://www.heise.de/tp/deutsch/inhalt/sa/9908/1.html.

Andreas Broeckmann/Susanne Jaschko (Hg./eds.), *DIY Media – Kunst und digitale Medien: Software – Partizipation – Distribution*. transmediale.01, Berlin 2001, S. 29–33.

Florian Cramer, »Concepts. Notations. Software. Art« (23.03.2002), »Digital Code and Literary Text« (P0esIs-Symposium, 27.09.2001), »Für eine Textwissenschaft des Digitalen« (Vortrag auf dem Germanistentag Erlangen, 01.10.2001), http://userpage.fu-berlin.de/~cantsin/.

Matthew Fuller, *Behind the Blip. Essays on the Culture of Software*, New York 2003.

Olga Goriunova/Alexei Shulgin, »Artistic Software for Dummies and, by the way, Thoughts About the New World Order«, in: *nettime*, 26.05.2002, http://amsterdam.nettime.org/Lists-Archives/nettime-l-0205/msg00169.html.

Olga Goriunova/Alexei Shulgin (Hg./eds.), *Read_me. Software Art and Cultures Conference*, Århus: University of Århus 2004.

hartware medien kunst verein/Tilman Baumgärtel (Hg./eds.), *Games. Computerspiele von KünstlerInnen*, Frankfurt/Main 2003.

media arts lab/Künstlerhaus Bethanien (Hg./eds.), *Software Art – eine Reportage über den Code*, Berlin 2003.

Christine Schöpf/Gerfried Stocker (Hg./eds.), *Ars Electronica 2003: Code – The Language of Our Time*, Ostfildern 2003.

/

CD-18/19 Foto / Byte / Photo / Byte

Alexander Böhnke/Jens Schröter (Hg./eds.), *Analog/Digital – Opposition oder Kontinuum? Zur Theorie und Geschichte einer Unterscheidung*, Bielefeld 2004.

Marnie Gillett/Paul Berger (Hg./eds.), *Digital Photography: Captured Images, Volatile Memory, New Montage*, Ausstellungskatalog/exhib. cat., SF Camerawork, San Francisco 1988.

Stefan Iglhaut/Hubertus von Amelunxen/Alexis Cassel (Hg./eds.), *Fotografie nach der Fotografie*, Ausstellungskatalog/exhib. cat., München 1995 (engl.: *Photography after Photography*, Basel/London 1996).

Martin Lister (Hg.), *The Photographic Image in Digital Culture*, London/New York 1995.

William J. T. Mitchell, *The Reconfigured Eye. Visual Truth in the Post-photographic Era*, Cambridge, MA/London 1992.

Herta Wolf (Hg./ed.), *Paradigma Fotografie. Fotokritik am Ende des fotografischen Zeitalters*, Frankfurt/Main 2002 (bes./esp.: Wolfgang Hagen, »Die Entropie der Fotografie. Skizzen zu einer Genealogie der digital-elektronischen Aufzeichnung«, S. 195–235 und/and Peter Lunenfeld, »Digitale Fotografie. Das dubitative Bild«, S. 158–177).

Paul Wombell (Hg./ed.), *PhotoVideo. Photography in the Age of the Computer*, Ausstellungskatalog/exhib. cat., London 1991.

/

CD-20/21 Mapping und Text/Mapping and Text

Stephan Berg/Martin Engler (Hg./eds.), *Die Sehnsucht des Kartographen*, Ausstellungskatalog/exhib. cat., Kunstverein Hannover, Hannover 2003.
Paolo Bianchi/Sabine Folie (Hg./eds.), *Atlasmapping. Künstler als Kartographen. Kartographie als Kultur*, Ausstellungskatalog/exhib. cat., Wien 1997.
Christine Buci-Glucksmann, *Der kartographische Blick der Kunst*, Berlin 1996.
Chaomei Chen, *Mapping Scientific Frontiers. The Quest for Knowledge Visualization*, London u. a. 2003.
Wolfgang Ernst/Stefan Heidenreich/Ute Holl (Hg./eds.), *Suchbilder. Visuelle Kultur zwischen Algorithmen und Archiven*, Berlin 2003.
Robert Storr (Hg./ed.), *Mapping*, Museum of Modern Art, New York 1994.
Edward R. Tufte, *The Visual Display of Quantative Information*, Cheshire 1983 (Neuauflage/rev. ed. 1995).
/

CD-22/23 Public Sphere_s

M. Christine Boyer, *Cyber Cities*, New York 1996.
Michel Feher/Sanford Kwinter (Hg./eds.), *Zone 1/2, The Contemporary City*, Cambridge, MA, 1987.
Tom Finkelpearl, *Dialogues in Public Art*, Cambridge, MA, 2001.
Malcolm McCullough, *Digital Ground: Architecture, Pervasive Computing, and Environmental Knowing*, Cambridge, MA, 2004.
William J. Mitchell, *Me++: The Cyborg Self and the Networker City*, Cambridge, MA, 2003.
Raqs Media Collective/Geert Lovink (Hg./eds.), *Sarai Reader 01: The Public Domain*, New Delhi 2001.
V2, *TransUrbanism*, Rotterdam 2002.
Kryzsztof Wodiczko, *Public Address*, Walker Art Center, Minneapolis 1993.

Weitere Themenschwerpunkte von »Medien Kunst Netz«/ Further key topics in «Media Art Net»:

/

Ästhetik des Digitalen/Aesthetics of the Digital

Zu diesem thematischen Schwerpunkt ist im Verlag Springer Wien eine eigenständige Publikation erschienen/
See the respective book publication by the publishing house Springer Vienna:
Claudia Giannetti, *Ästhetik des Digitalen. Ein intermediärer Beitrag zu Wissenschaft, Medien- und Kunstsystemen*, Wien 2004 (span.: *Estética digital: sintopía del arte, la ciencia y la tecnología*, Barcelona 2002).
/

Kunst und Kinematographie/Art and Cinematography

Zu diesem thematischen Schwerpunkt liegt eine Publikation im Oktagon Verlag vor/
See the respective book publication by the publishing house Oktagon:
Gregor Stemmrich (Hg./ed.), *Kunst/Kino*, Köln 2001.

IMPRESSUM / CREDITS

/

Ein gemeinschaftliches Projekt von ZKM Zentrum für Kunst und Medientechnologie Karlsruhe und Goethe-Institut mit Unterstützung des Bundesministerium für Bildung und Forschung (BMB+F); Kooperationspartner: Hochschule für Grafik und Buchkunst (HGB), Leipzig.

A joint project of ZKM Center for Art and Media Karlsruhe and Goethe Institute with financial support by the German Ministry for Research and Education (BMB+F) and in cooperation with the Hochschule für Grafik und Buchkunst (HGB)/Academy of Visual Arts, Leipzig.

Herausgeber/Editors → Rudolf Frieling (ZKM Karlsruhe, Projektleitung/Head of Project), Dieter Daniels (HGB Leipzig)

Goethe-Institut → Bernd Desinger, Annesusanne Fackler-Kabisch, Therese Hofbauer, Barbara Honrath, Norbert Spitz, Regina Wyrwoll, Andrea Zell

BMB+F → Wilfried Matanovic

/

Internet → Für die kompletten Angaben des Impressums siehe → **www.medienkunstnetz.de/impresssum**

Internet → For the complete information and credits see → **www.mediaartnet.org/credits**

Buch/Book → **Autoren/Authors** → Inke Arns, Josephine Bosma, Dieter Daniels, Steve Dietz, Rudolf Frieling, Susanne Holschbach, Tjark Ihmels, Verena Kuni, Julia Riedel, Gregor Stemmrich, Yvonne Volkart **Übersetzungen/Translations** → Nikolaus G. Schneider (Deutsch/German); Rebecca van Dyck, Michael Robinson (Englisch/English) **Lektorat/Copy editor** → Sybille Weber (Deutsch/German); Rebecca van Dyck (Englisch/English) **Index** → Sylvia von Bukow **Buchgestaltung und Satz/Book design and layout** → Anna+Lena von Helldorff **Für Unterstützung danken wir/Thanks for their cooperation to** → Sven Bauer, Blank & Jeron, Heike Borowski, Josephine Bosma, Andrea Buddensieg, Ismael Celis, Steve Dietz, Jürgen Enge, Monika Fleischmann, Claudia Gehrig, Claudia Giannetti, Alejandra Gilling, Arne Gräßer, Susanne Holschbach, Tjark Ihmels, Hartmut Jörg, Andreja Kuluncic, Verena Kuni, Jens Lill, Iván Marino, Priamo Lozada, Winfried Pauleit, Christoph Pingel, Daniela Alina Plewe, Christiane Riedel, Julia Riedel, Sigrid Schade, Bernd Scherer, Steffen Schröder, Joachim Schütze, Volker Sommerfeld, Gregor Stemmrich, Sybille Weber, Peter Weibel, Christian Ziegler.

/

Druck/Printed by Druckerei Theiss GmbH, 9431 St. Stefan im Lavanttal, Österreich

Gedruckt auf säurefreiem, chlorfrei gebleichtem Papier TCF

Printed on acid-free and chlorine-free bleached paper

SPIN 11353300

Mit 8 Abbildungen / With 8 figures

Bibliografische Information der Deutschen Bibliothek → Die Deutsche Bibliothek verzeichnet diese Publikation in der Deutschen Nationalbibliografie; detaillierte bibliografische Daten sind im Internet über http://dnb.ddb.de abrufbar.

/

ISBN 3-211-23871-9 SpringerWienNewYork

GPSR Compliance
The European Union's (EU) General Product Safety Regulation (GPSR) is a set of rules that requires consumer products to be safe and our obligations to ensure this.

If you have any concerns about our products, you can contact us on

ProductSafety@springernature.com

In case Publisher is established outside the EU, the EU authorized representative is:

Springer Nature Customer Service Center GmbH
Europaplatz 3
69115 Heidelberg, Germany

www.ingramcontent.com/pod-product-compliance
Lightning Source LLC
LaVergne TN
LVHW082027051026
849532LV00011B/3293
9783211238714